KB181078

히틀러의 주치의들

권력자들의 삶과 죽음

히틀러의 주치의들

초판 1쇄 발행　　2023년 1월 2일

지은이　　　　　양성관

펴낸이　　　　　최대석

펴낸곳　　　　　드러커마인드

편집　　　　　　다니엘 최, 김진영

디자인1　　　　 이지현

디자인2　　　　 FCLABS

마케팅　　　　　최연. 신아영

등록번호　　　　제307-2007-14호

등록일　　　　　2006년 10월 27일

주소　　　　　　경기도 가평군 경반안로 115

전화　　　　　　031)581-0491

팩스　　　　　　031)581-0492

홈페이지　　　　www.happypress.co.kr

이메일　　　　　contents@happypress.co.kr

ISBN　　　　　 979-11-91384-37-6

정가　　　　　　20,000원

※　이 책은 신저작권법에 의하여 보호받는 저작물이므로 무단전재나 복제를 금합니다.

※　이 책의 국립중앙도서관 출판예정도서목록(CIP)은 서지정보유통시스템 홈페이지
　　(http://seoji.nl.go.kr)와 국가자료공동목록시스템(http://nl.go.kr/kolisnet)에서 이용하실
　　수 있습니다. (CIP 2020006523)

※　드러커마인드는 행복우물출판사의 임프린트입니다

※　본문에 사용된 저작권 있는 사진은 구매하였습니다 (sssfriend@daum.net)

Publisher's Page

히틀러의
주치의들

권력자들의 삶과 죽음

양성관 지음

드러커마인드

프롤로그

히틀러가 만 34살에 란츠베르크 교도소에 수감되었을 때, 교도소 의사 요제프 브린슈타이너는 그를 검진하고 이런 기록을 남겼다. "그는 매우 건강하다. 하지만, 오른쪽에 잠복 고환이 있다." 히틀러는 고환이 하나뿐이라는 뜻이었다. 그가 나중에 총통이 되었을 때, 남성 호르몬제인 테스토스테론뿐 아니라, 다양한 주사를 맞았다. 히틀러의 주치의인 모렐 박사는 28가지 알약을 처방했을 뿐 아니라, 세계 2차 대전 동안 그에게 90가지 약을 주었다. 그중에는 코카인, 모르핀을 포함해 히로뽕도 있었다.

중국의 권력자인 마오쩌둥의 치부를 밝힌 것은 그의 부하나 용감한 기자가 아니라, 그의 주치의였다. 주치의 리즈수이는 마오쩌둥이 죽고 난 후, 마오쩌둥이 트리코모나스라는 성병에 걸린 것 외에도 수많은 허물을 들춰냈다.

대략 100년 전, 미국의 대통령 우드로 윌슨과 러시아의 혁명가 레닌이 비슷한 시기에 쓰러졌다. 모두 뇌혈관이 막혀 몸에 마비가 오는 뇌경색이었다. 또한 미국의 대통령 루스벨트와 소련의 독재자 스탈린은 모두 뇌혈관이 터지는 뇌출혈로 급사했다. 우연치고는 믿기 힘든 일이다.

1980년대 신자유주의와 함께 소련에 대한 강경책을 펼친 미국의 레이건과 영국의 대처는 임기가 끝나자, 철저한 은둔 생활을 해야만 했다. 공교롭게도 둘 모두 똑같은 병에 걸렸기 때문이다.

삶보다 죽음이 기억되는 한국의 대통령 노무현과 칠레의 대통령 아옌데가 있다. 이 둘은 생전에 호화 요트를 소유하고 있다고 공격받았다. 공통점은 이것만이 아니다. 목숨보다 소중한 것을 지키기 위해서 둘 다 스스로 생을 마감했지만, 사후에 똑같이 타살 의혹이 제기되었다. 그런데 부엉이바위에서 떨어진 노무현은 현장에서 제일 가까운 삼성 창원 병원이 아니라, 왜 두 배나 먼 거리에 있는 양산 부산대학교 병원으로 갔을까?

북한의 독재자 김정은은 할아버지 김일성과 아버지 김정일로부터 나라와 핵 말고도, 치명적인 것을 물려받았다. 그것은 언젠가 김정은의 목숨을 빼앗고 말 것이다. 미국이나 쿠데타보다 더 확실하게 그의 생명을 위협하는 것은 무엇일까?

끝으로 전 미국 대통령 지미 카터가 있다. 그를 만난 후, 무수히 많은 독재자가 사망했는데 한국도 예외가 아니었다. 박정희는 그를 만난 지 4개월을 4일 앞둔 시점에, 김일성은 그를 만나고 14일 만에 사망했다. 독재자 킬러인 지미 카터에게는 아주 특별한 능력이 있었다.

이야기는 무엇보다 재미있어야 한다. 그런 점에서 당신이 이 글을 읽고 있다면, 이 책은 이미 절반의 성공이다. 이 책을 읽으면서 누구는 역사나 의학에 대한 지식을 얻고, 누구는 절주하고 금연해야겠다는 교훈을 얻을지도 모르겠지만, 모두가 재미있게 읽을 것이다. 역사와 의학은 어렵지만, 이 책에서만은 예외이다. 어느 순간부터 책장이 넘어가는 걸 아쉬워하며 제발 이야기가 끝나지 않기를, 작가가 더 많은 이야기를 들려주기를 바라는 자신을 발견할 것이다.

단, 이 책은 위험하다. 독재자가 다스리는 중국이나 러시아였다면, 이 책은 빛을 보지 못했을 것이다. 운 좋게 발간된다고 하더라도, 출간되자마자 금서로 지정되어 압수되고, 책은 화형식에 처해지고, 작가는 실종되었을 것이다. 작가도 독자도 모두 운이 좋았다.

2022년 무더위 속에서
전쟁과 질병으로 고통받지 않는 세상이 오기를 바라며,
양성관 쓰다.

목차

Hitler's Doctors

I

막혀버린 혁명과 이상

러시아, 빛 좋은 개살구

전 세계를 무대로 사자와 곰이 100년간 혈투를 벌이고 있었다. 19세기 초 프랑스의 나폴레옹이 몰락한 후, 사자인 대영제국은 세상에서 가장 넓은 영토를 가지고 있었고, 그다음이 곰인 러시아였다. 두 국가는 흑해 연안의 크림반도에서부터 이란, 아프가니스탄과 인도를 거쳐, 조선과 만주까지, 유라시아 전역에서 맞붙었다. 이른바 '그레이트 게임'이었다. 누군가는 20세기 미국과 소련의 냉전이 19세기 영국과 러시아의 그레이트 게임의 연장선이라고 보기도 한다.

러시아 제국은 수백 년 동안, 하루에 약 140제곱 킬로미터씩[1], 그러니까 2년마다 남한 땅만큼씩 영토를 확장해 나갔다. 그때나 지금이나 러시아는 겉은 강해 보였으나 속은 약했다. 땅은 넓었지만 대부분 황무지인데다 겨울이면 얼어붙어 쓸모가 없었다. 기껏 얼마 안 되는 현지 주민들을 혹사시켜 닦아 놓은 도로와 철도는 날씨만 나빠지면 무용지물이 되었다. 문제는 영토만이 아니었다. 인구는 유럽에서 가장 많았으나, 19세기가 끝나가는 1897년까지도 인구의 79%가 문맹[2]으로 무려 100년 전 프랑스 대혁명 당시 프랑스의 문맹률인 65%보다도 높았다. 서유럽 국가에 비해 공업 및 농업 생산력은 절반 또는 그 이하였고, 귀족들은 천박한 자국 말 대신 고상한 프랑스어로 대화를 나누는 게 일상이었다.

그래도 군에 대한 자부심만은 대단했다. 1812년 유럽 대륙을 호령하던 나폴레옹을 막아낸 나라가 바로 러시아였다. 러시아는 프랑스 군이 사용할 만한 모든 것들을 없애는 청야 전술, 즉 초토화 전술을 펼쳤다. 나폴레옹이 힘들게 모스크바를 점령했을 때, 그곳에는 타버린 검은 재와 그재를 덮은 하얀 눈밖에 없었다. 결국 보급이 부족했던 프랑스는 제 발로 퇴각했다. 그렇게 러시아는 독일과의 국경선에서부터 모스크바까지 쓸만한 모든 것을 부수고 태워서 승리했기에 자국의 피해 또한 만만치 않았다. 상처뿐인 승리였고, 그마저도 거기까지였다. 100년 동안 이어진 영국의 견제에 크림반도, 아프가니스탄, 인도에서 모두 패했다. 나폴레옹에게 승리했다는 자부심은 사라진 지 오래였다.

19세기 말에서 20세기 초 러시아는 사회, 문화, 경제, 군사 모든 부분에서 유럽의 이류, 변방 국가였다.

황제 알렉산드르 2세는 1861년 농노를 해방하는 등 다양한 방면에서 개혁을 시도했다. 하지만 이에 만족하지 못한 급진 개혁 단체인 '인민의 의지'가 여러 차례 시도 끝에 1881년 황제 암살에 성공하여 개혁은 미완성으로 끝났다. 제위를 이어받은 아들 알렉산드르 3세는 아버지를 암살한 혁명가들의 희망과는 정반대로 아버지의 개혁을 원상태로 돌려놓은 채 죽음을 맞이했다. 결과적으로 혁명가들의 폭탄은 어설픈 개혁마저 날려 버렸다. 그리고 1894년 알렉산드르 3세의 아들인 니콜라이 2세가 제위에 올랐다. 사촌인 독일의 마지막 카이저(황제) 빌헬름 2세와 함께, 그는 러시아의 마지막 차르(황제)가 될 운명이었다.

혁명을 막는 방법은 간단하다.

백성들의 굶주린 배를 채워주거나,
텅 빈 마음을 채워주면 된다.

두 방법 중에서 빵으로 백성들의 배를 불리는 게 더 안전하다. 맹수의 왕 사자마저도 배가 부르면 다른 동물을 물어뜯지 않는다. 배를 채워주지 못하면, 마음이라도 채워줘야 했다. 자부심이 제일 좋지만, 분노와 증오가 가장 쉽다. 하지만 밖으로 향하던 분노나 증오는 적을 쓰러뜨리지 못할 경우 안으로 향하기에 항상 조심해야 했다.

1904년 2월 8일, 일본은 선전 포고도 없이 러시아와 전쟁을 시작했다. 전형적인 일본의 방식으로, 그 전의 1894년 청일 전쟁에서도, 그 후의 1941년 진주만 공습 때도 상대와 협상하는 도중에 기습 공격을 가했다. 모든 면에서 열세였던 일본이 승기를 잡기 위해 속된 말로 선빵을 날린 것이다. 일본은 뤼순항에 있던 러시아 함대에 어뢰를 쐈다. 그 어뢰는 내부 사정만으로도 혼란스러웠던 러시아에 또 다른 큰 파장을 불러일으켰다. 일본이 자국 함대를 공격했다는 소식을 들은 러시아 내무 장관 플레베가 황제인 니콜라이 2세에게 속삭였다.

"혁명의 물결을 막으려면 작은 전쟁에서 승리하는 것이 필요합니다. 물론 전쟁에서 이겨 황제 폐하의 위신을 과시할 필요도 있습니다."

니콜라이 2세는 혁명을 막기 위해 백성의 굶주린 배를 채워주는 대신, 전쟁에 승리해 백성의 마음을 채우기로 했다. 내부의 분열을 막기 위해, 외부의 적을 만드는 것은 고대로부터 권력자가 가장 많이 쓰던 방법이었다. 전쟁을 결심한 러시아 황제와 총리뿐 아니라 전 세계 모두가 러시아의 승리를, 일본의 패배를 예상했다. 하지만 모두의 예측과는 다르게 전세는 러시아에 불리하게 흘러갔다. 차르의 의도와는 다르게 러일전쟁은 혁명을 꺼트리는 소화기가 되기는커녕, 오히려 혁명의 불쏘시개가 되었다.

평화로운 축제가 살육의 현장으로

1905년 1월 9일 일요일, 러시아 제국의 수도 상트페테르부르크는 모처럼 파란 하늘이었다. 평소라면 예수를 모시는 성당으로 향했을 노동자와 여성, 그리고 아이들이 그날에는 황제가 있는 겨울 궁전으로 향했다. 처음에는 시위라기보다 축제에 가까울 정도로 평화로웠다. 사람들은 집에서 가장 깨끗한 옷을 골라 입고, 손에는 총과 칼 대신, 예수와 황제의 초상화를 들고 있었다. 거친 함성이나 야유 대신, "하느님, 차르를 지켜주소서.(Боже, Царя храни!)"로 시작하는 러시아 국가와 신을 찬양하는 찬송가가 겨울 궁전 앞 광장을 채웠다.[78]

선두에는 곱슬머리만큼이나 풍성한 콧수염과 턱수염을 기른 한 사제가 예수의 십자가상을 품고 있었다. 나중에 러시아 혁명을 주도하게 되는 레닌과 1870년생으로 동갑인 가폰 신부였다. 시위대 행렬을 이끄는 가폰 신부는 훗날 밝혀지지만 비밀경찰의 스파이로 국가의 지령을 받고 있었다. 한마디로 말하자면 어용 노조의 위원장이었다. 단 그가 돈이나 권력, 높은 지위 등의 개인적 욕심을 위해 노동자들을 인도하는 건 아니었다.

가폰 신부는 인간이 예수님께 두 손 모아 간절히 기도하면 예수님이 그 기도에 응답하는 것처럼, 백성들이 차르에게 호소하면 차르가 선한 마음으로 백성들에게 은혜를 베풀 거라 여겼다. 그는 평등한 혁명보다 수직적 신분 사회를 고수했다. 한마디로, 그는 어린 양을 이끄는 목자였다. 경찰은 시위대를 이끄는 그를 체포하는 대신 경호하기 바빴다. 가폰 신부 뒤로 수십만 명의 백성들이 겨울 궁전 앞 광장을 빼곡히 채우고 있었다. 봄까지 녹지 않을 하얀 눈이 사람들의 발에 밟혀 검게 변해가고 있었다.

사람들을 기다리고 있던 건 자비로운 황제 대신, 무자비한 총과 대포였다. 검은 총구가 백성들을 겨누자, 저항할 생각이 전혀 없었던 시위대는 검은 모자를 벗어 왼쪽 겨드랑이에 낀 후 왼쪽 무릎을 바닥에 꿇었다. 눈이 녹아 질퍽해진 땅에 닿은 옷이 젖어 들기 시작했다. 백성들이 오른손으로 이마와 배, 우측 어깨와 왼쪽 어깨 순으로 성호를 그으며 차르와 예수님을 찾는 순간, 검은 총이 붉은 불을 뿜었다.

찬송가는 비명으로, 흰 눈은 붉은 피로 덮였다. 한 백성이 분노에 차 소리쳤다.

"더 이상 신은 없다. 더 이상 차르는 없다.[3]"

차르에 대한 경외와 존경은 분노와 증오로 바뀌었다. 검은 탄환은 백성들의 붉은 심장과 그 심장 속에 있던 자비로운 차르 또한 산산조각 냈다. 거룩한 주일은 '피의 일요일'로 끝이 났다.

상황이 심각하게 돌아가자, 차르는 뒤늦게 러시아 의회인 '두마'를 열어 민중의 목소리에 귀 기울이는 척했다. 의회가 열렸으나, 선거권을 가진 국민은 1%도 되지 않았고 거기다 1인 1표도 아니었다. 황제 니콜라이 2세는 처음부터 권력을 의회에 양보할 생각이 전혀 없었다.

그렇게 나라가 혼란스러운 가운데, '신이 보낸 선지자'가 등장했다.

의사마저 포기한 아이

1904년 7월 30일, 한 아이가 태어났다. 딸만 넷이던 부모가 간절히 기다리던 남자아이였다. 얼마나 아들을 갖고 싶었는지, 아이의 엄마는 상상 임신을 하기도 했다. 하지만 기쁨도 잠시였다. 태어난 지 6주가 되었을 무렵 아이 배꼽에서 피가 흘러나왔다. 처음에는 금방 멎을 것이라 생각했던 출혈은 무려 3일이나 지나서야 겨우 멈추었다. 그뿐이 아니었다. 아이가 커가면서 기어 다니자, 아이의 무릎과 팔꿈치만 아니라 몸 곳곳에 커다랗고 시커먼 멍이 들었다.

의사가 혈우병이라고 했다. '혈우병.' 혈액에는 피를 굳게 하는 물질인 응고 인자가 있어 상처가 나면 즉시 피를 멎게 하는데, 응고 인자가 부족한 질병이었다. 가벼운 외상에도 광범위한 멍과 멈추지 않는 출혈이 생겨 목숨을 위협했다. 지금이야 부족한 혈액 응고 인자를 주면 되지만, 당시에 그런 치료가 있을 리 만무했다.

아이가 두 돌이 지났을 때, 놀다가 넘어졌다. 아이 몸에 멍이 커질수록 아이의 울음소리도 커져만 갔다. 의사들이 달려왔지만, 할 수 있는 게 없었다. 그때 하얀 가운을 입은 의사 대신 검은 사제복을 입은 한 인물이 기도했다.

"착한 아이야, 네 병은 곧 나을 것이다."

아이의 병은 기적처럼 나았다. 사제복을 입은 인물이 혈우병을 앓는 그 아이를 낫게 한 것은 한 번으로 그치지 않았다.

아이가 7살 때였다. 가족이 휴가를 갔는데 아이가 보트에 오르다 허벅지가 배에 부딪혔다. 보통 아이라면 아무 문제 없었겠지만, 혈우병을 앓고 있는 아이는 달랐다. 좌측 배와 허벅지에 심한 출혈이 생겼다. 짙은 보라색 빛을 띠기 시작한 허벅지와 배는 풍선처럼 부풀어 올랐고, 아이는 고통으로 비명을 질러댔다. 시간이 지날수록 복강 내 출혈은 심해졌다. 아이의 어머니는 성모 마리아와 예수를 부르짖으며 기도했지만, 효과가 없었다. 의식이 점점 희미해지는 아이는 간신히 눈을 뜬 채 "어머니, 죽으면 더 이상 아프지 않겠죠?"라며 물었다.

의사들이 몰려왔지만, 모두 고개를 저었다. 아이의 죽음은 피할 수 없어 보였다. 이번에는 의사 대신 신부가 아이의 죽음을 앞두고 기도를 올렸다. 의사가 포기하고, 신부가 마지막 의식을 진행하는 도중 5년 전 아이를 살려줬던 그 인물에게서 전보가 도착했다.

"신이 엄마의 기도를 듣고 응답해 주셨소.[4]"

놀랍게도 아이는 그때부터 호전되었다. 무기력하게 아이를 옆에서 지켜보기만 하던 의사와 죽음을 앞두고 종부 성사를 하던 신부들마저도 눈앞에서 벌어진 기적을 인정할 수밖에 없었다.

아이의 어머니는 하나뿐인 아들을 살려준 그를 전적으로 신뢰했다. 이제 그는 아이의 집을 제집처럼 드나들었다. 거기다 남편은 장기간 출장으로 집에 들어오지도 않았다. 아이 엄마는 아이를 살려준 은인에게 돈은 물론이고, 그가 하는 부탁은 모두 들어주었다. 사람들 사이에서 그녀가 그에게 마음뿐 아니라 몸마저 바쳤다는 소문에 이어, 그가 호색한일 뿐 아니라 여러 여자와 난교를 벌였다는 이야기도 들렸다.

그 아이와 엄마가 평범한 사람이었다면, 잠시 세간을 떠들썩하게 하다 며칠이면 사라질 가십거리였을 것이었다. 하지만 그 아이가 러시아 황제인 차르 니콜라이 2세의 유일한 아들인 황태자 알렉세이이고, 그에게 몸과 마음 모두를 바쳤다는 아이 엄마가 황후 알렉산드라면 문제가 달랐다. 황실의 명의조차 고칠 수 없었던 황태자의 병을 기도로 고치고, 황후의 몸과 마음을 조종한 이가 바로 요승 '라스푸틴'이었다.

히틀러의 주치의들

러시아를 주무르는 자

광대하지만 혹독한 시베리아에서 태어난 라스푸틴은 학교 따위는 가 보지 못했고, 어렸을 때부터 술과 여자에 빠진 망나니였다. 열여덟 살에 결혼했으나, 방탕한 삶은 변하지 않았다. 그의 삶을 바꾼 것은 도둑질이었다. 하루는 그가 살던 마을에서 말 두 마리가 사라졌다. 그와 친구 두 명이 용의자로 지목되었다. 두 친구는 마을에서 쫓겨났고, 그는 추방당했다. 이에 라스푸틴은 무슨 생각이었는지 알 수 없지만 서울에서 부산보다 더 먼 거리에 있는 니콜라이 수도원까지 걸어서 순례를 갔다. 간신히 도착한 수도원에서 그는 완전히 변했다. 술과 여자 대신 신을 찾았다. 라스푸틴은 자신의 두 눈으로 성모 마리아를 똑똑히 보았다고 했다. 그 후로 그는 러시아 내의 수많은 수도원과 성지를 두 발로 찾아 나섰다.

그렇게 성지 순례가 몇 년 동안 이어지자, 시베리아의 가혹한 찬바람과 따가운 햇살이 그의 얼굴에 스며들었다. 사람의 마음을 꿰뚫어 보는 듯한 두 눈과 암흑 같은 검은 머리는 그에게 신비감을 더했다. 그는 어느 순간 사람을 치료하는 영적인 능력을 가진 수도자가 되었고, 그 명성은 러시아 황실까지 뻗어나갔다.

동방 정교회의 독실한 신자인 황후는 들려오는 소문을 흘려듣지 못했다. '신을 섬기는 자'라는 별명을 가진 라스푸틴은 1905년 11월 1일 황제와 황후를 만났다. 러시아가 일본과의 전쟁에 패하고, 피의 일요일 이후 가뜩이나 혼란스러울 때였다. 그런 그에게 얼마 안 가 기회가 찾아왔다.

혈우병을 앓던 황태자 알렉세이가 심하게 아팠다. 그는 기도로 의사와 신부마저 포기한 황태자를 낫게 했고, 황후의 절대적인 신뢰를 얻으며 러시아 황실의 비선 실세가 되었다.

　　황제 니콜라이 2세는 1868년생, 요승 라스푸틴은 1869년생, 혁명가 레닌은 1870년생, 가폰 신부는 1870년생으로 거의 동년배였다. 20세기 초 러시아는 이 네 명의 인물로 시작해서, 결국 스탈린으로 끝이 난다. 1906년, '경찰 스파이'라는 정체가 탄로 난 가폰 신부가 암살되면서 4명 중 가장 먼저 역사에서 퇴장했다.

가폰 신부　　　　라스푸틴　　　　니콜라이 2세　　　　레닌

　　1905년 피의 일요일 이후, 차르는 의회인 '두마'를 도입하며 혁명을 잠재우는 동시에 탄압에 나섰다. 파업과 시위는 줄었으나, 완전히 꺼지지 않았고 1914년이 되자 다시 불붙었다. 1905년과 같이 큰불로 이어질 분위기였다. 하지만 파업은 전 세계를 뒤흔든 세계 1차 대전에 곧바로 묻혔다. 민족주의와 애국주의 물결이 활활 타오르던 혁명의 열기를 순식간에 덮어버렸다. 전쟁이 일어나자 의회인 두마는 자진 해산했고, 국민들의 파업도 그쳤다. 차르를 타도하자던 국민은 이제 차르 대신 독일을 무찌르자고 외쳤다.

　　세계 1차 대전은 러시아에게는 위기였으나, 차르에게는 기회였다. 다만 차르는 러시아뿐 아니라 자신을 지키기 위해서 반드시 독일과의 전쟁에서 승리해야 했다. 차르에게 독일과의 '세계 1차 대전'은 10년 전의 '러일전쟁'과는 차원이 달랐다. 러시아에게 유럽의 비중이 9라면, 극동은 1정도였다. 거기다 일본과는 저 멀리 동쪽 끝에서 그것도 남의 땅인 한반도와 만주에서 싸웠지만, 독일과는 자국 땅에서 전쟁이 벌어질 예정이었다. 차르에게는 모든 것을 건 도박이었다. 전쟁에서 지는 순간, 독일이든 혁명이든 둘 중 하나가 러시아를 완전히 집어삼킬 것이었다.

러시아는 동쪽에서, 프랑스는 서쪽에서 독일을 협공할 계획이었다. 독일 또한 이를 잘 알고 있었다. 양면 전쟁을 맞이하게 된 독일의 전략은 이랬다.

'러시아는 워낙 넓은 나라여서 총동원령을 내리고 전쟁을 준비하는 데 최소 3주가 걸릴 것이다. 그러므로 초반에 서쪽의 프랑스에 모든 것을 건다. 최대한 빨리 프랑스를 점령한 후, 동쪽의 러시아로 쳐들어간다.' 이른바 '슐리펜 계획'이었다.

하지만 전쟁이 시작되자, 예상과 달리 러시아가 재빨리 움직였다. 러시아는 독일과의 경계에 있는 마주리안 호수를 기준으로 40만의 북서전선군을 2개로 나누어, 1군은 북쪽에서 2군은 남쪽에서 독일군을 위아래로 포위할 심산이었다. 독일은 군의 주력을 프랑스와의 전투에 투입하고, 겨우 16만 명의 병사로 2배 이상의 러시아군을 상대해야 했다.

러시아군도 빨랐지만, 독일군은 더 빨랐다. 거기다 기존의 계획인 방어 대신 오히려 공격에 나섰다. 총사령관 힌덴부르크, 참모총장 루덴도르프가 이끄는 독일 8군은 북쪽과 남쪽에서 위아래로 협공을 당하기 전, 남쪽의 러시아 2군에 선제공격을 가했다. 남쪽 러시아 2군 사령관인 삼소노프는 북쪽 1군 사령관인 렌넨캄프에게 도움을 청했으나, 평소 삼소노프와 사이가 나빴던 북쪽의 렌넨캄프는 도와주지 않았다. 그 사이 독일 8군단이 남쪽의 러시아 2군을 격퇴했다. 남쪽에서 승리를 거둔 독일군은 숨 돌릴 틈도 없이 철도로 북쪽으로 이동하여 렌넨캄프의 1군마저 무찔렀다.

이 타넨베르크 전투의 승리로, 독일 8군을 이끌었던 힌덴부르크는 '타넨베르크의 영웅'이라는 명성을 얻게 되고, 그 명성 덕에 나중에 독일 대통령이 된다. 이 '타넨베르크 전투'는 독일에게는 위대한 승리였고, 러시아에게는 비참한 패배였다.

타넨베르크 전투 이후에도 전쟁은 이어졌지만, 러시아의 열세는 계속되었다. 서부 전선에는 길고 지루한 참호전이 이어졌지만, 동부 전선은 워낙 넓었기에 참호전 대신 기동전이 펼쳐졌다. 러시아는 두 손으로 덤벼 들었지만, 오른손은 프랑스와 싸우고 왼손으로만 러시아와 싸우는 독일에게 밀렸다. 러시아는 바르샤바, 핀스크 등 서부 주요 도시를 빼앗겼으나, 수도인 페트로그라드는 간신히 지킬 수 있었다. 러시아가 잘 싸웠다기보다, 독일이 러시아와의 동부 전선보다 프랑스와의 서부 전선에 전력을 쏟아 부었기 때문이다. 차르 니콜라이 2세는 2년 반의 전쟁 중에 총리를 4번, 내무 장관을 5번, 농업 장관을 4번, 전쟁 장관을 3번[5]씩이나 바꾸었다. 잦은 장관의 교체는 오히려 상황을 더 악화시켰다.

전쟁 동안 러시아에서 벌어진 노력이라고는 딱 두 가지뿐이었다. 첫째로 러시아는 전쟁이 시작되자마자 독일 느낌이 물씬 풍기는 수도 이름인 '상트페테르부르크'를 러시아식인 '페트로그라드'로 바꾸었다. 두 번째로 황실과 종교는 물론이고 외교와 내정까지 관여하며 러시아를 구렁텅이로 몰아넣은 요승 라스푸틴을 처단하려 한 것이다. 그것도 정식 재판이 아니라, 암살이었다. 하지만 그 암살마저 쉽지 않았다.

1914년 9월 19일, 차르는 직접 전쟁을 지휘하기 위해 수도를 떠났다. 차르가 저지른 수많은 실수 중 가장 치명적인 실책이었다. 차르 니콜라이 2세는 군에 대해서 아무것도 몰랐다. 총사령관이 다른 사람이면, 전쟁에서 지더라도 황제는 책임을 총사령관에게 떠넘길 수 있었다. 하지만 이제 차르가 총사령관이 되었기에 독일과의 전쟁에서 지면 모든 책임은 총사령관인 차르가 떠안아야 했다. 게다가 차르가 궁궐을 떠나자, 궁에는 황후와 라스푸틴만이 남았다.

"신을 섬기는 자가 황제를 돕는다면, 그 나라는 망하지 않아요. 우리는 그의 놀라운 두뇌를 찬양하며, 그의 입에서 나오는 말을 이해할 준비가 되어 있어야 해요."[6]

황후가 이렇게 말할 정도였으니, 라스푸틴의 권력은 황제를 능가했다. 병을 낫게 해달라는 사람부터 벼슬을 원하는 사람까지 돈과 선물을 들고 그의 집 앞에 줄을 섰다. 그는 자기 마음에 들지 않는 장관을 갈아치우고, 마음에 드는 사람을 장관으로 뽑았다. 라스푸틴이 장관을 정하면, 알렉산드라 황후는 전방에 나가 있는 니콜라이 황제에게 편지를 썼다. 얼마 후, 황제의 도장이 찍힌 임명장이 날아왔다. 라스푸틴은 러시아의 교황이자, 황제였다.

모든 것을 다 가진 남자

유수포프 펠릭스

유수포프 펠릭스는 라스푸틴보다 18살 적은 1887년생으로 1886년생인 김구보다 한 해 뒤에 태어났다. 위에 형이 있었으나, 형은 유부녀와 간통을 저질렀다. 그리고 유부녀의 남편과 결투를 벌이다 사망하여 둘째인 그가 가문을 이어받았다. 유수포프 가문은 러시아 최고 갑부로, 수도 상트페테르부르크뿐만 아니라 휴양지인 크림반도에 있는 얄타에도 궁전이 있었다.

유수포프는 가문의 이름을 딴 상트페테르부르크의 황금색 궁전에서 태어났다. 외벽은 노랗지만, 안은 눈부시게 하얀 궁전에는 100명 넘게 수용할 수 있는 전용 극장이 있었고, 렘브란트의 그림을 비롯한 수만 점에 이르는 예술품과 보석이 궁전을 장식했다. 궁전 바로 앞에는 모이카강이 흘러 운치마저 넘쳤다. 그런 궁전에서 태어난 유수포프는 자연스레 문화와 예술에 눈을 떴다.

그는 잘생긴 걸 넘어 예뻤다. 한 번은 여장을 한 채 어머니의 보석 목걸이를 하고 외출하기도 하여 동성애자라는 소문이 돌았고, 여장한 그에게 반한 영국의 에드워드 7세가 작업을 걸기도 했다고 한다. 옥스퍼드 대학 출신으로 머리마저 비상했지만, 비상한 머리를 여자의 마음을 사로잡는 데 썼기에 상트페테르부르크의 천재가 아니라 바람둥이로 명성을 날렸다.

부와 외모, 거기다 머리까지 타고난 것으로 부족했는지 그는 결혼으로 권력마저 움켜쥐었다. 황제의 조카딸이자, 미모의 이리나 공주와 인연을 맺어 황제의 조카 사위가 되었다. 황제도 부럽지 않은 남자, 그가 바로 유수포프 펠릭스였다.

그런 그가 러시아의 암적인 존재인 라스푸틴을 제거하기로 마음을 먹었다. 유수포프 펠릭스는 쓰러져 가는 러시아를 구하고 싶었는지도 모른다. 라스푸틴이 "넌 게이야. 난 게이가 싫어."라고 그를 비난하여 앙심을 품었다는 말도 있고, 라스푸틴이 그의 아내인 이리나 공주마저 치근덕거려서 그가 참을 수 없었다는 소문도 있었다. 젊은 여자라면 가리지 않고 껴안고 키스를 해댔던 라스푸틴이었기에 어느 것이 진실이든 그럴듯했다.

대의든 복수든, 라스푸틴을 죽이기 위해 유수포프는 꾀를 냈다.

"제가 요즘 건강이 안 좋아 당신의 뛰어난 치유 기술이 필요해요. 용하다는 의사들을 죄다 불러봤지만 아무런 소용이 없었어요."

"내가 고쳐주지. 의사? 게네들이 뭘 알아? …… 그들보다 내가 아는 게 더 많아."[7]

1916년 12월 20일 유수포프는 자신의 궁전으로 라스푸틴을 초청했다. 유수포프가 라스푸틴을 화려한 방과 응접실을 놔두고 지하실로 안내했을 때, 라스푸틴은 유수포프를 의심했어야 했다. 지하실은 빛도 소리도 새어 나가지 않기에 누군가를 죽인 후, 시체를 처리하기에 그때나 지금이나 가장 적합한 장소였다. 화려한 금색이나 청색으로 장식된 지상의 방들과는 달리, 지하실은 회색으로 어두침침했다. 탁자 위에는 라스푸틴을 위해 6등분한 하얀 크림 케이크 조각과 와인 잔이 놓여 있었다. 손에 피를 문히기 싫었던 유수포프는 미리 준비한 청산가리를 케이크에 듬뿍 뿌렸고, 포도주가 담긴 잔에도 치사량의 6배가 넘는 청산가리를 넣어 두었다.

처음에 라스푸틴은 단 케이크가 싫다고 사양하여 유수포프를 당황하게 만들었지만, 항상 여자와 음식에 굶주려 있던 라스푸틴은 어느 순간부터 수염에 케익을 묻혀가며 주접스럽게 먹기 시작했다. 그러다 그가 갑자기 속이 쓰리다며 배를 움켜잡고는 와인을 달라고 말했다. 청산가리의 효과가 나타나는 모양이었다. 라스푸틴은 유수포프가 건넨 와인을 벌컥벌컥 마셔댔다. 이제 라스푸틴은 숨이 확실히 끊어질 터였다.

"꺼억."

소리와 함께 라스푸틴은 트림을 하더니 얼굴에 화색이 돌며 멀쩡해졌다. 독살이 실패로 돌아갔다.

계획이 실패한 유수포프는 결국 권총을 꺼내 들었다. 검은 총이 붉은 불을 뿜으며 침침했던 지하실이 잠시나마 밝아졌다. 라스푸틴이 입고 있던 청색 실크 셔츠의 가슴 부위가 검붉게 변하며 그는 양탄자 위로 쓰러졌다. 죽음을 확인하기 위해 그를 흔들자, 감겨 있던 라스푸틴의 눈이 번쩍 떠졌다. 고통과 분노가 가득 찬 그의 두 눈에서 피눈물이 흘렀다. 입에 피거품을 문 채 라스푸틴이 유수포프의 어깨를 꽉 움켜쥐며 일어섰다. 겁에 질린 유수포프는 뒷걸음질 치며 도망갔고, 자신이 처한 상황을 깨달은 라스푸틴은 즉시 지하실 계단을 타고 올라와 뒷문으로 달아났다.

이에 1층에서 라스푸틴이 죽기만을 기다리던 동지들이 라스푸틴을 쫓아가 연거푸 총을 쏘았다. 한 발은 라스푸틴의 배를, 다른 한 발은 이마 한복판을 관통했다. 그는 차가운 길바닥에 쓰러졌고 더 이상 숨을 쉬지 않았다. 라스푸틴을 암살한 이들은 얼어붙은 강을 깨서 라스푸틴의 시체를 차가운 물 속으로 던졌다.

하지만 요승 라스푸틴을 죽인 것만으로 러시아를 구할 수는 없었다. 라스푸틴은 "만일 내가 죽거나 당신(황후인 알렉산드라)이 나를 버린다면, 당신은 6개월 이내에 아들과 제위를 잃게 될 거예요."[8]라고 예언을 남겼는데, 실제로 라스푸틴이 죽고 나서 2달 만에 '2월 혁명'이 일어났다. 1905년 피의 일요일을 이끈 가폰 신부에 이어 러시아를 뒤흔든 요승 라스푸틴이 역사에서 퇴장했다. 이제 차르 니콜라이 2세와 레닌이 남았다.

2월 혁명-전반전

금방이라도 혁명이 일어날 듯한 분위기였다. 문제는 위에서 시작되느냐 아니면 아래에서 시작되느냐였다. "황제와 황후가 모두 살해당할 것인가 아니면 황후만 살해당할 것인가 하는 문제만 남았다."라고 정부 고관마저 이렇게 말하고 다닐 정도였다. "만성적인 식량 부족에서 비롯한 민중혁명은 언제라도 일어날 수 있다."[9] 당시 러시아에 있던 영국 대사마저 비슷하게 예상했다.

"군대의 분위기가 아주 안 좋습니다. 그래서 쿠데타 소식을 들으면 크게 환영할 것입니다. 전선의 정서는 쿠데타가 일어나야 한다는 것입니다. 여러분이 그렇게 하기로 작정하신다면 우리는 여러분을 지지할 것입니다. 다른 방도는 없는 듯합니다."[10]

1917년 1월 전선에서 돌아온 러시아 장군 크리모프가 두마 의원들 앞에서 공공연히 쿠데타를 종용할 정도였다. 혁명은 기정사실이었다. 문제는 누가 앞장 설 것인가였다. 러시아 의회인 두마는 장군들을, 장군들은 의회인 두마를 앞으로 밀며, 정작 자신들은 뒤로 물러섰다. 모두가 눈치만 볼 뿐, 아무도 나서지 않았다. 항상 프롤레타리아 혁명을 외치던 볼셰비키도 마찬가지였다. 트로츠키마저도 "2월 23일이 절대왕정을 무너뜨리는 결정적 공세의 시작이 될 것으로 생각한 사람은 아무도, 정말로 아무도 없었다."라고 말할 정도였다.

가장 먼저 나선 건, 당장 먹을 게 없어 굶어 죽어가던 민중이었다. 러시아 율리우스력으로 1917년 2월 23일, 현재의 그레고리력으로는 3월 8일이었다. 그해 겨울은 유난히 추웠는데, 그날만은 영하 5도로 모처럼 따뜻했다. 러시아 수도 상트페테르부르크의 겨울 궁전 앞에는 12년 전 1905년 '피의 일요일'처럼 사람들이 모여 시위를 하고 있었다. 당시에는 수도인 상트페테르부르크뿐 아니라, 시골에서도, 독일과의 전쟁 중인 전선에서도 파업이 일상이었다. 이번에는 트랙터, 선박 엔진, 철강을 생산하던 기계 공업의 핵심인 푸틸로프 공장의 노동자들이 주축이었다. 하필이면 그날이 '세계 여성의 날'이어서 방직 공장의 여성 노동자까지 파업에 동참했다.

혁명의 시작은 언제나 그렇듯 거창한 "독재 타도", "혁명" 따위가 아니었다. 단순히 "빵을 달라."였다. 125년 전 프랑스 대혁명 때도 구호는 "빵을 달라."와 "빵이 아니면 죽음을 달라."였고, 12년 전 1905년 러시아의 '피의 일요일' 사건 때도 마찬가지였다. 그날도 전날처럼 빵집마다 긴 줄이 끝도 없이 늘어서 있었다. 그렇게 모인 군중들의 손에 빵 하나씩만 나눠줬다면, 길게 줄을 서 있던 군중들은 차례로 빵을 받아 집으로 돌아갔을 것이고, 혁명은 없었을 것이다. 하지만 빵은 어디에도 없었다.

파업은 순전히 "빵"으로 상징되는 경제 문제로 시작했지만, 시위대에

섞인 특정 세력이 이를 정치 문제로 바꾸었다. "빵을 달라."는 구호에 "여덟 시간 노동", "전쟁 종식"에 이어 "차르 타도"가 달라붙었다. 시위대의 일부는 집에서 쓰던 칼이나 공장에서 쓰던 망치를 챙겨 나왔다. 백성들은 자신을 진압하려는 경찰이나 군인과 싸우다, 여차하면 가게를 털어 배를 채울 생각이었다. 시위는 이어졌고 25일 총파업에 들어갔다.

당시 독일과의 전쟁을 직접 지휘하던 차르는 시위 소식을 듣고는 2월 26일 수도 치안을 담당하던 하발로프 장군에게 전보를 보냈다.

"내일부터 수도의 거리에서 모든 소요를 진압할 것을 명령한다. 조국이 독일과 힘겨운 전쟁을 치르고 있는 때에 소요는 결코 용납될 수 없다."[11]

대규모 파업과 겨울 궁전 앞으로의 행진, 그리고 차르의 진압 명령까지, 1917년 '2월 혁명'도 12년 전 1905년 1월 22일 '피의 일요일' 사건 때와 다를 바가 없었다.

12년 만에 바뀐 건, 파업을 진압할 병사들이었다. 병사들은 직업 군인이 아니라 대부분 강제 동원된 젊은이들이었다. 겨울 궁전으로 이어지는 서울의 세종로에 해당하는 페트로그라드의 네프스키 대로에서 병사들이 군중을 향해 발포를 시작했다. 많은 사람이 총을 맞고 붉은 피를 흘리며 길에 쓰러지는 가운데, 볼린스키 연대 소속의 한 병사가 갑자기 손을 부들부들 떨며, 눈물과 눈에 젖은 손으로 두 눈을 계속 비벼댔다. 총에 맞아 쓰러진 군중들 가운데 어머니를 본 것 같았기 때문이다. 이 소문은 삽시간에 병사들 사이에서 퍼져나갔다. 죄책감과 불안감이 병사들 사이에 걷잡을 수 없이 번졌다.

다음날에도 시위는 이어졌고, 병사들은 다시 진압에 투입되었다. "내

어머니를 쏜 것 같다."라는 소문을 들은 병사들의 눈에는 총구 끝에 서 있는 사람이 더 이상 폭도가 아니라 형이나 동생, 누나나 여동생, 아버지나 어머니처럼 보였다. 시위대를 향해 총을 쏘기는커녕 겨눌 수도 없었다. 병사 중 일부는 아예 시위대에 참여해, 시민을 향하던 총부리를 장교와 황제에게 겨누었다. 병사들이 돌아서자, 정부는 시위대를 통제할 수 없었다. 이로써 차르 정권이, 황제 니콜라이 2세가 끝났다. 하지만 1917년 '2월 혁명'은 전반전에 불과했다. 후반전이 남았다. 전반전이 '과연 차르가 무너지느냐?'였다면 후반전은 '이제 누가 정권을 장악하느냐?'였다.

차르 니콜라이 2세가 물러나자 곧바로 권력을 잡은 것은 레닌이 아니었다. 백성들의 피로 물든 1905년 1월 '피의 일요일' 당시에도, 차르 정권이 무너진 1917년 '2월 혁명' 때도 러시아 혁명의 주인공이자 소비에트의 지도자가 될 레닌은 러시아에 없었다. '2월 혁명'이 일어났을 때, 47살의 레닌은 1905년 '피의 일요일' 때와 같이 외국에서 망명 중이었다. 그는 차르 정권이 무너졌다는 소식을 듣자마자, 귀국을 서둘렀지만 난관이 레닌의 앞을 가로막고 있었다.

부르주아가 프롤레타리아 혁명을?

프롤레타리아 혁명이 일생의 목표였던 블라디미르 일리치 울리야노프, 즉 레닌은 1870년 프롤레타리아가 아니라, 부르주아 집안에서 태어났다. 당시 러시아 귀족은 천박한 자국 말 대신 고상한 프랑스어를 쓰며 자신의 고상함을 뽐냈는데, 그 또한 능숙하게 프랑스어를 구사하는 어머니로부터 프랑스어를 배웠다. 아버지는 심비르스크 지방의 인민학교를 총괄하는 교육감이 되어, 그가 4살 때 세습 귀족이 되었다.

레닌은 다리가 짧고 유난히 머리가 컸다. 아이일 때, 큰 머리를 자주 마룻바닥에 찧어서 목조로 된 집이 울릴 정도였다. 어머니인 마리아는 그런 그가 어딘가 아프지 않을까 걱정했는데, 산파는 "그가 아주 똑똑하거나 아주 멍청하게 될 것"이라고 말했다.[12]

레닌은 독일어와 프랑스어, 영어를 자유롭게 읽을 수 있었을 뿐만 아니라 유럽 고전에도 뛰어났다. 하지만 계몽된 머리와는 달리 그의 외모는 나아질 기미가 보이지 않았다. 20대부터 머리가 벗겨지고, 목소리는 노인네처럼 칼칼한데다 혀 짧은 소리를 냈다. 그를 처음 본 러시아 대문호인 막심 고리키는 레닌이 약간 모자라 보였다고 했고, 10월 혁명에서 그를 본 영국 대사도 "사람들의 지도자가 아니라 지방의 야채 장수 같다."[13]라는 평을 남겼다.

어린 레닌 앞에는 비교적 평탄한 길이 놓여 있었다. 아버지는 세습 귀족이었고, 자신은 러시아에 8개 밖에 없는 대학 중 하나인 카잔 대학에 입학했으니, 아무리 못해도 간부급 행정 관료는 보장되어 있었다. 반정부 시위로 퇴학을 한 번 당하긴 했지만, 피가 끓는 젊은 날에는 누구나 한번은 그럴 수 있었다. 퇴학당한 후에는 러시아 최고 대학인 상트페테르부르크 대학에서 변호사 자격증까지 획득했으니, 탄탄대로가 그의 앞에 펼쳐졌다.

젊을 때 우리는 모두 무언가에 미친다. 레닌이 미친 건 혁명이었다. 누군가는 레닌이 17살 때, 그의 형이 러시아 황제 알렉산드르 2세를 암살하려다 실패한 후 잡혀 목숨을 잃었기 때문이라고 주장하지만, 정확한 이유는 아무도 알 수 없었다. 사람은 나이가 들면서 뜨거웠던 열정이 시들 거나, 열정의 대상을 계속 바꿔가다 결국 열정마저 잃고 평범한 사람이 된 다. 하지만 레닌은 변하지 않았다.

"하루 24시간 내내 혁명에 몰두하고, 혁명에 대해서만 생각하고, 잠 잘 때조차도 혁명에 관한 꿈만 꾸는 사람은 오직 그 사람(레닌)뿐이기 때 문이지요."

레닌은 다른 이들과 달리 부나 명예 따위에는 전혀 관심이 없었다. 올이 삐쳐 나온 낡아빠진 코트를 입고 다녔고, 심지어 혁명이 성공한 그 해 겨울 그의 집에는 땔감조차 없었다. 권력의 일인자가 된 후에 머리를 깎으러 이발소에 가서도 말없이 자기 차례를 기다렸다. 프롤레타리아 혁 명을 외치던 그는 적어도 자신만은 권력자로서 특혜를 누리지 않았다. 혁 명, 그것은 진정 레닌의 모든 것이었다.

머리뿐 아니라 마음도 혁명의 열정으로 불타오르는 그였지만 운은 지독히도 없었다. 1895년 12월 반정부 활동으로 체포되어 5년간 유배 생 활을 하고, 유배가 끝난 1900년 서른 살에 러시아를 떠나 망명 생활을 시 작했다. 1905년 '피의 일요일 사건'이 터지자 뒤늦게 9월에야 수도로 돌아 올 수 있었다.

당시 레닌은 마르크스주의에 따라 노동자 중심의 프롤레타리아 혁명 을 주장하는 사회민주노동당에 속해 있었다.

마르크스 이전에도, 고대 그리스 때부터 사유 재산 폐지와 공동 소 유를 주장하는 사람은 있었다. 자본주의 발전에 따라 빈부 격차가 심해짐 에 따라, 사회주의자의 주장이 호응을 얻기 시작했다. 그 중에서 자신의 이론을 '과학적 공산주의'라고 부르는 마르크스가 가장 인기가 높았다. 마르크스는 사회가 5단계의 발전 과정을 거칠 것이라고 주장했다.

1단계: 사유 재산이 없는 〈원시 공산 사회〉
2단계: 사유 재산과 계급이 생겨나는 〈고대 노예 사회〉
3단계: 〈중세 봉건 사회〉
4단계: '부르주아 혁명'으로 자본주의가 정점에 이르는 〈근대 자본주의 사회〉
5단계: 부익부 빈익빈과 계급 착취가 극에 달해, 참다못한 '프롤레타리아 혁명'으로 사유재산과 계급이 사라지는 〈미래 공산주의 사회〉

이 마르크스의 5단계 이론에 따르면, 프롤레타리아 혁명이 일어나려면 먼저 부르주아 혁명이 일어나고 자본주의가 충분히 성숙해야 한다. 그후 부르주아가 프롤레타리아를 극도로 착취하여, 참다못한 프롤레타리아가 혁명을 일으키는 게 순서였다. 그러므로 프롤레타리아 혁명은 가장 낙후된 러시아가 아니라 자본주의가 발전된 영국이나 독일에서 일어나야 했다.

좌파인 사회민주노동당 내에서도 마르크스주의를 고수하는 멘셰비키는 일단 프롤레타리아 혁명을 연기한 채 4단계에 해당하는 부르주아 혁명이 먼저 일어나도록 부르주아와 협력하기를 원했다. 하지만 같은 당의 볼셰비키는 당장이라도 프롤레타리아 혁명이 일어나야 한다고 주장했다. 사회민주노동당 내에서는 당장 프롤레타리아 혁명을 일으키자는 급진파인 볼셰비키와 일단은 좀 더 기다리자는 온건파인 멘셰비키로 나누어져

심한 갈등이 있었고, 레닌은 당연히 급진파인 볼셰비키였다.

레닌은 1905년 '피의 일요일' 소식을 듣고 뒤늦게 귀국하자마자 혁명을 외쳤다. 하지만 러시아 전체는 물론이고 사회민주노동당 내부에서도 온건파인 멘셰비키가 급진파인 볼셰비키보다 더 많았다. 또한 '피의 일요일' 사건 이후 혁명의 열기가 사그라들자 러시아 정부는 왕정을 반대하는 세력들을 탄압하기 시작했고, 그는 다시 망명길에 올랐다. 그리고 12년이 지났다.

혁명만을 추구하던 그의 젊은 날은 유배와 망명이 전부였다. 러시아를 떠나 낯선 독일과 스위스 땅에서 먹는 것을 걱정해야 했고, 월세가 제일 싼 집을 찾아 전전긍긍했다. 레닌은 혁명 직전까지 스위스 취리히에 있는 좁은 골목길인 슈피겔가세(Spiegelgasse)의 3층에 머물렀다. 연기에 그을린 집에서 간신히 생계를 유지하며, 그는 혁명을 꿈꾸었다. 항상 책을 읽으며 글을 즐겨 쓰던 그는 혁명과 자신의 곤궁한 삶, 그리고 돈을 구걸하는 내용이 담긴 편지를 써서 친구들에게 보내기도 했다. 그는 늘 딱 한벌뿐인 코트를 입고 다녔기에 낡은 코트는 자연스럽게 그의 트레이드 마크가 되었다.

1917년 3월 15일, 그는 평소처럼 아침 9시에 도서관에 가는 대신, 귀국하기 위해 급히 짐을 꾸렸다. 러시아에서 혁명이 일어났다는 소문을 들었기 때문이다. 하지만 스위스와 러시아 사이에는 러시아와 전쟁 중인 독일과 오스트리아가 있었고, 적국인 독일이 레닌을 순순히 통과시켜줄 리가 없었다.

하지만 레닌은 과감하게 독일에게 협상을 제안했다. 독일은 순순히 레닌에게 기차 3량을 내어줬다. 신변 안전은 물론이고, 국경 검문마저 생략하며, 치외 법권까지 제공하는 '봉인 열차'였다. 1917년 4월 9일 3시 10분에 스위스 취리히를 떠난 293호 열차는 베를린을 지나 스웨덴, 핀란드를 거쳐 4월 16일 밤 11시 페트로그라드의 핀란드 역에 도착했다.

독일이 레닌에게 특별 열차까지 내주며 러시아로 귀국시켜준 속셈은 이랬다.

'급진파인 레닌이 러시아에 귀국해서 혁명을 일으키면 혼란이 가중될 것이고, 그러면 러시아와 전쟁 중인 우리 독일에 유리하다.'

12년 만에 조국의 땅을 밟은 레닌에게는 코로 밀고 들어오는 조국의 냄새가 마치 타국인 양 낯설었다. 핀란드 역에는 수천 명의 노동자와 병사들이 그를 기다리고 있었다. 기대와 흥분으로 커진 수천 개의 초롱초롱한 눈망울이 밤하늘의 별처럼 빛났다.

경쟁자들

1917년 4월 레닌이 발을 딛은 러시아에는 절대 권력이었던 왕정은 무너졌지만, 권력을 노리는 수많은 집단이 있었다.

가장 먼저가 왕정복고 세력이었다. 그들은 공화정을 부정하고, 군주정을 지지했으며, 차르 니콜라이 2세의 재집권을 바랐다. 그다음이 부르주아 중심의 입헌민주당인 카데츠당이었다. 농민을 기반으로 농민 혁명을 주장하는 사회혁명당은 농민에게 토지 재분배를 주장했기에 러시아 국민 대다수인 농민들에게 높은 지지를 얻고 있었다. 그리고 마르크스를 따르며 노동자 중심의 프롤레타리아 혁명을 주장하는 사회민주노동당이 있었으나, 2월 혁명 당시에는 즉시 혁명을 주장하는 급진파 볼셰비키와 부르주아와 협력하자는 온건파 멘셰비키로 이미 완전히 갈라선 상태였다.

정리하자면, 러시아의 정치 세력은 왕정복고 세력(귀족 및 군부)-카데츠당(부르주아)-사회혁명당(농민)-멘셰비키(온건 좌파)-볼셰비키(급진 좌파)로 나누어진 상태였다.

1917년 2월 혁명이 일어나자, 러시아 모든 도시에 노동자·농민·병사들이 자발적으로 모여 만든 평의회인 '소비에트'가 등장했고, 그중에서 당시 수도인 페트로그라드 소비에트가 가장 강력했다.

그렇게 권력은 1905년 '피의 일요일' 이후 만들어진 의회인 '두마'와 평의회인 '소비에트'가 이중 구조를 이루고 있었다. 두마가 정책을 결정해도 소비에트가 반대하면 그 어떤 정책도 실행되기가 어려웠다.

정식 의회인 두마는 부르주아 중심의 카데츠당과 농민 중심의 사회혁명당이, 비공식적인 소비에트는 사회혁명당과 온건한 멘셰비키가 주도권을 잡고 있었다. 그들 모두 의회를 통한 새 정부와 새 질서 수립을 주장했다. 하지만 볼셰비키의 레닌은 달랐다.

그는 스위스에서 귀국한 날 말했다. "우리에게는 의회 공화국이 필요 없습니다. 부르주아 민주주의도 필요 없습니다. 노동자, 병사, 농업 노동자 대표 소비에트 외에는 어떤 정부도 필요 없습니다."[14]

하지만 레닌을 제외하고는 모두 피를 부르는 내전을 두려워했다. 1917년 2월 혁명으로 차르가 물러났으나, 그 어떤 세력도 선뜻 정권을 잡으려 나서지 않았고 서로 눈치만 살폈다. 결국 기존 의회인 두마의 구성원들이 떠밀리듯이 임시 정부를 만들었다. 임시 정부에서 가장 인기가 있었던 인물은 법무부 장관을 맡게 된 케렌스키였다. 그는 임시 정부 내에서 유일하게 사회주의자이자 소비에트 위원으로 민중의 지지를 받았다. 그뿐 아니라 온건파로 케렌스키는 다른 정치세력의 사람들과 두루 친해 위협이 되지 않았기에 법무부 장관에 이어 국방부 장관과 총리까지 역임해도 큰 반대에 부딪히지 않았다.

2월 혁명으로 러시아 국내 사정이 급박하게 돌아가는 가운데, 잊고 있었던 가장 중요한 변수가 남아 있었다. 러시아는 여전히 독일과 전쟁 중이었다.

임시정부를 이끌던 케렌스키는 1917년 여름, 독일에 대한 공격에 나섰다. '케렌스키 공세'였다. 하지만 전쟁에서의 승리로 국내 정치를 덮겠다는 의도와는 반대로 전투에서 패하며 후퇴를 거듭했다. 거듭된 졸전 중에 유일하게 승리를 거둔 건 코르닐로프 장군뿐이었고, 코르닐로프 장군은 자연스럽게 총사령관이 되었다.

'케렌스키 공세'마저 실패하자, 왕정이 무너지면 자신들의 삶이 나아지리라 생각한 농민, 노동자, 병사들의 불만이 다시 들끓기 시작했다. 특히 패전을 겪은 병사들의 원성이 가장 높았다. 이 틈을 레닌의 볼셰비키가 파고들어, 즉시 독일과의 평화 협상을 주장하며 세력을 확장해 나갔다.

노동자와 병사들이 뭉친 볼셰비키가 독일과의 전쟁 중단을 외치는 가운데, 정부는 수도를 지켜야 하는 페트로그라드 수비대까지 전선으로 투입한다는 명령을 내렸다. 하지만 일방적으로 독일군에게 밀리는 데다 보급마저 원활하지 않은 최전선으로 가려는 병사는 그 누구도 없었다. 제1기관총 연대가 전선에 투입되기를 거부하며 반기를 들고 나섰다. 이에 페트로그라드 소비에트가 합세하여 "모든 권력을 소비에트로!"라는 구호를 부르짖으며 무장 시위를 일으켰다.

그 와중에 언제라도 혁명을 일으켜야 한다고 주장했던 레닌과 볼셰
비키는 오히려 혁명의 때가 아니라고 시위를 멈출 것을 요청하면서 소요
는 허무하게 끝나버리고 만다. '7월 사태'였다. 정부는 레닌이 주춤하자 즉
시 반격에 나섰다. 레닌이 '2월 혁명' 후 러시아로 귀국할 때, 독일이 내준
봉인 열차를 타고 온 것을 구실 삼아 레닌을 독일의 간첩으로 몰았다. 간
첩으로 몰린 레닌은 가발을 써서 대머리를 감춘 채 핀란드로 도주해 버렸
다. 또다시 망명이었다. 사실 레닌이 1900년 이후 17년간 국내에 머물렀던
기간은 1년이 채 되지 않았다.

　임시정부로서는 국내의 혼란을 잠재우기 위해 무력이 필요했고, 당
시 러시아에서 유일하게 제대로 된 군사를 거느리고 있던 총사령관 코르
닐로프에게 손을 내밀었다. 정부의 요청으로 코르닐로프가 막상 군대를
이끌고 수도를 향해 다가오자 임시 정부의 수장인 케렌스키는 불안감을
느꼈다. 케렌스키는 군대를 요청할 때는 언제고, 이번에는 총사령관에게
수도로 진격하는 것을 멈춰달라고 요구했다. 하지만 총사령관 코르닐로프
는 오히려 케렌스키에게 전권을 넘기라고 협박했다. 코르닐로프의 쿠데타
였다. 코르닐로프 또한 1870년생으로 레닌과 동갑이었다.

　무장 세력이 없었던 케렌스키는 이번에는 소비에트와 볼셰비키에게
도움을 청하며, 그들에게 무장을 허락했다. 코르닐로프 덕에 볼셰비키는
그토록 원하던 총을 손에 쥐게 되었다. 하지만 누가 봐도 정규군인 코르닐
로프가 볼셰비키보다 유리한 상황이었다. 코르닐로프의 쿠데타가 성공했
다면, 러시아에서 프롤레타리아 혁명이 아니라, 군사 독재 정권이 탄생했
을 것이다.

　하지만 코르닐로프는 레닌만큼 권력에 대한 의지가 없었다. 코르닐로

프와 볼셰비키의 대결은 제대로 된 전투도 없이 싱겁게 볼셰비키가 승리했다. 무력을 얻고, 총사령관 코르닐로프마저 꺾은 볼셰비키는 자신감과 함께 급속도로 세력을 확장해갔다. 레닌은 혁명의 시기가 무르익었음을 확신했다. 그들의 손에는 이제 총과 대포가 있었다. 무장한 볼셰비키, 적위대가 탄생한 것이었다.

"코르닐로프에 대항한 군대가 향후 10월 혁명의 부대가 될 운명이었다."[15] 훗날 트로츠키의 회고였다.

황제가 물러났으나, 백성들의 삶은 바뀐 것이 없었다. 병사들은 여전히 독일과의 전쟁에서 피를 흘려야 했고, 농민은 원하는 땅을 받지 못했다. 노동자들의 임금은 조금 올랐지만, 물가는 더 가파르게 상승해 빵은 여전히 부족했다.

군대는 평화를, 농민들은 토지를, 노동자들은 일자리와 빵을 요구했다.[16] 하지만 2월 혁명 이후 세워진, 왕정복고 세력, 카데츠당, 사회혁명당, 멘셰비키 연합인 임시 정부는 백성들의 요구를 만족시키지 못했다. 볼셰비키는 한때 같은 좌파였지만 완전히 갈라선 멘셰비키와 사회혁명당을 손가락질하며, 자신들만이 모든 문제를 해결할 수 있다고 말했다

"병사에게 평화를, 농민에게 토지를, 노동자에게 빵을, 소비에트에게 모든 권력을……."

사람들은 마르크스의 사회주의 이론이나 프롤레타리아 혁명, 레닌의 〈국가와 혁명〉 등의 거창한 말이 아니라, 눈앞의 평화와 토지 그리고 빵에 이끌렸다. 사람들은 그 대가로 소비에트에게 권력을 넘겼다. 그리고 2월 혁명 때만 해도 온건파 멘셰비키가 다수였던 소비에트를 어느새 급진파

볼셰비키가 장악했다.

 1917년 10월 25일 겨우 만 명에서 2만 명 남짓한 볼셰비키가 인구 200만 명의 페트로그라드를 무력으로 점령하며, 권력을 장악했다. '10월 혁명'이었다. 볼셰비키가 잘했다기보다, 임시정부가 못했다는 게 더 정확했다. 군대는 코르닐로프 사건 이후, 케렌스키와 갈라섰다. 무장 혁명을 막아설 군과 경찰이 더 이상 임시정부의 케렌스키 편을 들지 않았다. 케렌스키는 볼셰비키 신문사를 폐쇄하는 것으로 볼셰비키를 막으려 했지만, 효과가 없었다. 임시 정부는 무장 혁명을 막을 힘은커녕 싸우다 흘릴 피조차 없었다. 사실상 무혈 혁명이었다.
 레닌은 "뭐랄까, 박해받으며 지하 생활을 하다가 이렇게 갑자기 권력을 장악하게 되면……. 정신이 아찔합니다."라며 손으로 머리 주위에 원을 그렸다.[17]
 무력으로 권력을 장악한 그에게는 아찔한 머리를 쉬게 할 틈도 없었다. 1905년 '피의 일요일'이 리허설이었다면, 왕정이 무너진 1917년 '2월 혁명'은 전반전이었고, 볼셰비키가 권력을 잡은 '10월 혁명'은 후반전이었다. 왕정이 무너진 2월 혁명과 러시아가 독일을 공격하다 실패로 돌아간 케렌스키 공세, 급진파인 레닌이 혁명을 막아선 7월 사태, 총살령관 코르닐로프의 쿠데타에 이은 볼셰비키의 10월 혁명까지. 정신없이 흘러간 러시아의 1917년이었다.
 하지만 경기는 이것으로 끝이 아니었다. 첫 경기를 승리로 이끈 볼셰비키 앞에 무수히 많은 상대와의 경기가 남아 있었다. 거기다 러시아 밖에는 적국인 독일이 있었다.

그렇게 1917년 10월 혁명으로 볼셰비키의 수장인 레닌은 만 47살에 그토록 바라던 혁명을 이루고, 권력을 잡았다. 오랜 시간의 망명과 유배, 그리고 실패 끝에 간신히 획득한 기회였다.

레닌이 권력을 장악한 당시, 대서양 아니 태평양 건너 미국에는 누구보다 쉽게 권력을 잡은 대통령이 있었다. 그의 이름은 우드로 윌슨으로 레닌보다 14살 많았고, 미국의 28번째 대통령이었다. 이미 그는 대통령으로 두 번째 임기를 맞이하고 있었다.

아버지는 목사, 아들은 교수

아버지는 목사였다. 그의 아버지는 미국 남부 버지니아주에 주민이 4천 명이 채 되지 않는 작은 마을인 스톤턴에서 장로 교회를 이끌었다. 워낙 작은 동네였기에, 가장 큰 교회 목사 아들인 우드로 윌슨의 출생은 마을에서 큰 뉴스거리가 되었다.[18]

영국의 전성기를 이끈 엘리자베스 여왕의 별명인 '처녀 여왕(The Virgin Queen)'을 따른 버지니아(Virginia)주는 영국 최초의 북아메리카 식민지였다. 거기다 미국 초기 13개 식민지 시절에는 인구가 가장 많았을 뿐 아니라 제일 번성한 주였다. 미국 건국의 아버지 조지 워싱턴을 비롯, 3대 토머스 제퍼슨, 4대 제임스 매디슨, 5대 제임스 먼로까지 초기 5명의 대통령 중 2대 존 애덤스를 빼고 4명이 버지니아주 출신이었으며, 미국 역사 초창기에만 해도 버지니아주는 경제뿐만 아니라 정치적으로도 화려한 절정기를 누렸다.

1856년 미국 북부와 남부의 갈등이 심해지는 해에 우드로 윌슨이 태어났다. 버지니아주는 1861년부터 1865년까지 남북 전쟁에서 노예제를 지지하던 남부의 중심에 서 있었다. 남북 전쟁의 표면상의 이유는 노예 해방이었지만 실제로는 상공업 중심의 북동부와 농업 중심의 남부간의 정치적, 경제적 주도권 싸움이었다. 남북 전쟁이 북부의 승리로 돌아가면서, 남부의 중심이었던 버지니아주는 급속도로 쇠퇴하기 시작했다. 우드로 윌슨을 마지막으로 그 이후 100년간 버지니아주 출신의 대통령은 나오고 있지 않다.

그는 외향적인 정치인이라기보다는 내향적인 학자였다. 1885년 개교한 필라델피아의 브린모어 대학에서 처음 교편을 잡았고, 1년 후인 1886년 존스 홉킨스 대학에서 정치학 연구로 박사 학위를 취득했다. 수많은 미국 대통령이 박사 학위가 있지만 대부분 명예 박사 학위였고, 학문적 업적으로 박사 학위를 취득한 사람은 버락 오바마를 제외하면 윌슨이 유일했다. 1890년 그는 모교이자, 사립 명문으로 손꼽히는 프린스턴 대학교 교수가 되었고, 1902년에는 만장일치로 프린스턴 대학교의 총장이 되었다. 만 45세에 대학 총장까지 되었으니 교수로서 이미 절정에 이르렀다.

로켓을 탄 정치 신인

25년간 교수로서의 삶이 급행열차에 탄 것이었다면, 곧바로 이어진 정치인으로서의 삶은 로켓에 올라탄 것 같았다. 프린스턴 대학이 있던 뉴저지에서는 공화당이 다섯 번이나 연속해서 주지사를 차지하고 있었는데, 그는 민주당 소속임에도 불구하고 공화당의 아성인 뉴저지 주지사에 당선되었다. 하지만 그에게 도지사는 끝이 아니라 시작이었다. 그는 도지사에 당선되자마자 이번에는 대통령 후보에 거론되었다. 3년의 주지사 임기도 다 채우지 않고, 그는 28대 대통령 선거에 나섰다. 25년간 학문에 몰두했던 윌슨은 정치 생활 단 2년 만에 곧바로 모든 정치인의 꿈인 대통령에 도전한 것이었다.

우드로 윌슨이 출마한 28대 대통령 선거는 역대 미국 선거 중 가장 흥미로웠다.

루스벨트　　　　　　　　태프트　　　　　　　　우드로 윌슨

시어도어 루스벨트는 나중에 대통령이 되는 프랭클린 루스벨트의 먼 친척으로, 원래는 부통령이었다. 공화당 소속 대통령인 윌리엄 매킨리가 임기를 시작한 지 6개월 만에 암살되자, 규정대로 부통령인 시어도어 루스벨트가 역대 가장 젊은 나이인 42살에 대통령이 되었다. "시어도어 루스벨트는 결혼식장에 가면 신랑이 되길 원하고, 장례식장에 가면 죽은 사람이 되길 원할 거야."라는 평이 있듯이 그는 모두의 주목을 받길 원하는 성격의 소유자였다. 뉴욕 경찰청장일 때는 부패한 경찰과 맞서 싸웠고, 대통령이 되어서는 당시 출현한 J.P 모건, 카네기, 록펠러 같은 거대 독점 자본과 법으로 맞섰다. 그뿐 아니었다. 대통령이 되기 전에는 의용 기병대 대장, 해군차관까지 지냈다. '카우보이 대통령'이란 별명답게 검은색 정장보다 카멜색 모자를 쓴 모습이 더 잘 어울렸다. 그는 뜨거운 심장을 가진 전사이자 탐험가였다.

그는 그때나 100년이 지난 지금이나 사람들에게 인기가 좋았고, 임기가 끝나자 선거에 나서서 쉽게 26대 대통령이 되었다. 두 번에 걸친 7년 6개월간의 대통령 임기가 끝났지만, 여전히 국민들 사이에서 지지가 높아 3선 이야기가 나왔으나, 그는 미국의 암묵적인 대통령 선거 룰인 '재선까지만'을 지켰다. 대신 그는 자기 참모였던 윌리엄 하워드 태프트를 밀어주었고, 덕분에 태프트가 손쉽게 27대 대통령이 되었다.

자신의 임무를 모두 달성했다고 생각한 루스벨트는 후임자인 태프트가 부담을 느낄까 훌쩍 아프리카로 여행을 떠났다. 대통령 대신 사냥꾼이 되어, 정치의 세계를 떠나 모험의 세계로 뛰어든 것이었다.

권력이란 돈과 같아서, 일단 손에 쥐면 사람의 마음이 변한다. 루스벨트의 노선을 그대로 따를 것 같았던 태프트는 갑자기 정책을 뒤집었다. 이에 루스벨트가 밀어붙이던 다양한 개혁들은 흐지부지되었고, 태프트의 인기도 흐지부지된 개혁처럼 사라져 버렸다.

이를 보고 있을 수 없었던 전직 대통령 루스벨트는 태프트를 비난하기 시작했다. 이에 현직 대통령인 태프트 또한 루스벨트의 임기 당시 추문을 들쑤시며 루스벨트가 임명한 측근들을 해고하는 것으로 맞섰다. 이혼을 앞둔 남편과 아내의 싸움처럼 둘의 갈등은 깊어만 갔다.

결국 참을 수 없었던 시어도어 루스벨트는 28대 대통령 선거를 앞두

히틀러의 주치의들

고 다시 공화당의 대통령 경선에 출마했다.

"TAFT(Take Advice From Teddy.)"(태프트=모든 걸 테디*에게 물어봐)

무능한 27대 현직 대통령인 태프트를 조롱하는 이런 농담이 유행할 정도로, 국민적인 인기는 루스벨트가 압도적이었다.

26대 전직 대통령인 루스벨트와 27대 현직 대통령인 태프트의 공화당 내 경선 결과는 국민들의 지지와는 정반대로 107:561로 루스벨트가 참패했다. 공화당 자체의 보수성 때문이었다.

태프트 대신 루스벨트가 공화당 단일 후보로 나왔더라면 민주당 후보인 우드로 윌슨은 참패했을 것이다. 하지만 인기가 없는 태프트가 공화당 후보가 되었기에 대통령 선거 결과를 아무도 장담할 수 없었다. 인기없는 현직 대통령 vs 정치 신인의 대결은 흥미진진했다.

그런데 여기서 미국 정치 역사상 보기 힘든 일이 벌어졌다. 공화당 경선에 불복한 루스벨트가 공화당을 탈당하고, 새롭게 진보당을 만들어 대통령 선거에 나선 것이다. 이로서 28대 대통령 선거는 3파전이 되었다.

1912년 미국 28대 대통령 선거는 과거, 현재, 미래의 구도에 더해 명문 대학의 자존심까지 걸려 있었다. 과거 26대 대통령인 시어도어 루스벨트는 하버드 대학교, 현직 27대 대통령인 윌리엄 태프트는 예일 대학교, 미래의 대통령이 될 우드로 윌슨은 프린스턴 대학교 출신이었다.

가장 많은 표를 받은 것은 민주당 단일 후보 우드로 윌슨이었다. 우드로 윌슨이 42.5%, 루스벨트가 27.8%, 태프트가 23.5%의 표를 받았다. 1987년 우리나라 양 김이 단일화에 실패하면서, 노태우가 36.6%, 김영삼이 28%, 김대중이 27%의 득표로 노태우가 대통령이 된 것과 비슷한 상황이었다.

그렇게 우드로 윌슨은 교수로서도, 정치인으로서도 손쉽게 정점에 올랐다. 실력도 실력이지만, 운이 좋았다. 자신이 직접 슛해서 필드골을 넣은 게 아니라, 상대가 자살골을 넣는 바람에 경기에서 이겼다. 하지만 운은 여기까지였고, 그의 실력을 증명할 시간이 찾아왔다.

윌슨이 올라탄 거인, 미국

우드로 윌슨이 대통령이 된 20세기 초의 미국은 훌쩍 덩치가 커져 버린 거인이었다. 하지만 미국이 1776년 독립선언을 하고, 영국과의 독립 전쟁 끝에 1783년 완전한 독립국이 되었을 때, 영토는 겨우 대서양 연안의 13개 주로 현재의 1/5도 채 되지 않았다. 19세기 동안 미국은 급속도로 몸집을 불렸다. 미국에게 18세기가 독립의 시기였다면, 19세기는 팽창의 시기였다.

19세기 초, 유럽 대륙은 프랑스 대혁명 이후 이어진 나폴레옹 전쟁으로 대혼란에 빠졌다. 유럽의 위기는 멀리 떨어진 미국의 기회였다. 1803년 상업의 나라답게 미국은 전쟁으로 당장 돈이 급했던 프랑스에게 1,500만 달러를 주고, 한반도 면적의 10배에 가까운 214만 제곱킬로미터의 땅을 사들였다. 이로써 영토가 단번에 두 배가 되었다. 그것으로 끝이 아니었다. 미국은 1846~1848년 멕시코와의 전쟁을 통해서 서부를 획득했다. 이로써 미국은 대서양과 태평양 모두를 얻게 되었다. 거기다 잭팟이 터졌다. 1848년 멕시코에게 뺏은 캘리포니아에서 금이 발견된 것이다.

사람들이 가슴 속에는 일확천금의 꿈을 품고, 손에는 삽 한 자루를 들고 서부로 몰려왔다. 골드러시 즉, 캘리포니아드림의 시작이었다. 당시에는 미국 횡단 철도가 완공되지 않아, 동부 대서양에서 출발해 서부 태평양에 도착하는 데 꼬박 1년이 걸렸다. 1848년 동부를 떠난 이들이 1849년에 캘리포니아에 도착했기에 이들을 포티나이너(Forty-niner, 약칭 49er)라 불렀다.

1840년대 당시 미국인들은 그렇게 자신들이 팽창해 나가는 것을 '명백한 운명(Manifest Destiny)'이라고 여겼다. 북미 대륙에서 원주민을 포함한 다른 이들을 추방하며, 민주주의와 자본주의를 널리 전파하는 게 신이 그들에게 부여한 의무라고 생각하며 자신들의 행동을 합리화했다.

미국은 1867년에는 러시아로부터 당시 돈으로 720만 달러에 알래스카를 구입하였다. 1898년에는 스페인과의 전쟁을 승리로 마무리 지으며, 미국은 하와이, 괌, 필리핀, 푸에르토리코까지 땅을 넓혔다. 괌은 자치령으로, 하와이는 나중에 미국의 마지막 50번째 주로 정하면서 국토를 완성했다. 100년 만에 영토가 무려 5배 가까이 넓어진 것이다. 갑작스레 넓어진 영토를 개척하기 위해 미국은 대규모 이민을 받아들였다. 캘리포니아드림, 골드러시, 서부 개척, 아메리카드림까지. 미국은 전 세계 사람들에게 기회의 땅으로 보였다.

1870년 미국의 인구가 대략 3,800만 명이었는데, 1900년 7,600만으로 30년 만에 2배가 되었다. 얼마나 많은 사람이 아메리카드림을 꿈꾸며 미국으로 왔는지 짐작할 수 있다.

그렇게 미국이 19세기에 부지런히 영토를 넓히는 동안, 유럽에서는 전쟁이 그치지 않았다. 1803년에 시작된 나폴레옹 전쟁은 유럽을 무대로 대륙과 해양 모두에서 벌어져, 1815년 워털루 전투에서 나폴레옹이 패함으로 끝이 났다.

그뿐이 아니었다. 부동항을 찾으러 남하하려는 러시아와 러시아에게 바다를 눈곱만큼도 양보할 생각이 없는 영국은 흑해의 크림반도와 중앙아시아의 아프가니스탄, 극동의 만주와 조선에서 러시아와 '그레이트 게임'을 벌였다.

대륙에서는 분열되었던 독일 연방이 프로이센을 중심으로 통합되어 갔다. 물론 그런 프로이센을 탐탁지 않게 여긴 오스트리아와 프랑스가 1866년 프로이센-오스트리아 전쟁, 1870년 독일-프랑스 전쟁으로 견제에 나섰지만 실패하고 결국 독일이 유럽 대륙의 최강자로 등장했다.

그렇게 유럽에서 전쟁이 지속되며 서로가 서로를 견제하는 동안, 대서양 건너 아메리카 대륙에서는 유럽이 혼란한 틈을 탄 미국이 어부지리로 영토를 넓히며 세력을 키웠다.

영토만 넓어진 것이 아니었다. 미국에서도 산업 혁명이 일어났고, 철강, 철도, 석유, 조선업 등이 눈부시게 성장했다. 그 가운데 철강왕 카네기와 석유왕 록펠러가 등장했다. 이 둘은 사업적 능력뿐만 아니라, 독점을 통해 수익을 극대화했다. 록펠러는 당시 미국 석유 산업의 90%를 독점할 정도였다. 포브스에 따르면 카네기와 록펠러 모두 현재 돈으로 환산할 경우, 카네기는 450조, 록펠러의 경우 500조가 넘어 당시는 물론이고, 역사를 통틀어 최고의 부자에 속했다. 500조는 2020년 대한민국 1년 예산에 맞먹는다.

20세기 초, 미국은 폭발적인 성장을 이루었다. 하지만 빛이 강하면 그늘이 깊듯, 화려한 성장의 이면에는 거대 독점 기업의 횡포, 정경 유착으로 인한 부패, 부의 양극화와 빈곤 등 다양한 문제가 있었다. 이를 해결하기 위해 '혁신주의 운동(Progressive Movement)'이 일어났는데, 그 대표적인 주자가 26대 대통령인 시어도어 루스벨트와 28대 우드로 윌슨이었다. 26대 대통령인 시어도어 루스벨트는 친기업 성향인 공화당에 속했음에도 불구하고 셔먼 독점금지법을 부활시키며 적극적으로 기업에 규제를 가했다. 이는 민주당의 우드로 윌슨도 마찬가지였다.

하지만 우드로 윌슨은 국내에서 혁신주의 운동을 완성하지 못했다. 1913년 3월 대통령 임기를 시작하고 1년 5개월 후, 세계 1차 대전이 터졌기 때문이다.

갈팡질팡하는 거인

21세기 현재 미국은 홍콩이나 신장, 위구르(웨이우얼) 지역과 북한의 인권 문제에 대해, 중국과 북한 당국을 비판하며 적극적으로 개입하고 있다. 하지만 인권이나 민주주의를 앞세우며 적극적인 관여와 간섭을 하는 지금과는 다르게, 미국의 외교는 탄생부터 철저한 고립주의였다. 미국 초대 대통령인 워싱턴은 대통령 고별사에서 "미국은 유럽의 어떠한 국가와도 관계를 맺거나 유럽의 분쟁에 휘말리면 안 된다."라며 철저히 유럽과 선을 그었다. 고립주의는 미국의 선택이 아니었다. 초기 영국에서 갓 독립한 약한 미국이 살아남기 위한 생존 방식이었다.

지금 미국은 세계 최강대국이지만, 과거에는 세계의 중심은 유럽이었고, 신대륙에 위치한 미국은 변방에 불과했다. 유럽을 간섭할 힘은커녕, 오히려 유럽이 자국에 간섭할까 두려웠다. 그래서 나온 것이 고립주의였고,

고립주의의 대표적인 외교 정책이 1823년 먼로 대통령의 이름을 딴 '먼로 독트린'이었다.

'먼로 독트린'이란, 미국이 유럽 대륙 내부의 전쟁과 내부 문제에 끼어들지 않을 테니, 유럽도 아메리카 문제에 끼어들지 말라는 것이었다. 그렇게 미국은 유럽 내부의 다툼에 일절 관여하지 않고, 오로지 아메리카 내에서 영토 확장에 전념했다. 유럽과는 정치, 군사적 문제에서 철저히 침묵으로 일관하며 자유무역으로 경제적 이익만을 추구했다.

그렇게 미국은 유럽 문제에 거리를 유지한 채, 19세기 내내 아메리카에서 영토를 확장해 나갔다. 미국은 새롭게 얻은 땅을 유럽처럼 식민지로 삼은 것이 아니라, 동등한 주로 편입시켰다. 아메리카 대륙에서 매우 멀리 떨어져 있을 뿐 아니라, 인종도 달랐던 하와이마저도 50번째 주로 받아들였다. 새 영토를 식민지 대신 동등한 주로 인정한 것은 당시로 보면 대단한 혁신이었다. 하지만 그렇게 무한히 성장해나갈 줄만 알았던 미국도 성장통을 피해 갈 수 없었다. 그게 바로 1861년부터 1865년까지 이어진, 한국에서는 남북전쟁이라 불리는 시민 전쟁(Civil War)이었다.

많은 이들이 시민 전쟁은 링컨의 노예제 폐지로 인한 갈등으로 일어났다고 생각하지만 당시 상황은 복잡했다.

1791년 아이티 혁명으로 노예제가 처음 폐지된 이후로, 노예제는 이미 대다수의 국가에서 사라져 가고 있었다. 그런 상황에서 영국의 박해를 피해 신대륙으로 건너와서 나라를 세운 미국이 인종을 차별하고 박해하는 노예제를 유지하는 것은 도덕적으로 부끄러운 일이었다.

거창한 도덕 문제 아래에는 현실적인 정치나 경제 문제가 얽혀 있었다. 북부의 경제는 상공업, 정치는 공화당 중심으로 흑인 비율이 5%도 채

안 되었다. 반대로 남부는 농업, 그중에서도 목화 산업이 중심이었고, 민주당 중심으로, 흑인 비율이 무려 25%에 육박했다.

경제적으로 상공업 위주의 북부에서는 새로운 노동력이 필요했다. 노예제를 폐지할 경우 남부 흑인들이 대규모로 북부로 이동해 노동자의 임금이 낮아져 기업가들이 이득을 볼 것이었다. 또한 당시에 남부에서 면화 산업이 확산되면서 노동력이 부족했고 이에 따라 노예 가격이 치솟아, 노예를 사는 것보다 임금을 주고 고용하는 게 저렴하기도 했다.

정치적으로 노예제를 폐지할 경우, 해방된 후 투표권을 가질 노예들이 자신들을 해방시켜 준 공화당을 뽑을 것이기에, 사실상 북부 공화당 입장에서 노예제 폐지로 잃을 게 없었다.

하지만 남부에서 대규모 노예를 부리며 농장을 운영하는 대지주 입장에서 노예제 폐지는 청천벽력 같은 소식이었다. 노예는 값비싼 재산이었기에, 노예제가 폐지되는 순간 자신이 가지고 있던 어마어마한 재산이 한순간에 휴지 조각이 될 것이었다.

대지주와 함께 격렬한 반대를 보인 것은 남부의 가난한 백인들이었다. 남부 백인 인구의 대다수를 차지하는 중소 자영농인들은 비싼 노예를 부린 적도, 부릴 형편도 되지 않았다. 하지만 그들의 마음속에는 '비록 가난하지만 백인인 나는 저 흑인 노예보다는 우월하다.'라는 자부심이 있었다. 그런데 노예제가 폐지되면 가난한 백인 마음속의 우월감마저 사라지고, 흑인과 같은 처지로 전락하는 것이었다. 도저히 참을 수 없었다.

당시 북부 인구는 2,100만 명으로 남부의 900만 명보다 2배 이상이었다. 거기다 남부의 인구 중 200만 명은 흑인이었다. 이는 곧바로 병력 차이로 이어져서 참전 병력에서 북부 210만 vs 남부 106만으로 북부가 압도적으로 유리했다. 또한 경제력은 북부가 철도만 해도 3배 이상, 공업 생산력에서는 10배 이상이었으니, 북부의 승리는 처음부터 정해져 있었다.

시민 전쟁은 50개월간 60만 명이 사망하면서, 미국 역사상 전쟁으로 가장 많은 국민이 희생된 전쟁이었다. 하지만 미국은 노예제를 폐지하기 위해 전쟁까지 치른 인권을 중시하는 민주 국가로 자신을 포장하는 동시에 국가 통합을 이루었다.

갈라졌던 나라가 합쳐지자 미국은 내부로 돌렸던 눈을, 다시 외부로 돌렸다. 북쪽의 캐나다는 추울 뿐 아니라 영국의 식민지라 침략할 엄두가 나지 않았다. 남쪽의 멕시코는 더운 사막아니면 고산지대라 전쟁을 해서 승리한다고 해도 얻을 게 없었다. 미국에게는 더 이상 뻗어나갈 땅이 없었다. 이제 미국은 눈을 땅에서 바다로 돌렸다. 미국이 대륙 국가에서 해양 국가로 전환되는 시점이었다.

그 때 미국 남쪽에 있는 쿠바가 눈에 들어왔다. 카리브해가 얼굴이라면 목에 해당하는 곳인 쿠바에서 1895년 독립 전쟁이 일어난 것이다. 쿠바는 카리브해의 요충지였기에 스페인은 쿠바의 독립을 허용할 수 없었다. 지정학적으로 쿠바는 미국의 엉덩이를 겨누고 있었기에 미국도 예전부터 쿠바에 눈독을 들이고 있었다. 한번은 미국이 스페인에게 당시 프랑스로부터 루이지애나를 산 가격의 10배, 러시아로부터 알래스카를 산 가격의 20배가 넘는 가격인 1.5억 달러를 제시하며 쿠바를 팔라고 제안했으나, 스페인은 쿠바를 팔지 않았다. 하지만 이미 1894년 쿠바의 수출품 중 90%가 미국으로 향했고, 쿠바 수입품 중 40%가 미국으로부터 왔을 정도로, 쿠바 경제는 미국에게 종속된 상태였다.

쿠바 주민들이 스페인에 맞서 전쟁을 일으키자 미국은 자국민을 보호한다는 명목 아래 1898년 1월 메인 함을 파견했다. 그런데 2월 15일 밤, 메인 함은 쿠바의 수도 아바나 항구에서 이유를 알 수 없는 폭발로 침몰했고, 351명의 승조원 중 261명이 사망했다. 미국은 이를 스페인의 공격으로 간주하고, "메인 함을 기억하라!(Remember the Maine!)"라며 스페인과의 전쟁에 돌입했다. 세계 2차 대전에서 일본이 진주만을 폭격한 후 나온 "진주만을 기억하라(Remember Pearl Harbor)"의 원조가 바로 이것이었다.

영국에 앞서 '해가 지지 않는 나라'의 원조인 스페인의 전성기는 이미 끝난 후였다. 스페인이 지는 해라면, 미국은 떠오르는 해였다. 싸우기도 전에 승패는 정해져 있었다. 미국은 스페인의 식민지였던 필리핀과 괌을 손에 넣게 되었고, 쿠바는 독립하게 놔두었지만 사실상 미국의 손아귀에 들어갔다.

미국은 대서양뿐 아니라, 카리브해는 물론이고, 태평양 서부인 필리핀까지 영토를 넓혔다. 태평양으로 진출하게 된 미국은 태평양 반대편에 있는 일본과 태평양을 놓고 조약을 맺었다. 이것이 1905년 가쓰라-태프트 조약으로, 조선은 일본이, 필리핀은 미국이 차지하고 서로 간섭하지 않는다는 내용이었다. 태프트? 앞에서 언급했던 나중에 27대 미국 대통령이 되는 바로 그 사람이었다. 1905년 당시 윌리엄 하워드 태프트는 미국 육군 장관이었다.

게다가 1914년 8월 15일 파나마 운하가 개통되자, 미국은 태평양과 대서양을 연결하는 수로마저 얻게 되었다. 미국은 19세기에는 대륙 국가로, 20세기에는 해양 국가로 우뚝 섰다.

미국은 그렇게 바다 건너 영토를 확장해 나갔으나, 겉으로는 고립주의 전통을 유지했다. 1914년 세계 1차 대전이 일어난 후, 1916년 맞이한 재선에서 윌슨조차 "그가 우리를 전쟁에서 구했다.(He kept us out of war)"라는 슬로건으로 다시 대통령이 되며, 고립주의를 이어가는 듯했다.

미국이 1차 대전에 참전한 진짜 이유

1914년 유럽에서 세계 1차 대전이 벌어졌을 때, 미국이 참전할 명분은 많았다. 1915년 5월 7일 뉴욕을 떠나 영국 리버풀로 향하던 영국의 여객선 루시타니아호가 독일 잠수함의 공격을 받고 침몰하여 1,957명이 사망했고, 그중에는 미국인도 128명이나 있었다. 사람들은 이처럼 독일의 무제한 잠수함 공격으로 피해를 본 미국이 참전했다고 알고 있지만, 이는 사실과 달랐다. 루시타니아호는 처음부터 영국 해군의 보조함으로 등록되어 있었고, 거기다 배에는 소총탄과 탄피, 뇌관 등 군수물자까지 싣고 있어, 독일이 공격해도 국제법에 어긋나는 것은 아니었다.

게다가 독일이 공격하여 미국인이 사망한 경우는 루시타니아호만이 아니었다. 1915년 8월 17일 독일의 잠수함에 의해 아라빅호가, 1916년 3월 24일 여객선 서식스호가 침몰하여 미국인이 사망하였으나, 미국은 독일에게 재발 방지를 약속 받고, 독일이 사과하는 것으로 합의했다. 1917년 2월에는 미국 선박 호사터닉호가 격침되었으나 여전히 미국은 독일과의 전쟁에 뛰어드는 것을 망설였다.

미국이 전쟁에 참여한 결정적인 계기는 독일 외무 장관이 멕시코에 있는 독일 대사 짐머만에게 보낸 전보 한 통이었다. 전보의 내용은 "멕시코가 미국을 공격할 경우, 독일이 멕시코가 1848년에 미국에 빼앗긴 모든 영토를 되찾을 수 있도록 해주겠다고 멕시코 정부에 제안하라."였다.

그 전보를 몰래 입수한 영국 정부는 미국 정부에 알리지 않았다. 전쟁을 피하고 싶은 미국 정부가 자국민들에게 알리지 않은 채, 조용히 멕시코 정부와 협상할 가능성이 높았기 때문이다. 대신 영악한 영국 정부는 미국 언론에 전보 내용을 흘렸다. 언론들은 이 사실을 대서특필하기 시작했고, 이에 미국 국민들은 멕시코에게 미국을 공격하도록 부추긴 독일에 대한 분노를 터뜨리며, 독일과의 전쟁에 나서기를 정부에 촉구했다. 이로써 영국의 교묘한 수작이 성공했다. 끝까지 중립을 지키며 무기와 물건을 팔기 원했던 미국 정부는 어쩔 수 없이 뒤늦게 세계 1차 대전에 뛰어들었다. 당시 전보를 보낸 독일 외무 장관의 이름이 짐머만이어서, '짐머만 전보(Zimmermann Telegram)'라고 한다.

상업의 나라인 미국답게 경제적 이유도 빠질 수 없었다. 미국과 협상국(영국과 프랑스)의 교역량은 1916년 당시 30억 달러였고, 반대로 독일을 포함한 동맹국과는 1,160만 달러로 80배 이상 차이가 났다. 무역만이 아니었다. 1917년 봄까지 미국 금융업계가 협상국에 빌려준 돈은 23억 달러로, 독일에 빌려준 돈인 2,700만 달러에 비해 80배가 넘었다.[19] 이런 상황에서 독일이 승리할 경우, 미국은 협상국에 빌려준 돈을 못 받을 가능성이 높았다. 협상국에게 빌려준 돈을 받기 위해서라도 미국은 참전할 수밖에 없었다. 이러한 내용은 세계 1차 대전이 끝나고 한참 후인 1934년부터 시작된 미 상원 군수산업조사특별위원회의 조사에 의해 밝혀졌다.

윌슨은 대통령에 재선이 되자, 한 달 만에 말을 바꾸어 세계 1차 대전을 '민주주의에 안전한 세계를 만들기 위한 전쟁', '모든 전쟁을 끝내기 위한 전쟁'이라며 전쟁에 뛰어들었다. 그는 평소에 미국의 자유와 민주주의를 전파하는 것이 평화로 가는 길이라고 생각하고 있었다. 실제로 윌슨은 자신과 조국인 미국이 절대적으로 옳다는 신념 하에 '자유'와 '민주주의'를 수호하며 지원한다는 명목으로 파나마, 아이티, 도미니카 공화국, 멕시코, 니카라과 등에 적극적으로 개입하기도 했다. 물론 그들은 외세의 간섭으로 느꼈겠지만.

윌슨의 십계명, 아니 십사계명

장로 교회 목사인 아버지에게 성경이 복음이었다면, 학자이자 정치인인 윌슨에게는 민주주의가 복음이었다. 윌슨은 어느 순간 미국의 대통령이 아니라, 세계 평화의 사도가 되기를 갈망했다. 그의 아버지가 목사였던 점, 그가 일생을 정치보다는 학문에 쏟았다는 점 등이 그의 이러한 사고에 지대한 영향을 미쳤을 것이다.

1918년 12월 13일 그는 세계 1차 대전을 마무리 짓고 전후 세계 질서와 평화 구상을 위한 파리 강화 회의에 참석하기 위해 조지워싱턴호를 타고 대서양을 건너 9일간 항해 끝에 프랑스의 브레스트항에 도착했다. 당시 윌슨의 곁에는 나중에 대통령이 될 프랭클린 루스벨트도 함께 했다.

윌슨은 그 유명한 '14개 조 평화 원칙'을 내세웠다. 핵심은 두 가지였다. 10조 '모든 민족은 자치적인 발전을 하도록 자유스러운 기회가 주어져야 한다.'라는 민족 자결주의와 마지막 14조 '모든 국가의 정치 독립과 영토 보전을 상호 보장키 위해 특별한 협약으로 국가들의 일반적인 연합을 구성한다.', 즉 국제 연맹이었다.

윌슨이 미국의 건국과 함께한 전통인 '유럽 문제에는 관여하지 않을 것.'이라는 고립주의를 버리고 개입주의에 나선 것은 큰 모험이었다. 그가 가는 곳마다 사람들은 그를 '유럽의 구원자'라고 부르며 칭송하며 환호성을 질렀다. 처음에는 윌슨의 모험이 성공으로 보였다.

하지만 시간이 흐를수록 협상은 윌슨의 뜻대로 진행되지 않았다. 승리하긴 했지만 오랜 전쟁으로 피폐해진 영국과 프랑스는 별다른 피해를 받지 않은 미국과 달리 독일을 용서할 수 없었다. 거기다 두 국가 모두 세계 1차 대전 이전의 식민지를 포기할 생각이 전혀 없었다. 그리고 결정적으로, 미국의 힘이 약했다.

윌슨의 14개 조 평화 원칙을 들은 당시 프랑스 수상인 강경파 클레망소는 "모세는 우리에게 십계명을 주었지만, 우리는 그것을 어겼다. 이제 윌슨이 우리에게 14개 조를 주지만, 그것이 지켜질지는 두고 봐야 할 것이다."[20]라며 빈정거렸다. 또 누군가는 이렇게 말했다.

"윌슨과 얘기하다 보면, 마치 예수 그리스도와 얘기하는 것 같다."[21]

거기다 한발 더 나아가 윌슨은 독일을 관대하게 대하자고 했다. 그는 독일에 과도한 압박을 가하여 독일의 상황이 나빠지면 독일이 다시 전쟁을 일으킬 가능성이 높다고 생각했다. 그는 세계 2차 대전을 예견한 듯했다. 그의 말대로 협상국이 독일에 좀 더 너그러웠다면, 독일에서 히틀러가 등장하여 세계 2차 대전이 일어날 일은 없었을 것이다.

1919년 1월 18일 열린 파리 강화 회의는 윌슨이 주장한 국제 연맹을 만장일치로 채택한다. 하지만 그의 14개 조 평화 조항 중 유일하게 채택된 것은 국제 연맹의 창설뿐이었다. 민족 자결주의는 오로지 패전국에만 적용되었고, 승전국은 식민지를 그대로 유지했다.

간신히 국제 연맹만 승인받은 그는 2월 15일 유럽을 떠나 미국으로 향했다. 우드로 윌슨이 미국으로 돌아왔을 때는 두 달 전 떠날 때와는 달리, 이미 세계 평화에 대한 국민의 관심은 싸늘히 식어 있었다. 국민들은 전쟁도 지겹고, '미국의 이익'이 아니라 '세계의 평화'에 나서는 윌슨에게도 싫증이 났다. 마치 모세가 하나님에게서 십계명을 받들고 40일 만에 시나이산에서 내려가자, 형인 아론과 백성들이 하나님과 모세를 잊은 채 금송아지 우상을 만들어 놓고 숭배하고 있는 풍경과 흡사했다.

하지만 윌슨은 포기하지 않았다. 그에게 '세계 평화'와 그 세계 평화를 지킬 '국제 연맹'은 그가 지켜야 할 모든 것이 되었다. 자신이 절대적으로 옳다고 여긴 그에게 타협이란 없었다.

안타깝게도 유럽의 지도자뿐만 아니라, 미국의 정치인들과 국민조차 현실적인 이익과 손해만을 따졌다. 그는 힘들게 국제 연맹을 해외에서 승인받았으나, 오히려 국내 의회에서 미국의 '국제 연맹' 가입이 통과되지 못했다. 그러자 윌슨은 국민들을 직접 설득하기로 했다. 1919년 9월 25일까지 그는 만 이천 킬로미터가 넘는 거리를 열차를 타고 국내를 돌아다니며 34번의 연설과 수십 번의 인터뷰를 했다. 세계 평화와 그 세계 평화를 지켜나갈 국제 연맹에 모든 것을 건 것이었다. 모세에게 십계명이 전부이듯, 윌슨에게는 국제 연맹이 전부였다.

토너먼트의 시작

레닌은 오랜 기간의 망명과 박해, 그리고 수많은 실패 끝에 1917년 10월 혁명으로 드디어 권력을 잡았다.

연설하는 레닌

　1789년 프랑스 대혁명부터 1799년 나폴레옹이 집권하기 전까지 10년간 등장한 정치체제는 다음과 같았다.

　삼부회(성직자, 귀족, 백성, 세 신분 회의) ⇨ 국민의회(1791년 헌법 제정 통해 입헌군주제) ⇨ 입법의회 ⇨ 국민공회(1793년 헌법으로 아예 군주 없애고 공화정 탄생) ⇨ 로베스 피에르 공포정치 ⇨ 5명의 총재가 정부를 구성하는 총재정부 ⇨ 나폴레옹(다시 전제군주정)

　프랑스 대혁명으로 왕정이 무너지자, 10년간 수많은 단체와 개인, 집단이 왕을 대신해, 정권을 장악하고 잃기를 반복했다. 그랬기에 1917년 10월 러시아 혁명에서도 볼셰비키를 제외한 모든 집단은 볼셰비키도 잠시 스쳐 지나갈 것으로 생각했다. 심지어 권력을 장악한 볼셰비키마저도 보따리를 싸고 항상 떠날 채비를 하고 있었다.[22]

"볼셰비키가 임시정부를 무너뜨리게 놔두자. 그런 다음에 우리가 볼셰비키를 처치하는 것은 식은 죽 먹기다." 케렌스키 정부에서 장관을 지낸 프로코포비치가 한 말이다.

"볼셰비키가 곧 박살 날 것이라는 확신이 점차 강해지고 있다." 또 다른 10월 혁명의 목격자였다. 혁명 이튿날 소비에트 기관지인 〈이즈베스티야〉마저도 "볼셰비키는 절대로 국가권력을 구성할 수 없을 것."이라고 단언했다.

볼셰비키가 3일 이상 권력을 유지할 수 있으리라고 생각한 사람은 아무도 없었다. 레닌과 트로츠키, 페트로그라드 노동자들, 순진한 병사들만이 그렇게 생각했다. 〈세계를 뒤흔든 열흘〉이라는 책을 쓴 존 리드마저도 같은 생각이었다. 모두가 그의 패배를 기대하고 있었다.

'10월 혁명' 직후, 볼셰비키는 곧바로 의회를 열기 위해 투표를 했다. 49%의 득표율로 1위를 차지한 건, 레닌의 볼셰비키가 아니라 농민들의 지지를 받는 사회혁명당이었다. 볼셰비키는 겨우 24%밖에 얻지 못했다. 정권을 잡은 볼셰비키와 레닌에게 곧바로 위기가 찾아왔다.

레닌은 자신을 마르크스를 이해하는 유일한 사람이라고 생각했다. 그는 프롤레타리아 혁명조차도 다수의 노동자가 아니라 소수의 혁명 전문가가 주도하는 것이라고 오래 전부터 주장해왔다. 즉 그에게 프롤레타리아 혁명은 프롤레타리아 독재였고, 자연스럽게 공산당 독재로 이어졌다. 레닌은 혁명가였지만, 그에게 민주주의 따위는 애초부터 없었다. 볼셰비키가 의회에서 다수를 차지하지 못하자, 그는 한 치의 망설임 없이 의회를 없애버렸다.

히틀러의 주치의들

의회가 사라지자 볼셰비키를 제외한 세력이 정치에 참여할 정상적인 방법이 사라졌다. 남은 건 무력뿐이었다. 볼셰비키에 반대하는 모든 세력과 군인들이 모여, 적군에 대항하는 군대인 백군을 만들었다. 나라는 내전에 돌입했다. 볼셰비키의 적군과 볼셰비키에 반대하는 백군간의 '적백내전'이었다. 이 내전에는 프랑스 대혁명처럼, 프롤레타리아 혁명이 자신들에게도 퍼져나가는 것을 두려워한 다른 나라까지 개입했다.

내전이 발생한 가운데 농민은 토지를, 병사는 평화를, 노동자는 빵을 원했다. 정권을 장악한 볼셰비키는 나라는커녕 커다란 공장조차도 운영해 본 적이 없었다. 볼셰비키와 레닌은 뛰어난 선동가일지는 몰라도, 뛰어난 행정가는 아니었다. 황제를 쫓아낸 백성들은 마음에 들지 않으면 레닌과 볼셰비키도 교체할 듯한 태세였다.

전쟁 중인 독일도 잊으면 안 되었다. 레닌은 즉시 독일과 평화 협상에 나섰다. 병사들에게 약속한 '평화'를 가져다주어야 했다. 아니면 또다시 군인들이 폭동을 일으킬지도 몰랐다. 협상 중에 독일은 5일 만에 240킬로미터를 전진하며 러시아를 압박해왔다.

1918년 3월 3일 레닌은 독일과 '브레스트-리토프스크' 조약을 맺었다. 러시아의 유럽 영토 절반을 잃었다. 인구와 농지의 1/3, 산업의 절반, 탄광의 대부분을 잃었다. 그것으로도 모자라, 레닌은 강화 조약을 체결한 후 일주일 만에 수도를 페트로그라드에서 저 동쪽의 모스크바로 옮겼다. 나라 밖의 독일에 사실상 항복한 볼셰비키와 레닌은 나라 안의 적에게로 눈을 돌렸다.

엘리트의 함정과 행운

러시아에게 있어 적백 내전은 세계 1차 대전보다 더 처참했다. 세계 1차 대전(1914~1917년)에서 죽은 러시아인이 200만 명에 불과했지만, 내전 3년(1918~1921년) 동안 800만 명이 죽었다. 추가로 200만 명이 나라를 떠나 피신했다. 마지막 차르였던 니콜라이 2세도 내전을 피해갈 수 없었다. 황제는 백군이 이용할 수 있는 훌륭한 상징이었기에, 적군은 감금 생활을 하던 그와 그의 가족을 1918년 7월 처형했다. 황태자 알렉세이는 혈우병이 아니라 결국 총에 목숨을 잃었다. 혈우병에 걸린 아들을 위해 라스푸틴에게 몸과 마음, 더 나아가 러시아를 바친 황후 알렉산드라 또한 생을 마감했다. 이로써 가폰 신부, 라스푸틴에 이어 니콜라이 2세마저 사라지고 레닌만이 남았다. 그렇게 내전은 고통스럽지만 서서히 마무리 되어 갔다. 하지만 레닌에게는 산적한 문제들이 남아 있었다.

약속한 토지를 받지 못한 농민과 빵을 얻지 못한 노동자는 파업에 들어갔다. 한때 "혁명의 자랑이자, 영광"[23]이라고 부른 바 있던 혁명의 선두에 나섰던 크론슈타트 수병들마저도 "볼셰비키의 폭정을 타도하자."라며 봉기에 나섰다. 노동자와 병사를 위한다는 소비에트에 노동자와 병사가 반기를 든 것이다. 레닌은 노동자와 병사들을 무력으로 진압했을 뿐 아니라 비밀경찰까지 만들었다. 그 비밀경찰은 스탈린 때 엔카베데(NKVD)로 이름을 바꾸고, 나중에 KGB로 이어진다. 현재의 러시아 대통령 푸틴이 KGB 출신이다.

그뿐 아니었다. 평등을 주장한 레닌은 가장 기본적인 배급에서부터 차별을 두었다. 붉은 군대 병사와 관료 그리고 당원은 1등급, 노동자는 2등급, 부르주아는 3등급으로 나눠 배급을 달리했다. 먹고 살기 위해 수많은 농민과 노동자들이 적군이 되고, 당원이 되었다. 혁명을 위한 이는 소수였고, 다수가 더 많은 빵이나, 숙청을 피하기 위해서, 출세를 위해 혁명에 참가했다. 1917년부터 1920년까지 140만 명이 당에 가입했다.[24]

그렇게 레닌이 내부를 당근과 채찍으로 결속시킬 때 행운이 찾아왔다. 러시아와의 협상을 마친 후 독일은 모든 병력을 동원해서 프랑스에게 루덴도르프 공세를 벌였으나 실패로 돌아갔다. 1918년 11월 독일에서도 전쟁 패배에 대한 충격과 배고픔으로 노동자와 병사들의 봉기가 일어났다. 러시아의 '10월 혁명'에 이은 독일의 '11월 혁명'이었다. 독일 또한 1년 전의 러시아처럼 제정이 붕괴하고 공화국이 성립되었다. 그리고 독일은 협상국과 말이 휴전이지, 사실상 패전 조약을 맺었다. 이에 러시아 정부는 이전에 독일과 맺었던 브레스트-리토프스크 조약을 일방적으로 무효로 선언했다. 러시아로서는 운이 좋았다.

끝으로 경제였다. 처음에 소비에트 정부는 곡물을 독점했다. 모든 농민의 잉여 생산물은 국가의 재산이 됐고, 부농인 '쿨라크'는 숙청의 대상이 되어 강제 수용소인 '굴라크'로 끌려갔다. 이 굴라크가 바로 북한 아오지 탄광의 원조이다. 농민이 의욕을 상실하자 식량 생산량이 급격하게 줄어들었다. 이에 식량 가격이 폭등하자, 먹을 것을 살 수 없는 노동자들이 도시와 공장을 떠나 농촌으로 떠나게 되었다. 이로써 도시 노동자 중심의 소비에트는 큰 타격을 받게 되었다.

1921년 레닌은 어쩔 수 없이 농민들에게 식량 징발 대신 현물세를 내고, 나머지 잉여 생산물은 팔 수 있도록 했다. 산업에서도 중소기업들이 물건을 마음대로 만들어 팔 수 있도록 허가하며, 심지어 자본주의 국가로부터 투자받기도 했다. '신경제정책(New Economic Policy, 줄여서 NEP)'이었다.

마르크스는 생산 수단의 사적 소유를 금지했기에 당 내부에서 수많은 비난과 반발이 나왔지만 어쩔 수 없었다. 사회주의 원칙대로 하다가는 경제가 망해서 굶주린 백성들이 또다시 혁명을 일으킬 판이었다. 생산과 분배를 국가가 아니라 시장에 맡기자, 죽어가던 경제가 다시 활력을 찾기 시작했다.

한참 어지럽던 러시아가 조금씩 정리되어 갔다. 하지만 여전히 숙제는 남아있었다.

독일에서 1918년 '11월 혁명'이 일어나, 군주정은 무너졌지만 프롤레타리아 혁명은 일어나지 않았다. 프랑스 대혁명을 두려워한 여러 유럽 열강이 나폴레옹의 프랑스를 공격한 것처럼, 프롤레타리아 혁명을 두려워한 다른 나라들이 러시아에 쳐들어 올지도 몰랐다. 자본주의 국가들은 적백내전에서 백군을 지원하기까지 했다. 자본주의 국가의 간섭과 방해를 막기 위해서는 러시아뿐만 아니라 전 세계에 프롤레타리아 혁명이 일어나야 했다. 이를 위해 다른 나라의 프롤레타리아 혁명을 돕는 인터내셔널을 만들었다. 하지만 러시아를 제외한 그 어느 나라에서도 레닌이 집권하는 동안 프롤레타리아 혁명은 성공하지 못했다.

거기다 어느새 공무원의 수가 기하급수적으로 증가하여, 1920년 말에는 588만 명이나 됐다. 이는 산업 노동자보다 다섯 배나 많은 수치였다.[25] 국가는 비대해졌고, 관료주의가 혁명을 대신했다. 탁상행정, 부패, 비리가 판을 쳤다. 프롤레타리아를 억압하던 부르주아 대신 당원과 관료라는 새로운 착취 계급이 등장했다.

"지금 우리 주위에서는 뇌물 수수가 판을 치고 있습니다. 제가 보기에 지금 우리가 맞서 싸워야 할 주요 적은 세 가지입니다…… 첫째는 공산당원들의 자만심, 둘째는 문맹, 셋째는 뇌물 수수입니다."[26]

레닌마저 부패에 치를 떨 정도였다. 정치는 여전히 레닌과 볼셰비키의 독재가 지속되고 있었고, 민주주의와는 거리가 멀었다. 거기다 러시아 밖에도, 러시아 안에도 혼란이 지속되었고, 러시아 밖에서 프롤레타리아 혁명이 성공했다는 소식은 어디서도 들리지 않았다.

권력을 장악한 볼셰비키는 새로 생긴 피라미드 꼭대기에 올라섰다. '노멘클라투라'라는 당원과 전문가 집단으로 구성된 새로운 특권 계급은 식료품에서부터 의료, 차량, 집 모든 것에 대해 특별 혜택을 누렸다. 개인의 능력보다는 당에 대한 충성이, 핏줄보다는 인맥이 피라미드 내의 위치를 결정했다. 이제 혁명을 일으킨 볼셰비키가 혁명의 대상으로 변질되었다. 레닌이 가야 할 길은 멀고도 험했다.

혁명의 좌절

1918년 8월 30일 레닌이 모스크바의 한 공장에서 연설을 마치고 차에 오를 무렵이었다. 뒤에서 한 여자가 소리치며 레닌을 불렀다. 그가 고개를 돌리자, 세 발의 총성이 울려 퍼졌다. 한 발은 레닌의 왼쪽 어깨에, 한 발은 턱에 박혔고, 한 발은 옷을 스치며 지나갔다. 레닌은 그 자리에서 고꾸라졌다.

총을 쏜 사람은 적군에 반대하는 백군도 아니었고, 극우파도 아니었다. 암살자도 레닌만큼 사회주의와 혁명에 투철한 혁명가였다. 사회주의 활동을 하다 16살에 시베리아 유형지에 끌려가 11년간 고초를 겪다 2월혁명으로 풀려난, 28살의 파니 예피모브나 카플란이었다. 농민 중심의 사회혁명당원인 그녀가 보기에 의회를 해산시켜 독재를 하는 레닌은 권력에 눈이 멀어 혁명을 버린 배신자였다.

볼셰비키가 완전히 장악한 언론은 그녀와 생각이 달랐다. 신문들은 레닌의 빠른 회복을 기적이라고 칭송했다. 더 나아가 언론은 그가 민중의 이익을 위해 자신의 목숨을 희생하는 것조차 두려워하지 않고, 초자연적인 힘의 보호를 받는 그리스도와 같은 인물[27]이라는 찬사를 보냈다. 차르와 예수의 초상 대신 레닌의 초상화가 그려지기 시작했다. 그의 독재를 끝내기 위한 암살 시도가 오히려 그의 독재를 강화하는 기회가 되었다. 레닌은 '혁명의 배신자'에서 총을 맞고 살아난 '혁명의 수호자'가 되었다. 레닌을 반대하는 자에게 무자비한 적색 테러가 시작되었다.

총조차 그의 혁명을 막을 수 없었다. 그는 어렸을 때부터 키는 작았지만 몸이 튼튼했다. 누군가 그를 괴롭히면 곧장 달려들어 멱살을 잡아 제압할 정도로 힘이 세서 학교에서 아무도 그를 괴롭히지 못했다. 20대에는 카약을 타고 3~4일간 볼가강을 따라 내려갔다 노를 저어 거슬러 오기도 하는 등 체력도 좋았다. 하지만 그건 그가 혁명에 나서기 전까지였다. 오랜 망명 기간의 굶주림과 혁명의 과로는 그의 몸을 갉아 먹고 있었다.

뇌는 심장과 함께 사람이 잠을 잘 때조차 단 한 순간도 쉬지 않는 혈기 왕성한 기관이다. 멈추지 않기에 끊임없이 피를 공급받아야 한다. 몇 시간 동안 피가 없어도 나중에 다시 공급만 되면 문제가 없는 팔, 다리나 다른 장기와 달리 뇌의 신경세포는 4~5분 만에 죽어 나간다. 그렇게 혈액을 공급받지 못해 뇌세포가 죽는 병을 '뇌졸중'이라고 한다.

뇌졸중에는 두 가지가 있는데, 뇌혈관이 막히는 뇌경색과 뇌혈관이

히틀러의 주치의들

터지는 뇌출혈이다. 혈관이 터지든 막히든, 결국 피로부터 산소와 영양소를 공급받지 못한 뇌세포는 말 그대로 굶어 죽기 시작한다. 뇌출혈의 경우, 두개골로 꽉 막힌 공간에 출혈로 인해 압력까지 가해지면서 뇌압이 상승한다. 이에 따라 압력이 높아진 머리속으로 새로운 혈액 공급이 더욱 어려워진다. 그렇기에 뇌출혈은 뇌경색에 비해 더 광범위하고 심각한 손상을 입으며, 의식을 잃거나 즉사할 가능성이 더 높다. 그에 비해 뇌경색은 뇌혈관이 막힌 부위만 손상을 받기에 뇌출혈에 비해 의식을 잃거나 급사하는 경우가 드물다.

뇌는 지도와 같이 담당하는 부분이 정해져 있다. 즉 뇌손상을 입은 부분에 따라, 특정 부분의 감각과 운동 신경이 마비되고 심지어 감정이나 성격마저 변한다.

레닌이 만 52살이었던 1922년 5월 25일, 그는 급작스레 오른쪽 몸이 마비되고 말을 할 수가 없었다. 뇌혈관이 막히는 급성 뇌경색이었다.[28] 그는 뇌경색을 앓기 일 년 전에 극심한 두통과 피로로 장기간 휴가를 내기도 했다. 하지만 그 후로도 두통과 불면증이 멈추지 않고 그를 괴롭혔다. 의사들은 카플란이 쏜 총알에 의한 납중독이라고 진단하고, 그의 목에 박혀 있는 총알을 제거하였다. 수술 후, 그의 두통은 씻은 듯이 나은 것처럼 보였지만 수술 한 달 후인 5월 25일, 그의 좌측 뇌혈관이 막혔다.

그에게는 아버지가 55살에 뇌혈관 질환으로 급사한 유전력도 있었다. 뇌혈관이 막히는 뇌경색은 과로, 스트레스, 피로, 흡연, 불면, 고혈압, 당뇨, 고지혈증, 비만, 유전 등 다양한 원인에 의해 발생한다. 레닌의 경우 20대부터 유배와 망명 생활로 인한 영양 결핍, 심한 스트레스와 불면증, 거기다 극심한 과로가 원인으로 추정된다.

만약 100년 전이 아니라, 오늘날이었다면 한쪽 몸이 마비된 레닌은 응급실에서 CT를 찍어 뇌출혈이 아닌 것을 확인한 후, 바로 MRI를 찍어 뇌혈관이 막힌 뇌경색을 확인했을 것이다. 뇌경색이 진단되면, 즉시 혈관을 막고 있는 혈전을 녹이거나 직접 제거하는 치료를 시작한다. 뇌경색의 골든 타임은 3시간, 최대 6시간으로 그 안에 치료를 시작한다면 후유증을 최소한으로 줄일 수 있다. 하지만 1922년 당시에는 진단을 위한 CT나 MRI는 물론 치료제도 없었기에 뇌경색이 생기면 그 당시 의사들이 할 수 있는 것이라고는 휴식을 권하는 게 전부였다.

우뇌는 몸의 좌측을, 좌뇌는 몸의 우측을 담당하기 때문에 좌측 뇌혈관이 막히자 레닌 몸의 우측에 마비가 왔다. 뇌경색이 왔지만, 9월경 불굴의 의지를 지닌 레닌은 어느 정도 회복해 다시 일하기 시작했다. 하지만 혈관 하나가 막혔다는 건, 다른 혈관도 상태가 좋지 않다는 것을 암시했다. 아니나 다를까, 1922년 12월 15일 그는 또다시 쓰러지고, 이번에는 전보다 마비가 더 심각해졌다.

레닌의 마지막 모습

그는 마치 죽음을 예언한 듯 1922년 12월 23일과 1923년 1월 4일 사이 메모와 편지로 여러 차례 유언을 남긴다. 이른바 '레닌의 유언장'이었다. 혁명에 일생을 바친 레닌답게 그의 유언장 대부분은 볼셰비키와 러시아의 운영과 앞날에 관한 것이었다. 레닌의 유언장 가운데 가장 유명한 구절은 이렇다.

히틀러의 주치의들

"스탈린은 너무 무례하다. 비록 당원들 사이의 관계에서는 그럭저럭 참아줄 수 있는 정도지만…… 서기장 직에 오르면 도저히 참을 수 없는 존재로 변할 것이다. 이런 이유로 나는 동지들이 스탈린을 그 직위에서 몰아내고 그보다 더 넓은 아량과 높은 충성심, 예의와 동료들에 대한 배려심을 가지고 있으며 변덕스러움이 덜한 다른 인물로 교체하는 방안을 생각해보라고 제안하는 바이다."[29]

하지만 치밀한 스탈린은 레닌이 자신에게 준 서기장이라는 직책을 이용해 의사와 간병인을 단속하고 방문객마저도 철두철미하게 통제했다. 몸이 약해진 레닌으로서는 몸이 건강한 스탈린을 막을 수 없었다.

1923년 3월 7일 세 번째 뇌경색이 찾아왔다. 오른쪽 몸뿐 아니라 혀조차 마비되었다. 열 달 뒤 죽기 전까지 그는 다만 "여기-여기(vot-vot)", "집회-집회(s'ezd-s'ezd)"처럼 단음절로 된 낱말만을 발음할 수 있었다.[30] 숨은 붙어 있으나 살아있는 송장이었다. 결국 1924년 1월 21일 월요일 저녁 그는 사망했다.

레닌은 살아생전에 우상화를 금지했다. 그는 자신이 죽으면, 페트로그라드의 어머니 무덤 옆에 묻어달라고 부탁했다. 레닌의 아내이자 혁명 동지인 크룹스카야도 그러길 원했지만, 산 스탈린이 죽은 레닌을 가만히 둘 리 없었다. 스탈린은 죽은 레닌을 살아있는 신화로 만들었다. 스탈린은 레닌의 시신을 방부 처리한 후, 모스크바의 붉은 광장 한가운데 무덤을 세웠다. 그뿐 아니었다. 전국에 레닌의 동상이 세워지고 초상화가 걸렸다. 독일식 이름인 상트페테르부르크에서 세계 1차 대전 때 러시아식으로 이름을 바꾼 페트로그라드는 이번에는 레닌그라드가 되었다. 마르크스주의에는 레닌이 붙어 마르크스-레닌주의가 되었다.

종교를 인정하지 않는 사회주의에서 레닌은 스탈린에 의해 혁명을 이룬 예수가 되었다. 레닌이 절대 일어나지 않기를 우려했던 일이었다. 평등을 주장했던 볼셰비키는 이름을 공산당으로 바꾸고 새로운 지배 계급이되었다.

이상의 좌절

다시 끔찍한 전쟁이 일어나는 것을 막기 위해 우드로 윌슨은 강력한세계 기구인 국제 연맹의 필요성을 강조하며 전국 순회 공연을 다니던 중, 1919년 9월 25일 콜로라도주의 푸에블로에서 연설한 후, 심한 두통으로한 차례 쓰러졌다. 그리고 일주일 후인 10월 2일 뇌졸중이 왔다. 좌측 뇌혈관이 막힌 레닌과는 반대로 우드로 윌슨은 우측 뇌혈관이 막혔다. 몸왼쪽이 거의 마비되었다.

대뇌는 운동과 감각뿐만 아니라 감정도 담당하기에 뇌경색 이후 우드로 윌슨은 성격마저 변했다. 그는 망상에 빠지기도 했고, 감정적으로 균형을 잃거나 판단력이 흐려지기도 했다.[31] 뇌경색 이후, 우드로 윌슨은 이전의 그가 아니었다. 나머지 임기 동안, 그는 아무것도 할 수 없었다.

윌슨의 꿈이었던 국제 연맹은 만들어졌으나 미국조차 가입하지 않은국제 연맹은 아무런 힘이 없었다. 뇌경색까지 온 그가 얻은 것은 이름뿐인국제 연맹과, 국제 연맹을 창설한 공로로 그에게 수여된 노벨 평화상뿐이었다. 그러나 국제 연맹과 노벨 평화상만으로는 장차 일어날 세계 2차 대

* 같은 책 419 페이지

히틀러의 주치의들

전을 막을 수 없었다.

윌슨은 독일을 용서하기 바랐지만, 프랑스와 영국은 독일에게 복수를 가했다. 독일은 영토를 잃었을 뿐만 아니라 막대한 배상금을 떠안았다. 안 그래도 어려웠던 독일의 경제는 단숨에 붕괴하고, 사람들은 절망에 빠졌다. 1923년 10월 초가 되자 전쟁 전 단 1마르크가 601만 4,300 마르크로 평가 절하되었다. 달걀 1개의 값이 3천만 마르크였다.[32] 사람들은 돈을 지갑이 아니라, 수레로 실어 나르기 시작했다. 한 사람이 돈을 가득 담겨 있는 수레를 길가에 잠시 세워두고 돌아와 보니, 돈은 그대로 있는데 수레만 사라졌다. 절망에 빠진 독일인은 지푸라기라도 잡아야 했고, 그렇게 잡은 지푸라기가 바로 히틀러였다.

쓰러진 윌슨

우드로 윌슨은 자유와 민주주의라는 이상을 추구했지만, 유럽은 복수와 배상금이라는 현실을 따랐다. 우드로 윌슨이 대통령에서 물러나자, 미국은 개입주의에서 다시 고립주의로 돌아가 버렸다. 우드로 윌슨 다음 대통령인 공화당의 워런 G. 하딩의 공약은 "정상으로 돌아가자!(Return to normalcy!)"였다.

혁명이 막혀버린 후

레닌이 쓰러지자 권력을 잡은 것은 혁명가 트로츠키가 아니라 학살자 스탈린이었다. 공산당 우두머리가 된 스탈린은 새로운 차르가 되었다. 프롤레타리아 혁명은 레닌에 의해 볼셰비키 독재로, 볼셰비키 독재는 레닌이 죽자 스탈린 1인 독재로 변해버렸다.

우드로 윌슨이 추구한 이상적이었던 '강력한 국제 연맹의 설립'과 '독일에 대한 용서'가 사실은 세계 2차 대전을 막는 가장 현실적인 방법이었다. 최고의 복수는 바로 용서였다.

윌슨과 레닌이 건강했더라면 어땠을까? 우드로 윌슨은 이상인 평화를 실현하고, 레닌은 꿈인 혁명을 완성했을까? 그랬다면 독재자 스탈린과 히틀러가 출현하지 않고, 세계 2차 대전과 냉전이 일어나지 않았을지도 모른다. 동시대에 세계에서 가장 중요한 두 인물이 똑같은 질병으로 쓰러지면서, 그들의 이상과 꿈이 동시에 무너졌다. 레닌의 혁명과 윌슨의 이상을 무너뜨린 것은 외부의 거대한 적이 아니라 몸 안의 작은 뇌혈관이었다.

II

무너진 세 거두

소련 휴양지 얄타에서

소아마비 때문에 두 발만으로는 온전히 일어설 수조차 없었던 그에게 러시아의 휴양 도시 얄타까지는 아주 먼 길이었다. 대서양과 지중해를 건너, 흑해의 크림반도까지 가야했다. 1945년 1월 22일 미국 대통령 루스벨트를 태운 특별 열차가 워싱턴에서 출발했다. 다음 날 아침 버지니아의 뉴포트뉴스항에서 대통령을 태운 미 해군 순양함 퀸시호는 11일간의 항해 끝에 2월 2일 지중해의 보석 몰타섬에 도착했다. 몰타섬에는 이틀 전에 도착한 영국 총리 처칠이 기다리고 있었다.

처칠은 지치지 않는 여행가이자 탐험가[33]로 전쟁을 위해 태어난 사람이었다.[34] 세계 2차 대전 중에 총리임에도 불구하고 위험을 무릅쓰고 지구를 몇 바퀴나 돌았다. 1940년 봄 프랑스가 위기에 처하자 여러 차례 영불해협을 건너 프랑스를 격려했고, 몸이 불편한 루스벨트를 위해 대서양을 여섯 번, 스탈린을 만나기 위해서 모스크바를 두 번이나 방문했다.

처칠을 비롯한 영국 관료들은 1월 29일 런던 서북쪽의 노솔트 공군기지에서 수송기 3대에 나누어 타고 출발하여 1월 30일 몰타섬에 도착했다. 하지만 같이 출발한 비행기 3대 중 마지막 수송기는 몰타섬을 지나쳐 람페두사 해에 추락해 탑승자가 전원 사망했다. 보통 사람이라면 그 소식을 듣고 가슴을 쓸어내릴 법도 했지만, 자신을 영국과 세상을 구할 영웅이라고 생각하는 처칠은 그저 '기묘한 운명의 장난' 정도로 치부했다.[35]

이번 회담을 '아르고호 작전'이라고 이름 붙인 것도 처칠이었다. '아르고호'는 그리스 신화에 나오는 영웅 이아손과 모험가들이 조지아에 있는 콜키스 왕국의 황금 양털을 찾으러 갈 때 타고 갔던 배 이름이었다. 황금

양털은 잠들지 않는 용이 지키고 있었는데, 조지아 출신의 스탈린이 바로 그 용임을 암시했다.

처칠과 루스벨트는 지중해의 몰타섬에서 크림반도까지 비행기로 이동했다. 신성한 암소라고 이름 붙여진 비행기는 시속 320킬로미터의 느린 속도로 심장이 안 좋은 루스벨트를 위해 1,800미터 높이로 고도를 낮춰 2,000킬로미터를 7시간 가까이 날아갔다. 루스벨트가 크림반도의 사키 비행장에 도착한 지 20분 후, 처칠을 태운 비행기가 뒤이어 도착했다.

그것으로 끝이 아니었다. 미국 대통령과 영국 총리는 각각 리무진을 타고, 130킬로미터 떨어진 얄타로 가야 했다. 길은 험했다. 1,000미터가 넘는 크림 산맥을 통과하는 산악 도로는 비포장에 심한 커브 길이었고, 곳곳에 가드레일조차 없는 절벽이 나타났다. 당시 차에는 안전벨트가 없었기에 아무리 운전기사가 조심해도 차가 덜컹거릴 때마다, 앉은키마저 컸던 루스벨트 대통령은 연거푸 머리를 천장에 박으며 비명을 질러댔다. 그렇게 다섯 시간 가까이 차를 타고 가서 오후 6시 무렵 해가 질 때쯤, 루스벨트는 러시아의 마지막 황제 니콜라이 2세가 휴가를 보내던 리바디아 궁전에 도착했다. 그는 워싱턴을 떠난 지 12일 만에 기차, 배, 비행기에 이어 자동차까지 이용하여 드디어 목적지에 이르렀다.

히틀러가 '침몰하지 않는 항공모함'이라고 말한 크림반도는 예나 지금이나 지정학적으로 매우 중요한 곳이다. 흑해가 괘종 시계라면, 크림 반도는 12시에 위치한 커다란 추에 해당한다. 그러기에 크림반도를 차지하면, 사실상 흑해를 장악하는 것이었다. 19세기에는 크림반도를 거점으로 발칸 반도와 지중해로 나가려는 러시아와 이를 막으려는 영국이 '크림 전쟁'

을 벌였고, 20세기 세계 2차 대전에서는 독일과 소련이 가장 치열하게 싸운 곳 중의 하나이며, 21세기에 러시아와 우크라이나가 이를 놓고 전쟁을 현재까지 치르고 있다.

소련은 독일로부터 크림반도를 되찾자 가장 먼저 그 지역에서 대대로 살아오던 투르크계 타타르 민족을 강제 이주시켰다. 그 후 얄타 회담이 잡히자 소련은 세 거두가 머무를 궁전만 급히 수리했다. 전쟁과 강제 이주로 황폐해진 마을 가운데 급히 복구된 황제와 귀족들의 궁전이 있는 흑해의 보석 '얄타'는 세계 2차 대전 이후의 질서를 정하는데 가장 어울리는 장소였다.

급에 맞는 숙소

회담이 열리는 얄타 뒤로는 화강암 절벽이 하얀 눈 속 곳곳에 박혀 있는 크림 산맥이, 앞으로는 푸른 흑해가 펼쳐졌다. 크림 산맥은 아름다울 뿐 아니라, 겨울에는 찬 바람까지 막아주었다. 그 덕에 크림 산맥 아래 얄타에서는 추운 러시아에서는 보기 힘든 아열대 식생의 나무를 볼 수 있었다. 얄타가 있는 크림반도는 러시아의 제주도였다. 1945년 2월의 얄타는 미리 찾아온 봄 같았다.

영국 총리 처칠, 미국 대통령 루스벨트, 소련 서기장 스탈린이 다 같이 만난 건 얄타가 처음이 아니었다. 15개월 전인 1943년 11월 이란의 수도인 테헤란에서 세 거두가 처음 만났다.

당시 스탈린은 테헤란까지 C-47 수송기를 타고 왔는데, 오는 도중 심한 난기류를 만나 코피를 흘리고 귓병으로 고생했다. 그 후로 스탈린은 죽을 때까지 비행기를 타지 않기로 했고, 결국 다음 회담은 소련 영토인 얄타에서 열리게 되었다.

평생 편집증을 앓던 스탈린으로서는 언제든 추락할 수 있는 비행기나 가라앉을 수 있는 배를 타는 것을 극도로 꺼렸다. 그는 모스크바에서 비행기로 6시간이면 되는 거리를 기차로 사흘 밤낮을 달려 얄타에 도착했다. 비행기를 싫어하고 기차를 선호한 것은 스탈린뿐만이 아니었다. 기차를 좋아하는 건 독재자의 공통된 특징인 듯, 중국의 마오쩌둥과 북한의 김정일 또한 마찬가지였다. 1949년 12월 21일 스탈린의 70번째 생일을 축하하기 위해 마오쩌둥은 무려 10일간 대륙횡단 열차를 타고 모스크바로 향했으며, 김정일 또한 푸틴을 만나기 위해 시베리아 횡단 기차를 타고 갔다. 심지어 김정일은 죽음마저도 기차에서 맞이했다.

스탈린과의 편집증과는 상관없이 얄타의 풍경뿐 아니라 세 거두가 머물 궁전은 아름다웠다.

하얀 화강암으로 지어진 3층 건물인 리바디아 궁전은 1911년 완공된 이후 러시아 황제의 여름 별장으로 사용되었다. 그 색깔 때문에 White Palace(백궁)이라고 했다. 당구장은 영국풍, 식당은 바로크식, 정원은 이탈리아식이었다. 궁전 앞에는 길을 헤맬 정도의 넓은 녹색 정원과 푸른 흑해가 펼쳐져 있었다.

러시아 로마노프 왕가의 공주 중 한 명은 이렇게 말했다.

"상트페테르부르크에서는 일을 했지만, 이곳에서는 삶을 즐겼다."[36]

1917년 2월 혁명으로 퇴위한 니콜라이 2세는 혁명 정부에게 리바디아 궁전에서 살게 해달라고 간청했지만, 혁명 정부가 그 요청을 들어줄 리 없었다. 그런 사연이 담긴 리바디아 궁전에 루스벨트가 머무르게 되었다.

리바디아 궁전에서 남서쪽으로 차로 10분 거리에 스탈린이 머물 유수포프 궁전이 있었고, 유수포프 궁전에서 다시 남서쪽으로 차로 5분 거리에 처칠이 머무를 보론초프 궁전이 있었다. 유수포프? 1917년 라스푸틴을 죽인 바로 그 사람 가문의 궁전이었다. 유수포프는 황제의 조카사위였다. 그는 라스푸틴을 처단한 공으로 궁전은 뺏겼지만, 황제와 다르게 목숨만은 부지할 수 있었다.

처칠의 숙소인 보론초프 궁전은 1815년 나폴레옹을 무찌르는 워털루 전투에 참가한 러시아 사령관 보론초프의 여름 궁전이었다. 그렇게 세 거두는 명성에 걸맞는 궁전에 머물며 얄타 회담에 나섰다.

거동이 불편한 루스벨트를 배려해 그가 머무는 리바디아 궁전에서 1945년 2월 4일 오후 5시에 얄타회담이 시작되었다. 물론 모든 궁전에는 소련이 설치한 도청 장치가 곳곳에 있었고, 루스벨트와 처칠이 둘만이 따로 만나는 것을 막기 위해 스탈린의 숙소가 가운데 위치했다.

미국 역사상 전무후무한 4선 대통령이 된 장애인 루스벨트, 대영 제국의 화려한 영광을 이어가려는 영국 보수 귀족 처칠, 혁명을 숙청으로 이어가는 시골 출신의 독재자 스탈린이 마지막으로 모였다.

얄타 회담은 겉으로 보면 이미 눈앞에 다가온 승리를 자축하는 파티 분위기였지만, 속을 들여다보면 회의에 참가한 세 거두 모두 조금이라도 자신의 정치적 이익과 조국의 이해를 위해 치열한 눈치 싸움과 신경전을 벌이는 살벌한 싸움터였다.

얄타회담 당시 세 거두

얄타 회담을 촬영한 사진을 보면 세 거두 중, 가운데 앉은 루스벨트가 가장 나이 들어 보인다. 하지만 1882년생인 루스벨트는 당시 만 63세로 가장 젊었고, 1874년생 처칠이 만 70세로 가장 나이가 많았다. 스탈린은 1878년생으로 가운데였다.

가문의 수치이자 사회 부적응자

윈스턴 처칠은 1874년 11월 30일 옥스퍼드 근처에 있는, 영국에서도 가장 큰 궁전 중 하나인 블레넘 궁전에서 태어났다. 그의 아버지 랜돌프 처칠은 7대 말보러 공작의 차남으로 영국 최고의 사립 명문 학교인 이튼 스쿨에서도 손꼽히는 수재였다. 랜돌프 처칠은 영국에서 가장 높은 총리를 제외한 인도 장관, 하원 의장뿐만 아니라, 재무 장관까지 역임하였다.

윈스턴 처칠의 어머니 제니 제롬은 뉴욕의 사업가이자 백만장자로 '월스트리트의 제왕'이라는 별명이 붙은 레너드 제롬의 둘째 딸이었다. 랜돌프 처칠은 외교관으로 있던 파리에서 제니 제롬을 만나 48시간 만에 그녀와 약혼했고, 6개월 후인 1874년 4월 15일 파리의 영국 대사관에서 결혼식을 올렸다. 영국 최고의 귀족과 미국 최고의 부자가 만나 초스피드로 결혼에 골인한 것이다.

처칠의 어머니는 만삭임에도 불구하고, 자신의 궁전에서 열리는 무도회에서 열정적으로 춤을 추었다. 그러다 갑자기 아랫배를 칼로 찌르는 듯한 통증을 느꼈다. 아이가 세상으로 나오려 한 것이었다. 집이 워낙 넓었기에 끝내 그녀는 침실에 도착하지 못한 채 의상실의 각종 외투와 드레스, 모자들 사이에서 아이를 낳았다. 그렇게 태어난 아들이 바로 윈스턴 처칠이었다. 결혼식을 올린 지 7개월 하고 15일 만에 아이가 태어났으니 명백한 속도위반이었다.

윈스턴 처칠은 아버지에게서 고귀한 혈통을, 어머니에게서 부를 물려받았지만, 정작 중요한 것은 받지 못했다. 처칠은 태어나자마자 유모 에버레스트 부인의 손에서 길러졌고, 일곱 살부터는 영국 귀족 가문의 아이들이 그러하듯 기숙학교에 다녔다. 그런데 부모는 학교로 거의 찾아오지 않았다. 그는 "나는 어머니를 몹시 사랑했지만, 멀리 떨어져 있었습니다. 유모는 나의 절친한 친구였습니다. 그녀는 나를 돌보고 내 모든 것을 채워주었습니다."라고 말할 정도였다. 심지어 그의 자서전에는 어머니보다 유모에 대한 언급이 더 많이 나온다.

어머니의 사랑을 받지 못한 처칠은 아버지의 기대와는 반대로 공부를 못했다. 못한 정도가 아니라 그의 뒤로는 전교생 중에 두 명밖에 없었다. 물론 그 두 명도 얼마 안 가 학교에 나오지 않아 결국 꼴찌가 되었다. 라틴어를 가장 못해 2,000점 만점에 400점을 넘지 못했다. 12년간 라틴어 수업을 받았지만, 끝내 라틴어 문장을 단 한 줄도 쓰지 못했다.

처칠은 아버지를 존경했으나, 아버지는 그를 경멸했다. 공부를 못한 그에게 남겨진 길은 군대뿐이었다. 하지만 처칠은 사관생도 입학시험에서도 두 번이나 떨어졌고, 세 번째로 보병 대신 기병에 지원하여 간신히 붙었다. 말을 사야 하는 기병은 돈이 많이 들어 보병보다 경쟁률이 낮았기 때문이다. 아버지는 삼수 끝에 그것도 기병으로 겨우 육군사관학교에 입학한 그에게 편지를 보냈다. 칭찬 대신 무식한 아들에 대한 비난과 경멸이 가득했다. 똑똑한 아버지에게 무식한 처칠은 가문의 수치였다.

그는 항상 아버지에게 인정받기를 바랐으나, 아버지는 늘 아들에게 실망했다. 그는 자서전에서 아버지와 긴 시간 친밀하게 대화했던 적은 겨우 서너 번이라고 했지만, 그 서너 번마저 그리 친밀했던 대화가 아니었다. 처칠은 그의 가장 친한 친구였던 밀뱅크가 아버지와 스스럼없이 이야기하는 것을 보고 깜짝 놀라기도 했다. 그는 다정한 아버지를 둔 친구를 늘 부러워했다.

처칠이 성공해서 그가 간절히 원했던 아버지의 인정을 받기도 전에 아버지는 45세에 미쳐서 죽었다. 성병인 매독이 뇌까지 침범한 신경성 매독이었다. 지금이야 페니실린 주사로 쉽게 치료되는 매독이지만(단 유독 다른 주사에 비해 주사 자체의 통증이 심하다), 그때는 특별한 치료법이 없었다. 당시만 해도 매독은 걸린 후, 수십 년이 지나면 결국 신경까지 침범해 사람을 사망에 이르게 하는 무서운 질병이었다. 아버지는 그렇게 아들인 처칠을 끝내 철저히 무시하고 경멸한 채로 세상을 떠났다.

무도회에서 춤을 추다 급하게 처칠을 출산한 그의 어머니는 아들인 처칠에게 관심이 없었다. 그녀는 남편이 죽은 5년 후인 1900년에 46살의 나이로 20살 연하의 근위대 대위와 재혼했다. 새 아빠는 처칠과 동갑이었다. 그것으로 끝이 아니었다. 그녀는 두 번째 남편과 이혼 후, 63살에 세 번째 결혼을 했는데 이번에는 새 아빠가 처칠보다 세 살 어렸다.

처칠은 넘치는 물질적 풍요 속에 살았지만, 아버지의 인정과 어머니의 사랑만은 받지 못했다.

처칠의 삶을 바꾼 것은 히틀러와 마찬가지로 군대였다. 그의 어릴 적 첫 기억은 아일랜드 총독이었던 할아버지가 들려주던 각종 전쟁과 전투 이야기, 그리고 소총 부대 병사들이 일제 사격하던 총소리였다.

3번 만에 기병으로 육군사관학교에 간신히 입학한 그는 물 만난 물고기가 되었다. 사립학교에서는 꼴찌였지만, 육군 사관학교에서는 150명 중 8등으로 졸업했다. 장교와 종군기자로서 인도, 수단의 옴두르만 전투, 남아프리카 보어 전쟁에서 맹활약을 펼쳤다. 전쟁에서의 경험을 바탕으로 쓴 책들 또한 베스트 셀러가 되었다. 이를 토대로 그는 정치에 출마하였고, 1911년 10월에 37살의 나이로 해군 장관이 되었다. 전쟁을 위해 태어난 사람 같았던 그에게 1914년 세계 1차 대전이 일어나고, 그에게는 첫 번째 기회이자 위기가 찾아왔다.

아버지의 폭력과 부재, 거기다 가난

이오세브 주가슈빌리, 어릴 때 이름이 소소인 그는 1878년생으로 러시아 제국의 변방인 조지아에서도 소도시인 고리의 방 한 칸짜리 오두막에서 태어났다. 조지아는 흑해와 카스피해 사이에 있는 카프카스산맥에 위치한 나라로 그때나 지금이나 소외되고 낙후된 곳이다. 심지어 러시아에서는 조지아를 아예 유럽이 아니라, 아시아로 취급하기도 한다.

아버지 베사리온 주가슈빌리는 제화공이었고, 어머니 케케 겔라제는 재봉사였다. 둘 사이에 태어난 소소는 셋째였는데, 두 형 모두 돌을 넘기지 못하고 죽었다. 앞의 두 형과 다르게 운 좋게도 소소는 돌을 넘겨서도 살아남았지만, 아버지의 사업은 소소의 출생과 함께 꼬이기 시작했다. 구두를 만들며 거칠어진 아버지의 손은 술을 찾기 시작했다. 변방인 조지아는 가난했지만, 와인의 본고장답게 포도주만은 풍부했다. 부드러운 와인은 조지아의 남자들을 거친 폭군으로 만들었고, 스탈린의 아버지도 예외가 아니었다. 늘 술에 취한 아버지는 어린 그와 어머니에게 주먹을 휘둘렀다. 그러다 소소가 6살 때 훌쩍 집을 떠났다.

그에게 닥친 불행은 그뿐만이 아니었다. 어렸을 적 마차에 치여 왼팔을 다쳤지만, 가난 탓에 제대로 치료받지 못해 평생 왼팔을 제대로 쓰지 못하게 되었다. 거기다 그를 덮친 천연두는 목숨 대신, 얼굴에 심한 곰보 자국을 남겼다. 영양실조 때문인지 아이는 어른이 되어서도 키가 165cm밖에 되지 않았다. 아버지의 폭력과 부재, 그로 인한 가난은 그의 몸뿐 아니라 마음에도 큰 흉터를 남겼다.

아버지는 그를 떠났지만 어머니는 그를 버리지 않았다. 아버지는 그에게 폭력을 가했지만 어머니는 그를 사랑으로 감쌌다. 독실한 정교회 신자였던 어머니는 그가 신부가 되기를 간절히 원했고, 소소는 교회에서 운영하는 학교에 다녔다. 스탈린은 기도문을 잘 외우는 것은 물론이고, 교회 성가대에서 노래마저 잘 불렀다. 그 때나 지금이나 시골에서는 학교에서 성적보다 거리에서 싸움이 더 중요했고, 소소는 둘 다 제법 잘 했다.

성적은 대부분 '수'였고, 그리스어와 산수에서 '우'를 받았다. 조지아 수도에 있는 트빌리시 신학교에 들어가서도 공부를 제법 했다. 그는 자기 고향 조지아를 찬양하는 자작시를 쓰기도 할 정도로 감성이 풍부했으나, 나이가 들수록 그에게 신학교는 감옥 같이 느껴졌다.

어머니의 바람대로 신학교를 마치고 신부가 될 뻔한 그의 삶을 바꾼 것은 그 당시 유행하던 마르크스주의였다. 그는 신을 믿는 신학교에서 신을 부정하는 혁명가의 책을 몰래 읽기 시작했다. 금서를 읽다 들켜 수차례나 학교에서 경고와 징계를 받았다. 하지만 신학교는 어떤 방법을 써도 그가 성서 아래에 마르크스의 책을 숨겨두고 보는 것을 막을 수 없었다. 결국 젊은 그는 학교를 그만두고 레닌처럼 지하 활동과 시베리아 유형, 망명의 세계로 들어갔다. 그리고 이름을 스탈린으로 바꾸었다. 강철 인간이라는 뜻이었다. 그는 무장 강도로 은행을 터는 등, 스탈린이란 이름과 같이 거친 임무를 수행했다.

"대단히 조심스럽게 처신하며 걸을 때도 끊임없이 뒤를 돌아본다."[37]

그를 추적하던 경찰의 말대로, 그는 단순히 의심이 많은 것을 넘어 모든 것을 의심하는 남자가 되었다. "믿되 조사하라."를 넘어, "믿는 이들을 조사하라."[38]가 나중에 그의 신조가 될 것이었다.

스탈린은 혁명의 지도자 레닌을 만나, 충실히 그의 명령을 따랐다. 1917년 2월 혁명으로 제정이 무너지고, 1917년 10월 드디어 자신이 모시는 레닌이 정권을 잡았다. 스탈린에게는 꽃길이 이어질 것 같았지만, 그의 앞에 라이벌이 등장했다. 그가 가지지 못한 모든 것을 가진 인물이었다.

모든 것이 완벽했던 남자

처칠이 역사와 전통을 자랑하는 영국 귀족 가문의 궁전에서 눈을 뜨고, 스탈린이 구두 수선공의 아들로 러시아 변방 조지아의 방 한 칸짜리 오두막집에서 첫울음을 터뜨렸다면, 루스벨트는 신흥 부르주아 가문에 1만 평 넓이의 땅에 35개 방이 딸린 3층짜리 저택 '스프링우드'에서 세상에 태어났다.

아버지 제임스 루스벨트는 철도 회사의 부사장으로 윤택한 삶을 살았다. 그는 아내를 사별하고, 52살에 26살의 세라 델러노를 만나 사랑에 빠져 재혼했다. 1882년 1월 29일 바로 옆으로 허드슨강이 흐르며 넓은 녹색 정원이 펼쳐진 스프링우드에서 프랭클린 델러노 루스벨트가 출생했다.

전적으로 유모의 손에서 자란 처칠, 아버지가 집을 나간 스탈린과 달리 루스벨트는 아버지와 어머니 모두로부터 사랑을 받았다. 루스벨트가 태어날 당시 53세였던 아버지 제임스와 27세였던 어머니 세라의 유일한 자식이었던 그는 처칠이 그렇게 갈망했던 부모의 관심을 넘치게 받았다.[39]

처칠의 아버지에 대한 기억이 경멸이라면, 스탈린은 폭력이었고, 루스벨트는 사랑이었다. 처칠은 부모에게서 얻지 못한 인정과 사랑을 세상 모든 사람들로부터 대신 받고 싶어 했다. 그러기 위해 세상을 구하는 영웅이 되기 위해 평생 노력했다. 학대와 폭력에 시달렸던 스탈린에게 세상은 한없이 어둡고 무서운 곳이었다. 그런 환경 속에서 자란 스탈린은 아무것도 믿을 수 없었고, 모든 것을 의심했다. 그 둘과 다르게 부모의 사랑으로 충만한 어린 시절을 보낸 루스벨트에게 세상은 더없이 따뜻하고 아름다운 곳이었다. 그는 자존감이 충만했고, 마음만 먹으면 모든 것을 할 수 있을 것 같았다.

스탈린은 신학교를, 처칠은 기숙학교에 다녔지만, 루스벨트는 14살까지 학교에 다니지 않고 집에서 가정 교사에게 배웠다. 그리고 14살이 되는 해에 명문 사립인 그로톤 고등학교에 입학했고, 자연스럽게 하버드 대학교에 들어갔다. 신학교를 제 발로 때려친 스탈린, 낙제생이었던 처칠과는 전혀 다른 삶이었다.

170cm도 되지 않는 처칠, 처칠보다 더 작은 스탈린과는 다르게 루스벨트는 190cm에 가까운 장신이었다. 변호사가 되고, 대통령 시어도어 루스벨트의 조카 엘리너와 결혼까지 했다.

루스벨트는 28살에 모두의 예상을 깨고, 공화당 텃밭인 더치스 카운티에 민주당 후보로 출마해 뉴욕주 상원의원이 되었다. 거기다 민주당 대통령인 우드로 윌슨이 해군 차관으로 임명하여 군 경력에 행정 실무까지 경험할 수 있었다. 그의 인생은 너무나도 쉽게 흘러갔다. 자신감이 넘치는 데다 키마저 커서 사람을 아래로 내려다보았기에 "굉장히 거만한 친구, 루스벨트가 바로 그런 사람입니다."[40]라는 평을 받았다.

루스벨트는 1932년 미국 대통령이 되어 내리 4선을 하는 도중 세계 대공황과 세계 2차 대전을 맞이했다. 하지만 그에게 인류의 재앙이었던 세계 대공황과 세계 2차 대전 모두 그다지 큰 시련이 아니었다. 보통 사람이라면 포기하고 말았을 절체절명의 고비를 이미 맞이한 적이 있었기 때문이다. 1921년 8월 메인주에 있는 가족 별장 캄포넬로에서 휴가를 보내고 있을 때 그에게 인생 최대의 위기가 찾아왔다.

히틀러는 적일 뿐, 라이벌은 아니었다.

히틀러가 스탈린을 괴롭힌 건 세계 2차 대전에서의 4년이었지만, 스탈린을 10년 아니 20년 동안 괴롭힌 건 라이벌 트로츠키였다. 스탈린은 1878년생으로, 1870년생인 레닌은 스탈린의 큰 형뻘이었고, 트로츠키는 1879년생으로 스탈린보다 한 살 적었다. 하지만 스탈린과 트로츠키가 비슷한 건 나이뿐이었다.

소소(스탈린의 어렸을 적 이름)가 높은 카프카스산맥으로 둘러싸여 해가 유난히 짧은 곳에서 태어났다면, 료바(트로츠키의 어릴 적 이름)는 우크라이나 남부의 해가 가득 드는 넓은 초원이 고향이었다. 단칸방에서 살았던 소소와는 다르게 료바의 부모는 비교적 부농으로 방 5개에 유모까지 있었다. 스탈린이 정교회가 운영하는 신학교에 다녔다면, 유대인이었던 트로츠키는 유대 종교 학교에서 학업을 시작했다. 둘 다 러시아에서 조지아인과 유대인이라는 소수 민족이었지만, 스탈린은 나중에 러시아 민족주의를 강조하고, 트로츠키는 오히려 민족주의를 경계했다.

스탈린의 성적이 우수했다면, 트로츠키는 뛰어났다. 스탈린은 러시아어조차도 서툴렀지만, 트로츠키는 러시아어는 물론, 영어, 독일어, 프랑스어도 유창했다. 스탈린은 토론은 고사하고 기억에 남는 연설 하나 없지만, 트로츠키는 연설과 웅변에 있어서는 레닌과 막상막하, 아니 그 이상이었다. 외모는 아예 비교조차 되지 않았다.

얼굴을 뒤덮은 곰보 자국에, 군복만 없었다면 시골 농부 같은 스탈린과는 반대로 트로츠키는 안경 속에서 독수리같이 맹렬한 두 눈이 빛났다. 코는 육감적이며, 풍성하고 짙은 머리카락은 매력적이었다. 키마저도 트로츠키가 스탈린에 비해 한 주먹 컸다.

트로츠키는 처음부터 압도적이었다. 학교에 다닐 때도, 혁명을 할 때도 마찬가지였다. 그는 천재였기에 평범한 사람을 이해할 수 없었는데, 그것이 그의 유일한 단점이었다. 학교에서도, 당내에서도 추종자는 많았지만, 친구는 없었다.

트로츠키   스탈린

온건한 혁명을 주장하던 멘셰비키에 속해 있던 트로츠키는 1917년 2월 혁명으로 왕정이 무너지고 난 후, 혁명을 외치던 볼셰비키에 합류했다. 그리고 곧바로 볼셰비키에서 레닌에 이어 이인자로 부상한다.

10월 혁명에서 무장한 볼셰비키인 적위대를 동원해 임시정부를 전복하고 혁명을 완성하자고 주장한 사람은 볼셰비키 내에서도 레닌과 트로츠키 단 둘뿐이었다. 거기다 정부를 뒤집어 놓을 군대인 적위대를 만든 사람은 레닌이 아니라, 트로츠키였다.

그의 활약은 그것으로 끝이 아니었다. 트로츠키는 밤하늘에 달을 능가하는 눈부신 혜성이었다. 1917년 10월 혁명 이후, 소련의 혁명군사평의회 주석직을 맡아 군부의 일인자가 된 그는 적위대를 개편하여 정규군인

붉은 군대를 만들었다. 트로츠키는 노동자와 농민뿐이어서 장교가 부족했던 붉은 군대에 과거 러시아 제국 장교들을 과감하게 받아들이는 동시에, 군 장교들을 감시하기 위한 정치 장교를 도입했다. 난생처음으로 군을 이끌면서도 적백 내전을 승리로 이끈 것은 온전히 트로츠키 혼자만의 역량이었다.

"그렇게 짧은 시간에 그렇게 완벽한 군대를 건설할 수 있는 사람이 어디 있겠소." 레닌마저 그의 능력에 감탄할 지경이었다. 트로츠키의 별명은 '혁명계의 나폴레옹'이었다.

불꽃 같은 혁명가, 트로츠키

하지만 일인자였던 레닌은 본능적으로 이인자인 트로츠키를 경계했다. 이유는 단순했다. 트로츠키가 자신을 위협할 정도로 뛰어났기 때문이었다. 레닌이 그정도 였으니 다른 당원들이 그를 시기하고 질투한 것은 당연했다. 만약 국민 투표로 지도자를 뽑았다면, 트로츠키가 레닌은 몰라도 스탈린은 가볍게 꺾었을 것이었다.

불꽃 같은 외모의 트로츠키가 연설하면 듣고 있던 사람의 마음 속에 불이 타올라 그의 추종자가 되었다. 그에 비해 항상 뒤에서 조직을 짜는 거미 같은 스탈린은 아예 눈에 띄지도 않았다. 실제로 트로츠키는 "1917년 10월 혁명이 끝나기 전에는 스탈린의 존재를 거의 몰랐다."라고 말하기도 했다.

트로츠키는 레닌과의 토론에서도 혈전을 벌이며 활활 타올랐다. 트로츠키는 말로써 다른 이들을 아예 너덜너덜하게 물어뜯었다. 나중에 소련 외무부 장관이 되는 몰로토프는 트로츠키가 자신을 너무 심하게 비판하자, "트로츠키 동지, 모든 사람이 당신처럼 천재일 수는 없소."라고 말하며 온몸을 부들부들 떨 정도였다.

하지만 스탈린은 달랐다. 그는 레닌이 시키면 이유조차 묻지 않고 묵묵히 시키는 대로 따랐다. 혁명의 지도자 레닌은 뛰어난 트로츠키에게 거리감을 두었지만, 우직한 스탈린에게는 친근감을 느꼈다. 레닌은 트로츠키에게는 항상 공손한 2인칭 대명사인 당신을 뜻하는 '비(вы)'를 쓰며 뻣뻣하고 공식적인 태도를 유지했지만, 스탈린에게는 친근한 대명사인 너 '티(ты)'를 쓰며 허물없이 대했다. 뿐만 아니었다. 중풍으로 고생하던 레닌이 1922년 5월 30일 때가 되면 스스로 목숨을 끊을 수 있게끔 독약을 구해 달라고 부탁한 사람은 트로츠키가 아니라 스탈린이었다.[41]

일인자인 레닌으로서는 자신을 위협하는 뛰어난 이인자 트로츠키보다, 능력은 부족해도 자기 말이라면 무조건 따르는 우직한 삼인자 스탈린이 더 편했다.

레닌은 1922년 4월, 스탈린에게는 공산당 서기장 자리를 주고, 트로츠키에게는 중앙인민위원회 부의장을 권했다. 공산당 서기장은 딱 한 자리였지만, 중앙인민위원회 부의장은 여러 자리로 이미 다른 인물들이 부의장직을 맡고 있었다. 자존심이 상한 트로츠키는 부의장이 그렇게 많아야 할 이유를 모르겠다고 말하며, 부의장직을 거절했다.

뿐만 아니라 레닌은 트로츠키를 견제하기 위해 스탈린과 지노비예프, 카메네프 이렇게 셋을 묶어주었다. 거기다 트로츠키의 거칠 것 없는 오만한 태도는 동료들의 질투와 시기를 불러일으켰다. 간부들은 머리로는 트로츠키를 인정했지만, 마음으로는 트로츠키를 받아들이지 못했다. 트로츠키는 자신이 유대인인 것을 전혀 의식하지 않았지만, 몇몇은 그가 유대인이라고 뒤에서 수군거렸다. 트로츠키가 1917년 이전까지 즉각 혁명을 주장한 볼셰비키가 아니라 온건파였던 멘셰비키라는 점 또한 순수 볼셰비키 당원들로서는 마음에 들지 않았다. 십 년 넘게 레닌을 따르던 볼셰비키들은 1917년에서야 볼셰비키로 전향한 트로츠키가 레닌의 후계자가 되는 것을 두고 볼 수 없었다.

1922년 3월 뇌경색으로 쓰러지기 전까지 스탈린에게 힘을 실어주던 레닌은 1922년 9월 상태가 호전되자 소수 민족 문제와 경제 문제에 대해 스탈린을 비난하며 이번에는 트로츠키에게 손을 내밀었다. 레닌이 쓰러져 있던 동안 스탈린이 추구한 정책들이 레닌의 방향과 달랐고, 거기다 이인자로 부각되는 스탈린에 대한 견제의 측면도 강했다. 레닌은 처음에는 혁명가였지만, 이젠 권력자였다. 그 또한 자신이 살아있는 한 누군가에게 권력을 물려줄 생각 따위는 없었다.

하지만 레닌은 스탈린을 끝내 견제하지 못했다. 1922년 12월 15일 레닌에게 두 번째 뇌경색이 찾아왔기 때문이다. 스탈린은 레닌이 자신에게 내린 공산당 서기장 직책을 이용해 철저히 레닌을 감시하고 방문객들을 통제했다. 레닌은 부축받은 채 휠체어에 간신히 탈 수 있었고, 겨우 5분 남짓한 시간 동안 지시를 할 수 있었다. 병든 레닌은 건강한 스탈린의 인질이 되었다.

하지만 레닌은 포기하지 않았다. 1922년 12월 말에서 1923년 1월 초까지 레닌은 나중에 있을 공산당 전당 대회에 보낼 메모를 부지런히 작성했다.

"스탈린 동지는 너무 무례하다…… 나는 동지들이 스탈린을 그 직위에서 몰아내고…… 다른 인물로 교체하는 방안을 생각해보라고 제안하는 바이다."[2]

하지만 그는 스탈린 외에도 후계자로 꼽히던 지노비예프, 카메네프, 부하린을 모두 비판했다. 트로츠키도 예외가 아니었다.

"트로츠키의 능력은 대단하기는 하지만, 너무 오만하고 잘난 체하는 경향이 있다."

레닌은 여러 사람 중에 트로츠키만은 최고 지도자가 되어서는 안 된다고 말하지 않은 것이 전부였다. 레닌이 후계자를 정확하게 언급하지 않은 이유는 분명했다. 레닌은 자신이 곧 병에서 회복될 것이라고 믿었다. 혹시나 그가 유언장으로 후계자를 지정하고, 그 사실이 알려진 상태에서 자신이 회복된다면, 자신이 정한 후계자와 권력 다툼을 피할 수가 없게 된다. 권력을 나눌 생각은 조금도 없었던 레닌으로서는 상상조차 하기 싫은 상황이었다.

일인자였던 레닌은 이인자였던 오만하고 잘난 체하는 트로츠키를 견제하기 위해, 삼인자이자 자신에게 충성을 보이던 스탈린에게 힘을 실어주었다. 그렇게 스탈린이 이인자가 되자, 이번에는 레닌이 이인자가 된 스탈린을 무례하다고 비난했다. 하지만 레닌의 의도와는 달리 그 편지로는 스탈린을 견제하지 못했고, 레닌에게 1923년 3월 다시 3차 뇌경색이 찾아왔다. 그 후로 레닌은 아예 말조차 못 하게 되는 상태로 지내다 1924년 1월 사망하고 만다.

살아 있는 일인자가 이인자를 확정 지으면, 일인자는 자신이 죽기 전까지 이인자와 권력 투쟁을 해야한다. 그건 설령 부자 사이에서도 피할 수가 없다. 그렇다고 일인자가 후계자를 정해 놓지 않으면, 일인자가 죽은 후 부하들 사이에서 권력 투쟁을 피할 수 없게 된다. 자신이 죽을거라고 생각하지도 못한 레닌이 후계자를 정해 놓지 않고 사망했기 때문에, 레닌 사후에 권력 투쟁은 피할 수가 없었다. 가장 강력한 두 라이벌은 누가 뭐래도 스탈린과 트로츠키였다.

모든 것을 다 가진 트로츠키에게는 딱 두 개가 부족했는데 하나가 겸손이었다면, 나머지 하나는 권력에 대한 의지였다. 모든 것을 믿지 않았기에, 세상 모든 것이 적이었던 스탈린은 오로지 절대적인 힘과 권력만을 추구했다. 그에게 권력이란 생존을 위한 필수 도구였고, 권력을 잃는 건 목숨을 잃는 것이었다. 능력이 부족했던 스탈린에게는 권력에 대한 의지만은 차고 넘쳤다.

그동안 참고 있던 트로츠키가 마침내 반격을 가했다. 1923년 10월에 열린 당중앙위원회에서 당내에서 스탈린이 권력을 위해서 분파를 만들고 있다고 공격한 것이었다. 그러자 스탈린은 오히려 "트로츠키는 예나 지금이나 레닌의 뜻을 어기며 분열을 조장할 뿐"이라며 역공격을 가했다. 투표가 열렸다. 트로츠키에 대한 반대가 114표, 트로츠키에 대한 옹호가 겨우 2표로, 트로츠키의 완패였다.

1924년 1월 21일 레닌이 사망했다. 1년 전부터 레닌은 식물인간 상태였다. 당장이라도 트로츠키의 심장에 비수를 꽂아 넣고 싶은 스탈린이었지만, 그는 참을성을 가지고 기다렸다. 스탈린은 레닌이 죽자 가장 먼저 레닌의 우상화에 앞장섰다. 스탈린에게 살아 있는 레닌이 위협이라면, 죽은 레닌은 자산이었다.[43] 레닌이 남긴 '페트로그라드의 어머니 무덤 옆에 묻어달라.'와 '절대로 자신을 우상화하지 말라.' 따위의 유언은 아랑곳하지 않았다. 레닌 사체를 박제하여 모스크바 붉은 광장에 거대한 '영묘'를 세워 모셨다. 이를 통해 스탈린 자신이 레닌의 진정한 추종자 임을 만천하에 알렸다. 트로츠키는 레닌 사망 당시 지방에 있었는데, 스탈린은 의도적으로 트로츠키에게 장례식 날짜를 다른 날로 알려줘서, 트로츠키는 레닌의 장례식조차 참석할 수 없었다.

1924년 5월, 레닌의 아내였던 나데즈다 크룹스카야가 당중앙위원회에 레닌의 유언장을 공개하며 스탈린에 반기를 들었다. 스탈린은 선선히 자신의 자리에서 물러나겠다고 권력에 욕심이 없는 척 연기를 했다. 하지만 이미 스탈린은 당을 장악한 상태였고, 당원들은 오히려 스탈린의 퇴진을 반대하고 나섰다. 이미 대세가 넘어간 상황에서 트로츠키는 아무 말도 할 수 없었다.

당에서 지지기반을 잃은 트로츠키였지만 그에게는 언제나 모든 것을 뒤집을 비장의 카드가 있었다. 그는 한때 붉은 군대의 수장이자, '혁명계의 나폴레옹'이었다. 그가 군사 쿠데타를 일으켰다면 당에서는 인기가 없었지만, 군인들과 대중 사이에서 인기가 높았던 그를 막기 쉽지 않았을 것이다.

하지만 '무장한 혁명가'였던 그는 혁명을 위해서는 무력을 썼지만, 자신을 위해서는 무력을 사용할 생각을 단 한 번도 하지 않았다. 자신의 꿈이었던 혁명을 쿠데타로 더럽힐 수 없었다. 그가 혁명에 대해 가졌던 열정의 절반, 아니 반의반 만이라도 가졌다면 트로츠키는 쉽게 레닌의 뒤를 이어 일인자가 되었을 것이다. 하지만 그에게는 그것이 없었다. 트로츠키는 혁명을 이룰 능력은 충분했지만, 권력에 대한 의지가 없었던 반면, 스탈린은 능력은 부족했지만, 권력 의지만은 충만했다.

트로츠키가 화려한 색과 무늬로 단연코 눈에 띄는 외로운 표범이었다면, 스탈린은 칙칙한 색에 눈에 띄지는 않으며 무리를 이끄는 하이에나였다. 트로츠키가 천재인 개인이었다면, 스탈린은 둔재를 이끄는 우두머리였다. 트로츠키가 군중 앞에서 지성을 앞세워 토론과 연설을 했다면, 스탈린은 조직 뒤에서 회유와 협박을 해댔다. 사람은 이성이 아니라 감정의 동물이었고, 승자는 스탈린이었다.

트로츠키가 힘을 잃자, 스탈린은 트로츠키와 맞서기 위해 한 때 자신과 삼두체제를 이루었던 지노비예프와 카메네프를 공격했다. 그 둘은 노련한 스탈린의 상대가 되지 않았다. 스탈린은 1927년 10월 트로츠키와 지노비예프를 당 중앙 위원회에서 제명하며, 사실상 1인 독재 체제를 완성했다. 레닌의 초상화 옆에 스탈린의 초상화가 나란히 걸리기 시작했다.

스탈린이 일인자가 된 것은 시작에 불과했다. 러시아가 무너지자, 차르가 무너졌듯 소련이 무너지면 스탈린 자신도 무너질 것이었다. 소련의 안전을 확보해야 했다. 스탈린에게 믿을 사람이 아무도 없듯이, 스탈린의 소련이 믿을 나라는 어디에도 없었다.

트로츠키가 전 세계에 혁명을 퍼뜨리는 '연속혁명론'을 주장할 때, 스탈린이 일단 소련만이라도 제대로 된 체제를 갖추자는 '일국사회주의'를 주장한 것도 같은 이유였다. 타인을 믿을 수 없는 스탈린이 다른 나라를 믿을 리 없었고, 오로지 소련, 더 정확히는 자신만 살아남으면 되었다.

거기다 다른 정치인이나 고위 관료들 또한 언제든지 자기 자리를 넘볼 수 있었다. 모두 '트로츠키주의자'라는 명분으로 처형했다. 139명의 중앙위원회 위원 중에 102명이 숙청으로 총살당했다.[44]

조금이라도 의심스러운 사람들에게는 비밀경찰이 한밤중에 찾아가 문을 두드렸다. 다음날이면 끌려간 사람의 행적을 알 수 없었다. 사라진 사람은 심한 고문 끝에 강제 수용소인 굴라크로 끌려가 오랜 시간 동안 노역을 하거나, 즉시 총살에 처해졌다.

스탈린은 친밀하게 인사를 나누다가도 갑자기 "오늘 당신 눈이 왜 그리 간사해 보이오?"라고 무섭게 쏘아붙이곤 했다.[45] 스탈린에게서 그런 말을 들은 간부는 운이 좋으면 무사히 집으로 갈 수 있었지만, 운이 나쁘면 감옥으로 가야 했다. 스탈린이나 트로츠키나 모두 친구가 없었다. 트로츠키는 누구보다 뛰어났기 때문이고, 스탈린은 아무도 믿을 수 없었기 때문이었다. 스탈린에게는 오로지 부하와 적만이 있었고, 부하는 언제든지 배신해서 적이 될 수 있었다.

스탈린에게는 트로츠키가 만든 군대가 가장 위험한 적이었다. 장교 중 상당수가 러시아 제국 출신이었고, 무력이 있었기에 쿠데타를 일으킬 수 있었다. 모두 갈아치워야 했다. 그는 5명의 원수 가운데 3명을, 11명의 부국장 인민 위원 전원과 모든 군관구 사령관, 공군과 해군의 모든 사령관과 참모장, 16명의 야전군 사령관 중에서 14명, 67명의 군단장 중에 60명, 199명의 사단장 중에 136명, 397명의 여단장 중에 221명, 모든 연대장의 50퍼센트 이상을 숙청했다.[46]

그렇게 백만 명이 넘는 정치인, 당원, 군인, 부농의 숙청을 맡은 비밀경찰 NKVD의 힘이 세지자, 스탈린은 NKVD에 대해서도 숙청을 단행했다. 가장 먼저 NKVD 수장인 겐리흐 야고다를 숙청하고 니콜라이 예조프를 수장으로 임명했다. '스탈린의 개'였던 니콜라이 예조프는 열과 성을 다해 숙청에 앞장섰다. 하지만 예조프의 운명도 그의 전임자이자, 그가 처리한 야고다와 다를 바가 없었다. 스탈린은 또다시 비밀경찰의 수장 예조프마저 제거하며 후임으로 베리야를 앉혔다.

측근조차 믿지 못하는 그에게 러시아 내 소수 민족은 언제라도 배신을 할 부류였다. 소수 민족이라면 "무릎을 꿇리고 미친개처럼 쏴 죽여야" 했다. 우크라이나는 물론이고 폴란드계 소련인을 포함한 기타 소수 민족의 숙청과 강제 이주가 시작되었다. 연해주에 살던 고려인도 강제 이주를 피할 수 없었다. 저 멀리 중앙아시아로 쫓겨났다.

스탈린은 "인생에서 제일 유쾌한 일은 희생자를 정하고 조심스럽게 공격을 준비하여 강력히 타격한 다음 침대에 누워 편히 자는 것이다."라고 말한 적이 있다. 하지만 모든 것을 의심하는 스탈린에게는 모든 것은 잠재적인 적이었기에 그는 죽는 날까지 단 한 번도 편히 잘 수 없었다.

1929년 끝내 소련에서 추방당한 트로츠키는 100여 편의 논문과 책을 쓰면서, 스탈린을 공격하며 소련이 잘못된 길을 가고 있음을 주장했다. 심지어 자서전의 제목이 〈배반당한 혁명〉이었다. 또한 독일에 나치가 등장하자, 그는 누구보다도 먼저 나치의 위험성을 알아차리고, 히틀러의 집권을 막아야 한다고 주장했다. 소용 없었다. 총을 든 군대로 혁명을 완성한 그였기에 펜과 말로는 소련을 바꿀 수 없음을 잘 알았다. 하지만 총과 권력을 빼앗긴 그가 할 수 있는 것은 그것이 전부였다.

저 멀리 멕시코에서 망명 생활을 하던 트로츠키에게 실비아 에이지프로라는 여비서가 있었다. 그 여비서에게는 1년 넘게 사귄 라몬 메르카데르라는 남자가 있었는데, 사실 그는 트로츠키를 죽이기 위해 소련에서 보낸 암살자였다. 그는 즉시 트로츠키를 죽이려고 무모하게 덤벼들지 않고, 트로츠키 여비서의 애인으로 행세하며 스탈린처럼 긴 시간을 끈기 있게 기다리며 절호의 기회를 노렸다.

피켈이라는 등산 도구가 있다. 등산용 지팡이의 일종으로, 일반 등산용 스틱과는 다르게 한쪽 손잡이 끝에 날카로운 곡괭이가 달려 있어, 단순 등산부터 전문적인 빙벽 등반뿐 아니라, 산에서 마주칠 수 있는 맹수로부터 자신을 방어하는 무기로도 사용할 수 있다.

1940년 8월 20일, 메르카데르는 우연히 트로츠키와 둘이 남게 되었다. 트로츠키가 등을 보이자, 메르카데르는 자신이 기다리고 기다리던 기회가 왔음을 직감하고는 미리 준비한 피켈로 그의 머리를 찍었다. 트로츠키의 비명을 듣고 경호원이 달려왔고, 경호원이 메르카데르를 제압한 후 구타하기 시작하자, 트로츠키가 말했다. "죽여서는 안 된다. 자백을…… 시켜야…… 한다." 트로츠키는 의식이 혼미해지는 가운데 암살 배후를 밝히려 했으나, 다음 날 외상에 의한 뇌출혈로 사망하고 끝내 누가 시켰는지를 밝히지 못했다. 트로츠키의 죽음은 살아있는 스탈린에게는 더없이 기쁜 소식이었다.

가끔 사람들은 스탈린 대신 트로츠키가 정권을 잡았다면 소련이 달라졌을 거라 주장하기도 한다. 가보지 않은 길은 항상 아름다워 보인다. 트로츠키는 가보지 않은 길이었고, 동시에 갈 수 없는 길이기도 했다.

트로츠키가 죽었다는 기쁜 소식을 들은 스탈린은 암살자 메르카데르의 어머니에게 레닌 훈장을 수여했다. 하지만 트로츠키의 암살은 곧 스탈린에게 또 다른 걱정거리가 되었다. 자신도 트로츠키처럼 언제든지 암살당할 수 있다는 생각이 들었던 것이다. 그런 스탈린이 협상 테이블에 마주 앉은 제국주의자이자 귀족 출신인 처칠과 부르주아 가문의 루스벨트를 처음부터 신뢰할 리가 없었다. 신뢰하는 척할 뿐이었다.

가시에 찔린 장밋빛 인생

그는 상위 1%, 아니 0.01%의 행운을 타고났다. 가문 이름인 루스벨트는 Rose Field, 장미 정원이었다. 실제로 그의 인생은 장밋빛이었다. 루스벨트는 가난했던 스탈린과는 다른 부유한 집안에서 태어났고, 처칠과는 달리 가정마저 화목했다. 거기다 명문 하버드 대학까지 졸업했다.

결혼 당시 아내는 현직 대통령의 조카였다. 결혼식에 참석한 현직 대통령인 시어도어 루스벨트가 친척이자, 조카 사위인 프랭클린 루스벨트에게 말했다. "프랭클린, (루스벨트) 가문의 명성을 지키는 것보다 중요한 일은 없다네." 변호사가 된 후, 28살이라는 젊은 나이에 뉴욕주 상원 의원에 이어, 1912년 민주당 대선 후보였던 윌슨의 선거 운동에 적극적으로 나섰다. 미국 28대 대통령에 당선된 윌슨은 자신의 당선을 위해 애를 쓴 루스벨트를 1913년 해군 차관으로 임명했다. 불과 31살의 나이였다. 시어도어 루스벨트 전 대통령도 해군 차관으로 근무한 경력이 있었다. 누가 봐도 현직 대통령인 윌슨이 루스벨트를 대통령감으로 밀어주는 것이었다.

루스벨트는 26대 대통령인 시어도어 루스벨트와는 인척으로, 28대 대통령인 우드로 윌슨과는 인맥으로 이어진 데다 상원 의원에 해군 장관 바로 아래 직책인 해군 차관까지 지냈다. 정치 경력에 더해 행정 경력까지 쌓았으니, 남은 건 이제 두 단계뿐이었다. 부통령이나 주지사 당선 후, 대통령 도전. 지금까지 이어져 오는 대통령이 되는 정식 코스였다.

그는 그 코스를 그대로 따랐다. 해군 차관을 7년간 지낸 후, 1920년 그는 1920년 제29대 대통령 선거에 민주당 대통령 후보인 제임스 M. 콕스의 러닝메이트, 즉 부통령으로 출마했다. 안타깝게도 제임스 M. 콕스는 공화당 워런 G. 하딩에게 패해 루스벨트는 부통령이 되지 못했다. 하지만 부통령에 도전한 그의 나이는 겨우 38살이었고, 그에게는 눈부신 미래가 기다리고 있었다.

집권한 공화당은 상대당의 차기 유력한 대통령 후보인 루스벨트를 공격하기 시작했다. 그가 7년간 해군 차관으로 근무할 때의 이력을 문제 삼았다. 당시 미 해군 군악대가 동성애를 하고 있다는 소문이 돌았고, 해군 차관인 루스벨트가 그 소문을 확인하기 위해서 잘생긴 남자들로 하여금 함정 수사를 지시했다는 것이다. 그것도 실제로 "친밀한 관계를 맺어 확실한 증거를 가져오라는 지시"까지 내리면서.[47]

히틀러의 주치의들

루스벨트가 간신히 몇 달에 걸친 공화당의 공격을 피하자, 이번에는 공화당의 공세와는 비교할 수 없는 큰 위기가 그에게 닥쳤다. 장밋빛 인생을 누리던 그가 가시에 찔린 것이었다.

1921년 7월, 그는 캐나다 캄포벨로 섬에 있는 가족 별장으로 휴가를 갔다. 여름이 한창인 8월 10일, 루스벨트는 머리가 띵하고 몸이 부들부들 떨렸다. 전날 바다에 한 번 빠진 적이 있기에 감기 몸살에 걸렸다고 대수롭지 않게 생각했다. 다음날 의사가 단순 여름 감기라고 했지만, 전혀 나아질 기미가 보이지 않았다. 다리가 움직이지 않았다. 그다음 날에는 소변과 대변조차 볼 수 없어, 소변을 보기 위해 소변줄을 꽂고, 대변을 보기 위해 관장까지 해야 했다. 열도 가라앉지 않았다. 수많은 의사가 그를 진찰한 끝에 결국 진단이 내려졌다. 38살의 다 큰 어른이 '소아마비'에 걸린 것이었다.

소아마비는 '폴리오'라는 바이러스가 일으키는 다양한 질환 중 극히 드문 경우였다. 폴리오 바이러스는 장 바이러스의 일종으로, 대부분의 사람은 이 바이러스를 섭취해도 75%에서 많게는 95%까지 아무런 증상 없이 그냥 넘어간다. 4~5명 중 한 명은 감기 몸살로 간단히 넘어가고, 25명 중 한 명은 심한 두통과 발열이 나타나는 뇌수막염을 앓는다. 그런데 100명 중 딱 한 명 정도만 폴리오 바이러스가 중추신경계까지 침투하여 운동 신경만을 파괴한다. 감각이나 통증은 그대로 있는데, 움직일 수만 없게 되는 것이다.

지금이야 돌이 되기 전에 모두 소아마비 예방 접종을 하기에 극히 드문 질환이나 당시만 해도 꽤 발생하는 질환이었다. 주로 5세 이하의 아이가 걸려 소아마비라고 하지만 매우 드물게 성인에게서 발병하기도 한다. 루스벨트가 바로 여기에 해당되었다. 그의 몸이 마비되었다. 그래도 마비가 다리까지만 온 것은 불행 중 다행이었다. 허리를 넘어 폐까지 마비되었다면, 그는 숨도 쉬지 못한 채 서서히 고통스러운 죽음에 이르렀을 것이다.[48]

두 다리의 마비와 함께 엄청난 통증이 그를 찾아왔다. 살랑이는 바람에도 피부가 타들어 가는 듯 고통스러웠고, 너무 아파 이불조차 덮을 수 없었다.

보통 사람이었다면 절망했겠지만, 루스벨트는 포기하지 않았다. 그는 재활치료에 땀을 쏟는 동시에 다리의 마비를 풀기 위해 조지아주에 있는 '웜스프링(Warm Springs)'이라는 온천을 자주 방문했다. 하지만 그의 노력과는 상관없이 다리는 회복되지 않았다. 그는 보조기를 차고 목발에 의지하지 않으면 혼자 서 있을 수조차 없었다. 결국 평생을 휠체어에서 보내게 되었다. 190cm에 육박했던 그의 훤칠했던 키가 5cm나 줄었지만, 이제 더 이상 키를 잴 필요도, 잴 수도 없었다.

소아마비는 그의 몸뿐만 아니라 그의 표정도 바꾸었다. 아프기 전에는 키가 커서 사람을 위에서 내려다 보았기에 거만한 인상을 주었으나, 소아마비가 그를 덮친 이후로 휠체어에 탄 그는 사람을 아래에서 우러러 보았기에 겸손한 느낌을 주었다.

3년 후, 1924년 그는 뉴욕에서 열린 민주당 전당대회에서 처음으로 그 모습을 드러냈다. 그는 특수 제작된 보조기를 차고 목발에 의지해 온 몸에 땀을 뻘뻘 흘리며 간신히 몇 걸음을 떼었다. 사람들은 소아마비에 굴복하지 않은 그의 의지에 박수와 함께 찬사를 보냈고, 그렇게 루스벨트는 다시 정계에 복귀했다.

역경의 극복은 소아마비 이후 그에게 삶의 방식이 되었다. 나중에 대통령이 된 루스벨트에게 세계 대공황과 세계 2차 대전이라는 큰 고비가 찾아오지만, 그 어떤 것도 소아마비보다 힘들지 않았다.

세계 대공황에서

"우리가 두려워해야 할 것은 두려움 그 자체뿐입니다."

라고 자신 있게 말할 수 있는 사람은 소아마비에 걸려 온 몸이 마비된 채, 평생을 누워서 보낼지도 모르는 두려움과 절망을 이겨낸 자, 루스벨트뿐이었다. 그는 구호(Relief), 회복(Recover), 개혁(Revolution), 3R을 캐치프레이즈로 내걸고 당선되어, 새롭게 판을 짠다는 뜻의 뉴딜(New Deal) 정책을 실행하며 대공황에 맞서 싸웠다.

전쟁으로 망한 자, 전쟁으로 일어나다.

오스만 제국은 한때 유럽, 아프리카, 아시아에 걸쳐 광대한 영토를 차지했다. 하지만 세계 1차대전 당시 오스만 제국은 미래 없이 과거만 남은 나라였다. 국기에 그려진 하얀 달은 차오르는 초승달이 아니라, 저무는 그믐달이었다. 오스만 제국은 세계 1차 대전이 끝나면 많은 영토를 잃고, 제국이 무너지며, 이름마저 터키(튀르키예)로 바뀔 예정이었다. 세계 1차 대전에서 오스만 투르크는 중립을 외쳤으나, 이미 중동에 발을 내디딘 독일은 당근과 채찍을 든 채 오스만 투르크를 가만두지 않았다.

부동항을 찾는 러시아와 그걸 막으려는 영국이 '그레이트 게임'이란 이름 아래 19세기에 겨우 100년간 싸웠다면, 오스만 투르크와 러시아는 16세기 초부터 발칸반도와 흑해, 카프카스 지역의 패권을 장악하기 위해 400년 가까이 싸우고 있었다.

19세기에 일어난 크림 전쟁은 러시아와 영국의 '그레이트 게임'인 동시에 흑해를 둘러싼 오스만 투르크와 러시아와의 다툼이었다. 400년간 러시아와 다툰 오스만 투르크로서는 세계 1차 대전에서 러시아 편을 들 수가 없었다. 또한 독일은 이미 오스만의 숨구멍인 다르다넬스 해협에 포병 기지를 둔 채, 이미 투르크의 목을 움켜쥐고 있었다. 독일과 러시아 사이에서 투르크는 독일을 선택할 수밖에 없었다.

세계 1차 대전은 프랑스-영국-러시아 vs 독일-오스트리아-오스만 투르크의 싸움이었다.

독일이 유럽 북쪽의 발트해를 통제하고 있었기에, 동맹을 맺은 영국과 러시아로서는 영국-지중해-다르다넬스 해협-이스탄불-흑해-러시아로 이어지는 교역로를 반드시 확보해야 했다. 실제로 흑해가 막히자 러시아 수출은 98퍼센트, 수입은 95퍼센트가 감소했다.[49] 영국이 다르다넬스 해협을 얻으면, 곧바로 오스만 제국의 수도인 이스탄불을 공격할 수 있었고, 발칸반도의 여러 나라가 독일 편으로 넘어가는 것을 막을 수 있었다.

그것뿐만이 아니었다. 영국이 다르다넬스 해협을 차지하면, 당시 영국이 장악하고 있는 지중해와 홍해를 잇는 수에즈 운하, 인도와 중국을 잇는 말라카 해협과 더불어 지중해와 흑해를 잇는 영국의 3대 핵심 무역 항로가 될 것이었다.

처칠은 신을 믿지 않는 대신 운명을 믿었다. 그리고 때마침 처칠이 해군 장관일 때 세계 1차 대전이 일어나자 그는 이 전쟁이 자신을 위한 것임을 확신했다.

처칠은 인도에 파병되었을 때의 경험을 이렇게 썼다. "잠자리에 들면서 인도에서 영국이 하고 있는 위대한 업적과 또 인도인과 우리 자신의 안녕을 위해 원시적이긴 하지만 호의적인 민족을 통치하는 고귀한 사명감을 느꼈다." 대영 제국의 영광을 지키려는 귀족이자, 보수주의자, 인종 차별주의자이며 제국주의자인 처칠에게 영웅이 될 기회가 찾아왔다. 처칠은 남자로서 절정기인 마흔이었고, 그의 손에는 전 세계에서 가장 강력할 뿐만 아니라 역사와 전통을 자랑하는 영국 해군이 있었다. 영국으로서는 다르다넬스 해협만 장악하면 단번에 오스만 투르크를 제압할 수 있었다.

해군 장관인 처칠은 다르다넬스 해협을 공격하기로 했지만, 독불장군이었던 그는 육군의 협조를 전혀 얻지 못했다. 하지만 그는 아랑곳하지 않고 해군만 이끌고 다르다넬스 해협으로 쳐들어갔다.

"우리는 일주일 후면 이스탄불에서 맛있는 점심을 먹고 있을 것이야."

그는 운명의 여신이 자신을 향해 웃고 있다고 생각했다. 실제로 영국이 공격하자마자 다르다넬스 해협 입구의 쿰 케일 요새는 금세 무너졌다.

처칠은 과거 중국과의 아편전쟁처럼 전함을 이끌고 가서, 상대보다 사정거리가 긴 대포로 무지막지하게 포를 쏘아 오스만 투르크의 전함과 육지 요새를 파괴할 생각이었다. 실제로 영국 함대는 오스만 함대에 비해 압도적으로 뛰어났다. 하지만 아편전쟁과 결과가 달랐다. 다르다넬스 해협은 중국 광저우 앞바다처럼 넓지 않았다. 전체 길이 62킬로미터에 가장 넓은 곳은 7킬로미터, 좁은 곳은 1.2킬로미터로 바다가 아니라 긴 강 같았고, 오스만 투르크에게는 청나라에 없었던 것이 있었다. 바로 바다의 지뢰인 기뢰였다. 좁은 수로에 기뢰가 잔뜩 깔려 있어 영국군은 진격할 수가 없었다. 거기다 처칠은 육군과의 공조 실패로 상륙할 군인이 없었다.

결국 처칠이 이끄는 영국 함대는 오스만 함대의 공격이 아니라 기뢰에 큰 피해를 본 채 상륙도 제대로 못해보고 제 발로 물러났다. 그것이 1915년 2월에 시작하여 3월 18일에 끝난 '다르다넬스 해협 전투'였다.

해군과 육군이 같이 치러야 했던 전투는 독불 장군 처칠이 혼자 해군을 이끌고 가서 실패했다. 평소에 오만한 처칠을 좋아하지 않았던 육군은 처칠이 실패했다는 이야기를 듣고 속으로 콧노래를 부르며 뒤늦게 투르크와의 전쟁에 나섰다. 그것도 해군이 돌아가고 나서 6주가 흐른 4월 25일이었다.

영국 육군은 다르다넬스 해협의 시작 부분인 갈리폴리 반도의 끝에 상륙한 다음 200킬로미터가 넘는 육로로 이스탄불까지 쳐들어갈 계획이었다. 갈리폴리 반도에서 이스탄불로 이어지는 길은 좌측에는 산이 우측에는 바다가 있는 좁은 길이라 매복 당할 위험이 높았다. 거기다 영국의 베테랑 군인들이 모두 독일과의 전선에 투입되었기에 갈리폴리 상륙작전에 투입된 병사들은 대부분 호주와 뉴질랜드 등의 영연방에서 온 신참이었다.

반대로 오스만 투르크는 영국과의 해전 이후 6주 동안 요새를 강화하며 이미 상륙작전에 대비하고 있었다. 영국 육군이 땅에 첫발을 내디뎠을 때 눈앞에 보이는 것은 절벽에 가까운 가파른 언덕과 함께 자신들을 겨누고 있는 오스만 제국의 대포와 기관총이었다. 영국군은 자신들이 가장 최악의 장소에 상륙했다는 것을 배에서 내린 후에야 깨달았다.

육지에 발을 디딘 병사는 총과 대포가 기다리는 앞으로 나갈 수도, 바다와 배가 있는 뒤로 도망갈 수도 없었다. 갈리폴리 해변은 곧바로 영국군의 붉은 피로 물들었다.

영국 역사상 최악의 전투에 뽑히는 '갈리폴리 전투'였다. 이 전투로 영웅이 되기를 꿈꾸던 영국의 처칠은 몰락했고, 영국에 맞서 대승을 거둔 오스만의 무스타파 케말 대령은 영웅이 되었다. 이 갈리폴리 전투에서 영국에게 대패를 안긴 그가 바로 오스만 투르크가 무너지고 들어서는 터키(튀르키예)의 초대 대통령이 되는 케말 파샤였다.

완벽한 패배를 당한 처칠은 해군 장관에서 사임할 수밖에 없었다. 그 후로도 몇몇 자리를 거치지만 1929년부터는 퇴물 정치인이 되었다. 늘 술에 취한 채, 목청을 높여 이런 저런 주장을 펼쳤지만, 아무도 들어주지 않은 지 10년이 지났다. 처칠의 삶은 그렇게 용두사미로 끝날 것 같았다.

그때 그를 다시 영국, 아니 세계 무대로 불러낸 사람이 있었다. 바로 히틀러였다. 처칠을 추락시킨 것이 세계 1차 대전이었다면, 그를 복귀시킨 것은 세계 2차 대전이었다. 오스만 제국의 케말 대령이 그를 유배시켰다면, 독일 제국의 히틀러가 그를 다시 복귀시켰다. 더 큰 무대로.

독일의 히틀러는 정권을 잡은 뒤, 세계 1차 대전 후 체결된 베르사유 조약을 1935년 3월 파기하고 재군비를 선언했다. 그러자 영국은 이에 대해 제재를 가하는 대신 오히려 독일과 해군 조약을 통해 독일이 해군 및 잠수함을 갖도록 인정해 주었다. 독일이 비무장지대로 하기로 한 라인란트에 군대를 보냈을 때도 영국은 가만히 있었다.

뮌헨 협정 후, 히틀러와의 협의서를 흔드는 체임벌린

1938년 히틀러는 이웃 나라인 체코에서 독일인이 가장 많이 사는 주데텐란트 지역마저 강제 합병하겠다고 선언하자, 이에 놀란 영국의 체임벌린 총리는 그해 9월 독일의 뮌헨으로 날아갔다. 그리고 9월 30일 히틀러를 만나고 돌아오는 헤스턴 공항 활주로에서 체임벌린이 연설했다. 그는 히틀러와의 합의문을 오른손으로 흔들면서 자신이 전쟁을 피하고, 유럽에 평화를 가져왔다며 자화자찬했다. 이에 영국의 국민들 또한 전쟁을 피했다는 안도감에 환호성을 질렀다. 영국 총리는 히틀러에게 경고하거나

히틀러의 주치의들

무력 시위를 하는 대신 종이 한 장을 받고, 히틀러에게 체코의 주데텐란트를 넘겼다. 하지만 히틀러는 주데텐란트에 만족할 리 없었고, 체코마저 통째로 집어삼키고 말았다. 체임벌린이 손에 들고 왔다는 평화는 낙서에 불과했다.

이 일로 나약한 유화정책의 대표적인 인물로 '체임벌린'이 되어버리고, '뮌헨 협정'은 두고두고 비난받는다. 체임벌린으로는 억울할 수 있다. 왜냐면 전 세계에서 단 두 명을 제외한 모든 나라의 정치인과 국민은 세계 1차 대전의 악몽을 떠올리며 어떻게든 전쟁을 피하고 싶어 했기 때문이다. 그건 소련도 마찬가지였다. 소련의 스탈린조차 히틀러라는 거대한 미친 늑대를 막아서기가 무서워 독일의 공격을 막는 대신 히틀러 편이 되기를 선택했다.

영국은 독일이 폴란드를 침공하기 6일 전인 1939년 8월 25일 영국-폴란드 군사 동맹을 맺었고, 한쪽이 공격당하면 도와줘야 했다. 하지만 이번에도 영국은 폴란드와 맺은 동맹을 지키지 않았다. 평화를 지키려면 전쟁을 준비해야 했지만, 전쟁을 대비하지 않은 영국으로서는 평화를 지키기 위해서 할 수 있는 것이 없었다.

독일이 폴란드마저 침공하자, 1년 전 히틀러와 협상하여 평화를 가져왔다며 체임벌린에게 환호성을 질렀던 대중들은 이제 체임벌린을 비난하며 전쟁을 피할 수 없다는 사실을 뒤늦게 깨달았다. 영국 국민은 어떻게든 피하고만 싶었던 전쟁을 지휘할 사람을 찾기 시작했다. 앞서 말한 전쟁을 피하려고 하지 않은 사람 두 명 중 한 명은 히틀러였고, 나머지 한 명은 처칠이었다.

사실 처칠은 히틀러에 대한 평가만 맞았을 뿐, 파시즘의 창시자인 무솔리니에 대해서도 처음에는 "로마의 천재", "민주주의를 실현할 자격도 없는 이탈리아를 안정시킨 지도자", "파시즘은 온 세계에 봉사하고 있다." 라며 극찬을 했다. 일본에 대해서도 "우리의 동맹국이며 일본과의 전쟁을 고려할 필요는 전혀 없다."라고 오판을 하기도 했다.

스탈린에 대해서도 믿을만한 인물이라고 잘못 판단을 내린 그는 세계 2차 대전이 끝나고 냉전이 심해지자, "발트해의 스테틴으로부터 아드리아해의 트리에스테에 이르기까지 철의 장막이 유럽 대륙을 가로지르며 내려지고 있다."라는 그 유명한 '철의 장막' 연설을 통해 자신을 냉전의 전사로 포장하며 스탈린에 대한 말을 바꾸었다.

종합해보면 처칠은 일본, 소련, 이탈리아, 독일 총 4개 중 3개는 틀리고, 유일하게 히틀러의 독일만 맞추었다. 하지만 독일의 히틀러가 악당인 것을 맞춘 사람은 영국 정치인 중에서 그가 유일했기에 처칠은 주정뱅이 퇴물 정치인에서 미래를 내다본 현자로 바뀌었다. 9월 3일 윈스턴 처칠은 해군 장관으로 임명되었다. 1915년 갈리폴리 전투에서 패배한 후 물러나야 했던 바로 그 자리였다.

독일이 폴란드를 침공하고 8개월 후 1940년 5월 10일 프랑스를 공격하자, 히틀러에게 양보함으로 평화를 지킬 수 있다고 생각한 체임벌린은 총리에서 물러나고, 유일하게 히틀러와 맞서기를 두려워하지 않았던 처칠이 총리가 되었다.

"만약 한 남자와 평생을 보내야 한다면 난 체임벌린을 선택하겠다. 하지만 폭풍에 난파당할 지경이 되면 당장 처칠에게 달려갈 것이다."[50]

누군가 일기에 썼듯이 그는 폭풍이 닥친 영국을 구할 수 있는 유일한 남자였다.

독일이 프랑스를 침공한 지, 보름도 지나지 않아 승패가 결정되었다. 전 세계가 심지어 독일마저도 예상하지 못했던 결과였다. 유럽 최강의 육군이라고 자부했던 프랑스가 단숨에 무너졌다. 프랑스에 있던 영국군은 대서양 해안의 덩케르크에서 철수해야 했다. 프랑스가 항복한 1940년 6월 25일부터, 독일이 소련을 침공하는 1941년 6월 22일까지 1년간 세상에는 히틀러와 처칠 단 둘뿐이었다.

나치의 이인자 괴벨스는 프랑스가 무너진 이후 이렇게 말했다.

"처칠은 절대 버티지 못한다. 타협을 원하는 정부가 구성될 것이다. 우리의 전쟁은 얼마 남지 않았다."[51]

영국을 이끄는 이가 처칠이 아닌 다른 사람이었다면, 독일과 평화 협정을 맺었을 수도 있었다. 히틀러도 영국과 협상을 간절히 원했기 때문이다.

처칠은 의회 연설에서

"우리의 목표는 무엇입니까? 저는 한 마디로 대답할 수 있습니다. 승리입니다. 어떤 대가를 치르더라도, 어떤 공포에도 불구하고 승리해야 합니다. 길이 아무리 길고 험하더라도 승리 없이는 생존도 없습니다…… 우리는 끝까지 싸울 것입니다…… 우린 절대 항복하지 않을 것입니다."

그는 절대 포기하지 않을 것을 국민 앞에 맹세했고, 그 약속을 지켰다. 그는 자신이 영웅이 될 기회를 포기할 생각이 없었다.

1940년 8월 16일 영국이 독일과 전 세계 운명을 건 영국 본토 항공전이 벌어지자 처칠이 말했다.

"내게 말 걸지 말게. 내 평생 이렇게 흥분되어 보기는 처음이야."

그는 역경 속에서 더 흥이 나는 유형이었다.[52] 처칠에게 인생의 최고의 순간은 그가 총리가 되었을 때도, 나치 독일이 항복했을 때도 아니었다. 바로 1940년 프랑스가 독일에게 무너지고, 미국과 소련이 참전하기 전까지 전 세계에서 유일하게 혼자서 히틀러와 맞서 싸운 순간이었다. 영국으로서는 절체절명의 위기였지만, 처칠로서는 인생 절정의 순간이었다.

단 작은 불독인 처칠이 그가 한 말처럼 "피와 수고, 눈물과 땀"을 아무리 쏟아도 거대한 늑대인 히틀러를 혼자 쓰러뜨릴 수 없었다. 그가 할 수 있는 것이라고는 늑대에게 물러서지 않고 늑대의 뒷다리를 물고 늘어지는 것뿐이었다. 늑대를 쓰러뜨릴 다른 이가 오기 전까지 말이다. 소련의 스탈린과 미국의 루스벨트가 등장하기 전까지, 영국의 처칠은 독일의 히틀러에게 맞서 잘 버텨냈다.

처칠은 딱 거기까지였다. 1941년 6월 22일 독일이 바르바로사 작전이라는 이름 아래 소련을 침공하자, 악당인 히틀러와 싸우는 주인공은 영국의 처칠에서 소련의 스탈린으로 바뀌었다. 거기다 1941년 12월 7일 일본이 미국 하와이의 진주만을 공격하고 이에 미국마저 세계 2차 대전에 참여하자, 이제 처칠은 주연에서 조연으로 밀려났다.

처음부터 세계 2차 대전의 주인공은 영웅이 아니라 악당인 히틀러였고, 그가 너무 강력했기에 모든 이가 맞서 싸워야 했다. 그리고 시간이 흘러 1945년 2월 얄타 회담 당시, 악당인 히틀러는 쓰러지기 직전이었다. 악당을 무찌른 영웅 Big 3는 말만 같은 세 거두였지, 이미 2강(소련과 미국)과 1중(영국)이었다. 처칠도 자신의 신세를 알았는지 영국을 "거대한 러시아 곰과 엄청난 미국 코끼리 사이를 걷는 작은 사자"라고 비유했다. 하지만 그는 "어디로 가야 할지 아는 건 사자"라고 덧붙이며 끝내 영웅 역할에 대한 미련을 버리지 못했다. 하지만 처칠과 영국에게 남아있는 건 찬란한 과거일 뿐, 강력한 현재와 희망찬 미래는 없었다.

세 명 앞에 놓인 세계

"모든 전쟁을 끝내기 위한 전쟁"이라던 세계 1차 대전은 실패로 끝이 났다. 1939년 9월 1일, 독일의 폴란드 침공을 시작으로 인류 역사상 가장 많은 인명 피해를 가져다줄 잔인한 전쟁이 다시 시작되었다. 그리고 얄타 회담이 열리는 1945년 2월에는 길고도 참혹했던 세계 2차 대전이 어느새 막바지에 이르렀다.

1944년 6월 6일 '디데이'에 '오버로드 작전'이라는 이름으로 연합국이 프랑스 노르망디 해변에 상륙했다. 당시 독일군은 대부분을 동부 전선에 투입하고 있었기에 연합국의 상륙을 막을 여력이 없었다. '노르망디 상륙 작전'은 시작 전부터 성공이 보장된 작전이었다. 영-미는 서쪽에서, 소련은 동쪽에서 독일을 동시에 압박했다. 연합국은 순식간에 프랑스를 장악했다. 궁지에 몰린 히틀러는 1944년 말 최후의 승부수를 던졌다. 마지막 힘을 짜내어, 동부 전선의 소련이 아니라, 서부 전선의 영-미 연합국을 공격했다.

그것이 1944년 12월 16일부터 1945년 1월 25일까지 이어지는 '아르덴 대공세', 이른바 '벌지 전투'였다. 독일은 1940년 5월 10일 아르덴 숲을 뚫고 나와 6주 만에 프랑스를 단번에 제압 했듯이, 이번에도 아르덴 지역을 단번에 돌파하여 북서부 지역의 연합국을 포위 섬멸한 생각이었다. 하지만 연합국이 바보가 아닌 이상 같은 수법이 두 번 통할 리가 없었다. 영-미는 독일의 아르덴 대공세를 잘 막아냈다. 독일이 서부 전선에 총력을 다하는 동안 소련은 이 기회를 틈타 동부 전선에서 겨울 공세를 가해 독일의 방어선을 뚫고 단 번에 수백 킬로미터를 이동했다.

1945년 2월 얄타 회담 직전 연합국은 베를린 서쪽 600킬로미터 지점인 라인강에, 소련군은 베를린 동쪽 60킬로미터 떨어진 오데르강에 진출해 있었다.

패배를 눈앞에 둔 히틀러는 자신의 별명을 딴 사령부인 늑대소굴 (Wolfsschanze: 볼프스샨체)에서 극도의 히스테리를 부리고 있었고, 승리를 눈앞에 둔 루스벨트, 스탈린, 처칠은 얄타에서 독일 패배 이후의 세계를 구상하고 있었다. 이 얄타 회담이 끝나고 대략 3개월 후 독일은 붕괴하고, 독일이 붕괴한 후 또다시 석 달이 지난 뒤 일본이 항복하게 된다.

각자의 속마음 1. 과거의 영광을-처칠

셋 중에 70살로 나이가 제일 많은 처칠은 과거의 남자였다. 전통과 역사를 자랑하는 영국 귀족 출신답게, 처칠의 목표는 영국을 다시 화려했던 과거로 돌리는 것이었다. 그와 영국은 전쟁이 끝나도 기존의 식민지를 유지하며, 이미 쇠퇴한 대영제국의 영광을 이어가고 싶었다. 영국은 미국에 세계 최강대국이라는 지위는 넘겼지만, 여전히 이집트, 수에즈 운하, 이란 남부, 파키스탄과 방글라데시를 포함한 인도를 차지하고 있었다. 일본에게 빼앗긴 버마(지금의 미얀마), 싱가포르와 말레이반도, 홍콩과 중국 일부를 되찾아야 했다.

또한 영국은 유럽 대륙 내에서 세력 균형을 이뤄야 했다. 유럽 대륙과 거리를 둔다는 미국의 '고립주의'와 비슷한 영국의 '명예로운 고립(Splendid Isolation)'은 명백한 실패였다. 유럽 대륙에 강대한 세력이 등장하여, 대륙을 통일하면 항상 마지막의 칼날은 영국을 향했기 때문이다. 19세기 초 나폴레옹의 프랑스와 20세기의 독일이 그랬다. 그렇기 때문에 영국은 유럽 대륙을 지배하는 단일 국가의 등장을 막아야 했다. 프랑스가 독일에 완전히 무너지고, 독일마저 패배를 목전에 둔 상황에서 대륙의 최강자는 소련이었고, 자칫 잘못하다가는 소련이 유럽 대륙 전체를 삼킬 판이었다. 19세기 내내 '그레이트 게임'을 벌이며 소련을 막아냈던 영국으로서는 한 세기 전보다 더 커진 소련과 싸워야 했다.

이런 이유로 처칠은 독일에 반격을 가할 때, 대서양의 프랑스 대신 지중해의 북아프리카로 향했다. 그는 이집트와 수에즈 운하에 대한 지배권을 확실히 한 후, 독일에 비해 상대적으로 약한 이탈리아를 공격할 계획이었다. 이탈리아를 점령한 후에는 알프스산맥을 넘어 곧장 오스트리아와 폴란드로 진격할 작정이었다. 기존의 지중해 해상권을 완벽하게 장악하는 동시에 폴란드로 곧바로 쳐들어가 소련이 동부 유럽을 완전히 장악하는 것을 견제하려 했다. 영웅이 되기를 꿈꾸던 처칠로서는 한니발, 카이사르, 나폴레옹처럼 알프스산맥을 넘어 전쟁을 승리로 이끄는 것을 꿈꾸었는지도 모른다.

실제로 영국은 아직 전쟁 준비가 덜 된 미국을 설득해 북아프리카에 상륙하여, 몇 번의 줄다리기 끝에 독일의 명장인 사막의 여우 '롬멜'을 아프리카에서 몰아냈다. 북아프리카를 점령하여 이집트와 수에즈 운하를 지켜내자, 노르망디 상륙 작전에 1년 앞선 1943년 7월 10일 이탈리아의 시칠리아 상륙 작전을 시작했다. 영국과 미국이 시칠리아를 점령한 후, 이탈리아에 상륙하여 북진하자 결국 참다못한 독일이 이탈리아를 지원하고 나섰다. 프랑스-네덜란드-독일-폴란드-소련까지 이어지는 유럽 대평야와는 다르게 이탈리아는 지형이 복잡했고, 허약한 무솔리니의 이탈리아군과는 달리 히틀러의 독일군의 저항은 거셌다. 여기서부터 이탈리아를 쳐부수고 알프스를 넘어 폴란드로 진격한다는 처칠의 계획이 틀어지기 시작했다.

미국은 초기에는 겨우 20만 명을 동원했지만, 나중에는 800만 명을 동원함으로써 영국보다 4배나 많은 병력을 투입했다. 시간이 지나면서 주도권은 자연스럽게 미국으로 넘어가고, 미국의 루스벨트는 이탈리아 전선을 중단하고 대서양에 상륙 작전을 결정했다. 그 결과가 바로 1944년 6월 6일 프랑스의 '노르망디 상륙 작전'이었다. 이에 이탈리아 전선은 흐지부지되고 알프스산맥을 넘어 독일과 폴란드로 직접 쳐들어가 소련을 견제한다는 처칠의 꿈은 결국 물거품이 되었다.

처칠은 차선책으로 1차로 무너진 프랑스를 일으켜 세워 소련에 맞서게 하고, 2차로 독일을 분할하여 소련을 견제하고, 3차로 소련과 국경을 마주한 폴란드에 자유민주주의 국가를 세워 소련의 영향력을 3중으로 막을 계획이었다.

얄타 회담 당시 프랑스는 이미 영국과 미국이 해방시켰고 군인이자 우파 정치인인 드골이 있어 걱정이 없었다. 독일은 분할 점령을 하기로 했지만, 문제는 이미 소련이 점령한 폴란드였다.

1939년 9월 독일이 폴란드를 침공하자, 폴란드는 끝까지 독일에 맞서 싸우다 영국으로 망명하여 임시정부를 세웠다. 또한 폴란드 임시 정부의 군인들은 영국과 함께 이탈리아 상륙작전까지 같이 했으니 처칠로서는 더더욱 폴란드를 외면할 수 없었다.

각자의 속마음 2. 중요한 건 지금-스탈린

처칠보다는 어리고, 루스벨트보다 나이가 많은 스탈린은 현재의 남자였다. 변방 시골에서 태어나 주정뱅이 아버지의 폭력 속에서 자란 그는 아무도 믿지 못하는 편집증 환자였고 세상에는 오직 자신과 적뿐이었다.

어느 날, 파이프를 물고 있던 스탈린이 한 살된 아이에게 담배 연기를 내뿜었다. 아이가 연기에 컥컥거리며 울어대자 그 모습을 보며 웃음을 터뜨리며 말했다.

"아이한테는 좋은 일이야. 자꾸 이런 걸 겪어봐야 강해지거든."[53]

그런 그에게는 과거도 미래도 중요하지 않았다. 중요한 건 오로지 지금 현재뿐이었고, 독일을 물리치고 현재 동부 유럽을 손에 넣고 있는 건 바로 스탈린 그 자신이었다.

스탈린은 독일의 아르헨 대공세를 막아내느라 진격을 멈춘 영국과 미국이 즉시 서부 전선에서 적극적인 공세로 나와주기를 바랐다. 그렇다고 영국과 미국이 너무 빨리 진격하면, 유럽에서 소련의 영향력이 약해질 터였다. 소련으로서 최고의 시나리오는 독일과 영미가 격렬히 싸워 서로 지친 가운데 소련이 최대한 빠르게 독일의 많은 영토를 장악하는 것이었다.

궁극적으로 소련은 다시는 서쪽으로부터 공격받지 않기를 원했다. 19세기 초에 나폴레옹은 모스크바까지 점령했고, 20세기에는 두 번의 세계 대전 동안 무려 두 번씩이나 독일에게 나라를 잃기 직전까지 갔다. 거기다 세계 1차 대전 이후에 독립한 폴란드는 소련과 전쟁을 벌였고, 이에 진 소련은 폴란드에게 꽤 넓은 영토마저 내줘야 했다.

프랑스-독일-폴란드-소련으로 이어지는 유럽 대평원에는 적의 공격을 막아줄 천연의 요새나 지형이 없었다. 소련으로서는 서쪽에 듬직한 방패가 절실히 필요했다. 영향권, 안보권역, 위성국가, 완충지대 뭐라고 부르든 간에 언젠가 강성해지면 다시 소련을 노릴 프랑스나 독일을 막아줄 무언가가 필요했다.

소련에게는 그런 방패가 폴란드였다. 이미 소련 군대가 무력으로 폴란드를 점령하고 있었기에 소련은 런던에 있는 망명 정부 따위는 무시하고 자신들의 꼭두각시 정부인 루블린 정권을 세웠다. 그것으로는 부족해 폴란드마저 최대한 서쪽으로 밀어 많은 영토를 확보할 생각이었다. 폴란드가 반발할 수도 있지만, 대신 폴란드에 독일의 영토를 떼어 주면 되었다. 거기다 독일까지 분할 점령을 하면 독일-폴란드의 이중 방패를 완성할 수 있을 것이었다.

물론 이번 세계 2차 대전에서 가장 큰 피해를 본 나라가 소련인만큼 독일에 대한 배상금도 두둑이 받아내야 했다.

끝으로 극동의 일본이 남았다. 40년 전인 1905년, 러시아는 러일 전쟁에서 일본에게 패함으로써 굴욕을 겪었을 뿐만 아니라 중국의 만주 철도와 랴오둥 반도 끝의 항구인 뤼순항, 사할린섬을 빼앗겼다. 빼앗긴 것을 단순히 되찾는 것으로는 부족했다. 스탈린에게는 그 이상이 필요했다.

각자의 속마음 3. 미래를 위하여-루스벨트

가장 젊은 루스벨트는 미래의 남자였다. 두 손 가득히 부모의 사랑과 부 모두 움켜쥐고 태어났으며, 예고도 없이 찾아온 소아마비까지 극복한 그에게는 과거와 현재보다 미래가 더 중요했다.

미국은 1941년 12월 일본에게 진주만을 공격받아 전쟁에 끌려들어 간 지, 3년 2개월이 지났다. 소련, 영국과 함께 싸우고 있는 유럽 대륙에서 는 전쟁이 거의 끝을 향했지만, 미국 혼자 싸우고 있는 태평양은 아직도 갈 길이 멀었다.

1930년대 대기근과 숙청으로 수백만 명의 자국민을 죽인 독재자 스 탈린으로서는 이해하기 어려웠지만, 루스벨트의 현실적 목표는 미국인 사 상자를 최소화하는 것이었다. 독재를 완성한 스탈린과는 달리 선거로 대 통령이 된 루스벨트로서는 그럴 수밖에 없었다. 루스벨트는 대중들의 마 음이 언제든지 바뀔 수 있다는 것을 잘 알고 있었다. 전쟁을 질질 끌거나, 희생자가 늘면 다음 선거를 장담할 수 없었다. 루스벨트로서는 태평양에 서 피해를 최소화하는 동시에 최단기간 내에 일본을 무찔러야 했다.

그런 상황 속에서 일본은 항복하기는커녕 "1억 총 옥쇄"를 외치며 본 토에서 결사 항전을 외쳤다. 얄타 회담 당시만 해도 핵폭탄을 만드는 맨 하튼 프로젝트의 성공 여부는 불투명했으며 미국은 이제 겨우 막 필리핀 에 상륙한 시점이었다. 필리핀을 점령한다고 해도 대만, 중국, 이오지마(유 황도), 오키나와, 제주도, 한반도, 만주에 이은 일본 본토가 남아 있었다. 일본 본토까지 상륙하려면 최소 18개월 이상 걸릴 예정이었다. 거기다 만주에는 일본의 관동군 70만 명이 버티고 있었다.

독일과의 전쟁에서는 미국이 서쪽에서, 소련이 동쪽에서 독일을 협공하듯이, 일본과의 전쟁에서 미국이 남쪽 태평양에서 일본을 공격하는 동안, 소련이 북쪽 만주에서 일본을 협공해주는 게 미국에게는 최고의 시나리오였다. 소련이 그렇게 해준다면 미국은 적어도 이십만 명 이상의 군인 목숨을 구할 수 있을 것으로 예측하였다. 나중에 미국이 핵폭탄을 쓴 가장 현실적인 이유도 일본 본토까지 상륙작전을 펼친다면 100만 명 이상의 미군 사상자 예상되었기 때문이다. 참고로 세계 2차 대전에서 미국의 총사망자수는 48만 명이고, 시민 전쟁에서는 60만명이었다.

미국의 단기적이고 현실적인 목표가 소련의 태평양 전쟁 참여로 자국민의 희생을 줄이는 것이었다면, 장기적이고 궁극적인 목표는 세계 평화였다. 루스벨트는 4선 연임에 성공한 후 취임 연설에서 "우리는 정의롭고 명예로운 평화, 지속 가능한 평화를 위해 노력해야 합니다."라고 말했는데, 세계 평화를 위해 그가 택한 방법은 강력한 국제기구의 창설이었다.

루스벨트는 처칠과 스탈린의 세력권이나 영향권 다툼에는 관심이 없었다. 그는 세력권 같은 건 비효율적이고 구시대적이었으며, 또 다른 세계 대전을 불러올 수 있다고 여겼다. 거기다 젊은 시절에 해군 차관보로 대통령 우드로 윌슨과 함께 파리 평화 회의까지 참석하며 '국제 연맹'의 탄생과 실패를 처음부터 끝까지 지켜본 루스벨트였다. 그는 우드로 윌슨과 같은 실수를 되풀이 하고 싶지 않았다. 그는 강력한 국가들이 합의를 거쳐 세계 질서를 이끌어 가기를 원했다. 당시 미국이 최강대국이었기에 실현 가능한 방법이었다. 강대국들이 중심이 된 '국제 연합'이 있다면 앞으로 일어날지도 모르는 3차 대전을 막고, 세계 평화를 가져올 수 있다고 루스벨트는 생각했다.

그런 루스벨트에게 이미 수천 통의 구애 편지를 쓴 처칠은 친구 이상의 관계였다. 문제는 스탈린이었다. 루스벨트는 스탈린을 설득하기 위해 스탈린의 친구가 되기로 했다. 이전부터 미국은 스탈린을 자신들의 별명인 '엉클 샘'과 유사한 '엉클 조'라고 부르며 친근감을 나타냈다.

"친구를 얻는 유일한 방법은 친구와 하나가 되는 것입니다. 우리가 의심과 불신이나 공포를 가지고 접근하면 지속적인 평화를 얻을 수 없습니다. 이해와 신뢰, 그리고 확신으로부터 나오는 용기를 가지고 나아갈 때만 평화를 얻을 수 있습니다."

이렇게 연설한 루스벨트는 자신이 스탈린을 잘 다룰 수 있다고 생각했다. 처칠이 화려한 '연설'을 한다면, 루스벨트는 늦은 밤 화로 옆에서 대화를 나누는 듯한 분위기의 소박한 '노변담화(fireside chat)'를 좋아했다. 루스벨트는 항상 다른 사람들이 자신을 믿고 좋아하게 만들었다. 그는 이번 얄타 회담에서 스탈린도 자신을 믿고 좋아하게 만들 생각이었다.

술과 담배

세 거두는 얄타 회담에서 친목을 다지기 위해 다 같이 술을 마시며 담배를 피워댔다.

술이라면 루스벨트였다. 그는 첫 대통령이 된 지 5일 만에 금주법을 없애기 위해 특별 위원회를 만들 정도였다. 007의 제임스 본드가 "Shaken, not stirred(젓지 말고 흔들어서)"라는 유명 대사를 남기기 전까지는 마티니하면 루스벨트였다. 그는 종종 대통령 집무실에서 각료들에게 직접 마티니를 만들어서 나눠주며 친목을 다졌다. 얄타 회담에서도 마찬가지였다. 술에 담배가 빠질 수가 없었다. 루스벨트는 골초였고, 낙타가 그려진 카멜 담배를 하루 두 갑씩 피워댔다.

"담배를 피워야 남자가 된다."

그가 남긴 말이다.

처칠하면 시가였다. 그는 1895년 쿠바 아바나에 군 장교로 파견 가서 처음 시가를 접했다. 그 후로 그는 아침에 일어나자마자 시가를 문 채 그날 신문을 보며 하루를 시작했다. 자기 집이라면 모르겠지만, 입에 시가를 달고 사는 처칠은 최악의 손님이었다. 재가 떨어져서 집 안 곳곳에 그을음이 생기고, 양탄자에 구멍이 났기 때문이다.

처칠에게는 술도 빠질 수 없었다. 그는 아침부터 샴페인을 마셨고, 낮이고 밤이고 가리지 않고 술을 마셨다. 그는 특히나 폴 로제 샴페인을 즐겼는데, 폴 로제 샴페인의 회장 아내와도 친했다. 이에 폴 로제 회사에서는 '윈스턴 처칠' 샴페인까지 출시했다.

"나는 술이 나에게서 가져간 것보다 더 많은 것을 술로부터 얻었다."

지금도 런던에 있는 처칠 박물관에는 그가 쓰던 중절모와 함께 폴 로제 샴페인이 전시되어 있다.

담배와 술이라면 스탈린도 이에 못지않았다. 처칠이 시가, 루스벨트가 궐련을 피웠다면 스탈린은 파이프를 피웠다. 스탈린이 레닌과의 자리에서 아무 말 없이 파이프만 1시간 넘게 빨아대자 "이 아시아인은 할 줄 아는 게 담배 빠는 것밖에 없어."라고 웃었다는 일화도 있었다. (앞에서 언급했지만, 스탈린이 태어난 변방의 조지아는 소련에서는 유럽이 아니라 아시아로 취급받았다.)

루스벨트　　　　　　　　스탈린　　　　　　　　처칠

　　스탈린에게 술자리는 오락이자 또 다른 감시였다. 그는 부하들과 매일 밤늦게까지 모스크바 근처 소련식 별장인 다차에서 술자리를 벌였다. 7미터 길이의 테이블 위에는 항상 다양한 술과 음식이 놓여 있었다. 나이가 들면서 스탈린은 술을 줄였지만, 다른 이들에게는 억지로 술을 먹였다. 그는 연거푸 건배를 권했고, 스탈린을 제외하고는 모두 원샷을 해야 했다. 만찬은 새벽 5~6시까지 계속되었고, 부하들은 말은 물론이고 눈빛조차 조심해야 했다.

　　스탈린의 눈은 웃고 있다가도 날카로운 뱀의 눈빛으로 바뀌었다. 혹여 누군가 실수라도 하면 다음 날에는 별장인 다차 대신 강제수용소 행이었다. 측근들은 새벽까지 이어지는 술자리에서 졸거나 실수라도 할까 봐 억지로 낮잠을 자 둬야 했다. 스탈린에 이어 소련의 서기장이 되는 흐루쇼프조차 그 당시 만찬을 이렇게 회고했다.

　　"저녁 식사가 무서웠다. 스탈린이 춤을 추라고 하면, 누구라도 춤을 추어야 했다."

　　살기 위해 50~60대 중년 남자들은 얼굴은 얼큰하게 술에 취했지만, 정신은 곤두세운 채 스탈린앞에서 노래를 부르고 춤을 춰야 했다.

하지만 얄타 회담에서 소련의 스탈린은 자신보다 더 강한 미국의 루스벨트에게 그럴 수 없었다. 스탈린은 마티니에 레몬을 짜 넣는다는 것을 알고, 루스벨트에게 잘 보이기 위해 레몬이 주렁주렁 달린 레몬 나무를 그가 머무는 리바디아궁으로 보냈다. 이에 감동한 루스벨트는 직접 처칠과 스탈린에게 자신이 좋아하는 마티니를 만들어 대접하는 훈훈한 장면을 만들었다.

스탈린은 만찬에서 독한 러시아산 보드카를 대접했다. 술에 취하지 않기 위해 처칠은 보드카를 와인으로, 교활한 스탈린은 아예 물로 바꿔 마셨다. 하지만 그 누구보다 술을 좋아하던 루스벨트는 12잔의 보드카를 그것도 스트레이트로 혼자 마셔댔다.

얄타 회담의 결과

"모든 것을 성취한 결과"이자, "인류사의 이정표"였다.

지금과는 완전히 다른, 당시 얄타 회담에 관한 미국 언론들의 평가였다. 미국과 소련에게 만족스러운 결과였다. 루스벨트는 "그들과 평화롭게 같이 살 수 있다고 확신했다."[54] 히틀러를 믿고 '뮌헨 협상'을 했다가, '유화 정책'으로 영원히 비난받게 되는 전 총리 체임벌린처럼 될까 두려웠던 처칠마저도 "불쌍한 네빌 체임벌린은 히틀러를 신뢰할 만하다고 잘못 판단했다. 그는 틀렸다. 하지만 나는 스탈린과 잘못을 저질렀다고 생각하지 않는다."라고 평했다.

스탈린은 원래 성격답게 아무 말도 하지 않았지만 얄타 회담이 끝나고 1,000명 이상의 회담 관계자들에게 숙청 대신 훈장을 주는 것으로 얄타 회담에 대한 만족을 표했다.

미국은 소련에게 독일과의 전쟁이 끝나고 2~3개월 이내에 일본과의 전쟁에 돌입하겠다는 약속을 받아냈다. 소련은 몇 가지 조건을 걸었지만, 국제 연합에 가입하기로 했다. 이로써 미국은 소련의 태평양 전쟁 참전 및 국제 연합 가입이라는 두 가지 목적을 모두 이루었다.

소련은 태평양 전쟁에 참여하는 대신 1905년 러일 전쟁 패배 후 일본에게 빼앗겼던 중국의 만주 철도, 뤼순항, 사할린섬을 얻어냈다. 거기다 원래 일본의 영토였던 쿠릴 열도까지 가지기로 했다. 독일은 분할점령할 예정이었다. 독일에게 200억 달러의 배상금을 물리고, 그중 절반인 100억 달러는 소련이 갖기로 했다. 소련도 만족할만한 결과였다.

영국의 처칠과 소련의 스탈린이 대립했던 폴란드는 문제가 복잡했다. 지정학적으로 프랑스-독일-폴란드-소련이 나란히 놓여 있는 상황이었다. 소련은 폴란드 땅의 상당 부분을, 대신 폴란드는 독일의 일부를 가져가기로 합의했다. 소련이 차지할 폴란드 땅이 폴란드가 가져갈 독일 땅보다 넓었지만, 상대적으로 독일 땅이 더 부유한 지역이었기에 큰 불만은 없었다. 문제는 폴란드 정부 성립이었다.

1939년 9월 소련은 독일과 함께 폴란드를 침공하여 분할했다. 폴란드로서는 소련에 대한 감정이 좋을 리 없었다. 거기다 나중에 밝혀지지만, 소련은 1940년 4월부터 5월까지 카틴 숲에서 2만 명 가량의 폴란드 지식인들과 군인들을 살해했다. '카틴 학살'이었다.

1939년 독일과 소련의 협공을 받자, 일부 폴란드 군과 정치인들은 영국으로 망명하여 폴란드 망명 정부를 세웠다. 1944년 8월 소련이 독일군을 몰아내며 폴란드에 접근하자, 자국에 남아 있던 폴란드인들은 수도인 바르샤바를 중심으로 무장봉기를 일으켰다. 소련이 폴란드를 점령하기 전에 독일을 쫓아낸 후 자치 정부를 수립할 계획이었다.

겨우 바르샤바 근처까지 진격한 소련은 폴란드인이 일으킨 바르샤바 봉기를 도와줄 형편이 되지 않았고, 독일은 바르샤바 봉기를 무참히 짓밟았다. 하지만 폴란드와 영국 입장에서는 폴란드인이 바르샤바 봉기를 일으켰을 때 소련이 일부러 돕지 않았다고 생각했다.

소련은 폴란드에 자신들의 꼭두각시 정부인 '루블린 정권'을 세웠다. 이로써 런던에는 소련에 대한 적대 감정을 품은 폴란드 망명 정부가, 소련 점령 하의 폴란드에는 친소련 정권인 루블린 정부가 생겨 한 나라에 두 정권이 들어선 것이었다.

폴란드 망명 정부는 영국과 같이 영국 상공을 지키고, 이탈리아 상륙 작전도 함께 했다. 처칠에게 폴란드 망명 정부는 전쟁을 함께 치른 전우였기에, 그와 영국에게 폴란드는 '명예'가 걸린 문제였다. 하지만 유럽 대륙에서 힘이 세진 독일이나 프랑스는 항상 폴란드를 넘어 소련을 쳐들어왔기에 스탈린과 소련에게 폴란드는 '안보'의 문제였다. 자국의 '안보'를 내세운 스탈린이 '명예'를 내세운 처칠을 말뿐만 아니라 힘으로도 꺾었다.

세 거두는 "새로운 폴란드 통합 임시 정부"로 "더 폭넓은 민주정 정권"을 성립하기로 약속했다. 소련이 폴란드를 무력으로 점령한 상황에서, 영국은 독일이 1939년 폴란드를 침공했을 때처럼 이번에도 소련이 사실상 점령한 폴란드를 위해 해줄 수 있는 것은 말뿐이었다. 만족한 미국과 소련과는 반대로 영국은 얄타 회담이 불만족스러웠다. 하지만 미국과 소련에 비해 힘이 약한 영국으로서는 할 수 있는 게 없었다.

이렇게 1943년 11월에 열린 테헤란 회담에 이어 1945년 2월 얄타 회담이 끝났다. 그리고 5개월이 흘렀다. 독일은 항복하고 일본이 마지막 발악을 하는 가운데, 7월 17일 베를린 남서쪽에 붙어 있는 포츠담시에서 다시 영국, 미국, 소련의 세 거두 회담이 열렸다. 영국에서는 처칠, 소련에서는 스탈린이, 미국은 루스벨트 대신 얄타 회담 당시 부통령이었던 해리 트루먼이 참석했다.

하지만 포츠담 회의 도중 처칠은 회의를 끝내지도 못한 채 급히 본국으로 돌아가 버렸다. 영국에서 열린 총선에서 처칠의 보수당이 노동당에게 패함으로 처칠이 총리직을 잃었기 때문이다. 세 거두 중에서 얄타 회담에 이어 포츠담 회담까지 끝까지 있었던 사람은 스탈린뿐이었다.

루스벨트와 스탈린의 최후

얄타회담 두 달 후이자, 포츠담회담이 있기 삼 개월 전인 4월에 루스벨트는 긴 휴가를 맞고 있었다. 휴가 장소는 소아마비에 걸린 이후로 매년 찾고 있는 온천 휴양지인 '웜스프링스'(Warm Springs)였다.

루스벨트가 함께 휴가를 맞은 사람은 아내 앨리너가 아니라, 아내의 전 비서였던 루시 러더퍼드였다. 미국 26대 대통령인 시어도어 루스벨트의 조카이자, 현직 대통령의 아내인 앨리너는 남편인 루스벨트가 소아마비를 겪자 대신 정치활동을 할 정도로 적극적인 사회운동가였다. 그녀는 남편인 루스벨트에게 아내라기보다는 정치적 파트너였고, 남편에게 끊임없이 충고와 조언을 해댔다.

1918년, 그러니까 무려 27년 전에 루스벨트의 아내 앨리너는 남편 가방에서 한 다발의 편지를 발견했다. 그 편지는 남편이 자신의 비서인 루시와 주고받은 연애편지였다. 바람이 들통난 루스벨트는 아내에게 다시는 루시와 만나지 않겠다고 약속했지만, 그건 말뿐이었다.

20세기 최고의 걸작 영화인 〈시민 케인〉의 감독 겸 배우인 오손 웰스에게 "당신과 나는 미국 최고의 배우"라고 말했듯이, 사람들에게 자기 생각과 속마음을 숨기는 데 능숙한 최고의 배우인 루스벨트에게 아내의 눈을 속여가며 바람을 피우는 건 그리 어려운 일이 아니었다.

1945년 4월 9일, 휴가 10일 차 '웜스프링스'로 루시가 찾아왔다. 그녀는 이미 부유한 뉴욕 사교계의 윈스럽 러더퍼드와 결혼하여 처녀 때 이름인 루시 머서를 버리고 루시 러더퍼드가 되었지만, 루스벨트에 대한 마음은 변하지 않았다. 루스벨트 또한 아내 몰래 자신의 첫 대통령 취임식 자리에 그녀를 초청하기도 했다. 거기다 루시는 1년 전 남편을 사별하고 미망인이 되어 있었다.

정부인 루시는 루스벨트의 마음을 편안하게 해 주었고, 반대로 아내인 앨리너는 루스벨트의 마음을 불편하게 했다. 루스벨트와 앨리너 사이에서 태어난 딸인 애나 루스벨트마저도 아버지의 정부인 루시를 "타고난 품위와 몸가짐을 갖춘, 멋지고 똑똑하고 조용하며 겸손한 숙녀이자 루스벨트에게 즐겁고 가벼운 대화를 가능하게 하는 원천"이라고 기억했다. 또한 "루시는 멋진 청취자였어요. 옳은 답을 알고 있는 똑똑한 청취자였죠. 반면 어머니는 아버지의 이야기를 가로막고 '당신이 틀린 것 같아요, 프랭클린.'이라고 따지곤 했죠.[55]"라며 딸이 친엄마가 아니라, 아빠의 애인 편을 들 정도였다. 심지어 그녀는 아버지의 부탁으로 아버지와 정부인 루시의

히틀러의 주치의들

만남을 주선하기까지 했다.

휴가 첫날에도 아내인 엘리너는 쉬고 있는 루스벨트를 가만두지 않았다. 전화로 이런저런 간섭과 지시에 가까운 부탁을 했고, 루스벨트는 계속 거절했다. 한 시간 가까운 실랑이가 이어졌다. 전화를 끊고 혈압을 측정하자 무려 50이나 급상승하며 "이마의 정맥이 튀어나올" 정도였다.[56]

휴가 13일 차인 4월 12일 목요일, 루스벨트는 "두통이 좀 있고 목이 뻣뻣하다"며 잠에서 깼다. 그리고는 다시 초상화를 그리기도 하고 여러 공문을 처리했다. 그러던 오후 1시 15분,

"뒤통수가 너무 아프군."

라는 말과 함께 정부인 루시 옆에서 쓰러졌다. 그를 급히 병원으로 옮겼지만, 다시 깨어나지 못하고 그날 오후 3시 35분, 만 63세의 나이로 루스벨트가 사망했다. 세계 2차 대전을 일으킨 히틀러가 권총으로 자살하기 18일 전이었다. 사인은 뇌출혈이었다. 그렇게 루스벨트가 갑작스레 죽었기에, 부통령이었던 트루먼이 대통령이 되어 7월 17일 독일 포츠담 회담에 참가한 것이었다.

뒤늦게 남편의 죽음을 알고 달려온 아내 엘리너 루스벨트는 남편의 죽음만큼이나 "남편이 죽을때, 그녀가 함께 있었다."라는 충격적인 소식을 들었다. 엘리너는 죽은 루스벨트의 손에 결혼반지가 없는 것을 알아차리고는, 자기 손에 있던 금반지를 빼서 남편의 손에 끼웠다.

루스벨트가 쓰러지고 8년 후, 1953년 2월 28일 토요일이었다. 히틀러와의 전쟁에서는 힘을 합쳤던 소련과 미국은 2차 대전이 끝나자, 냉전에 돌입했다. 냉전은 한반도에서 열전으로 변해, 이름도 없는 산봉우리 하나를 차지하기 위해 남한과 북한이 "돌격 앞으로"를 외치고 있을 때였다.

보수주의자이자 제국주의자인 처칠은 평생 아내인 클레멘타인만을 사랑했다. 루스벨트는 아내 몰래 바람을 피우다 죽는 순간마저 아내가 아니라 정부의 품에서 죽었다. 그는 세계 평화를 지키기 위해 노력했지만, 가정의 평화는 지킬 생각이 없었다.

그 누구도 믿지 못했던 편집증 환자답게 스탈린은 두 아내를 먼저 저세상으로 보냈다. 첫째 아내인 에카테리나 스바니제는 장티푸스에 걸려 32살의 나이에 죽었다. 레닌의 부인인 나데즈다 크룹스카야와 이름이 똑같았던 스탈린의 둘째 아내인 나데즈다 알릴루예바는 첫째 아내보다 더 운이 없었다. 나데즈다는 만 31살의 나이에 사람들이 보는 앞에서 남편의 독재를 비난하며 말다툼을 벌인 후, 다음 날 아침 총에 맞은 시체로 발견되었다. 자살이라고 발표했지만, 타살, 더 정확히는 남편인 스탈린이 살해했다는 의혹이 진실에 가까웠다. 나데즈다는 이전에 스탈린에게 "당신은 마치 사형집행인 같아. 자신이 어떤 사람인지 한번 봐! 당신은 당신의 아내, 아들, 그리고 러시아 인민 모두를 괴롭히고 있어."[57]라고 한 적이 있었는데 그녀의 말은 정확했다.

스탈린은 그날도 23년 전 죽은 아내 대신 부하들과 함께 별장인 다차에서 만찬을 벌였다. 만찬은 아내가 없는 스탈린과 그의 측근들에게 거의 매일 반복되는 일상이었다. 그 만찬은 세계에서 가장 넓은 국가를 운영하는 회의이자, 동시에 친목을 도모하는 회식이었고, 즉결 처형이 이루어지는 재판이기도 했다. 술과 노래가 펼쳐진 가운데 겉으로는 웃음이, 속으로는 공포가 가득했다. 그날도 만찬은 3월 1일 새벽까지 계속되었다.

새벽까지 지속된 만찬이 끝나고 나서도 시간이 한참 흘러 저녁이 되었는데도 스탈린의 침실에는 인기척이 없었다. 하지만 아무도 감히 그의 침실에 들어갈 생각을 하지 못했다. 단순히 눈빛이 마음에 들지 않는다는 이유로 사람을 없애버리는 스탈린이라는 것을 감안할 때, 335명의 경호 인력과 73명의 시중을 드는 이들이 아무런 조치를 취하지 않고 그저 기다리기만 한 것은 충분히 이해할만 했다.

한 나라의 정상이 스탈린에게 그가 백 살까지 살길 기원한다고 말했을 때, 그는 이렇게 농담했다. "그걸로는 부족하지요. 우리 고향 조지아에는 145세에도 살아 있는 노인들이 있습니다." 그는 말년에 건강을 계속 유지하고 더 오래 살기를 원했다.[58]

한 직원이 우편물을 핑계로 밤 11시에 스탈린의 관저에 들어갔을 때, 스탈린은 소변을 지린 채 바닥에 쓰러져 있었다. 경호원은 국가보안부 장관 이그나티예프에게 전화를 걸었고, 장관인 이그나티예프는 어쩔 줄 몰라 하며 스탈린을 제외한 최고 지도자 중 하나인 베리야와 말렌코프에게 소식을 알렸다. 말렌코프는 다시 베리야, 흐루쇼프, 불가닌에게 연락했다. 하지만 모두 발을 동동 구를 뿐 아무도 섣불리 행동하지 못했다.

그가 쓰러지기 3개월 전 1952년 11월 말, 주치의인 블라디미르 비노그라도프는 스탈린의 혈압이 매우 높아, 그에게 과한 직무를 떠나 쉴 것을 권유했다. 주치의는 스탈린의 몸에 대해서는 정확히 알았지만, 스탈린이란 인간에 대해서는 아무 것도 몰랐다. 스탈린에게 권력이란 목숨보다 소중한 것으로 목숨을 잃더라도 빼앗길 수 없었던 그 무엇이었다. 스탈린은 자신에게 물러나 쉬라고 조언하는 주치의를 즉각 해임해 버렸다. 그리고 대숙청의 남자인 그가 단순히 주치의를 해임하는 것으로 끝낼 리가 없었다.

얼마 뒤, 스탈린은 미국 CIA의 지원을 받은 유대인들이 자신을 죽이려 한다고 고발했다. 자신을 암살하려던 이들은 스탈린의 주치의들로 총

9명이었고, 우두머리는 얼마 전에 자신에게 업무에서 물러나라고 충고했던 유대인인 블라디미르 비노그라도프였다.

"의사들을 쇠사슬로 묶은 다음 사정 없이 때리고…… 절구에 빻아서 가루로 만들라"고 지시했다.

그의 말 한마디에 스탈린의 주치의들은 영국의 고정 간첩이 되었다. '의사들의 음모'의 재판은 1953년 3월로 예정되어 있었고, 스탈린이 쓰러졌을 때 '흰 가운을 입은 암살자'들은 모두 감옥에 갇혀 있었다. 이에 스탈린이 쓰러졌을 때, 그의 관저와 다차에 있는 400명이 넘는 그 많은 사람 중에 의사는 단 한 명도 없었다.

스탈린의 부하들은 쓰러진 스탈린을 발견한 지 한나절이 지난 다음 날 아침에서야 의사를 데려왔다. 끌려온 의사들이 스탈린을 보았을 때, 이미 손을 쓸 수 없는 상태였기에 의사들은 스탈린을 살리겠다는 생각보다 자신이 죽을지도 모른다는 생각에 우왕좌왕했다. 스탈린의 개였던 도살자 베리야가 그런 의사들을 보고 욕설과 함께 소리를 지르자, 의사들은 손마저 벌벌 떨었다. 의사들은 스탈린을 살리기 위해서가 아니라 자신들이 살기 위해 모든 수단과 조치를 다 했지만, 스탈린은 쓰러진 지 4일째 되는 3월 5일 사망했다. 진단은 8년 전 루스벨트를 죽음으로 이끈 것과 같은 뇌출혈이었다. 좀 더 정확하게 말하자면 고혈압에 의한 광범위한 대뇌 좌반구 출혈이었다.[59]

그는 별안간 눈을 부릅뜨고 주위에 선 사람들을 흘긋 둘러보았다. 미쳤거나 어쩌면 노여운 것 같기도 하고, 죽음과 그에게로 몸을 기울인 낯선 의사들의 얼굴에 대한 공포로 가득 찬, 무시무시한 눈빛이었다.

그 눈빛이 순식간에 우리 모두를 훑고 지나갔다……. 그는 마치 저 위의 무언가를 가리키며 우리 모두에게 저주를 내리는 것처럼 불현듯 왼손을 들어 올렸다. 악의에 찬 그 손짓이 누구를 혹은 무엇을 향한 것인지 아무도 알지 못했다.[60]

모든 것을 의심했기에, 아무것도 믿을 수 없었던 한 남자에게 걸맞은 비참한 죽음이었다.

스탈린의 딸 스베틀라나에 따르면, 스탈린은 고혈압이 있었지만, 그 어떤 의사에게도 치료받지 않았다. 그 대신 고혈압에 효과 있다는 민간 치료법을 어디서 듣고는 알 수 없는 약을 먹거나 물에 요오드 몇 방울을 떨어뜨려 마신 게 전부였다. 쓰러진 스탈린을 처음 발견한 당시, 의사들이 확인했을 때 그의 혈압은 190/110이었다.[61]

루스벨트는 더 심했다. 현재 고혈압의 기준은 140/90 이상이지만, 1937년 이미 그의 수축기 혈압이 160을 넘어섰고, 진주만 공습 당시에는 188/105, 얄타 회담 직전에는 200을 오르락내리락했다. 혈압이 고혈압 진단 기준인 140을 넘어, 180이 넘어가는 중증 고혈압 상태였다. 혈압이 높은 상태로 지속되다 보니, 펌프인 심장이 정상일 리 없었다. 1944년에는 심장의 기능이 떨어지는 심부전으로 숨이 차는 증상을 보였고, 1945년 1월 취임식에는 협심증으로 흉통을 호소하기까지 했다. 하지만 당시에는 고혈압의 위험성이나 치료의 필요성에 대한 인식이 없었다. 실제로 루스벨트의 죽음으로 고혈압에 대한 연구가 활발히 진행되어 1950년대부터 고혈압의 위험성이 알려지며 적극적으로 고혈압을 치료하기 시작하게 된다.

루스벨트는 죽기 직전 혈압이 300을 넘어섰다. 피의 압력이 높으니, 혈관이 더 이상 버틸 수가 없었고 결국 우리 몸에서 가장 약한 동맥 중 하나인 뇌혈관이 터지고 말았다.

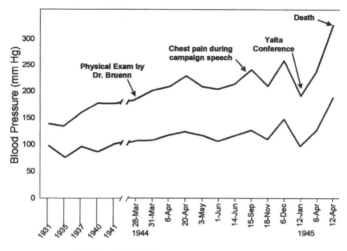

루즈벨트의 혈압 [출처: National Library of Medicine]

세계 2차 대전이라는 전대미문의 대재앙을 온몸으로 맞서며 받아야 했던 어마어마한 스트레스, 과로와 더불어, 줄곧 피워댄 담배는 혈관을 수축시켜 혈압을 더 올렸고 결국 뇌출혈을 일으켰다. 뇌출혈이 생기면 머리에 피가 가득 차지만, 정작 뇌세포에는 피를 공급하지 못한다. 홍수가 나면 어디든 물이 넘쳐나지만, 정작 마실 물이 없는 상황과 같다.

히틀러와 독일 제국에 맞서 세계 2차 대전을 승리로 이끈 스탈린과 루스벨트는 결국 고혈압에 의한 뇌출혈로 나란히 사망했다. 1941년 독일

히틀러의 주치의들

군이 쌍안경으로 크렘린궁 첨탑이 보이는 지점까지 도달했을 때도 수도인 모스크바를 버리고 퇴각하지 않았던 스탈린도, 소아마비를 이겨내며 대서양과 태평양에서 독일과 일본을 동시에 맞서 싸워 승리한 루스벨트도, 가느다란 뇌혈관이 자신의 머릿속에서 폭탄처럼 터져 목숨을 빼앗아 가는 것을 막아내지 못했다. 그들은 악으로부터 세계를 구했지만, 정작 작은 뇌혈관이 터지는 것을 막지 못했다.

나란히 뇌출혈로 63살에 사망한 루스벨트와 74살에 죽음을 맞이한 스탈린과는 다르게, 처칠은 1965년 1월 24일 향년 90세의 나이로 세상을 떠났다. 이전에 그에게 찾아온 두 번의 뇌경색은 잘 견뎠으나, 세 번째로 찾아온 뇌경색으로 그의 몸 왼쪽이 완전히 멈추었다. 그리고 끝내 그는 회복하지 못했다. 그는 스탈린과 루스벨트처럼 혈관이 터진 뇌출혈로 사망한 건 아니었지만, 결국 뇌혈관이 막히는 뇌경색으로 생을 마감했다. 히틀러라는 악으로부터 세상을 지켜낸 세 거두를 쓰러뜨린 건, 자신들의 머릿속에 있는 작은 뇌혈관이었다.

III

독일의
축복과 저주

누더기 독일

천 년간 독일은 이런저런 천 쪼가리를 얼기설기 꿰매 놓은 누더기였다. 가장 큰 조각은 오스트리아, 다음은 프로이센(프러시아)이었고, 그 외에도 300개가 넘는 작은 조각들이 '신성로마 제국'이란 그럴듯한 이름으로 뭉쳐 있었다.

1806년 유럽을 호령하던 프랑스의 나폴레옹은 신성로마제국을 갈가리 찢어버렸다. 하지만 나폴레옹은 9년 후 벌어진 워털루 전투에서 영국-네덜란드-프로이센 연합국에게 패하고 몰락했다. 유럽 열강들은 오스트리아의 수도 빈에 모여, 나폴레옹에게 쫓겨났던 군주에게 다시 왕관을 씌우며 프랑스 혁명을 잊기로 했다. 이른바 '빈 체제'였다. 쪼개졌던 신성로마 제국은 오스트리아-프로이센을 투 톱으로 4개의 자유시와 35개의 제후국으로 이루어진 독일 연방이라는 이름으로 다시 얼기설기 봉합되었다.

군주들은 프랑스 혁명 이전으로 돌아가려 했으나, 역사의 시곗바늘을 거꾸로 돌릴 수는 없었다. 경제 분야에서는 영국에서 시작된 산업 혁명이 바다를 건너 유럽 대륙으로 퍼져나갔고, 상업과 공업의 발달로 손에 황금을 쥐게 된 신흥 부르주아는 국왕의 간섭을 거부하는 동시에 세금인 관세를 낮추거나 철폐하라고 주장했다.

"만약에 우리가 과거처럼 세금을 내야 한다면, 우리는 공화국을 원치 않는다."

'시민 혁명'과 '자유주의'가 유행처럼 번졌다. 부르주아는 왕이 절대 권력을 휘두르는 '절대 군주정' 대신, 왕도 의회가 제정한 법을 따라야 하는 '입헌군주제'나 아예 왕조차 없는 '공화정'을 주장했다. 단, 부르주아가 말하는 시민에는 가난한 노동자나 빈민은 포함되지 않았다.

유럽 밖에서는 열강들의 식민지 개척이 지속되었다. '산업 혁명'과 '식민지 개척'에서는 무엇보다도 크기가 중요했다. 공장이 크면 물건 단가가 낮아져 이윤이 높아졌고, 군대가 크면 원료 생산지인 동시에 소비 시장인 식민지를 더 많이 확보할 수 있었다. '규모의 경제'에서 큰 공장이 더 효율적인 것처럼 인구가 많고 영토가 넓은 국가가 유리했다. 19세기 초 단일 국가였던 영국, 프랑스, 러시아는 강대국으로 급속한 성장을 거두었지만, 통일을 이루지 못하고 여전히 작은 국가들로 나누어져 있던 이탈리아와 독일은 이류 국가에 머물렀다.

종교 개혁으로 종교가 권위를 잃고, 프랑스 대혁명으로 신분마저 자리를 잃어가는 프랑스에서는 국민들을 뭉치기 위한 무언가가 필요했다. 그렇게 등장한 것이 '같은 민족'을 강조하고, '다른 민족'을 배척하는 '민족주의'였다. 분열된 독일과 이탈리아는 통일의 당위성을 위해 '같은 민족'을 구호로 내세웠다. 식민지에서도 열강에 대항하기 위해 '같은 민족'끼리 뭉쳐 '다른 민족'을 물리쳐야 한다는 '민족주의'가 힘을 얻었다. 열강으로부터 독립할 때는 열강이 다른 민족이고, 식민지는 같은 민족이었다. 하지만 막상 식민지가 독립을 하면 이전까지는 같은 민족이 다른 민족으로 갈라져 또 싸우기 시작할 것이었다. 그렇게 열강이든, 식민지든, 신생 독립국이든 모두가 '민족주의'를 외쳤다. 민족주의에는 '우리' 아니면 '너희'였고, 중간은 없었다. 민족주의는 안으로는 '우리'를 결속시키는 끈이자, 밖으로는 '너희'를 공격하는 칼이었다.

간신히 종교 문제에서 벗어난 19세기 유럽은 기존 국가 간의 전쟁과 민족 간의 다툼에 더해, 나라 안에서 왕과 귀족, 부르주아, 노동자가 정치 체제와 권력을 두고 싸웠다. 절대군주제–입헌군주제–공화정 사이에서 끊임없이 줄다리기가 이어졌다.

보수주의자 아버지와 자유주의자 어머니

1815년 유럽 열강들이 '빈회의'를 열어 다시 왕정 복고로 돌아가려고 노력하던 그해, 프로이센의 한 귀족 가문에서 비스마르크가 탄생했다. 비스마르크가 태어난 집 또한 시대의 흐름에서 벗어날 수 없었다. 비스마르크의 아버지는 토지를 바탕으로 한 정통 시골 귀족이었고, 그의 어머니는 베를린에 거주하던 부르주아 지식인이었다. 보수주의 아버지에 자유주의 어머니라는 점에서 비스마르크 집안은 당시 유럽의 상황과 유사했다.

비스마르크의 외할아버지는 고위 외무부 각료를 지냈고, 그 덕에 어머니는 베를린에서 화려한 궁전 생활을 누릴 수 있었다. 그런 비스마르크의 어머니가 프로이센에서도 보수적이며 시골인 쉰하우젠으로 시집을 왔다. 강남 살던 여자가 경북 안동으로 시집을 왔다고 할까. 시골로 온 어머니는 아들에 대한 교육열을 불태웠다. 보수적인 아버지는 아들이 성직자가 되기를 원했지만, 개혁적인 어머니는 아들이 외교관이나 고위 관료가 되기를 원했다. 자식의 교육 문제에 이긴 건 아버지가 아니라 어머니였다. 혹독한 자식 교육이 시작되었다.

만 여섯 살의 비스마르크는 집을 떠나 기숙사 생활을 했다. 기숙사의 일과는 새벽 6시 정각에 나오는 빵과 우유로 시작되어, 12시간의 수업이 이어졌다. 비스마르크는 방학 때나 겨우 집에 올 수 있었지만, 여름이면 어머니는 아들인 비스마르크를 삼촌 집에 맡긴 채 자신은 휴양지로 떠나버렸다.

초등학교 4학년 때 비스마르크는 어머니로부터 평생 잊을 수 없는 편지를 받았다.

"네 성적이 미하엘보다 좋지 않을 경우 이번 겨울에 집에 올 생각은 아예 하지도 말아라."[62]

하지만 아들인 비스마르크는 어머니가 원하는 대로 자라지 않았다.

"나는 프로이센의 최고 룸펜(한량, 무위 도식자), 아니면 최고의 인물이 되고 말 거야."

그는 어머니의 바람과는 반대로 도시에서 가장 잘나가는 싸움꾼으로 이름을 날렸다.[63] 싸움과 결투, 술과 도박, 빚 등으로 마치 구치소를 안방처럼 드나들었다. 겨우 대학을 마치고 사법관 시보로 사회생활을 시작했으나 곧 싫증을 느끼고 여자에 빠졌다. 빚을 내며 여자와 유흥에 돈을 흥청망청 써 댔고, 빚을 갚기 위해 도박에 몰두했다.

삶이 정상일 리가 없었다. 군대에도 발을 내밀었으나 복무 기간인 1년도 채우지 못하고 7개월 만에 관두고 말았다. 남은 것이라곤 중무장한 기병대 옷차림에 뾰족 튀어나온 헬멧인 피켈하우베를 쓰고 다니는 습관이었다.

그렇게 흥청망청 돈을 쓰며 방탕한 생활을 하던 그는 결국 시골로 돌아와 농장을 경영해야 했다. 빚을 갚으라는 독촉장이 그를 가만히 두지 않았기 때문이다. 농장 경영에 잠시 흥미를 느꼈으나 곧 권태에 빠졌다. 비스마르크는 서른 살이 넘은 나이에도 시골에서 젊음을 낭비하며 지내는 노총각이었다.

그러다 비스마르크는 자신이 인생을 바꿔줄 사랑을 만났다. 마리였다. 하지만 그가 사랑에 빠진 마리는 친구인 블랑켄부르크와 이미 약혼한 사이였다. 자신이 아끼는 친구와 자신이 사랑하는 여인의 결혼식에서 그는 마리의 친구, 요한나를 처음 만났다. 하지만 첫 만남에서 비스마르크는 요한나에게 별 다른 관심을 보이지 않았다.

그러던 중 그가 사랑했던 여인이자, 친구의 아내인 마리가 갑작스레 죽었다. 마리의 넋을 기리기 위해 모인 자리에서 요한나를 다시 만나, 운명처럼 사랑에 빠졌다. 죽은 사랑이 산 사랑을 가져왔다. 요한나는 꽃에 비유하자면 장미라기보다 데이지에 가까웠다. 그녀는 뜨겁고 화려하진 않지만 따스하고 소박했다. 그녀는 평생 비스마르크를 사랑하며 그에게 헌신했다.

나중에 관직에서 물러난 비스마르크는 회고했다. "신께 감사드릴 내 인생의 가장 큰 행운은 독일제국을 통일한 재상으로서 맘껏 누린 영광이 아니라, 요한나와의 결혼생활을 통해 지금의 나 자신이 있게 된 것이네."[64]

비스마르크는 비로소 방황을 마치고 정착했다. 그녀가 없었더라면 비스마르크는 술에 취해 추잡하게 늙어가다 대가 끊긴 시골 귀족이 될 뻔했고, 독일은 유럽의 평범한 나라가 되었을 것이다. 요한나는 비스마르크의 평강 공주였다.

비스마르크는 요한나를 만난 비슷한 시기에 고향의 제방 감독관으

로 다시 공직을 시작했다. 33살에 프로이센 의회 의원으로 정계에 진출하
자마자, 그는 자유주의자였던 어머니의 바람과는 정반대로 보수주의자를
자처했다. 그는 평범한 보수주의자를 넘어, 자유주의자에게 공격을 쏟아
부었다.

"어머니의 젖을 먹고 자란 나는 보수, 반동적이라기보다 오히려 자유
주의적일 수도 있었는데 전혀 그렇게 되지 못했다."[65]

그의 말대로 비스마르크가 자유주의자가 아니라 보수주의자가 된
건 어머니 때문인지도 모르겠다. 그는 자유주의자였던 어머니를 증오하
고, 보수주의자였던 아버지를 사랑했다.

한 사람, 나아가 한 나라의 운명을 바꾼 신혼여행

1847년 7월 28일 비스마르크는 요한나와 결혼식을 올리고 베네치아
로 허니문을 떠났다. 이 신혼여행이 비스마르크의 미래만이 아니라, 독일
의 미래마저 바꾸어 놓았다. 비스마르크에게 아내 요한나에 이은 두 번째
운명적인 만남이 찾아온 것이다. 프로이센 토지 귀족인 융커이자, 보수주
의자로 군주제를 옹호하던 그가 신혼여행을 떠난 베네치아에서 당시 프
로이센 국왕 빌헬름 4세를 우연히 만난 것이다.

국왕을 독대한 자리에서 비스마르크는 군주에게 충성을 맹세했다. 그
리고 몇 년 후 베를린으로 돌아온 비스마르크는 독일 연방 의회 프로이센
대사로 임명되었다. 그는 어머니가 원했던 정반대의 방법으로 결국 어머니

의 꿈을 이루었다.

비스마르크는 벼락출세했지만, 프로이센 국왕인 빌헬름 4세와 프로이센은 그렇지 못했다. 1815년 빈 체제 이후, 유럽은 다시 왕들이 권력을 되찾는가 싶었지만, 경제력을 바탕으로 권력을 가지려는 자유주의자들의 반격이 만만치 않았다. 1848년 2월에 프랑스에서 또다시 혁명이 일어났다. '1848년의 2월 혁명'이었다. 선거권 확대 여부를 두고 광장에서 토론회가 열릴 예정이었는데 정부가 토론회를 막자 시민들이 봉기를 일으켰다. 결국 국왕 루이 필리프 2세는 스스로 퇴위하고, 영국으로 망명했다. 왕이 없어지자 남은 건, 부르주아와 노동자였다. 왕을 몰아내기 위해 같이 싸웠던 이 두 계층은 왕이 사라지자 다투기 시작했고, 결국 농민과 노동자의 몰표를 받은 이가 대통령에 당선되었다. 프랑스의 영웅 나폴레옹 보나파르트를 큰아버지로 두었던 샤를 루이 나폴레옹, 그가 바로 프랑스의 초대 대통령이자 마지막 황제가 되는 나폴레옹 3세이다.

1848년 프랑스의 2월 혁명은 또다시 프랑스를 넘어 유럽으로 퍼졌고 독일도 피해 갈 수 없었다. 기존 혁명 세력인 자유주의자들에 새로운 혁명 세력인 노동자들이 가세하여 베를린으로 몰려와 정부군과 프로이센의 수도 베를린에서 시가전을 벌였다. 기가 죽은 프로이센의 빌헬름 4세는 '절대 군주정'을 포기하고 '입헌 군주제'를 약속했다. 독일의 3월 혁명이었다. 1848년 5월 18일 독일의 프랑크푸르트에서 자유주의 중산층 중심으로 회의가 열렸다. '프랑크푸르트 회의'에서 국왕이 권력을 일부 양보하자, 혁명 세력들은 이를 두고 서로 다투기 시작했다. 이를 놓치지 않고 빌헬름 4세와 보수주의 세력이 반격을 가해 독일의 3월 혁명은 실패로 끝났다. 프로이센 전통 귀족인 비스마르크는 당연히 국왕 편을 들었고, 그 덕에 빌헬름 4세의 두터운 신뢰를 얻을 수 있었다. 1851년 국왕은 비스마르크에게 독일 연방 회의의 프로이센 대사직을 맡겼다. 왕과 프로이센의 수호자인 비스마르크가 40년간 맡게 될 외교의 시작이었다.

비스마르크의 담배

나폴레옹에 의해 신성로마제국이 해체된 이후 30개가 넘는 국가로 이루어진 독일 연방이 들어섰다. 독일 연방의 넘버 원은 오스트리아였고, 넘버 투는 프로이센이었다. 그 둘은 천년 간 지속된 신성로마제국 때부터 형과 동생의 관계였다. 그 밑으로 수많은 동생이 있었지만 다들 고만고만했다. 지리적으로 북쪽에는 둘째인 프로이센이 남쪽에는 첫째가 오스트리아가 국경을 맞대고 있었고 그사이에 셋째인 바이에른이 끼어 있었다.

1834년 프로이센이 관세동맹을 창설했다. 당시 넘버 원인 합스부르크 왕조의 오스트리아는 자국 산업을 보호하기 위해 높은 관세를 부과하고 있었기에 프로이센이 만든 관세동맹에 참가하지 않았지만, 다른 연방국들이 속속 동맹에 참여했다. 관세가 철폐되면서 교역이 활성화되고 자연스럽게 통행량이 늘면서 독일 전역에 철도가 놓였다. 독일 통일의 첫걸음이었다.

비스마르크가 프로이센 대사가 된 시기에 프로이센은 산업 혁명과 관세동맹으로 급격한 성장을 이루고 있었다. 이를 바탕으로 프로이센은 오스트리아에 동등한 권리를 요구하기 시작했다. 그것을 상징하는 것이 바로 비스마르크의 담배였다.

독일 연방 회의에서는 넘버 원인 오스트리아 대사만이 관례에 따라 독일 연방 의회에서 담배를 피울 수 있었다. 하지만 비스마르크는 프로이센 대사로 참가한 연방 회의 내 국방 회의에서 담배를 물었다. 그러자 다른 대사들이 관례를 깬 그를 경악스러운 표정으로 바라보았다. 비스마르크는 그런 시선을 쓱 훑어보며 혼잣말하듯 말했다.

"왜 담배를 피우면 안 되는가?"[66]

그는 거기서 한 걸음 더 나아가, 담배를 피우던 오스트리아 대사 툰-호엔슈타인 백작에게 다가가 불을 빌려 달라고 했다. 비스마르크의 당당한 요구에 당황한 백작은 불을 빌려주었고, 비스마르크는 담배를 태웠다. 그 담배 맛이 어땠을지는 상상에 맡긴다.

피와 철로

1861년 비스마르크를 외교관으로 임명한 빌헬름 4세가 후손이 없이 사망하자, 동생인 빌헬름 1세가 황제가 되었다. 국가의 힘은 군사력에서 나온다고 믿었던 빌헬름 1세는 군대 개혁과 강화를 위해 군대 예산 증가, 복무 기간 2년에서 3년으로 연장, 향토 방위군 편제 개혁 등을 추진했다. 하지만 1861년 12월 선거는 물론이고 1862년 선거에서도 과반수를 넘어 2/3 이상을 차지한 부르주아 자유주의자들은 이에 격렬히 반대하기 시작했다. 자신들의 세금이 증가하고, 복무 기간이 늘어날 뿐만 아니라, 군대가 강해지면 자연스럽게 군통수권을 가진 왕의 권력이 강화되고 자신들의 힘이 약화되기 때문이었다.

왕과 의회의 대립은 심해져 갔고, 빌헬름 1세는 결국 의회를 해산시키고 새로운 수상을 뽑아 새 내각을 구성하기로 했다. 새 수상은 취임 후 첫

의회에서 평화의 상징인 올리브 가지를 들고 나타났다. 의회 다수를 차지하고 있던 자유주의자들은 왕이 내세운 수상이 마음에 들지 않았으나 일단 들어보기로 했다.

"독일은 프로이센의 자유주의가 아닌 프로이센의 힘을 중시하고 있습니다. 시대의 중요한 문제들은…… 연설과 다수결이 아니라 철과 피로써만 이루어져야만 합니다."

이 연설로 프로이센의 새 수상인 비스마르크는 '철혈 재상'이라는 불멸의 별명을 갖게 되었다. 물론 의회에서 연설과 다수결을 뜻하는 의회를 무시하는 발언은 불난 집에 기름을 들이붓는 격이었다. 그는 수상이 되자, 그가 한 말 그대로 시대의 중요한 문제를 의회에서 연설과 다수결이 아닌 군대를 동원한 철과 피로써 이루어냈다. 비스마르크의 프로이센은 1864년 덴마크, 1866년 오스트리아에 이어 1870년 프랑스와 10년도 안 되는 시기에 무려 3번의 전쟁을 벌여 모두 승리를 거두었다. 전쟁을 승리로 이끈 건 참모총장인 몰트케였지만, 그 몰트케를 그 자리에 앉힌 이가 비스마르크였다. 거기다 수많은 반대에도 불구하고 국방 예산을 늘린 장본인이 비스마르크였다.

1866년 프로이센-오스트리아 전쟁(독오전쟁)의 프로이센이 쾨니히그라츠 전투에서 오스트리아에 압승을 거두자, 잔뜩 흥분한 황제는 즉시 오스트리아 수도인 빈마저 점령하자고 나섰다. 만년 이인자였던 프로이센으로서는 일인자였던 오스트리아를 짓밟으며 그동안 쌓인 서러움을 풀고 싶었다. 피를 맛본 데다 승리에 취한 국왕을 말린 건 철혈 재상 비스마르크였다. 비스마르크는 오스트리아에 배상금은 물론, 영토 할양도 요구하지 않았다. 대신 독일 연방에서 오스트리아를 탈퇴시키고, 북독일의 작은 소국들을 프로이센 중심으로 합치는 것으로 협상을 재빨리 끝냈다. 시간을 끌다가는 독일의 영원한 적인 프랑스가 개입할 여지가 있었고, 형제인 오스트리아와는 다시 협력해야 할 관계였다. 실제로 오스트리아는 세계 1차 대전과 세계 2차 대전 모두에서 독일 편을 들었다.

1870~1871년에 프로이센은 유럽 대륙의 최강자인 프랑스마저 꺾었다. 이른바 프로이센-프랑스 전쟁, 보불전쟁이었다. 이번에는 황제 대신 참모총장 몰트케와 군부가 60년 전 나폴레옹에게 당한 굴욕을 복수하자며 프랑스의 완전한 섬멸을 외쳤다. 그러나 비스마르크는 프랑스 외무 장관인 파브르와 휴전 협정을 급히 마무리 지었다. 그에게 전쟁은 클라우제비츠가 말한 대로 정치적 목적을 위한 수단에 지나지 않았고, 군이 정치에 개입하는 것을 철저히 막았다. 프랑스에 승리한 후, 남부 독일마저 합치며 비스마르크는 드디어 독일 통일을 이루었다.

황제는 브란덴부르크 문을 통과하며 개선식을 거행했다. 베를린의 상징인 브란덴부르크 문은 1791년 완성되었지만, 정작 최초의 개선식은 프로이센을 무찌른 나폴레옹이 한 슬픈 역사가 있었다. 이제 독일은 유럽 대륙의 최강자로 우뚝 섰다.

평화의 전도사, 비스마르크 하지만

세 번의 전쟁을 승리로 이끈 비스마르크는 이제 전쟁보다 더 어려운 것을 이뤄야 했다. 그것은 바로 평화였다.

히틀러의 주치의들

독일의 서쪽에는 프랑스와 영국이, 동쪽에는 러시아가, 남쪽에는 오스트리아와 이탈리아가, 북쪽에는 덴마크와 스웨덴이 있었다. 독일은 유럽 대평원이 펼쳐진 중부 유럽의 중심으로 알프스산맥이 있는 남쪽을 제외하고는 국경선을 삼을 만한 지형지물이 없었다. 그렇기에 독일은 다른 나라를 침략하기도 좋았지만, 다른 나라로부터 침략받기도 좋았다.

비스마르크의 프로이센은 독일을 통일했다. 하지만 비스마르크는 승리의 우쭐함 따위는 전혀 보이지 않았다. 현실주의자인 비스마르크는 냉정하게 사태를 파악했다. 독일이 여기서 더 욕심을 부리면, 나폴레옹의 프랑스처럼 유럽의 모든 국가가 힘을 합쳐 독일을 협공할 가능성이 높았다. 비스마르크는 어떻게든 유럽 대륙에서 전쟁이 일어나는 것을 막아, 독일이 유럽 최강국이 된 현 상태를 유지하는 것을 목표로 삼았다.

8년간 세 번의 전쟁을 승리로 장식하고 유럽 대륙의 최강자가 된 독일의 비스마르크는 이제 평화의 전도사로 변신했다. 어차피 서쪽의 프랑스는 영원한 라이벌이었기에 독일 외교의 중심은 동쪽의 러시아였다.

"거의 정복할 수 없는 러시아 대제국에 대항하는 전쟁에서 얻을 것은 아무것도 없다."라고 생각한 그에게 외교란 러시아와 싸우지 않는 것이었다. 하지만 나중에 독일을 이끌어가는 두 인물은 비스마르크의 교훈을 잊어버리고, 독일을 재앙에 빠뜨리게 된다.

어쨌거나 비스마르크가 수상에 있는 동안 국외는 비교적 안정되었다. 하지만 국내는 그렇지 못했다.

비스마르크는 외교에서는 의회의 제한을 비교적 적게 받았지만, 국내에서는 달랐다. 당시 독일 국회는 우파인 보수당, 부르주아 중심의 진보당

(당시만 해도 부르주아의 자유주의가 진보였다), 가톨릭 중심의 중앙당에 나중에는 좌파 정당인 사회민주당까지 등장했다. 크게 (우)보수수의-자유주의-사회주의(좌)까지 폭넓게 흩어져 있었고, 여기에 민족주의와 종교까지 개입된 복잡한 상황이었다.

지극히 현실주의자였던 그는 어떤 이념이나 사상에 얽매이지 않았다. 우익 보수였던 비스마르크는 진보주의자가 주장하던 선거권 확대를 실시했다. 그뿐만이 아니었다. 그는 유럽 최초로 의료보험, 재해보험과 노후 보험 등을 실시하며 사회복지정책을 추구했다. 선거권 확대는 자유주의자의 표를, 사회복지 정책은 사회주의자의 표를 뺏기 위한 정책이었지만, 결과적으로 비스마르크는 독일을 유럽에서 가장 진보적인 나라로 만들었다.

그는 유럽에서의 전쟁을 막을 수 있었지만, 시대의 흐름은 막을 수 없었다. 거기다 그가 이길 수 없는 것이 또 하나 있었다. 시간이었다.

1888년 비스마르크보다 18살이나 많았던 황제 빌헬름 1세가 92살의 나이로 사망했다. 아들인 황태자 프리드리히 3세가 황제에 등극했지만 후두암을 앓고 있던 그는 100일을 하루 남긴 날 죽었다. 황제의 자리는 빌헬름 1세의 손자이자, 프리드리히 3세의 아들인 빌헬름 2세에게 돌아갔다. 당시 빌헬름 2세는 30살의 나이로 비스마르크보다 44살이나 어렸다. 그리고 그는 선천적인 장애가 있었다.

장애는 선천적일 수 있고, 또 후천적으로 언제든지 생길 수 있다. 육체적 장애는 그 자체로도 불편하지만, 때로는 장애 그 자체보다 그로 인한 정신적 콤플렉스가 사람에게 더 나쁜 영향을 미치기도 한다. 빌헬름 2세는 태어날 때부터 왼팔이 기형적으로 작았다. 왼팔이 콤플렉스였던 그

히틀러의 주치의들

는 평생 왼손을 주머니에 넣고 사람들 앞에서 빼지 않았다. 그 때문인지 그는 언제나 약해보이지 않으려고 허세를 부렸다. 황제가 된 빌헬름 2세는 황제를 능가하는 명예와 권력을 가진 비스마르크가 마음에 들지 않았다. 독일은 늙은 수상이 아니라, 젊은 황제인 자신이 직접 다스려야 했다.

빌헬름 2세는 황제가 되고 수상과의 첫 만남에서 충성의 의미로 자기 손에 키스를 요구했다. 당연한 의례였다. 젊은 황제는 늙은 수상을 괴롭히기 위해 손을 최대한 땅바닥에 가깝도록 낮게 내밀었다. 74살의 늙은 비스마르크는 자기 입술이 황제의 손에 닿도록 불편한 허리를 최대한 깊숙이 숙여야 했다. 노재상에 대한 모욕이었다.

둘은 불과 얼음처럼 어울릴 수 없었다. 물러나야 하는 건, 젊은 황제가 아니라 늙은 수상이었다. 결국 1890년 3월 20일 비스마르크는 해임되었다.

비스마르크의 주치의

수상에서 퇴임한 비스마르크는 자기 영지에서 과거를 회상하며 글을 쓰고 수많은 손님을 접대하며 노후를 보냈다. 비스마르크를 방문한 손님 중에는 다음 장에 등장하는 '동양의 비스마르크'라 불리는 중국의 이홍장도 있었다. 1898년 비스마르크는 만 83세의 나이로 사망했다.

64세 때, 비스마르크는 190cm의 키에 몸무게가 무려 124kg으로 고도 비만이었다. 그럴 만했다. 그의 아침상에는 로스트비프나 감자를 곁들인 비프스테이크, 차갑게 먹는 훈제 오리고기, 지빠귀구이, 오븐에 구운 푸딩이 나왔고, 그것도 늘 적포도주, 샴페인, 맥주와 함께였다.[67] 하인들은 보통 하루에 여섯 차례에 걸쳐 정식과 후식을 준비해야 했고, 특히 마지막 식사는 꼭 한밤중에 했다.[68] 과식, 폭식에 이은 야식에다 그는 밤잠을 설치며 깨어 있기 일쑤였고, 생활은 늘 불규칙적이었다. 만성 피로에 류머티즘, 신경증까지 겹쳤다.

"내 연료는 바닥났나 봐, 더는 못하겠어. 잠을 자도 잔 것 같지 않아."[69] 1872년 5월 그가 극심한 피로를 호소했다. 언제 쓰러져도 이상하지 않은 비스마르크를 살린 건, 그보다 35살이나 어린 33세의 주치의 에른스트 슈베닝거였다.

고집이 센 비스마르크는 자신을 취조하듯이 질문을 해대는 의사들을 매우 싫어했는데, 그는 슈베닝거에게도 똑같은 반응을 보였다. 그러자 의사인 슈베닝거는 이렇게 말했다.

"재상님, 제가 기꺼이 돕겠습니다. 그러나 질문 없이 치료받기를 원하신다면 수의사에게 의뢰하시는 쪽이 훨씬 낫겠습니다. 그 방법에는 그들이 익숙하지요."[70]

그뿐 아니었다. 그는 불면증에 시달리는 비스마르크에게 "이제 오늘 밤 수상께서는 잠드실 수 있을 겁니다."라고 말하고 수면 촉진제를 적신 수건으로 그를 감쌌다. (여기서 수면 촉진제는 쥐오줌풀 기름이었다. 당시에는 쥐오줌풀은 항우울제로 사용되곤 했다.) 그리고 마치 불안해하는 아이를 엄마가 돌보듯[71] 비스마르크의 손을 잡고서 그가 잠들 때까지 기다렸다. 다음 날 아침 수상이 모처럼 만에 깊은 잠에서 깰 때에도 주치의가 자리를 지키고 있었다. 그때부터 늙은 비스마르크는 젊은 의사를 전적으로 믿기 시작했다.

이로써 신뢰를 얻은 주치의는 그에게 엄격한 식단 관리 및 생활 습관 교정을 시행했다. 그는 아침부터 포도주, 샴페인, 맥주를 마시는 비스마르크에게 술을 금했고, 이를 보다 못한 비스마르크의 아내 요한나가 남편에게 와인을 가져다주자, 재상의 부인을 찾아가 경고를 날렸다.

"당신의 남편을 죽이시려면 이 와인을 계속 주십시오."[72]

이에 아내 요한나 또한 주치의의 말을 따를 수밖에 없었다.

비스마르크는 육류 대신 생선, 그중에서도 독일 북부 발트해에서 많이 잡히는 청어를 주식으로 바꾸면서 30kg 넘게 감량하여 몸무게를 90kg로 줄이자 불면증도 사라졌다. 이에 한 사업가가 '비스마르크-해링'이라는 일종의 청어 절임을 내놓아 대히트를 쳐서 오늘날까지도 독일에 전해지는 건강식이 되었다.

비스마르크가 사랑한 아내 요한나는 남편이 죽기 4년 전 세상을 떠났다. 아내가 임종을 얼마 남겨두지 않았을 때 비스마르크는 그의 주치의인 슈베닝거에게 말했다.

"지금의 나 자신, 내가 이룬 모든 것이 아내 덕분이라네."

비스마르크의 마지막 순간에도 주치의인 슈베닝거는 그의 고통을 조금이라도 줄여주기 위해 끝까지 함께 했다. 비스마르크는 삶과 이별하기 전 끝으로 말했다.

"요한나를 다시 만나게 해주소서."

비스마르크의 마음 주치의는 요한나였고, 몸 주치의는 슈베닝거였다. 그리고 비스마르크는 두 명의 뛰어난 주치의를 만나 육체적으로도 정신적으로 건강할 수 있었다. 두 명의 주치의는 비스마르크의 축복이었고, 비스마르크는 독일의 축복이었다.

가장 중세적인 남자가 만든 가장 현대적인 독일

"Ein treuer deutscher Diener Kaiser Wilhelm I" (A faithful German servant of Emperor Wilhelm I - 오토 폰 비스마르크, 황제 빌헬름 1세의 충직한 독일 신하)

그의 묘비명이었다.

황제 빌헬름 1세가 비스마르크의 충언을 따랐기에 독일은 번성했고, 비스마르크 또한 주치의인 슈베닝거의 직언을 지켜서 장수할 수 있었다.

비스마르크는 그가 한 말대로 '다수결과 연설보다는 피와 철'을 중시하는 현실주의자였다. 수상이 되어서는 덴마크, 오스트리아, 프랑스와 10년도 안 되는 시기에 세 번의 전쟁을 치러 독일의 통일을 이루었다. 하지만 역설적으로 비스마르크가 주도한 세 번의 전쟁 후로 유럽 대륙은 꽤 긴 시간 동안 평화를 누릴 수 있었다.

"세상 사람들 모두 전쟁을 외친다. 거의 유일하게 예외적인 목소리를 내는 사람은 비스마르크 수상뿐이다. 수상은 평화를 지키기 위해 할 수 있는 모든 수고를 아끼지 않는다."

다만 그가 취한 냉정하고 현실적인 균형 외교정책은 여러 개의 접시를 동시에 돌리는 묘기같이 복잡하고 현란했다. 그렇기에 비스마르크가 아니면 누구도 그의 외교 정책을 따라 할 수 없었다. 결국 그가 죽은 후 20년이 채 되지 않아 유럽에서 세계 1차 대전이 벌어져 그가 우려했던 전쟁이 벌어졌다.

왕권을 중시하며 의회를 철저하게 무시한 그는 그 당시나 지금이나 시대 흐름에 역행한 보수, 반동주의자라고 비난받고 있다. 실제로 그는 가톨릭 세력의 중앙당, 노동자 중심의 사회민주당, 부르주아의 진보당을 모두 공격하며 보수주의를 고집했고 "황제 빌헬름 1세의 충직한 독일 신하"라는 묘비명처럼 왕권을 지키고 강화하기 위해 노력했다. 하지만 그런 그가 보수파의 반대에도 불구하고 유럽 최초로 의료 보험, 재해 보험과 노후 보험을 도입했을 뿐만 아니라, 선거권 확대를 위해 노력했다. 민주주의와 사회주의를 막으려던 그가 그 누구보다 민주주의와 사회주의 제도를 적극적으로 도입한 것은 아이러니였다.

그는 민주주의를 목적으로 여기는 자에게는 '악당'이고,
민주주의를 수단으로 여기는 자에게는 '영웅'이었다.

비스마르크가 지키려고 한 것은 프로이센과 독일이었고, 그는 그 둘을 지키기 위해 수단과 방법을 가리지 않았다. 비스마르크를 몹시도 싫어했던 오스트리아 대사인 프로케슈 폰 오스텐이 한 말에 따르면 비스마르크는 "제아무리 하늘에서 내려온 천사라 해도 프로이센의 휘장이 없다면 영접하지 않고, 사탄이라 할지라도 프로이센에 독일 땅을 선사한다면 손을 잡을 위인"이었다.

19세기는 프랑스 나폴레옹의 전쟁으로 시작하여, 독일 비스마르크의 평화로 끝이 났다. 그리고 20세기는 다시 전쟁이 시작될 예정이었다.
독일의 통일을 이룬 비스마르크는 독일의 축복이었고, 세계 1차 대전에 두 팔 벌리고 뛰어든 빌헬름 2세는 저주였다. 하지만 빌헬름 2세는 세계 2차 대전을 일으킬 인물에 비하면 작은 저주에 지나지 않았다.

피켈하우베를 쓴 비스마르크   빌헬름 2세

모두가 원한 전쟁

비스마르크가 수상에서 해임되자 영국의 〈타임스〉는 이에 대해 "앞으로 벌어질 일에 거의 두려움에 가까운 심정"을 표했지만, 왼쪽 팔이 말라 마음마저 비틀어진 황제 빌헬름 2세는 달랐다.

"우리는 위대해질 운명이며, 나는 그대를 경탄할 시대로 이끌 것이다."[73]

황제는 그렇게 비스마르크가 외교의 핵심이라고 강조했던 러시아와의 동맹을 연장하지 않았다. 심지어 여러 번의 승리로 기고만장해진 군부는 러시아와 예방적 전쟁을 치를 것을 주장하기도 했다. 이에 독일과 국경을 맞대고 있던 러시아는 불안감을 느끼고 강력해진 독일을 견제하기 위해 프랑스와 동맹을 맺었다. "외교란 러시아와 싸우지 않는 것이다."라고 말하며, 자신의 첫째 아들 세례명마저 러시아 황제의 이름을 따서 '니콜라이'라고 지은 비스마르크로서는 통탄할 노릇이었다. 빌헬름 2세의 오만이 빚어낸 치명적인 실수였다. 이로써 독일은 세계 1차 대전에서 서쪽에서는 프랑스, 동쪽에서는 러시아와 양면 전쟁을 피할 수 없게 되었다.

세계 1차 대전이 일어나기 전, 모두가 전쟁을 원했다. 지금은 전쟁이 절대악이지만, 20세기 초만 해도 전쟁은 하나의 정치, 외교 수단이었다. 독일의 황제는 "우리는 세계적 강대국이 된다."[74]며 독일의 확장을 꿈꾸었다.

서양에서 동양으로 가는 통로였던 발칸반도는 예로부터 수많은 인종과 종교 그리고 언어가 복잡하게 섞여 있는 땅이었다. 프랑스 정도의 땅에 현재 10개의 국가가 있으며, 이슬람, 가톨릭, 러시아 정교 등 여러 종교들이 섞여 있다. 고대 그리스와 페르시아, 알렉산더대왕, 로마, 동로마, 오스만 제국이 발칸반도를 다스렸다. 침략과 정복, 내전과 암살이 일상이었다.
발칸반도는 역설적으로 이슬람 역사상 가장 강력한 오스만 제국이 막강한 힘으로 통치할 때 가장 평화로웠다. 하지만 오스만 제국이 서서히 쇠퇴하면서, 유럽의 화약고인 발칸반도에 다시 불이 붙기 시작했다. 북쪽의 오스트리아와 북동쪽의 러시아, 그리고 오스만 제국에서 갓 독립한 세르비아가 서로 발칸반도에 욕심을 내기 시작한 것이었다. 비스마르크는 생전에 "발칸에서 벌어질 저주받은 바보짓"으로 다음 전쟁이 촉발될 것이라고 예언한 바[75]있었다. 그의 말대로 세계 1차 대전은 발칸반도에서 시작되었다.
1914년 6월 28일 오스트리아 황태자가 보스니아의 수도 사라예보에서 세르비아 민족주의자의 총에 맞아 사망했다. 보스니아는 당시 오스트리아가 지배하고 있었지만, 보스니아에 세르비아인이 많았기에 세르비아가 눈독을 들이고 있었다. 황태자를 잃은 오스트리아는 이를 발칸반도에서 영향력을 넓힐 기회로 보고, 세르비아에 최후통첩을 보냈다. 세르비아는 또한 이를 기회로 보고 같은 슬라브족인 러시아에게 도움을 청했다. 이에 오스트리아는 독일에게, 러시아는 동맹국인 프랑스에게 손을 내밀었다. 프랑스는 1870년 자신에게 패배를 안긴 프로이센에 복수심을 품고 있었다.

이렇게 발칸반도에서 영토 욕심으로 시작된 세계 1차 대전은 이해관계에 따라,

오스만 제국 ⇨ 독일 ⇨ 오스트리아 ⇨ 보스니아 ⇦⇨ 세르비아 ⇦ 러시아 ⇦ 프랑스, 이탈리아 ⇦ 영국 ⇦ 미국

이렇게 국가들이 꼬리에 꼬리를 물고 전쟁에 달려들었다. 마치 불을 보고 달려드는 불나방 같았다. 독일 입장에서는 비스마르크가 우려한 전쟁, 그중에서도 독일에게 최악인 양면 전쟁이었다. 하지만 독일은 물론이고 각국에서는 전쟁을 두려워하기는커녕 '본때를 보여주자.'며 자원입대하려는 청년들로 넘쳐났다. 마르크스(Marx)를 외치던 러시아마저도 전쟁의 신인 마르스(Mars)[75]를 찾기 시작했다.

서쪽의 프랑스와 동쪽의 러시아에게 협공당할 위기에 처한 독일은 다 계획이 있었다. 독일군 사령관 이름을 딴 '슐리펜 작전'이었다.

독일 전술의 핵심은 프랑스와의 서부 전선에서의 공격이었다. 독일 전

체 병력의 7/8을 투입하여, 프랑스를 단 6주 만에 점령해야했다. 그러기 위해서는 대서양쪽 우익을 강화하여, 낫질처럼 크게 돌아 벨기에를 통과하여 프랑스를 포위한 후, 완전 섬멸해야 했다. 세계 1차 대전을 1년 앞둔 1913년에 사망한 참모총장 슐리펜의 유언은 이랬다.

"반드시 싸우게 된다. 오로지 우익을 강하게 만들라."

다음으로 러시아와의 동부 전선은 방어였다. 나폴레옹마저 굴복 당할 수 밖에 없었던 러시아는 땅이 넓어 쳐들어가기도 힘들지만, 같은 이유로 러시아가 전쟁을 위해 동원령을 내려 병력을 모으는데 시간이 많이 걸릴 것으로 예상했다. 이에 독일 전체 병력의 1/8만을 러시아 전선에 투입하여 러시아에게 어느 정도 영토를 내주면서 시간을 벌 계획이었다.

먼저 서쪽의 프랑스를 쳐부순 다음, 나중에 동쪽의 러시아와 결전을 벌인다. 이것이 독일의 계획이었다.

아무도 예상하지 못한 전쟁

세계 1차 대전은 모두가 원한 전쟁이었지만, 막상 전쟁이 시작되자 모두가 원치 않는 전쟁으로 변했다. 1870년 프로이센-프랑스 전쟁(보불 전쟁) 당시 프로이센 군인 120만 명과 프랑스 군인 90만 명이 맞붙어 프로이센 측 13만, 프랑스 측 28만 명의 사상자를 내고, 스당 전투 한 번으로 사실상 승패가 결정되었다. 7월에 시작하여, 다음 해 1월에 끝났다. 이처럼 19세기 초 나폴레옹 전쟁을 제외하고 대부분의 전쟁은 단기전이었고, 큰 전투 한 번으로 전쟁의 승패가 결정되었다. 사람들이 기대한 건 이런 전쟁이었다. 결정적인 전투 한 번으로 승부가 결정되는 화끈한 전쟁.

독일의 '슐리펜계획'은 처음부터 제대로 진행되지 않았다. 원래 계획대로라면, 독일은 전체 병력의 7/8을 프랑스에, 1/8만을 러시아와의 전투에 투입해야 했다. 하지만 막상 전쟁을 시작하자 러시아에 영토를 잃을 것이 아까웠던 독일은 프랑스와의 전선에서 2를 빼서, 러시아와의 전투에 투입했다. 7에서 5로 병력이 줄어든 독일은 프랑스의 수도인 파리 50킬로미터 앞까지 진격했으나 결국 마른 전투에서 멈췄다. 그 뒤로 프랑스와 독일 모두 길게 철조망을 치고, 그 뒤에 깊게 판 참호에 몸을 숨긴 채, 돌격하는 적들을 상대로 기관총을 갈겨 댔다. 참호에서 나와 조금이라도 전진하면 엄폐물이 없는 상황에서 대포와 총알이 쏟아졌다. 그런 상태에서는 공격보다 방어가 훨씬 유리했다. 길게 늘어선 아군과 적군의 참호 사이에는 지뢰와 포 구덩이만 가득한 무인지대(No man's land)가 좁게는 수십 미터에서 넓게는 몇 킬로에 펼쳐졌다. 중립국인 스위스에서 영국 해협까지 1,000킬로미터에 달하는 참호가 평행을 이루며 두 줄로 이어졌다.

독일이 승리를 거둔 건, 프랑스와의 서부 전선이 아니라 러시아와의 동부 전선에서였다. 그것도 수비가 아니라, 오히려 공격으로 거둔 승리였다. 그 승리가 '탄넨베르크 전투'였다. 이렇듯 모든 것이 독일의 계획과 달리 흘러갔다.

그 후로 프랑스와 독일의 서부 전선에서는 물이 고인 참호 안에 축축하게 젖은 신발을 신은 채 고개를 푹 숙이고 상대가 참호 밖으로 나오기를 기다리는 지루한 참호전이 이어졌다. 1916년 2월 참다못한 독일군은 서부 전선의 베르됭에서 공격에 나섰다. 모처럼 참호에서 뛰어나와 대규모 공세를 취했다. 10킬로미터를 두고 10개월간 밀고 밀리는 전투 끝에 양쪽 모두 100만 명의 사상자를 냈다. 이번에는 영국이 솜강 근처에서 대공세에 나섰다. 4개월간 영국과 프랑스 양 국은 겨우 10킬로미터를 전진했다. 마찬가지로 총 100만 명의 사상자가 발생했다. 1미터 전진을 위해 군인 백 명이 희생되었다.

수많은 군인이 피를 흘렸지만, 승자와 패자는 정해지지 않았다. 결국 상대가 먼저 포기하고 손을 들 때까지 버티는 방법 뿐이었다.

가장 먼저 버티지 못하고 손을 든 나라는 독일이 아니라 러시아였다. 1917년 2월과 10월 혁명으로 러시아가 무너지고, 레닌이 정권을 잡았다. 독일과의 승리보다 내전의 승리가 더 중요했던 레닌은 급히 독일과 협상 에 나섰고, 브레스트-리토프스크 조약으로 항복에 가까운 굴욕적인 조 건으로 전쟁에서 빠졌다.

이에 독일은 러시아와의 동부 전선에 있던 병력을 모두 프랑스와의 서부 전선으로 돌려 승부수를 던졌다. 허수아비인 황제 빌헬름 2세와 얼 굴마담인 힌덴부르크를 대신하여 탄넨베르크 전투를 승리로 이끌었던 참 모 루덴도르프가 작전을 세웠다. 이른바 1918년 봄의 '루덴도르프 대공세' 였다. 초반에는 비교적 성공하였으나, 독일의 무제한 잠수함 작전과 짐머 만 전보 사건으로 미국까지 가세한 협상국의 물량 공세를 독일은 끝내 막 아낼 수 없었다. 8월부터 11월까지 이어진 '백일 전투'에서 독일은 계속해 서 후퇴를 거듭했다. 그래도 전투는 독일 밖에서 이루어졌기에 국민들은 실상을 알지 못해, 독일이 계속 승승장구하고 있는 줄로만 알았다.

1918년 9월 28일 독일 편이었던 오스트리아가 먼저 항복했다. 얼마 안 가 전쟁을 이끌던 군사령관 힌덴부르크와 루덴도르프가 자국 정부에 휴전을 요구했다. 그러던 중 11월 3일 독일 정부는 독일 해군에게 영국 해군을 공격하라는 자살에 가까운 명령을 내렸다. 이에 독일 북부의 항구 도시 킬에서 해군 병사들이 상부의 무모한 작전에 반대하며 봉기를 일으켰다. 다음날 대규모 노동자가 시위에 합세했고, 이어 여러 도시에도 봉기가 일어났다. 이것이 독일의 '11월 혁명'이었다. 노동자와 병사들의 봉기에 공작들과 대공들은 순순히 자리에서 물러났고, 11월 9일 황제 빌헬름 2세도 퇴위했다.

"좋소. 그렇다면 이제 당신들끼리 이 지저분한 일을 잘 처리해 보시게."[77]

퇴위하게 된 작센 왕이 위원회 대표에게 내뱉었다. 이렇게 독일의 11월 혁명은 피 한 방울 흘리지 않고 끝이 났다.

독일에서 군주정이 끝이 나고, 공화국이 선포되었다. 기존의 체제가 무너졌으니 혁명의 전반전이 끝났다. 이제 혁명의 후반전이 남았다. 누가 권력을 잡아 이 지저분한 일을 잘 처리할 수 있을 것인가가 관심사로 떠올랐다.

패전의 독박

당시 유럽에서 사회주의 세력이 가장 강성했던 곳은 러시아와 독일이었다. 비스마르크보다 3살 적은 마르크스도 프로이센 출신이었다. 비스마르크의 바람과는 반대로 독일에서 사회주의가 대세가 되었다. 같은 사회주의를 추구하지만, 온건 좌파인 사회민주당은 선거를 통해, 급진 좌파인 스파르타쿠스 연맹은 혁명으로 권력을 쟁취하려 했다. 독일의 사회민주당이 러시아 사회민주노동당 내의 온건파인 멘셰비키에 가깝다면, 독일의 스파르타쿠스 연맹(나중에 독일 공산당으로 개명)은 볼셰비키에 가까웠다. 독일의 11월 혁명으로 왕정이 무너지자, 권력을 잡은 것은 에베르트가 이끄는 온건파인 사회민주당이었다.

이웃 나라인 러시아에서는 1917년 2월 혁명으로 러시아의 황제가 폐위되고 10월 혁명으로 볼셰비키가 정권을 잡았다. 이를 목도한 급진파인 스파르타쿠스 연맹은 러시아의 볼셰비키처럼 혁명을 통한 정권 장악을 꿈꿨다. 1918년 1월 1일 '독일 공산당'으로 이름을 바꾼 스파르타쿠스 연맹은 1918년 1월 5일 '스파르타쿠스 봉기'를 일으켰다. 수만 명의 시위자가 베를린 중심가인 알렉산더 광장을 채웠다.

사회주의 내에서 온건 좌파인 사회민주당 vs 급진 좌파 공산당, 의회 민주주의 vs 공산 혁명의 대결이 벌어졌다. 이에 사회민주당(줄여서 사민당)의 에베르트는 군대로 봉기를 진압하려 했으나, 서부 전선에서 패배한 군대는 이미 통제 불능이었다. 어쩔 수 없이 에베르트는 황제와 총사령부에 충성하는 소수의 극우파 군인들로 이루어진 '자유 군단'의 힘을 빌렸다. 그렇게 좌파인 사회민주당이 극우파와 손을 잡는 역사에서 좀처럼 보기 힘든 일이 벌어졌다.

혁명의 승패는 언제나 그랬듯 마음 속 이상이 아니라 손에 쥔 무력으로 결판이 났다. 제대로 된 지휘 체계도, 훈련도, 무기도 갖추지 못한 수만여 명의 군중과 8만 명의 직업 군인 간의 싸움은 제대로 된 전투 한번 없이 일방적으로 흘러갔다. 얼마 안 가 스파르타쿠스 봉기의 주도자인 로자 룩셈부르크와 카를 리프크네히트를 비롯한 여럿이 목숨을 잃었다. 이로써 독일 공산당은 사회민주당과 철천지원수가 되었다.

독일 공산당의 무장혁명이 실패로 돌아간 직후, 1919년 1월 19일 선거가 열렸다. 총 421개의 의석 중에 사회민주당이 163석으로 38.7%의 표를 획득하며 승리를 거두었다. 그 외에도 독일민주당이 75석, 가톨릭 당인 중앙당이 73석을 가져갔다. 총 73.8%의 득표를 한 사회민주당, 독일민주당, 중앙당 3당이 연합하여 내각을 구성했다. 연합 정부는 사민당을 이끌던 에베르트를 초대 대통령으로 뽑았다. 스파르타쿠스 봉기로 피가 난무한 베를린 대신 괴테 등이 활동하던 독일 문학의 중심지인 바이마르에서 의회가 열렸기에 '바이마르 공화국'이라고 했다. 세계에서 가장 선진화된 헌법이 만들어졌으나, 딱 거기까지였다.

공화국이 성립된 후에도 극좌파에서부터 극우파까지 번갈아 가며 폭동을 일으켰다. 암살은 일상이었다. 거기다 세계 1차 대전의 최종 협상인 베르사유 조약이 1919년 6월 타결되면서 독일은 세계 1차 대전의 원흉이자 가해자가 되었다. 독일은 평야 지대인 로렌지방과 독일 최대의 철광석 산지인 알자스 지방을 잃었다. 유리했던 러시아와의 협상은 무효로 돌아갔다. 군인 수조차 세계 1차 대전 종결 직전 400만 명에서 10만 명으로 제한되었다. 거기다 독일이 협상국에 갚아야 할 배상금은 무려 독일 한 해 세입의 20배에 달하는 1,320억 마르크였다.

정치적 무질서에 대외적 굴욕과 경제적 어려움까지 닥쳤다. 국민들로서는 이를 탓할 누군가가 필요했다.

협상국에 굴욕적인 항복을 한 건 전쟁을 시작한 황제 빌헬름 2세도, 전쟁을 지휘한 독일군 사령관 힌덴부르크도 아니었다. 11월 9일 빌헬름 2세가 퇴위하자, 갑작스레 국가 운영을 떠안게 된 공화정 정부는 이틀 후인 11월 11일, 말이 휴전협정이지 사실상 항복했다.

히틀러의 주치의들

그리고 혁명 1년 후 치욕적인 베르사유 조약에 울며 겨자 먹기로 서명을 한 기관 역시도 국민들이 투표로 뽑은 국회였다.

1918년 독일군이 협상국에 항복할 때도 독일은 여전히 서부 전선에서 벨기에 땅과 프랑스 땅의 상당 부분을 차지하고 있었다. 독일 본토는 단 한 번도 공격 받은 적이 없었다. 언론은 엄격히 검열되고 통제되었기에 전선에서 들려오는 소식은 오로지 승전뿐이었다. 그러다 갑자기 혁명이 일어나고 전투에서 패했다고 했다. 독일인 대부분은 전쟁에 진 이유를 알 수 없었다.

큰 충격이었다. 독일의 패배는 벨기에 북부 전선에서 영국군의 독가스 공격으로 시력을 잃고 육군 병원에서 치료를 받고 있던 한 부상병에게도 '통탄을 금할 수 없는 사건'이었다.

어머니가 죽고 난 후, 한 번도 운 적이 없었던 그 부상병은 머리를 이불과 베개에 파묻고 울었다. 얼마나 울었던지 독가스 공격을 받고 서서히 회복되던 눈이 다시 악화되어 앞이 보이지 않았다. 독일의 패전 소식에 병상에서 울던 그 군인은 두 달 전, 전화 통신 설비가 망가진 상황에서 사령부에서 최전선까지 우박처럼 쏟아지는 포화를 뚫고 중요한 명령을 전달한 용기[79]로 철십자 일등 무공훈장을 받을 정도로 충성스러웠다. 그는 두 눈만 회복되면, 다시 전선으로 복귀할 생각이었다. 하지만 그가 부상에서 회복되어도 다시 돌아갈 전장은 없어졌다. 그렇게 갈 곳이 없어진 상병은 자신의 인생뿐 아니라, 독일, 더 나아가 세계를 바꾸어 놓게 될 결심을 했다. 전쟁이 아니라, 정치에 뛰어들기로 한 것이다.

전쟁을 일으킨 것은 황제였고, 전쟁을 수행한 것은 군대였다. 하지만 전쟁에서 패하자, 황제는 퇴위했고, 군대는 패전 협상을 국회에 넘겼다. 혁명과 패전이 거의 동시에 들려왔다. 전쟁에 패해서 혁명이 일어났지만, 사람들은 혁명이 일어나서 패했다고 생각했다. 많은 이들은 혁명 세력이 정권을 잡기 위해 전쟁을 포기했다고 여겼다.

전쟁이 끝나고 1년 후, 패전의 원인을 규명하기 위해 열린 위원회에 독일군 총사령관이었던 힌덴부르크가 출두했다. 힌덴부르크는 패전의 원인에 대해서 독일의 역량 부족이나, 군대 전략 전술의 실패를 언급하는 대신 이렇게 말했다. "어떤 영국 장군은 독일군은 전쟁에서 진 것이 아니라 등 뒤에서 칼에 찔렸다고 하더군요." 하지만 그는 그렇게 말한 영국 장군이 누구인지, 누가 등을 찔렀는지 밝히지 않았다. 하지만 사람들은 같은 편의 등 뒤를 찌른 이는 '빨갱이'와 '유대인'이라고 믿었다. 오스트리아 상병이었던 서른의 한 남자는 누구보다도 더 맹렬히 빨갱이와 유대인에 대한 증오를 불태웠다.

서른 살의 낙오자

1889년 4월 20일 독일과의 국경 지대에 있는 오스트리아의 작은 도시에서 한 남자아이가 태어났다. 세무 공무원이었던 아버지는 아들 또한 자신처럼 공무원이 되기를 바랐다. 하지만 고집 센 아들은 화가가 되기를 원했고, 그로 인해 부자 사이가 좋지 않았다.

"내 눈에 흙이 들어가기 전에는 화가는 안 된다."[80]

아이가 15살이 되었을 때 아버지의 눈뿐 아니라 몸 전체가 흙에 덮였다. 자신의 꿈을 막던 아버지가 사라지자, 그는 소원대로 화가가 되기 위해 오스트리아의 수도인 빈으로 향했다. 당시 빈은 유럽 문화의 중심이었고 〈키스〉로 유명한 구스타프 클림트도 빈에서 활동하고 있었다. 그는 빈 미술 아카데미를 지원했는데, 꿈만 컸지 실력은 부족했다. 거기다 노력은 찾아볼 수 없었다. 서울대는 가고 싶은데, 성적은 나쁘고, 공부는 하기 싫은 그런 학생이었다. 가끔 돈이 생기면 오페라나 보면서 빈둥거렸다.

어린 시절의
히틀러

1907년 가을, 19살에 아카데미 입학시험에 떨어졌다. 당연한 결과였다. 그해 겨울 어머니가 암으로 사망했지만, 그는 전혀 변하지 않았다. 아버지의 유산에 고아 연금까지 더해져 처음에는 풍족한 생활을 누렸으나 얼마안가 돈이 떨어지자 그는 21살에 노숙자 쉼터로 들어갔다.

"그림보다는 건축에 소질이 있다."라는 아카데미 심사위원의 말에 청년은 화가를 포기하고 건축가를 꿈꾸었다. 그는 오스트리아의 빈을 떠나 남부 독일의 중심인 뮌헨으로 갔다. 하지만 건축도 그리 호락호락하지 않았다. 어느덧 26살이 되었지만, 청년은 부모도 없고, 살 집도 없고, 친구도 없고, 할 줄 아는 것도 없었다. 마음속에 품고 있던 꿈은 어느덧 원망으로 바뀌어 있었다.

한 지인에 따르면 그 당시 젊은 그는 "증오의 대상을 목에 사레가 들릴 정도로 장황하게 열거하면서 자기를 이해하지 못하는 세상 사람한테, 자기를 알아주지 않고 자기를 괄시하고 속이는 모든 사람한테 분노를 쏟아냈다."

아무 짝에 쓸모없는 그를 유일하게 필요로 하는 곳은 총알받이가 필요했던 군대였다. 1914년 1월 18일 오후 3시 30분, 뮌헨의 사법 경찰이 입영 통지서를 들고 그를 찾아왔다. 몇 달 후 세계 1차 대전이 터지자, 그는 오스트리아 대신 독일 제16 바이에른 예비보병연대로 입대했다. 처음 총을 쥔 그는 "여자가 자기 보석을 보듯 황홀하게 바라보았다."

26살에 그는 몸과 마음을 바칠 곳을 찾았다. 미술, 건축이 아니라 독일이라는 국가와 민족이었다. 가족도 변변한 친구도 없던 그에게 독일이라는 국가와 민족은 유일한 가족이자 친구였다. 그가 속한 대대는 서부 전선의 벨기에 플랑드르 전선에 투입되어 벌어진 첫 전투에서 3,600명 중에 611명만 살아남았는데, 그는 운 좋게 산 자에 속했다. 전쟁 첫해에 그는 상병으로 진급했고, 신임 대대장 필리프 엥겔 하르트 중령을 구한 공로로 2급 철십자 훈장을 받았다. 1916년 서부 전선에서 가장 격렬했던 솜 전투 중 포탄이 터져 그의 허벅지에 박혔으나, 그는 전선에 남아 전투를 계속하겠다고 우겼다. 두 달간 병원에서 치료를 받고 다시 군대로 돌아갔다.

그는 술도 담배도 하지 않았고, 사창가는 아예 얼씬거리지도 않았다. 대신 영국군 진지에서 길을 잃고 헤매다 독일군 진지로 넘어온 화이트 테리어 종의 개에게 여우라는 뜻의 '폭슬'이라는 이름을 붙여주며 지극히 아꼈다. 동료 병사들이 음식이나 여자 이야기를 하고 있으면, 그는 혼자 책을 읽거나 그림을 그리며[81] 시간을 보냈다.

그는 연락병으로 전화선이 끊기면, 메시지를 직접 들고 총알과 대포가 쏟아지는 참호와 참호 사이를 목숨을 걸고 뛰어다녔다. 그의 상관이었던 비데만 중위는 "우리는 곧 어떤 연락병이 가장 믿을 만한 병사인지를 알게 되었다."라고 그를 칭찬했다. 그 어떤 위험한 임무도 두려워하지 않았기에 상병으로서는 드물게 철십자 일등 무공훈장까지 받았다. 하지만 그것이 전부였다. 사병으로는 적합했지만, 장교로서는 부족했다. 만으로 4년 넘게 복무했지만, 상병은 군대에서 그가 오를 수 있는 최고 계급이었다.

세계 1차 대전의 최전선에서 5년째 살아남은 그는 1918년 10월 14일 적군의 겨자 가스 공격에 눈이 멀어 후방으로 이송되었다. 보통 사람이 그 정도 부상을 입었다면 눈이 멀거나 목숨을 잃을 것이 두려워 제대할 날만 기다렸을 텐데 그는 시력을 되찾아 다시 전선으로 투입될 날을 기다렸다. 그때까지 전쟁 중에 죽지 않고 그가 살아남은 것 자체가 우연이자, 기적이었다. 그렇게 조금씩 시력이 회복되던 그는 11월 10일 독일의 혁명과 항복 소식을 들었다. 그 소식에 그는 머리를 이불과 베개에 파묻고 울었다. 11년 전 어머니의 무덤 앞에서 운 이후로 처음이었다. 얼마나 울었던지 다시 앞이 보이지 않았다. 그에게는 독일의 패배가 자신의 패배였다.

시간이 흘러 시력을 회복했지만, 그는 제대하지 않고 군대에 남았다. 서른 살인 그에게는 돌아갈 가족도 집도 없었다. 서른 살, 그는 명백한 인생의 패배자이며, 낙오자였고, 현재는 물론이고 미래도 보이지 않았다.

위대한 재능

독일이 전쟁에서 진 다음 해인 1919년, 그는 늦은 나이인 서른한 살에 그림에서도, 건축에서도, 전쟁에서도 찾지 못한 재능을 발견하게 된다. 독일 노동자당의 부의장 드렉슬러는 "이 사람이야말로 연설에 필요한 모든 것을 갖추고 있다."[82]라고 말했다.

전쟁이 없어진 군은 정치에 나섰다. 군은 충성스러운 그를 안보 강사로 채용하며, 급진 단체를 조사하라는 명령을 내렸다. 그렇게 히틀러는 1919년 9월 12일 독일노동자당의 첫 모임에 참석하게 되었다. 장소는 특이하게도 슈테르네커브로이라는 맥주집이었다. 영국은 펍, 프랑스는 카페에서 사람들이 모여 토론을 한다면 독일은 브로이하우스, 즉 호프집이 그 역할을 했다. 그가 간 날, 집회에는 겨우 41명뿐이었다. 그중 한 교수가 바이에른의 독립을 외쳤다. 독일에서 프로이센이 수도권, 베를린이 서울이라면, 바이에른은 경상도, 뮌헨은 부산과 대구를 합쳐 놓은 도시였다. 바이에른, 그러니까 경상도만 분리 독립하자는 말에 도저히 참을 수 없었던 히틀러는 기관총을 난사하는 것 같은 독설을 뿜어 댔다. 그 모습에 반한 독일노동자당의 부의장인 드렉슬러가 감탄하며 그를 직접 스카우트했다. 이로써 그는 독일노동자당의 당원이 되었다. 당원 번호는 555번이었지만, 번호가 501번부터 시작했기에 55번째 당원이었다.

히틀러는 10년 넘게 미술과 건축에서 찾을 수 없었던 재능을 서른한 살의 나이에 단 하루 만에 찾았다. 히틀러가 비로소 정치에 눈을 떴을 때, 독일은 혼란으로 차마 눈을 뜨고 볼 수 없는 지경이었다. 그 정점은 1923년 발생한 초인플레이션이었다.

전쟁은 비극이다. 비극인 전쟁이 5년간 이어졌다면, 패자는 물론 승자에게도 재앙이 된다. 전쟁에 이기기라도 했다면 조금 나았겠지만, 패전을 한 독일 국민들 마음속에는 분노, 좌절, 슬픔, 굴욕이 넘쳤다. 거기다 초인플레이션이 닥쳤다. 1차 세계 대전 직전, 1달러는 4.2마르크였지만, 10년 후 1923년 1월 1달러는 1만 7,932마르크로 무려 4,000배가 올랐다. 하지만 그것은 겨우 시작이었다. 1달러는 1923년 8월 462만, 9월 9,886만 마르크로 한 달 만에 20배 가까이 뛰더니, 10월에는 2,526억 마르크로 한 달 만에 2,500배가 뛰었다. 2008년 아프리카의 짐바브웨에서 100조 달러 지폐가 등장한 적 있는데, 원조는 독일이었다. 1924년 독일에 100조 마르크 지폐가 등장했다.

지폐 가치가 하락해도 어차피 넓은 토지나 실물을 가지고 있던 상류층은 그나마 영향이 적었다. 가장 큰 영향을 받은 건, 받은 월급을 모아서 은행에 저축하며 미래를 꿈꾸던 중산층이었다. 지폐가 폐지가 되고, 일자리를 잃게 되자, 미래를 빼앗긴 이들의 마음속에 남은 건 울분과 분노뿐이었다. 정치는 양극단으로 갈라졌다. 1920년 6월 6일 제2대 총선에서 겨우 4석뿐이었던 공산당은 1924년 5월 4일 제3대 총선에서 62석으로 늘었고, 독일노동자당에서 국가사회주의라는 수식어를 붙인 국가사회주의독일노동자당, 즉 나치도 32석을 얻었다. 사회민주당은 171석에서 71석을 잃고, 총 472석 중 100석으로 추락했다.

히틀러의 스승

1922년 10월 28일 검은 셔츠를 입은 무리가 대열을 이루며 로마로 진군하고 있었다. 무솔리니가 이끄는 파시스트당 산하의 무장 단체인 '검은 셔츠단'이었다.

무솔리니는 독특한 인물이었다. 처음에는 사회당 기관지 편집장까지 지낼 정도로 골수 사회주의자였다. 1904년 21살의 무솔리니는 스위스 로잔에서 열린 파리 코뮌 33주년 행사에 자신보다 13살이나 많은 레닌과 함께 참석하기도 했다.

　　무솔리니는 세계 1차 대전이 시작되자, '이 전쟁은 제국주의적'이라고 비난했다.[83] 하지만 전쟁이 본격적으로 진행되자, 그는 이탈리아가 전쟁에 적극적으로 나서기를 주장했다. 어느 순간부터 사회주의가 아니라, 국가와 민족이 그에게 1순위가 되었다. 그는 가장 유명한 사회당 기관지 〈아반티!(전진)〉의 편집장을 그만두고, 〈일 포폴로 디탈리아(이탈리아 인민)〉라는 신문을 창간하고는 외쳤다. "일하는 자만이 먹을 수 있다."[84] 그는 23살에 2년 간의 군 복무를 이미 마쳤지만, 자원입대하여, 히틀러처럼 전쟁터에서 부상을 당했다. 참호 내에서 아군의 수류탄이 터져 4명이 목숨을 잃고 여러 명이 다쳤는데 그도 부상자 중 한 명이었다. 무려 수류탄 파편 44개가 몸에 박혀 수술을 받았다고 한다.

　　세계 1차 대전이 끝난 후 이탈리아는 독일과 다르게 승전국이었지만 협상 과정에서 철저히 무시당했고, 자존심에 상처를 입었다. 이에 많은 이탈리아인들이 세계 1차 대전을 '훼손된 승리'라며 불만을 품었다.

　　무솔리니는 이탈리아에 "강력한 지도자가 필요하다."며, 자신이 직접 강력한 지도자가 되기로 했다. 전쟁이 끝나고 현실에 불만을 품은 사람들을 모아 당을 만들었다. 국가와 민족을 그 무엇보다 중요시하는 파시스트당이었다. 파시즘은 '자본주의'와 '사회주의'의 새로운 대안으로 한때 제3의 길이라고 불리기도 했으나, 무솔리니가 나중에 말하듯 "파시즘은 불변 고정의 신념에 기반을 둔 하나의 체제가 아니라, 권력을 장악하기 위한 하나의 방법"이었다. 1919년 11월 파시스트당은 단 한 명의 의원도 내지 못했지만, 2년 후인 1921년 선거에서 35명의 의원이 당선되었다. 하지만 이것으로 만족하지 못했던 그는 1922년 8월 총파업으로 나라가 혼란해진 틈을 타, 로마 제국의 영광을 되찾겠다며 무장 세력을 이끌고 로마로 진군을 시작했다.

원래 검은 셔츠는 이탈리아 정예부대인 아르디티(Arditi)의 군복이었지만, 정예부대 아르디티를 흉내낸 무솔리니의 '검은 셔츠단'의 무장은 형편없었다. 손에 닥치는 대로 무기를 들고 나왔기에 골프채를 든 사람도 있었다. 2만 명이 넘는 검은 셔츠단은 군대도 아닌 경찰 400명에 의해 가로막혔다. 거기다 검은 셔츠단의 우두머리인 무솔리니는 쿠데타가 실패할까 두려워 로마에서 무리를 이끄는 대신 밀라노에 숨어 있었다. 검은 셔츠단은 무기는커녕 검은 옷도 아무 것이나 걸쳐 제각각이었고, 음식은 물론이고 물도 제대로 챙기지 않았다. 흐린 날씨에 비까지 오자 잠시 뜨거웠던 열정이 식으며 검은 셔츠단은 당황하기 시작했다.

당시 이탈리아 왕인 비토리오 에마누엘레 3세는 계엄령을 내리고 검은 셔츠단을 제압하기는커녕 잔뜩 겁에 질린 채 무솔리니를 덜컥 총리로 임명해 버렸다. 거기다 무솔리니를 모시기 위해 그가 숨어 있던 밀라노에 특급 열차까지 보내는 극진한 정성까지 보였다. 이에 검은 셔츠단의 선두가 아니라 열차 침대칸에 누운 채[85] 로마로 들어온 무솔리니는 마흔 살에 총리가 되었다. 극단적으로 급진화된 민족주의인 파시즘의 창시자인 무솔리니가 화려하게 세계 무대에 등장했다. 1918년 러시아에서 일어난 소비에트의 10월 '붉은 혁명'에 이은 1922년 10월 이탈리아에서 일어난 파시스트의 '검은 혁명'이었다.

이를 유심히 지켜보던 이가 있었다. 바로 무솔리니보다 여섯 살 젊은 히틀러였다. 히틀러는 무솔리니의 '검은 셔츠단'을 모방하여, 무장 단체인 돌격대에 '갈색 셔츠'를 입혔다.

히틀러와 무솔리니, 1940년 6월, 파리 점령 직후

또한 무솔리니의 손바닥을 편 채로 전방 45도로 팔을 쭉 뻗는 '로마식 경례'를 모방하여 '나치식 경례'를 만들었다. 무솔리니가 이탈리아어로 지도자라는 뜻의 '두체(Duce)'라면, 히틀러는 독일어로 같은 뜻의 '퓌러(Führer, 총통)'였다.

41명 앞에서 첫 연설을 한 그는 어느새 수천 명이 넘는 군중 앞에서 열변을 토하며, 독일 남부 바이에른주에서 꽤나 주목받는 정치인이 되어 있었다. 자신이 가입할 때 55명이었던 당원도 수천 명으로 늘었다. 무솔리니에게 검은 셔츠단과 파시스트당이 있었다면, 히틀러에게는 돌격대(SA)와 나치가 있었다.

무솔리니의 로마 진군 1년 후인, 1923년 11월 8일 밤 바이에른 주 뷔르거브로이켈러라는 맥주홀에서 1918년 11월 독일 혁명 5주년 기념 집회

히틀러의 주치의들

가 열렸다. 바이에른주 경찰청장, 바이에른 주지사, 바이에른 군 지휘관을 포함하여 수천 명의 사람들이 모여 있었다. 바로 그때였다.

"탕"

총소리가 나자, 왁자지껄하던 술집에 정적이 흘렀다. 탁자 위에 올라간 누군가가 들고 있던 검은 브라우닝 권총 끝에서 모락모락 흰 연기가 피어올랐다. 히틀러였다. 모두가 침묵 속에 그를 주목하자, 그가 외쳤다.

"국가 혁명이 발발했다."

실패가 기회로

히틀러는 무장한 돌격대로 맥주홀을 감싸고, 혁명 아니 쿠데타를 외쳤다. 기념회에 참가한 바이에른 주지사와 경찰청장, 군 지휘관은 돌격대에 의해 포위된 상태였기에 어쩔 수 없이 동조할 수밖에 없었다. 히틀러는 바이에른주의 중심 도시인 뮌헨을 점령한 다음, 독일의 수도인 베를린으로 진격할 계획이었다. 돌격대가 뮌헨의 주요 기관들을 점령하기 시작했지만, 어리석게도 11월 9일 새벽에 바이에른 주지사와 경찰청장, 군 지휘관을 풀어주는 실수를 저질렀다.

히틀러는 무솔리니가 로마를 점령한 것처럼, 뮌헨에 이어 베를린까지 진군할 계획이었지만, 독일의 뮌헨은 이탈리아의 로마와 달랐다. 풀려난 바이에른 주지사였던 구스타프 폰 카르는 무력을 사용해서라도 돌격대를 막으라고 지시했다. 이에 주 경찰이 뮌헨의 중앙 광장으로 향하는 히틀러와 나치의 행진을 막아섰다. 서로가 서로에게 총을 겨눈 상태에서 경찰이 먼저 총을 쏘자, 나치도 응사했다. 히틀러의 개인 경호원이 히틀러의 앞을 막아서며 총을 대신 맞고 쓰러졌다. 히틀러의 왼팔을 붙잡고 있던 경호원이 쓰러지자 히틀러도 바닥에 넘어지면서 어깨가 탈구되었다. 독일을 바꿔 놓겠다는 나치는 단 한 번의 총격전으로 뿔뿔이 흩어졌다. 결국 나치당원 14명과 경찰 4명이 사망했다. 거창하게 시작한 맥주홀 폭동의 허무한 결말이었다.

돌격대를 이끌던 룀은 즉시 잡혔다. 나치의 이인자인 괴링은 허벅지에 총을 맞았고, 넘어져서 부상을 입은 히틀러는 한 당원의 별장에 숨었다. 막다른 궁지에 몰린 히틀러가 "이제 모든 게 끝났다. 계속할 필요가 없다."라고 소리치며 권총을 꺼내 들었다. 3일 전에 혁명을 위해 총을 쏘았던 히틀러는 이제 자기 머리에 총을 겨누었다. 여기서 권총이 발사되었으면, 수천만 명이 목숨을 잃은 일은 없었을 것이다. 하지만 이를 목격한 별장 주인의 아내가 히틀러를 말리고 총을 빼앗아 다시는 찾을 수 없게 숨겼다. 얼마 후, 경찰이 히틀러를 잡으러 왔고 절망한 그는 순순히 경찰에 체포되었다.

그가 감옥에 갇히고, 무려 92년이 지난 후에 흥미로운 사실이 밝혀졌다. 독일의 한 역사학 교수가 바이에른주의 문서고에서 히틀러가 란츠베르크 교도소에 수감될 때 받았던 신체검사 기록을 찾아낸 것이다. 교도소에서는 그때나 지금이나 모든 재소자가 입소할 때 옷을 모두 벗기고 의무적으로 신체검사를 한다. 당시 교도소 소속 의사인 요제프 브린슈타이너가 히틀러를 검사하고 기록지를 남겼다.

"그는 건강하지만, 잠복 고환으로 오른쪽 고환을 찾을 수 없다."[86]

원래 배에서 발생환 고환은 태아일 때 음낭으로 내려 오는데, 끝내 내려오지 않고 배 속에 남아 있는 경우를 잠복 고환이라고 한다. 전체 남성의 1% 정도가 잠복 고환으로, 양쪽 모두가 잠복 고환일 경우에는 무려 59%, 한쪽만 해당할 경우에는 불임 가능성이 최대 32%[87]에 이른다. 그렇기에 잠복 고환은 남성 불임의 주요 원인 중 하나이다. 오늘날에는 만 1세 전후에 간단하게 수술하여 정상으로 돌려놓는다.

잠복 고환으로 인한 불임 때문인지 확실하지는 않지만, 히틀러는 죽을 때까지 자식이 없었다. 잠복 고환은 성 기능에도 어느 정도 영향을 미칠 수 있으며, 비대칭인 그의 고환은 성 기능이나 불임 여부를 떠나 심한 콤플렉스였을 것이다. 젊은 혈기의 히틀러가 여자에 관심이 적었던 이유를 짐작할 수 있다.

나중에 세계 2차 대전 중에 영국에서 "히틀러는 고환이 한 개, 괴링은 두 개지만 아주 작지요."라고 조롱하는 노래가 널리 퍼졌다. 이에 히틀러의 주치의가 그가 고환이 두 개 모두 있다고 성명을 발표했지만, 아무래도 독재자의 주치의보다 교도소의 의사 말에 더 신뢰가 갈 수밖에 없다.

란츠베르크 교도소 7호 감방에 갇힌 그에게 남은 건 재판뿐이었다. 죄명은 국가 반역죄였다. 국가 반역죄는 운이 좋아야 죽어서 감옥 밖으로 나올 수 있는 종신형이었고, 기본이 사형이었다. 그가 사형당했거나, 종신형에 처해졌다면 세상이 세계 2차 대전에 휩싸이는 일은 없었을 것이다.

1924년 2월 26일 뮌헨에서 첫 재판이 열렸다.

"다른 신사분은 나에게 협력했을 뿐이다."라며 입을 연 히틀러는 자신에 대한 변호를 곧 연설로 바꾸었다. 독일이 이렇게 된 것은 모두 빨갱이와 유대인, 그리고 배신자들 때문이라고 주장했다. 그 당시 극우파들과 민족주의자들이 부르짖던 논리였다. 자신은 독일을 '영원한 노예' 상태에서 구원하기로 결심한 진정한 독일의 애국자라고 진술했다.[88]

그의 주장은 글로 보면 터무니없다. 히틀러가 감옥에서 썼다는 〈나의 투쟁〉은 히틀러가 총리가 되고 난 후 수천 만 권이 팔리며 베스트 셀러가 되지만, 그 책을 모두 다 읽을 수 있는 사람은 일반인은 물론이고, 나치 당원 중에서도 거의 없을 것이다. 책에는 단순한 흑백 논리에 모순과 억지가 가득했다. 하지만 그의 웅변을 눈으로 읽는 대신 귀로 들으면 완전히 달랐다. 글에서는 '무엇'이 중요하지만, 연설에서는 '어떻게'가 중요했다. 그의 연설이 특별했던 건 내용이 아니라 표현이었다.

히틀러는 연설을 하는 게 아니라, 곡을 연주하는 것 같았다. 그는 오케스트라 지휘자였다. 그의 음악을 듣다 보면 청중은 한 마리 독수리가 되어 날개가 부러진 채 끝없는 어둠으로 추락하다 바닥과 충돌하기 직전 푸른 하늘로 극적으로 비상하는 기분이었다. 그가 두 주먹을 쥐며 가슴을 움켜쥘 때는 누군가 목을 조르는 것처럼 컥컥 숨이 막혔다가, 두 팔을 활짝 펼쳐 하늘로 들어 올릴 때면 막혔던 가슴이 뻥 뚫리며 터질 것 같은 환희가 넘쳐흘렀다. 그가 유대인과 볼셰비키를 비난할 때면 사람들의 가슴속에 분노와 증오의 불이 활활 타올랐고, 그가 게르만족과 독일을 칭송할 때면 사람들의 마음속에 자부심과 영광이 끓어 넘쳤다. 그는 유대인과 볼셰비키에게 지옥을, 독일인에게는 천국을 보장했다.

"이 사람은 천재다. 거룩한 운명에 걸맞은 창조자다…… 깊은 고뇌 속에서 별이 솟아오른다!"

"누군가 독일의 운명을 좌우할 수 있다면 바로 그는 히틀러일 것."

"히틀러는 민족의 열망을 온몸으로 구현한 인물이다."

그의 연설은 마법이라기보다는 마약이었다. 한 번 들으면 헤어날 수 없었다. 그가 몇 시간에 걸친 장광설을 끝내면, 심지어 그를 비난하기 위해 참석한 사람도 연설이 끝나면 자기도 모르게 열광적으로 박수를 치고 있는 자신을 보게 되었다.

히틀러의 마약은 법정에서도 효과가 나타났다. 재판을 맡은 우익 성향의 나이트하르트 판사는 히틀러에게 심문하는 대신, 연설하도록 놔두었다. 히틀러를 공격해야 할 검사조차 히틀러를 '독일의 구세주가 될 소명'을 받은 자로 묘사할 만큼 그에게 매혹되었다.[89] 히틀러는 재판을 통해 자신을 널리 알렸고, 민족주의자들의 순교자가 되었다. 수많은 편지와 선물이 쇄도했으며, 몰려드는 방문객으로 교도소는 면담자를 제한해야 했다. 간수마저도 그를 존경해 그가 교도소 내에서 신문을 발행할 수 있도록 도와주었고, 그는 수감 생활 동안 감옥이 아니라 호텔에 머무는 특별 대접을 받았다.

감옥에 있는 동안 그는 〈나의 투쟁〉이라는 책을 쓰면서 자기 생각과 철학을 정리했다. 위대한 독일 게르만족을 위해 기생충 같은 유대인과 빨갱이를 없애버리고, 벌레 같은 슬라브족인 소련을 지도상에서 지워버린 다음 독일의 생활권(레벤스라움)을 건설하기로 했다. 영국에게 인도가 있다면, 독일에게 동유럽과 소련이 있었다.

혁명에 실패한 히틀러는 수감되기 직전 권총으로 생을 마감할 생각까지 했지만, 혁명의 실패는 그에게 새로운 기회가 되었다. 최소 종신형에 해당하는 국가 반역죄를 저질렀지만, 그는 겨우 5년 형을 선고 받았다. 하지만 그것마저도 재판이 끝나고 9개월 후, 사면되어 풀려났다. 1924년

12월 크리스마스를 얼마 남지 않은 날 그의 수감 생활이 끝났다.

"내가 란츠베르크(교도소)를 떠날 때 소장을 비롯해 교도소 전 직원이 울었다."

마지막 희망, 히틀러

감옥에서 나온 히틀러는 무력 대신 정공법 즉, 혁명 대신 투표를 통해 권력을 잡기로 마음먹었다. 하지만 히틀러가 출소하기 직전인 12월 7일에 치러진 4대 총선에서 나치당은 90만 7,300표를 얻어, 지지율이 3%도 되지 않았다. 비례 대표제인 독일에서 전체 494석 중 14석밖에 얻지 못했다. 4년 후에는 지지율이 더 떨어져 1928년 5월에 열린 5대 총선에서는 2.6%의 지지율로 겨우 12석을 얻었다.

이유는 간단했다. 초인플레이션으로 곧 망할 것 같았던 바이마르 공화국의 상황이 1924년부터 호전되었기 때문이다. 인플레이션을 막기 위한 화폐개혁이 성과를 거두었고, 배상금 문제도 일단락 지었다. 미국이 독일에게 돈을 빌려주었다. 독일은 미국에게 빌린 돈으로, 영국과 프랑스의 배상금을 갚았다. 영국과 프랑스는 독일에게서 받은 배상금으로, 세계 1차 대전 중에 미국에게 빌린 돈을 갚았다. 미국은 다시 그 돈을 독일에게 빌려주었다. 선순환이었다.

독일에게는 행운이었고, 히틀러와 나치에게는 불행이었다. 하지만 그동안 히틀러는 부지런히 나치당을 장악해 나가기 시작했다.

1925년 바이마르 공화국을 이끌던 사회민주당의 프리드리히 에베르

히틀러의 주치의들

트가 맹장염 수술 후 합병증으로 사망하자, 대통령 선거가 열렸다. 1차 투표에서 누구도 과반수를 얻지 못하자, 2차 투표에 들어갔다. 이에 보수파는 세계 1차 대전의 총사령관인 파울 폰 힌덴부르크를 후보로 내세웠다. 2차 투표에서 힌덴부르크가 48.3%로 1등을 차지해, 45.3%의 지지를 받은 중도보수-중도진보 연합의 빌헬름 마르크스와 6.4%의 공산당 후보인 에렌스트 텔만을 꺾고 대통령이 되었다. 독일 국민은 1대부터 6대 총선까지 12년간 진보-좌파인 사회민주당에게 가장 많은 표를 줬지만, 막상 대통령은 보수-왕당파인 힌덴부르크를 뽑은 것이었다. 스파르타쿠스 봉기 이후, 서로 원수가 된 사회민주당과 공산당이 단일화하지 못한 것도 힌덴부르크가 대통령이 될 수 있었던 중요한 원인 중 하나였다. 만약 사회민주당과 공산당이 단일화하여 힌덴부르크가 대통령이 되지 않았다면, 히틀러가 총리가 되더라도 정권을 완전히 장악하는 일은 없었을 것이다.

그래도 투표 결과와는 상관없이 바이마르 공화국은 잘 돌아갔다. 전 세계를 덮친 그 일이 있기 전까지 말이다.

1929년 10월 24일 목요일, 뉴욕 증권 거래소가 시작하자마자 11% 급락했다. 그 후로 3년간 미국 시가 총액의 88%가 증발했다. 전 세계가 불황에 빠져들었고, 독일도 예외가 아니었다. 특히 미국이 급하게 대출금 회수에 나서자, 미국에게 많은 돈을 빌려 배상금을 갚던 독일은 즉시 곤경에 처했다. 미국은 뉴딜 정책으로 돈을 마구잡이로 풀며 경기를 살렸지만, 악몽과도 같았던 1923년의 초인플레이션을 겪었던 독일로서는 그럴 수도 없었다. 세계 대공황 이전 140만 명이던 실업자 수는 1932년에 이르러 600만 명이 되었다. 임시직까지 합치면 거의 천만 명에 가까웠다. 1933년 독일의 실업률은 무려 34%에 달했다.

실직된 사람들은 일자리와 빵을 제공하지 못하는 정부에 환멸을 느꼈다. 실업자들은 자신을 해고한 기업가에게 분노했고, 일자리가 있는 자들을 질투했다. 취업의 문이 닫힌 대학생들은 현실에 절망했다.

"자유, 노동, 빵."

서로 반대편에 있는 공산당과 나치가 같은 구호를 외쳤다. 나치(Nazi)는 국가사회주의독일노동자당(National Sozialistische Deutsche Arbeiter Partei, NSDAP)의 줄임말로 원래 독일노동자당(Deutsche Arbeiterpartei, DAP)이었다. 심지어 1932년 11월 베를린에서 운송 노조가 파업하자, 공산당과 나치는 협력하기도 했다.

"사람들은 다른 방법이 없을 때만 빨갱이가 된다."[90]

1930년 9월 바이마르 공화국의 5대 총선 결과는 충격 그 자체였다. 2년 전 6%의 지지밖에 받지 못하던 공산당은 13%를 득표해 지지율이 2배 넘게 상승했다. 하지만 나치에 비하면 대수롭지 않았다. 겨우 12석을 차지했던 나치는 18%의 표를 받아 107석을 획득, 143석의 사회민주당에 이어 두 번째로 많은 표를 받았다.

1932년 4월 대통령 선거가 있었다. 사회민주당은 아예 대통령 후보조차 낼 수 없었다. 사회민주당은 히틀러의 당선을 막기 위해 군주정 옹호자인 힌덴부르크를 지지하는 비참한 신세로 전락했다.

힌덴부르크는 1847년생으로 히틀러보다 42살이나 많았고, 선거 당시 이미 86세였다. 프로이센의 유서 깊은 귀족 가문에서 태어난 힌덴부르크는 군주정 옹호자였고, 공화정과는 누구보다 거리가 멀었다. 그는 커다란 키에 군인다운 면모를 갖추고 있었고, 무엇보다도 세계 1차 대전에서 독일이 유일하게 대승을 거둔 타넨베르크 전투를 이끈 장군이었다. 사람들에게 제2의 비스마르크로 독일의 영웅으로 칭송받았다. 이에 1925년 대통령 선거에서는 유세조차 거의 하지 않았지만 손쉽게 대통령이 될 수 있었다.

하지만 힌덴부르크는 겉모습과 프로이센 귀족 출신이라는 점에서만 비스마르크와 비슷할 뿐, 정반대의 인물이었다. 쉬지않고 일하며 미래를 계획하고 준비하는 비스마르크와는 다르게 힌덴부르크는 7년간 대통령을 지내면서 특별히 한 것이 없었다. 단순히 나이가 많아서 그런 것은 아니었다. 원래부터 그는 그런 사람이었다. 자신이 직접 나서서 무엇을 한다기보다 부하에게 전적으로 모든 것을 일임했다. 그에게 영광을 가져다준 세계 1차 대전의 타넨베르크 전투 또한 부하였던 참모장 루덴도르프와 막스 호프만 중령이 모든 것을 계획하고, 이루어낸 것이었다.

그는 귀족답게 명예와 영광을 중시할 뿐, 나라를 어떻게 이끌겠다는 목표 따위는 없었다. 총사령관을 맡았던 세계 1차 대전에서도 패전의 불명예를 피하고자 휴전 협정은 정부에 떠넘겼고, 나중에 "독일군은 전쟁에서 진 것이 아니라 등 뒤에서 칼에 찔린 것."이라며 책임을 회피했다. 타넨베르크 전투의 승리 같은 성공은 그의 것으로, 세계 1차 대전의 패배 같은 실패는 남의 것으로 돌리는 인물이었다.

7년간의 대통령 임기가 끝났을 때 힌덴부르크는 86세의 고령으로 건강도 좋지 않았기에 재선에 별 뜻이 없었다. 하지만 주위 사람들의 간곡한 권유에 못 이겨 떠밀리듯 대선에 나섰다. 힌덴부르크가 없으면 히틀러의 당선이 유력했기 때문이다.

독일의 대통령 선거는 1차 투표에서 한 명이 과반수를 차지하지 못하면, 가장 많은 표를 받은 3명으로 2차 투표를 하여 가장 많은 표를 받은 사람이 당선되었다. 모두가 1차 투표에서 힌덴부르크가 과반수를 얻어 무난하게 당선될 것이라고 생각했다. 이에 패배가 분명한 히틀러는 출마하기를 꺼렸지만, 득표율 2위인 당 대표가 대통령 후보로 나오지 않는 것도 이상했다. 히틀러는 결심 끝에 자기 이름을 널리 알리는 좋은 기회라 생각하고 선거에 나섰다. 마지못해 선거에 나선 힌덴부르크가 한 선거 운동이라고는 라디오 연설 한 번이 전부였다. 반면 히틀러는 비행기를 타고 다니며 늙고 구식인 힌덴부르크와 반대로 젊고 현대적인 이미지를 부각했다.

1차 투표에서 힌덴부르크가 49.6%, 히틀러가 30.1%, 공산당의 에른스트 텔만이 13.2%, 철모단의 도이스테르베르그가 6.8%의 표를 받았다. 이에 4위를 한 철모단의 후보가 힌덴부르크를 지지하며 사퇴했고, 2차 결선 투표가 열렸다.

힌덴부르크는 53%의 지지로 결국 대통령이 되었다. 히틀러는 36.8%의 표를 얻었다. 모두가 예상했듯이 힌덴부르크가 대통령이 되긴 했지만, 이번 선거의 주인공은 히틀러였다. 공산당과 나치당을 제외한 모든 정당이 힌덴부르크를 지지하는 상황에서도 그는 무려 36.8%를 지지를 받았다. 전통 보수 지역인 포메른에서는 오히려 오스트리아 상병 출신인 히틀러가 프로이센 전통 귀족인 힌덴부르크를 꺾는 이변을 연출하기도 했다.

당시 유럽에서 가장 진보했다는 바이마르 공화국 헌법에는 치명적인 약점이 있었다. 7년마다 뽑히는 대통령의 권한이 너무 강했다. 대통령은 첫째로 군대 통솔권에, 둘째로 내각을 이루는 수상과 장관을 임명하고 해

히틀러의 주치의들

임할 수 있으며, 셋째로 의회마저도 해산할 수 있었다. 끝으로 국가 비상시 계엄령마저 행사할 수 있었다. 이에 대통령은 수시로 의회 해산을 명령하여 바이마르 공화국 14년간 9번이나 총선을 치렀고, 혼란이 가중되었다.

대통령에 당선된 힌덴부르크는 다시 의회 해산을 명령하고, 대통령 선거 3개월 후인 7월에 7대 총선을 치르게 되었다. 이때 바이마르 공화국의 정치 역사가 완전히 새롭게 쓰여졌다. 나치가 무려 38.3%의 지지를 얻어, 이전 6번의 선거에서 항상 1등이었으나 7번째 선거에서는 21.5%를 얻은 사회민주당을 꺾고 제1당이 된 것이다. 거기에 공산당마저 14%의 표를 받아 3등이 되었다. 이제는 극좌인 공산당과 극우인 나치를 빼면, 전체가 연합해도 48%밖에 되지 않아 내각 구성이 불가능해졌다.

세계 1차 대전 이후, 7대 총선에서 나치가 1등을 하기 전까지 바이마르 공화국은 항상 사회민주당이 가장 많은 지지를 받아 왔다. 13년간 양극단의 공산당과 나치당을 제외한 채 당들이 끊임없이 떨어지고 붙었다를 반복하며 정부를 구성했지만, 1923년 초인플레이션과 1929년의 대공황을 피하지도 극복하지도 못했다. 이에 국민들은 기존 정당의 무능력에 실망을 넘어 분노했다. 이를 노려 히틀러는 이렇게 주장했다.

"마르크스주의를 신봉하는 세력이 14년 동안 해 놓은 게 무엇입니까? 엉망진창 아닙니까? 국민 여러분 저희에게 4년만 시간을 주십시오. 그다음에 평가하고 심판하십시오."

위기가 닥쳤고, 기존의 정부나 정당은 그 위기를 극복하지 못했다. 거기다 민주주의, 시민권, 법치가 100년 전부터 뿌리를 내린 프랑스와 영국과 달리 민주주의의 역사가 짧은 독일이었다. 많은 이들이 세계 1차 대전의 패배 이후 갑자기 생긴 바이마르 공화국을 "외부의 침략"과 "내부의 배신"이 만든 결과물이라고 생각했다. 보수주의도, 자유주의도, 사회주의도 실패한 상황에서 사람들이 기대를 걸 곳은 평소에는 거들떠보지도 않던 적색의 공산당 아니면 갈색의 나치뿐이었다.

유럽 최강자였던 독일 국민은 세계 1차 대전에서 적이자, 이류 국가였던 야만적인 소련처럼 공산당에게 정권을 맡기는 건 탐탁지 않았다. 거기다 적어도 나치는 독일을 위하지만, 공산당은 소련을 위하는 것 같았다.

풍요로운 생활을 누리다 갑자기 가난해진 국민들이 원하는 건 '평등한 사회'가 아니라 '잘 사는 사회'였다. '다 같이 평등한 사회'는 처음부터 가난한 사람이 다수였던 소련, 중국, 북한에서나 통했지, 한 세대 전까지만 해도 유럽에서 가장 잘 사는 나라였던 독일 국민에게는 먹히지 않았다.

거기다 공산당은 사유 재산을 몰수했다. 비록 극빈층으로 전락하기는 했지만, 얼마 전까지만 해도 중산층이었던 이들은 자기 재산을 빼앗아 가려는 공산당을 지지할 수 없었다. 과거 유럽을 지배했던 로마를 그리워한 이탈리아 국민들이 '위대한 로마'를 주장한 무솔리니를 지지했듯이, 비스마르크 시대의 독일 전성기를 그리워한 국민들은 '위대한 독일'을 외치는 히틀러를 지지했다. "……공산주의자를 제외하고는 모든 시민이 옛날을 그리워했다. 나도 경제난이 닥치면서 재산을 몽땅 잃었다. 그래서 1930년 초 나치당에 가입했다."[1]라는 한 30대 남성의 말은 독일에서 왜 공산당이 아니라 나치가 인기를 끌었는지 잘 나타낸다.

나치 선거 포스터에 적힌 표어처럼 히틀러는 독일 국민에게 "우리들의 마지막 희망"이었다.

"얼마나 많은 사람이 그를 은인으로, 구원자로, 크나큰 시련에서 벗

히틀러의 주치의들

어나게 해줄 구세주로 여기는지 모른다. 프로이센 영주도, 학자도, 성직자
도, 노동자도, 실업자도 히틀러만 바라보았다." 1932년 히틀러의 연설을 듣
고 감동한 한 교사의 말은 당시 히틀러의 나치가 제1당이 된 이유를 잘 설
명해준다.

우리의 마지막 희망,
히틀러

악마와의 타협

정정당당하게 선거를 통해 제1당이 된 나치의 총수 히틀러는 대통령
인 힌덴부르크에게 당당하게 총리 자리를 요구했다. 당연한 요청이었다.
"그 오스트리아 졸병과 말을 섞을 수는 없소."
프로이센의 귀족이자 독일 총사령관이었던 대통령인 힌덴부르크는
오스트리아 서민에 고작 일개 상병 출신인 히틀러가 마음에 들 리 없었
다. 극좌파인 공산당이 내각에 협조할 리 없는 상황에서, 나치가 내각에
반대할 경우, 의석수가 절반이 되지 않아 정상적인 내각 구성이 어려웠다.

거기다 힌덴부르크를 얼굴마담으로 세우고, 뒤에서 정부를 이끌어가던 보수세력 내에서도 주도권 싸움이 한창이었다. 총리였던 브뢰닝은 간신히 정부를 이끌고 있었는데, 대선이 끝난 후 해임되었다.

그다음으로 파펜이 총리가 되었으나, 겨우 5개월밖에 하지 못했고, 슐라이허가 다음 총리가 되었다. 총리가 1년에 3번이나 교체되는 상황에서 제1당의 당수인 히틀러가 총리 자리를 내놓으라고 요구한 것이다. 보수 우파는 히틀러에게 부총리 자리를 제안하여 내각에 참가할 것을 요청했다. 하지만 히틀러는 총리가 아니면 안 된다며 벼랑 끝 전술로 버텼다. 보수파로서는 대통령인 힌덴부르크를 설득해 '비상사태'를 선포한 후, 의회를 무시한 채 비상 내각을 꾸려 나가는 방법도 있긴 있었다. 하지만 그럴 경우 제1당인 나치가 이에 반발하여 쿠데타를 일으킬 가능성이 있었다. 프로이센 귀족이자 총사령관 출신의 힌덴부르크로서는 오스트리아 평민에 상병 출신인 히틀러가 싫었지만, 그와의 정면 대결과 그로 인한 혼란을 피하고 싶었다. 결국 보수세력과 힌덴부르크는 '도' 아니면 '모' 전략을 들고나온 히틀러에게 굴복하고 말았다.

"나는 이미 죽음의 문턱에 한 발 걸치고 있다. 죽고 나서 후회하지 않을지 모르겠다."

힌덴부르크는 확신이 없었지만, 전 총리이자 총리 히틀러에 이어 부총리가 될 파펜은 확신하고 있었다.

"우리가 그를 고용했지…… 몇 달 안에 궁지로 몰아넣어 꼼짝 못 하게 할 거야."

실제로 보수 세력은 히틀러에게 내준 총리직을 제외한 장관 두 자리 외에 나머지 장관 자리를 모두 가져갔다. 보수 세력은 히틀러를 얼굴마담으로 내세우고, 뒤에서는 히틀러를 조종할 생각이었다. 결국 그들은 히틀러와 손을 잡았다. 무솔리니의 총리 인선에 이은 히틀러의 총리 인선이었다. 이렇게 21세기에 소련의 공산주의에 이어, 이탈리아와 독일에 파시즘이 등장했다.

1933년 1월 30일, 세계 대공황으로 노동자가 실직하고, 중산층이 극빈층으로 전락한 상황에서 독일의 총리로 히틀러가 취임했다. 귀족이 아닌 서민 출신으로 고등학교 중퇴를 하고 한때 노숙자였던 상병 출신의 오스트리아인이 45살에 독일 바이마르 공화국의 15번째 총리이자, 마지막 총리가 된 것이다.

1923년 초인플레이션에 이은 1929년 경제 대공황, 닥친 위기에 어쩔 줄 몰라 하는 무능력한 기존의 정치인들, 이에 실망을 넘어 절망한 국민들, 거기에 히틀러의 뛰어난 능력. 히틀러가 총리가 된 것은 이 네 박자가 어우러진 결과였다. 독일은 외부에서 발생한 위기를 내부에서 극복하는데 실패했다. 군부와 정치인은 물론이고 민주주의와 국민마저 모두 실패한 독일에서 유일하게 성공한 이가 바로 히틀러였다. 히틀러의 성공은 기존 정치의 실패였다. 기존의 당이나 정치인이 성공했다면 히틀러가 총리까지 오를 일은 결코 없었을 것이다. 일반인이 볼 때, 히틀러는 "순수한 사람이었고, 반정치인이었으며, 기존 '정치'에 오염되지 않은 사람이었다."

히틀러를 총리로 임명한 보수 세력은 국민들에게 인기가 많은 히틀러를 바지사장으로 내세워 자신의 이익을 챙길 셈이었다. 국민들은 나치가 집권해 봤자, '그놈이 그놈'일 거라는 체념 속에 속는 셈 치고 표를 주었다. 노동자들은 혹시나 하는 생각으로 공산당의 적색에서 나치의 갈색으로 옷을 갈아입었다. 노동자들에겐 고귀한 이념보다 당장의 일자리와 빵이 더 중요했다. 어제만 해도 열성 공산주의자였던 사람들이 오늘은 열성 나치가 되었다.[92] 비프스테이크 나치, 그러니까 겉은 갈색인 나치면서 속은 빨간 공산주의자들이 등장했다.

많은 정치인들이 관심을 끌기 위해 처음에는 극단적인 주장을 펼치다가 막상 어느 정도 지지를 얻거나 권력을 잡으면 다소 나긋나긋해졌다. 독일 정치 풍토상 다른 당과 연합을 하여 내각을 구성해야 했기에, 급진파는 당선 후에 온건해질 수 밖에 없었다. 보수 세력 또한 총리가 된 히틀러도 그럴 것이라고 생각했다. 하지만 히틀러는 우익의 꼭두각시도, 다 비슷한 '그놈'도 아니었다. 그는 '연설'에 이어 '정치'에서도 그 누구도 예상치 못한 놀라운 능력을 보여주었다. 독재자 스탈린마저 10년 넘게 걸린 일을 히틀러는 단 두 달도 안 되어서 완벽하게 이뤄냈다. 그가 권력을 완벽하게 장악할 기회는 히틀러가 총리가 된 지, 정확히 4주 후인 2월 27일 밤에 찾아왔다. 겨울이 끝나지 않아서 그런지 유난히 바람이 강하게 부는 날이었지만, 바람 틈으로 어렴풋이 따스한 봄 햇살을 느낄 수 있는 날이었다.

하늘의 계시

검어야 할 하늘이 붉게 타올랐다. 국회의사당에 화재가 났다. 이 소식을 들은 히틀러는 다짜고짜 "공산당 짓이다."라고 외치며 현장으로 달려갔다. 현장에서 잡힌 방화범은 독일인도 아닌 네덜란드 출신의 24살 반 데르 뤼베였다. 한 때 공산당에 가입했던 적이 있던 그는 2월 25일에도 베를린에서 방화를 시도하려다 이미 3번이나 실패했으나, 4번째인 27일에는 성공했다. 불이 난 국회의사당은 천장마저 녹아 내렸다.

검은 하늘을 배경으로 붉게 타오르는 국회의사당을 두 눈으로 직접 본 히틀러는 "하늘의 계시다."라고 소리쳤다. 방화범이 곧 잡혔고, 나중에 반 데르 뤼베의 단독 범행으로 밝혀지지만 그런 건 상관없었다. 다음날 대통령인 힌덴부르크는 히틀러가 내민 '국민과 국가 보호를 위한 법령'에 서명했다. 일종의 비상 계엄령이었다. 돌격대(SA)는 공산당은 물론이고 일부 사회민주당 의원까지 잡아들였다. 좌익 언론사와 지식인 또한 예외일 수 없었다. 고문은 물론, 살해도 이어졌다.

국회의사당 화재 사건 후, 정확히 일주일 후에 치러진 바이마르 공화국 마지막 선거는 무려 88.8 %라는 투표율을 기록했다. 놀라운 것은 그뿐이 아니었다. 나치가 43.9%라는 바이마르 공화국 역사상 가장 높은 당 지지율을 획득했다. 그 뒤로 사회민주당 18.3%, 공산당 12.3%, 국가 인민당이 8%였다. 나치는 우익인 국가 인민당과 연합하면, 과반수를 넘겨 정부를 구성할 수 있었다. 하지만 히틀러는 이에 만족하지 않았다.

불타는 독일 의사당

3월 23일, 국회에서 '국민과 국가의 고통을 제거하기 위해' 전권위임법, 일명 '수권법'이 발의되었다. 겨우 다섯 개의 조항으로 된 수권법은 정부가 국회 승인

없이 모든 것을 할 수 있는 법이었다. 정부, 그러니까 총리인 히틀러에게 절대 권리를 부여하는 것이었다. 이 수권법이 통과되기 위해서는 헌법 개정이 필요했고, 헌법 개정에는 전체 국회의원 2/3 이상이 참석한 가운데, 2/3 이상의 찬성이 필요했다.

히틀러는 먼저 감옥에 갇혀 불참한 공산당 의원 81명과 사회민주당 의원 26명을 참석한 것으로 간주하여 편법으로 정족수를 채웠다. 히틀러에 모든 권한을 부여하는 수권법이 투표에 들어갔다.

감금당한 107명과 참석하지 못한 2명을 제외한 538명의 의원이 표결에 들어갔다. 수권법 통과를 위해서는 359명의 표가 필요했는데, 사회민주당 의원 94명을 제외한 444명 전원이 찬성표를 던졌다. 보수파는 물론, 가톨릭 중앙당마저도 히틀러 편을 들었다. 이에 우익의 허수아비 대통령인 힌덴부르크가 법안에 서명함으로 수권법이 통과되었다. 그것으로 히틀러 1인 독재 체제가 완성되었다. 히틀러가 총리가 된 지, 53일 만이었다.

마오쩌둥과 스탈린마저 10년이나 걸렸던 것을 히틀러는 단 두 달만에 완성했다. 이로써 히틀러는 세상에서 가장 빨리 그것도 합법적으로 독재를 완성했다. 그는 전 세계에서 가장 진보적이었던 바이마르 공화국에 걸맞게 가장 민주적인 방법인 선거와 법으로 끝장냈다.

더불어 히틀러는 1933년 5월 10일 베를린의 여러 대학과 광장에서 책들을 화형에 처했다. 이른바 독일의 분서갱유인 '베를린 분서 사건(Bücherverbrennung)'이었다. 히틀러가 수상이 된 지 정확히 100일 만이었다. 국회의사당이 불타고, 책이 불탔다. 어느 시인의 말대로 "그것은 서막일 뿐이다. 책을 태우는 사람들은 결국에 사람도 태울 예정이었다." 다음에 타오를 것은 유대인 회당에 이어, 전 유럽이었다.

어제의 동지가 오늘의 적으로

선거와 법을 통해 권력을 잡은 히틀러에게 마지막 장애물이 기다리고 있었다. 10년 전, 맥주홀 폭동에서 혁명을 함께 한 에른스트 룀과 돌격대(SA)였다. 준무장단체인 돌격대는 히틀러가 권력을 장악하기 전까지 없어서는 안 될 존재였다. 하지만 공식적으로 권력을 장악한 히틀러에게 비공식적 준군사조직인 돌격대는 더 이상 필요하지 않았다. 정식 군사 조직인 군대가 있었기 때문이다.

돌격대 우두머리인 룀은 정무장관까지 되었지만, 이에 만족하지 못하고 국방부 장관까지 노리며 아예 돌격대를 중심으로 군대마저 합병하려고 했다. 우두머리뿐이 아니었다. 밑에 조직원들도 보상이나 특권을 원했다. 한 번 피 맛을 본 돌격대는 점점 통제하기가 어려워졌다. 심지어 돌격대에 사이에서 2차 혁명이 필요하다는 말까지 나왔다. 돌격대를 저지하려고 하니, 반쯤 미쳐버린 돌격대가 주인인 히틀러마저 물려고 달려들지도 몰랐다. 그대로 놔두었다가 돌격대가 군부라도 물면, 화가 난 군부가 돌격대는 물론이고 개 주인인 히틀러마저 공격할 수도 있었다. 히틀러는 쓸모없어진 미친 갈색 잡종개인 돌격대와 콧대 높은 검은 셰퍼드인 군부 사이에서 선택해야 했다.

히틀러가 돌격대와 군부 사이에서 고민의 순간을 맞이할 때, 군부 또한 선택의 기로에 놓였다. 군은 공산당과 나치 중 하나를 택해야 했다.

"장군에서부터 사병에 이르기까지 모두가 똑같은 보수를 받았고, 똑같은 음식을 먹었고, 똑같은 옷을 입었다. 완전한 평등 관계를 유지

하며 함께 생활하였다······ 일개 병사가 사단을 지휘하는 장군의 등을 툭 치며 담배 한 대 달라고 하고 싶으면, 그렇게 해도 무방했다."

조지 오웰의 〈카탈루니아 찬가〉에 나오는 이런 상황을 군, 정확하게는 장교로 이루어진 군 수뇌부로서는 받아들이기 어려웠다. 수직 구조인 군대가 평등, 그러니까 수평을 지향하는 공산당과 손잡을 수는 없었다. 독일뿐 아니라, 그 어느 나라에서도 수평적 공산당과 수직적 군부는 절대로 섞일 수 없는 물과 기름과 같은 관계였다. 군은 최악 대신 차악을 택했다.

1934년 6월 30일부터 7월 2일, 3일간 히틀러는 소수 정예의 엘리트 집단인 친위대(SS)로 돌격대(SA)의 수뇌부를 처단했다. '장검의 밤'이었다. 재판 따위는 없었다. 즉결 처분이었다. 10년 전 국가반역죄로 룀과 함께 재판받았던 히틀러는 그를 독방에 가둔 채 권총 한 자루를 전했다. 명예롭게 스스로 목숨을 끊으라는 뜻이었으나, 룀은 받아들이지 않았다. 히틀러는 친위대를 시켜 룀의 몸에 총알을 박아 넣었다. 돌격대 수뇌부 수백 명이 목숨을 잃었다.

당시 돌격대의 무자비한 폭력에 시달리던 시민들은 과감하고 단호한 결단을 내린 히틀러를 칭송했다. 스탈린조차 "히틀러, 얼마나 대단한 사람인가! 정적은 바로 이렇게 다루어야 해."[93]라고 감탄할 정도였다. 군 수뇌부는 경쟁자가 사라진 동시에 히틀러가 군의 위상을 살려줘서 좋아했다.[94] 하지만 군의 기쁨은 잠시였다. 돌격대는 사라졌지만, 오히려 더 강력한 친위대가 등장했다. 심지어 친위대는 무장까지 하게 되어 군부로서는 늑대를 피하려다 호랑이를 만난 격이었다. 진정한 승리자는 히틀러였다. 자기 말을 듣지 않는 돌격대를 처치하면서 그는 군의 호의와 함께 자신에게 완벽하게 충성하는 사냥개인 친위대(SS)를 키웠다.

그리고 한 달 후, 8월 2일 허수아비였지만 명색이 대통령인 힌덴부르크가 88살의 나이로 사망했다. 8월 19일 독일 국민 89.9%의 찬성으로 총리와 대통령직을 합쳤다. 물론 총리 겸 대통령은 히틀러였다.

국내를 완전히 장악한 그의 눈은 이제 밖을 향했다.

히틀러의 도박

1933년 히틀러는 국제 연맹을 탈퇴했다. 윌슨의 꿈이었던 국제 연맹은 간판뿐이었기에 국제 연맹을 탈퇴한 독일에 아무런 제재를 가하지 못했다. 1935년 3월 16일 히틀러는 세계 1차 대전의 결과이자 독일에게 족쇄였던 베르사유 조약을 깨고서, 36개 사단에 55만 명의 병력을 보유할 것이라 밝혔다. 이에 프랑스와 영국은 경악했고, 유럽 대륙에 다시 전운이 감돌았다. 그 누구보다 전쟁 공포에 떨었던 것은 독일 국민이었다. 세계 1차 대전에서 패한 독일로서는 영국과 프랑스가 베르사유 조약을 탈퇴한 독일을 쳐들어올까 무서웠다.

독일이 베르사유 조약을 탈퇴한 지 3개월 후, 전쟁이 일어날까 두려워하던 독일 국민에게 찾아온 것은 영국의 협박이나 위협이 아닌 양보였다. 6월 18일 영국은 독일과 해군 조약을 맺었다. 독일이 영국 해군의 35%까지 보유할 수 있고, 금지되었던 U보트도 보유할 수 있게 되었다. 하지만 히틀러는 그것으로 만족하지 않았다. 다음 해인 1936년 스페인에서 내전이 발생하자, 히틀러는 좌파 인민전선 정부 대신 우파 반란군인 프랑코를 지원하며 전투기를 보냈으나, 프랑스와 영국은 스페인 내전에 참여하기를 꺼려하며 소극적인 정책으로 일관했다. 히틀러는 영국과 프랑스가 겁먹고 있음을 확신하자, 더 큰 도박에 나섰다.

　독일의 베르사유 조약 탈퇴 선언 2년 후인 1937년 3월 7일 오후 1시였다. 프로이센 왕가 이름을 딴 호엔촐레른 다리는 평소와 다름 없이 라인강을 가로 지르고 있었는데, 그날에는 특별히 독일 국민이 뿌린 꽃들이 깔려 있었다.

　무장한 독일군은 검은 군화로 붉은 꽃들을 밟으며 행군했다. 다리를 건넌 독일군 눈에는 독일에서 가장 유명한 두 개의 탑이 보였다. 쾰른 대성당이었다. 그렇게 히틀러는 저항 대신 환영을 받으며 루비콘강, 아니 라인강을 건너 라인란트 지역에 도착했다

　독일 영토 중 라인강 서쪽 지역인 라인란트는 경상도보다 약간 넓은 지역으로 세계 1차 대전 이후, 독일이 주권을 행사하되 무장은 할 수 없도록 정해진 비무장지대였다. 그런데 히틀러가 군대를 이끌고 보란 듯이 라인강을 넘어, 라인란트 지역 그중에서도 핵심 도시인 쾰른으로 들어간 것이다.

　당당하게 라인강을 넘은 척 연기를 한 히틀러였지만, 사실 그는 긴장으로 전날 밤을 꼬박 새웠다. 프랑스가 즉각 반격에 나서면 독일로서는 승산이 없었다. 프랑스 육군의 전력만으로도 당시 독일이 동원할 수 있는 전력을 능가한다는 것이 당시 군참모부의 분석이었다.[95] 독일 군부는 처음부터 프랑스와 전면전을 벌일 경우 승산이 없다고 반대했다. 이에 히틀러는 프랑스 군대와 충돌이 일어날 경우, 즉각 후퇴하는 조건으로 군의 동의를 끌어냈다. 히틀러가 동원한 군대는 3만 명이었지만, 실제로 라인강을

건넌 부대는 3개 대대 3천 명뿐이었다.

히틀러는 나중에 이때를 회상하며 "독일군이 라인란트로 진격하고 나서 48시간이 그 때까지 내 인생에서 가장 피가 마르는 순간이었다."라고 몇 번이나 이야기했다. "만일 프랑스가 정색하고 나왔더라면 나는 일생일 대의 정치적 패배를 맛보았을 것이었다." 하지만 프랑스는 아무런 반응이 없었다. 도박에서 자신의 패가 좋지 않을 때, 상대를 기권하게 할 목적으로 강한 패인 척 큰돈을 거는 히틀러의 블러핑, 속된 말로 뻥카에 프랑스가 승부를 피했다.

독일 국민들은 히틀러의 라인란트 진군 소식에 열광했다. 히틀러조차 "이렇게 매끄럽게 일이 처리되다니 정말이지 믿어지지 않아. 우리는 정말 완벽한 도박을 한 거야!"라고 말할 정도였다. 배짱으로 승리를 거둔 히틀러는 그것으로 만족하지 않았다.

1938년 초 히틀러가 다시 전쟁을 준비하자, 이번에는 독일군 내에서 불안과 불만이 감지되었다. 군부가 아직 독일이 프랑스와 영국과 전쟁을 할 준비가 되지 않았다고 판단해 라인란트 진격에 이어 또다시 반대를 한 것이다. 당시 전쟁부 장관인 베르너 폰 블룸베르크와 총사령관인 베르너 폰 프리치가 전쟁에 이의를 제기한 대표적인 인물이었다.

히틀러는 이번에는 군을 설득하거나 군과 타협하는 대신 공격에 나섰다. 히틀러는 전쟁부 장관 블룸베르크보다 무려 33살 어린 그의 아내가 창녀이고, 총사령관 프리치는 동성애자라는 소문을 퍼뜨려 사임시켰다. 동시에 고위 장성 16명을 해임하고, 44명을 전보 조치하며[96] 군대를 완벽히 장악했다. 군대는 저항하지 않았다. 히틀러가 계속 성공을 거두었을뿐 아니라, 군대와 군비를 확장하면서 군대의 환심을 샀기 때문이다. 베르사유 조약에서 규정한 10만 군대에서 히틀러가 백만 대군을 양성하자 옛날 국방군 소위들은 대거 대령이 되었고, 대령들은 장군이 되었으며, 장군들은 원수가 되었다.[97] 승진을 싫어할 장군은 그 어디에도 없었다.

히틀러는 의사당 방화 사건으로 국회를 장악하고, 돌격대를 이끌던 룀을 숙청하여 군부의 호의를 얻는 동시에 당 내부의 반란을 잠재웠다. 거기다 블롬베르크-프리치 사태로 군마저 완전히 접수했다. 히틀러가 군에 단순히 채찍만 휘두른 것은 아니었다. 그는 어마어마한 연봉을 장교들에게 주었다. 1940년 8월부터 원수와 대제독은 해마다 72,000마르크를 상급대장과 제독은 48,000마르크를 받게 되었는데 당시 비숙련 노동자의 일 년 연봉이 1,500마르크 정도임을 감안하면 현재 가치로 10억 원이 넘는 돈이었다.[98]

정치에 이어 군대마저 장악한 그를 막을 사람은 적어도 국내에서는 아무도 없었다.

신이 보낸 자

독일 국방군마저 완전히 길들인 히틀러는 1938년 3월 12일 오스트리아 국경을 넘어 오스트리아를 전투 한번 없이 흡수했다. 국민들 사이에서 "하나의 민족, 하나의 국가, 하나의 지도자"라는 함성이 끊이질 않았다. 오스트리아 다음은 비수처럼 독일 영토로 쑥 들어와 있던 체코였다. 히틀러는 체코에게 독일과의 국경지대인 주데텐란트를 병합하겠다고 나섰다.

당시 체코는 프랑스와 동맹을 맺고 있었다. 하지만 영국과 프랑스는 당사국인 체코 동의도 없이 히틀러와 협상에 나섰다. 영국과 프랑스는 히틀러의 친필 서명이 담긴 서약서만 받고는 독일의 주데텐란트 합병을 승인했다. 유화 정책으로 두고두고 비판받게 되는 영국 총리 체임벌린의 '뮌헨 협정'이었다. 영국 총리 체임벌린은 히틀러가 이것으로 만족할 줄 알았다. 하지만 히틀러는 별명인 '늑대(Wolf)'답게 만족할 줄 몰랐다. 체임벌린이 원한 건 평화였지만, 히틀러가 원한 건 전쟁이었다.

6개월 후, 1939년 3월 히틀러의 독일군은 체코 전체를 집어삼켰다. 물론 프랑스와 영국은 약속을 어긴 독일에 대해 그 어떤 조치도 취하지 않았다. 프랑스는 영국의 지원 없이 전쟁에 나설 생각이 없었고, 영국은 식민지 운영에 중점을 두며 유럽 대륙에 간섭하는 것을 피했다. 히틀러는 더욱 기고만장해졌다.

히틀러는 베르사유 조약 탈퇴, 라인란트 재무장, 오스트리아에 이어 체코까지 합병에 성공했다. 전쟁은커녕 총 한 번 쏘지 않았다. 처음에는 히틀러의 과감한 행동이 전쟁을 불러오지 않을까 두려워하던 국민과 군대조차 어느 순간부터 그를 완전히 믿고 따르기 시작했다. 히틀러에 대한 의심은 계속되는 성공으로 확신을 넘어 믿음이 되었다.

"이 시간, 나는 독일 민족의 운명을 책임질 의무를 떠맡았습니다."

"하고많은 사람 중에…… 여러분이 저를 찾아냈다는 것이야말로 이 시대의 기적입니다. 그리고 제가 여러분을 찾아냈다는 것, 그것이야말로 독일의 운명입니다."

히틀러는 위와 같은 연설을 하며, 단순한 정치인이 아니라 독일의 구원자이자 메시아가 되었고 자신도 그렇게 믿었다. 세계 1차 대전의 패전

후, 패배주의로 텅 비어 있던 독일 국민들의 가슴 속에 자부심을 넘어선 희열이 가득 찼다.

"그런 것을 우리는 감히 희망조차 해본 적도 없었다. 이 남자는 그냥 무슨 일을 해도 성공한다. 그는 신이 보낸 사람이다."[99]

그는 불가능을 가능으로 만드는 지도자였다. 바이마르 공화국은 1919년부터 1933년까지 14년간 무려 9번의 총선과 15명의 총리, 21번의 내각교체로 국민들에게 나아갈 방향을 제시하기는커녕 오히려 무질서와 혼란을 가져왔다. 하지만 히틀러는 질서는 물론이고 선두에 서서 국민들을 이끌어 갔다. 혼란과 불안을 히틀러가 규율과 확신으로 바꾸어 놓았다. 마음을 채워준 히틀러는 초인플레이션과 세계 대공황으로 굶주린 국민의 배도 채워야 했다.

히틀러가 총리가 되고 대서양 건너 미국의 루스벨트가 나란히 대통령이 된 1933년, 독일의 실업률은 34%이고[100] 미국의 실업률은 24.9%였다.[101] 두 나라 모두 큰 위기였다. 미국과 독일은 약속이나 한 듯 국가 중심의 경제 정책을 펼쳐 나갔다. 그러한 점에서 당시 스탈린이 통치하고 있던 소련과 유사했다. 또한 미국의 루스벨트와 독일의 히틀러, 소련의 스탈린은 모두 장기 집권을 했고, 죽기 전까지 권력을 놓지 않았다는 점에서 서로 닮아있었다. 특히 루스벨트와 히틀러는 1933년 35일 차이로 집권하여, 1945년에 불과 18일 차이로 죽음을 맞이했다. 루스벨트는 월스트리트의 '금융 악마'를 적으로 삼고 '보통 미국인(common American)'을 강조했다면, 히틀러는 유대인과 볼셰비키를 적으로 간주하고 '국민 동지(Volk comrade)'를 내세웠다. 둘 다 계급적 분열을 넘어선 하나의 공동체[102]를 추구했다.

루스벨트는 경제 대공황을 극복하기 위해 '뉴딜 정책'을 펼치며, 테네시강 유역 개발 공사(Tennessee Valley Authority, TVA)로 대표되는 대규모 토목 사업을 벌인 건 잘 알려져 있다. 히틀러 또한 자신만의 뉴딜 정책인 '라인하르트 프로그램(Reinhardt Program)'을 통해 아우토반으로 대표되는 건설 사업을 시작했고, 국민차 개발에 나서 폭스바겐 비틀을 탄생시켰다. 거기다 1936년 베를린 올림픽을 개최하였고, 심지어 4번 연속 1등을 차지한 미국을 꺾고 종합 순위 1위에 오르기까지 했다.

그렇게 6년이 지난 1939년, 실업 문제를 완전히 해결한 것은 미국이 아니라 독일이었다. 1939년 미국의 실업률은 17.2%로 여전히 높았지만, 독일은 1.7%로 사실상 완전 고용을 이루었다. 미국은 세계 2차 대전에 참여한 1943년이 되어서야 실업률을 1.9%[103]로 낮출 수 있었다. 미국이 대공황을 탈출하게 된 직접적 원인는 뉴딜정책이 아니라, 히틀러가 일으킨 세계 2차 대전이었다.

거기다 히틀러는 인플레이션도 없이 임금과 물가마저 완전히 안정시켰다.[104] 히틀러는 그 누구도 해내지 못한 경제 기적을 이뤄냈다. 군사 기적에 이은 경제 기적이었다. 그는 독일의 기적이자 축복이었다. 모두가 이렇게 외쳤다.

"하일 히틀러!(히틀러 만세)"

"1933년 이후에야 우리는 아이를 더 많이 갖게 되었죠. 사람마다 미래를 보게 된 거예요. 부자와 빈자의 차이는 점점 더 줄어들었고, 우리는 그 사례를 곳곳에서 목격하게 되었죠. 사람마다 기회가 생겼어요."[105]

"1938년…… 마침 나치의 축제가 한창이었는데, 희망이라곤 없었던 그 오랜 세월이 지나고 나서야 비로소 열광이, 좋은 삶에 대한 새로운 희망이 나타난 거였죠. 환멸로 가득했던 그 오랜 세월이 지나고 나서야 비로소 새로운 믿음이 나타난 것이었어요."

"엄마, 엄마, 내가 유대인만 아니었어도 나는 나치가 되었을 거야."[106]

단 국민에게 희망과 미래를 주던 히틀러의 경제 정책에는 큰 문제점이 있었다. 정부가 돈을 적극적으로 풀면, 자연히 물가가 상승하기 마련인데 히틀러는 독재를 통해 임금과 물가를 동결함으로써 인플레이션을 막을 수 있었다. 하지만 그건 일시적인 방법일뿐 영원할 수 없었다. 거기다 히틀러의 경제 정책에는 보다 더 근본적인 한계가 있었다.

그가 완전 고용을 달성한 1936년부터 1939년 사이에 공업 투자의 2/3가 전쟁 관련 생산에 할당되었다. 1939년 봄 무렵에 독일 전체 노동력의 1/4이 군수 산업과 관련된 업체에서 일하고 있었다.[107] 군수 산업은 전쟁에 승리하여 영토나 배상금 또는 자원을 강제로 획득하지 못하면 그 자체로 어떠한 부를 생산할 수 없다. 처음부터 독일 경제는 전쟁 없이는 지속 불가능한 발전이었다. 물론 히틀러에게는 다 계획이 있었다. 감옥에 갇혀 있었을 때 쓴 〈나의 투쟁〉에서도 밝혔듯이 동쪽의 슬라브족을 쓸어버리고, '레벤스라움'이라는 독일만의 생활 공간을 마련할 예정이었다. 그러기 위해서 먼저 1939년 8월 23일 히틀러는 적이었던 소련의 스탈린과 불가침 조약을 맺으며 손을 잡았다. 히틀러와 스탈린을 뺀 전 세계가 충격에 빠졌다. 영국과 프랑스의 입장에서는 강력한 두 적이 같은 편이 된 것이었다.

악마와 손잡은 악마

소련의 스탈린이 처음부터 독일과 손잡을 생각은 아니었다. 히틀러가 스탈린을 믿지 않았던 것처럼, 스탈린도 히틀러를 믿지 않았다.

세계 1차 대전에서 러시아와 독일은 적으로 싸웠다. 하지만 세계 1차 대전의 전범인 독일과 프롤레타리아 혁명이 일어난 소련 모두 세계 1차 대전 이후 유럽에서 철저히 소외되었다. 낙후된 소련은 선진 군사 기술이 필요했고, 독일은 베르사유 조약을 피해 군사 무기를 개발하고 전술을 훈련할 곳이 필요했다. 이에 유럽의 왕따였던 독일과 소련이 뒤로 몰래 손을 잡았다. 소련의 장교가 독일로, 독일의 장교가 소련으로 파견되어 자신들의 부족한 점을 채워나갔다.

하지만 유대인 만큼이나 볼셰비키를 싫어하는 히틀러가 집권하면서, 소련과 독일 사이는 급격하게 나빠졌다. 히틀러는 자기 적을 "마르크스주의자"라고 했고, 스탈린은 자기 적을 "파시스트"라고 헐뜯었다.[108]

그런 상황에서 독일이 점점 영토를 넓혀 갔다. 이에 위협을 느낀 스탈린은 1939년 4월 17일 영국과 프랑스에게 먼저 손을 내밀었다. 동시에 스탈린은 1939년 4월 소련 외무 장관을 유대인이자 친서방, 반독 성향의 막심 리트비노프에서 친독 성향의 뱌체슬라프 몰로토프로 교체하면서 독일에게도 손짓을 했다.

자본주의 원조인 영국은 히틀러가 독일에 처음 등장했을 때 사유 재산을 부정하는 소련보다 그래도 국가의 권력을 강조하는 독일이 더 낫다고 보았다. 부르주아-프롤레타리아의 착취 관계가 열강-식민지와도 유사했기에 전 세계에 공산주의 혁명이 일어나면, 모든 식민지가 독립할 것이고, 많은 식민지를 가진 영국으로서는 큰 타격을 입을 수밖에 없었다. 영국은 히틀러의 파시즘을 붉은 혁명을 막아주는 방파제로 보았다.

그래서 영국은 소련이 제안한 회담에 불성실한 태도로 나왔는지 모른다. 영국과 프랑스는 시간을 질질 끌다 마지못해 회담에 응했다. 8월 중순 열린 소련-프랑스-영국 회담에서 영국 측 대표인 드락스 경은 협상을 승인할 어떤 권한도 없이 달랑 몸만 왔다. 그뿐만이 아니었다. 나치에 대한 공동 방어에 소련은 136개 사단 병력을 제시했지만, 영국은 겨우 1개 기계화 사단과 5개 보병 사단을 내밀었다.[109]

설령 소련과 영국이 손을 잡는다고 해도, 소련과 독일 사이에 끼어 있는 폴란드가 문제였다. 프랑스와 소련이 양쪽에서 독일을 압박하려면, 폴란드의 도움이 필요했다. 폴란드는 18세기 말 독일과 오스트리아, 소련에 의해 분할되어 사라졌다, 세계 1차 대전에서 독일과 소련이 패하면서 겨우 독립할 수 있었다. 게다가 폴란드는 독립하면서 소련과 또 한바탕 전쟁을 치렀다. 소련과 관계가 좋을 수 없었던 폴란드로서는 독일을 견제하기 위해 소련의 군대가 자국으로 들어오는 것을 허용할 수 없었다.

1년 전 1938년 9월, 독일의 체코 주데텐란트 영토 합병을 결정하는 뮌헨 회담에도 영국, 프랑스, 독일, 이탈리아 4개국만이 참가했다. 정작 당사자인 체코뿐만 아니라 체코와 군사 동맹을 맺은 소련은 아예 초청받지도 못했다. 소련은 처음부터 끝까지 영국에게 철저히 무시당했다.

영국, 프랑스, 소련의 영불소 3자 회담은 파탄이 났다. 자존심을 구겨가며 힘들게 내민 스탈린의 손을 사실상 영국이 짓밟았다. 그렇게 체면을 구긴 스탈린에게 마침 히틀러가 급히 손을 내밀었다. 전쟁을 준비하는 히틀러는 세계 1차 대전과 같이 프랑스와 소련의 양면 전쟁을 피해야 했다.

그리고 언제나 그랬듯 독일의 1차 목표는 넓은 소련이 아니라 상대적으로 작은 프랑스였기에 먼저 소련에게 불가침 조약을 제안했다. 소련을 증오하던 히틀러가 소련에게 먼저 손을 내밀 줄은 아무도 예상하지 못했다.

소련 입장으로서는 독일에 맞서 프랑스와 영국과 손잡을 경우, 세계 1차 대전처럼 독일과의 전쟁을 각오해야 했다. 반대로 독일과 손잡을 경우, 독일과의 전쟁을 피할 수 있을 뿐 아니라 과거 소련의 영토였던 폴란드 영토의 절반을 획득할 수 있었다.

스탈린으로서는 자기 손을 외면한 영국에게 구걸하면서까지 억지로 동맹을 맺는 것보다, 먼저 손을 내밀어준 독일과 동맹을 맺는 것이 체면도 살릴 뿐 아니라 실리상으로도 이득이었다. 거기다 그렇게 얻은 폴란드의 영토는 나중에 독일과 싸울 때 하나의 방패로 쓸 수 있을 것이었다.

"나는 히틀러가 뒤로 무슨 짓을 하려 드는지 알고 있어. 그는 자기가 나를 속여 먹었다고 생각하지만, 사실은 내가 그를 속여 먹은 것이야."

8월 23일 히틀러와 불가침 조약을 맺은 스탈린의 속마음이었다. 한때 혁명가였던 스탈린은 이미 정치인을 넘어 독재자가 된 지 오래였다. 스탈린의 마음에 '세계 혁명을 일으키자.'라는 이상은 오래전에 사라졌고, '소련의 혁명을 보호하자.'를 넘어, '소련 아니, 내 권력만 지키자.'라는 욕망만 남아 있었다.

스탈린과 히틀러 둘 다 힘에 의지하여 권력을 지키는 독재자였다. 권력과 국가를 그 무엇보다 우선시하고, 그 권력과 국가를 위해서 수단과 방법을 가리지 않는다는 점에서 국적만 다를 뿐이었다. 서로가 서로를 이용하다 필요가 없어지면 즉시 배신을 한다는 점마저 똑같았다.

독–소 불가침 조약 다른 말로 히틀러–스탈린 조약이 체결되고 일주일이 조금 지난 9월 1일 독일은 폴란드를 침공한다. 누구나 예상할 수 있었던 독일의 침공이었다.

6개월 전, 히틀러가 체코의 주데테란트만 병합한다는 뮌헨 약속을 어기고 체코 전체를 삼키자, 3월 31일 영국의 체임벌린은 하원에서 독일을 견제하기 위해 폴란드와 군사 원조를 약속한다는 성명을 발표했다. "폴란드의 독립을 해치는 행위가 발생하고 폴란드 정부가 무력으로 저항해야 한다고 판단하는 경우, 영국은 폴란드 정부에 모든 지원을 아끼지 않을 것이다."[10] 뿐만 아니었다. 독일이 폴란드를 침공하자 즉시 영국 재무장관인 존 사이먼이 라친스키 영국 주재 폴란드 대사의 손을 잡으며 "우리는 같은 배를 탔다…… 영국은 친구를 버리는 법이 없다."[11] 라고 말하기까지 했다.

친구를 버리지 않는다는 영국은 그 즉시 동원령을 발포하고, 9월 3일 오전 11시 15분 총리 체임벌린은 대국민 방송을 통해 "영국 정부가 평화를 지키기 위해 모든 일을 했다."라며 전쟁을 선포했다. 프랑스 또한 같은 날 오후 5시에 독일을 향해 선전 포고를 했다. 그러나 그뿐이었다. 영국과 프랑스는 독일을 공격하기는커녕, 폴란드를 돕지 않았다. 그들은 체코 때와 마찬가지로 동맹을 맺은 폴란드가 무기력하게 독일에 무너지는 것을 면밀히 지켜보았다.

영국과 프랑스는 약속을 지킬 힘은 있었으나, 용기가 없었다. 독일이 전차로 폴란드와 '진짜 전쟁'을 치르는 동안, 영국과 프랑스는 말로 독일과 '가짜 전쟁'을 치렀다.

히틀러의 주치의들

독일의 폴란드 침공과 그에 대한 영국과 프랑스의 반응을 지켜보던 소련의 스탈린은 사태를 주시했다. 독일과 폴란드가 서로 피 터지게 싸우다 지쳤을 때 뒤늦게 나서서 어부지리를 노릴 계획이었다. 하지만 독일은 놀라운 속도로 폴란드를 거침없이 짓밟았다. 이를 지켜보던 소련은 독일이 폴란드를 반씩 나누기로 한 약속을 깨고 폴란드를 모두 집어삼킬까 두려웠다. 이에 스탈린은 9월 17일 부랴부랴 폴란드로 쳐들어갔다. 믿었던 영국과 프랑스가 선전 포고만 한 채 유심히 바라만 보는 상태에서, 서쪽에서 독일에 이어 동쪽에서 소련마저 쳐들어오자 폴란드의 모든 희망이 사라졌다. 폴란드 지도층 일부는 영국으로 망명하여 끝까지 항쟁하는 가운데, 10월 초 폴란드는 항복했다.

폴란드가 항복하자, 독일의 히틀러에 이어 소련의 스탈린도 야욕을 드러냈다. 스탈린은 오래전부터 발트 3국과 핀란드를 탐내고 있었다. 그중 핀란드는 레닌그라드로 이름을 바꾸기 전에 제정 러시아의 수도였던 상트페테르부르크 바로 위에 있을 뿐만 아니라, 소련이 대서양으로 나가는 첫번째 통로가 핀란드만이었다. 소련의 협박에 발트 3국은 항복했지만, 핀란드는 굴하지 않았다. 이에 스탈린은 1939년 11월 30일 남은 핀란드를 침공했다. '겨울 전쟁'이었다.

인구 1억 9천만의 소련이 겨우 인구 370만 명의 핀란드를 공격했다. 무려 50배의 차이였다. 200만 명의 소련군과 6,000대의 전차에 대항하여 30만 명의 핀란드군이 32대의 전차로 맞섰다. 총사령관 만네르헤임이 이끄는 핀란드 군은 생각보다 잘 싸웠고, 독재자 스탈린의 소련군은 상상할 수 없을 정도로 못 싸웠다. 100일 동안 핀란드는 2만 6천 명의 군인을 잃었지만, 소련은 무려 5배에 가까운 12만 명을 잃었다. 결국 승리하기는 했지만, 소련으로서는 한 소련 장군이 "우리(소련)는 아군 장병의 시신을 묻을 만한 땅만 얻었다."[12] 라고 할 정도로 굴욕적인 겨울 전쟁이었다.

눈부신 승리

동쪽의 폴란드가 사라졌으니, 독일의 다음 목표는 서쪽의 프랑스였다. 세계 1차 대전이 끝난 후부터, 프랑스는 남을 도울 용기는 없었지만, 자신을 지킬 준비만은 철저히 해 왔다.

세계 1차 대전에서는 새로 등장한 기관총과 철조망, 그리고 참호 덕분에 공격보다 수비가 훨씬 유리했다. 이에 프랑스는 땅을 파서 만드는 참호를 한층 업그레이드시켜 아예 콘크리트 벙커로 독일과의 국경에 완벽한 방어선을 구축했다. 당시 육군 장관 앙드레 마지노(Maginot)의 이름을 딴 마지노선이었다. 하지만 프랑스와 독일 사이 Y자에 위치한 벨기에의 반대와 지형, 그리고 예산 문제로 마지노선을 절반밖에 완성하지 못한 채 전쟁에 돌입했다.

독일은 보병 중심에 전차를 대포처럼 쓰던 기존 전술이 아니라, 아예 전차만으로 구성된 기갑부대를 만들었다. 세계 1차 대전에서 가장 최고의 방어 수단이었던 철조망, 참호, 그리고 기관총은 전차 앞에서 힘없이 무너졌다. 이로써 참호를 기반으로 전선을 지키는 방어보다 전차의 기동성을 바탕으로 한 포위 공격이 훨씬 효과적이었다. 독일은 마지노선이 없는 아르덴 산림지대를 전차로 통과한 후, 남쪽의 마지노선은 그대로 둔 채, 북부의 프랑스-영국 연합국을 포위해 버렸다. 벙커 안에서 마지노선을 지키던 프랑스의 남쪽 병력은 기동성이 없어 움직일 수 없었기에 독일의 전차 부대가 자신의 영토를 짓밟는 것을 두 눈 뜨고 지켜보는 수밖에 없었다. 결국 포위된 북부 병력이 손을 들자, 프랑스는 전의를 잃고 항복하고 말았다. 독일은 세계 1차 대전에서 4년간의 긴 전쟁에서도 이기지 못한 프랑스를 단 6주 만에 굴복시켰다

프랑스의 마지노선은 세계 1차 대전이었다면 완벽했겠지만, 보병이 아니라 전차 중심의 세계 2차 대전에서는 이미 시대에 뒤떨어진 전술이었다. 반대로 독일의 전격전은 세계 1차 대전에서는 기술적으로 실현 불가능했지만, 세계 2차 대전에서는 혁신 그 자체였다. 구데리안과 만슈타인이 제안한 전격전은 독일군 최고 사령부가 거절했지만, 총통인 히틀러가 과감하게 채택했다. 그 결과가 '프랑스 공방전'이었다. 포위당한 영국군 일부가 덩케르트 해안가에서 바다를 건너 퇴각하긴 했지만, 시대를 앞선 독일의 완승이자, 시대에 뒤떨어진 프랑스의 대패였다.

이로써 히틀러는 청중의 마음을 사로잡았던 연설, 단번에 모든 권력을 장악해 버린 정치, 완전 고용을 이룬 경제, 피 한방울 흘리지 않고 성공한 라인란트 재점령에서부터 체코와 오스트리아 합병에 이르는 완벽한 외교에 이어 폴란드와 프랑스 점령을 이뤄낸 전쟁까지, 모든 부분에서 자신이 천재임을 증명했다. 전쟁을 두려워했던 국민은 물론이고 군부마저도 환희에 젖어 히틀러를 칭송했다.

히틀러를 막아선 두 명의 인물

이제 히틀러 앞에는 영국만이 남았다. 독일이 프랑스를 침공한

1940년 5월 10일 당일, 처칠이 영국 총리가 되었다.

유럽 대륙이 두 적국인 독일과 소련에 완전히 점령당한 이상, 영국으로서는 독일과 협상도 고려할 수 있었다. 하지만 불독 처칠은 압도적으로 불리한 상황에서 피에 굶주린 늑대 히틀러와 다시 한번 '뮌헨 협상'을 체결할 수 없었다. 그는 "끝까지 싸울 것이며 절대로 항복하지 않을 것."이라고 선언했다.

영국이 대륙 국가였다면, 한 달도 안 되어서 독일에게 무너졌겠지만, 다행히 영국은 섬나라였고, 독일과 영국 사이에는 바다가 있었다.

해군이 약한 독일로서는 쇠퇴하기는 했지만, 여전히 강한 해군을 가지고 있는 영국을 상대로 상륙작전을 펼치기가 부담스러웠다. 히틀러는 먼저 전투기와 폭격기로 영국의 하늘을 점령한 다음, 바다를 건너 땅을 점령하기로 했다. 1940년 7월 10일부터 10월 31일까지 무려 100일 넘게 영국의 하늘은 독일과 영국의 비행기로, 땅은 하늘에서 떨어지는 폭탄으로 뒤덮였다. '영국 본토 항공전'이었다.

오로지 공군끼리 전투를 벌인 '영국 본토 항공전'에서 처음에는 독일이 유리했지만, 시간이 흐를수록 영국이 유리해졌다. 독일은 원정, 영국은 홈이었기 때문이다. 독일로서는 땅에 떨어뜨릴 무거운 폭탄을 실은 폭격기와 폭격기를 지키기 위한 전투기까지 동원해야 했지만, 영국으로서는 자국 영토 위였기에 폭격기 없이 전투기로 방어만 하면 되었다. 거기다 독일은 프랑스와 독일에서 출발하여 영국까지 가서 전투를 벌여야 했다. 독일 전투기는 영국 해협을 건너갔다 기지로 오는 데 걸리는 시간을 포함하여 90분밖에 버틸 수 없었다.[113] 독일 비행기는 사실상 영국 상공에 잠시 떠 있다 와야 했다.

거기다 독일군 비행기가 격추당하면 운 좋게 조종사가 살더라도 영국 땅에 떨어져 포로가 되었다. 하지만 영국군 조종사는 똑같이 격추당해도 바로 전투에 복귀할 수 있었다. 강력한 홈 어드밴티지였다. 끝으로 히틀러는 영국의 공군 기지를 폭격하다, 방향을 바꿔 민간인들이 사는 도시 지역을 공격하기 시작했다. 영국 국민들의 사기를 꺾기 위한 방법이었으나, 큰 타격을 주지 못했고 목표와는 반대로 영국인들의 결사 항전 의지만 높였고, 덕분에 영국 공군은 한숨 돌릴 수 있었다.

결국 항공전을 포기 한 것은 독일의 히틀러였다. 히틀러는 전략을 바꾸기로 했다.

"영국의 마지막 희망은 러시아와 미국이다."

"모스크바가 함락되면 영국은 즉각 강화 협상에 나설 것이다."

결과를 알고 있는 지금에서야 히틀러의 소련 침공이 어리석게 느껴지지만, 당시만 해도 지극히 합리적이고 현실적인 전략이었다. 1941년 8월 4일 자 라이프지에 미국의 가장 권위 있는 군사 저술가인 핸슨 W. 볼드윈도 "승리를 위한 청사진"이라는 글에서 "만일 소련과 그 자원이 나치의 손아귀에 쉽게 들어가면, 영국이 독일과의 싸움에 이길 가능성은 완전히 사라진다…… 그런 상황이 벌어진다면, 영국이 바랄 수 있는 최선은 협상으로 얻는 평화일 것이다."[114] 라고 주장했다.

하지만 그런 히틀러를 막아서는 이가 있었다. 한때 그의 롤모델이자, 같은 편인 이탈리아의 무솔리니였다.

히틀러가 혁혁한 성공을 거두자, 알프스 너머 파시즘의 원조인 무솔리니는 질투가 났다.

"상대방(히틀러)은 역사를 만들고 있는데 우리가 그대로 서 있기만 해서야 말이 되는가!"

독일이 프랑스를 거의 장악한 때를 틈타 무솔리니는 1940년 6월 10일 프랑스에 대한 전쟁을 선포하고 32개 사단으로 알프스를 넘어 프랑스의 6개 사단을 공격했다. 이탈리아 군은 최정예였지만, 프랑스군의 최정예는 독일과의 전선에 배치되어 있었기에 이탈리아와의 국경선을 지키는 프랑스 군대는 2군이었다. 이탈리아로서는 지고 싶어도 질 수 없는 상황이었다. 단 이틀간의 전투로 79명의 프랑스 군이 사망했으나 이탈리아군에서는 무려 631명의 사망자와 2,361명의 부상자가 나왔다.[115] 거기다 이탈리아의 부상자 절반 이상은 총과 대포로 인한 피해가 아닌, 여름인 6월에 알프스를 넘다 걸린 동상 때문이었다.

처참한 실력에 비해, 무솔리니는 욕심이 너무 컸다. 프랑스에서 실패를 겪은 무솔리니는 이번에는 9월에 영국이 독일과 공중전을 벌이는 틈을 타 영국의 식민지였던 이집트를 공격했다. 거기서 한 발 더 나아가 10월에는 그리스까지 쳐들어갔다. 하지만 결과는 똑같았다. 모두 비참한 패배였다. 게다가 1941년 3월 27일 발칸반도의 중심인 유고슬라비아에서 연합국의 지원을 받은 쿠데타가 일어나자 독일은 어쩔 수 없이 4월 6일 발칸반도에 군대를 보내게 된다.

"이탈리아가 우리 적이었다면, 알프스에 2개 사단만 방어하도록 배치하면 그만인데, 괜히 우리 편이 되면서 독일군 20개 사단 이상이 이탈리아군을 돕는 처지가 됐다."라며 독일군은 같은 편인 이탈리아군을 조롱했다. 이로써 독일 입장에서는 소련과의 전쟁이 6주 늦어졌다. 129년 전 나폴레옹이 러시아를 침공한 6월 24일보다 이틀 이른 6월 22일 새벽 3시, 독일이 소련 국경선을 넘었다. 2년 전 체결했던 10년간 서로를 공격하지 않는다는 독소불가침 조약 또한 히틀러에게는 '뮌헨 협정'에 이어 낙서장에 불과했다.

모두의 예상: 독일의 승리

아무 문제 없었다. 히틀러는 물론, 독일군 장군들은 단 한 사람의 예외도 없이 독일군이 러시아를 이길 것이라고 확신했다.[116] 브라우히치 독일 육군 원수는 최대 4주간의 주요 전투가 끝나면 그 후로는 소소한 소탕 작전을 치르게 되리라 예측했다.[117] 이런 예상을 독일만 한 것이 아니었다.

전년도에 있었던 독일의 프랑스 침공과 소련의 핀란드 침공을 놓고 봐도 누가 이길지는 분명했다. 처칠마저 독일이 소련을 공격하기 이틀 전 "독일이 소련을 공격하는 것은 분명한 사실이며, 소련은 패배할 것입니다."[118]라고 예상했다. 미 국방성은 러시아 군대가 한 달 내에 녹초가 되어 끝날 것[119]이라고 내다보았다. 전 세계 군사 전문가들이 짧으면 4주, 길면 8주를 예상했다. 실제로 전투 첫날에만 독일군은 소련 전투기 1,200대가량을 파괴하며 하늘을 완전히 장악했고, 한 달 만에 700킬로미터 이상을 진군했다.[120]

"초기에 엄청난 속도로 거둔 성공 때문에 최고 지휘관들은 정신을 못 차릴 정도로 도취하여서 '불가능'이라는 어휘를 아예 머릿속으로 지워버렸다." 독일군 기갑부대를 이끈 구데리안이 한 말이었다. 폴란드, 프랑스에 이어 소련과의 전쟁에서도 히틀러의 성공이 눈앞에 보였다. 독일의 소련 점령은 시간문제였다.

스탈린의 희망사항

기본적으로 방어하는 소련이 공격하는 독일보다 유리했다. 공격하는 측이 방어하는 측보다 적어도 3배 이상 많아야 했지만, 수비 하는 소련이 공격하는 독일보다 인구는 물론이고, 동원할 수 있는 군인 또한 2배 이상 많았다. 비록 낡긴 했지만, 소련의 전차와 항공기도 독일보다 많았다.

거기다 소련의 영토와 기후는 유럽을 호령했던 나폴레옹마저 무릎을 꿇릴 정도로 넓고 가혹했다. 또한 독일의 다음 목표가 소련이라는 것을 모두가 알고 있었다. 딱 한 인물만 빼고.

독소 전쟁이 있기 약 두 달 전인 1941년 4월 17일 영국의 총리 처칠은 스탈린에게 장문의 편지로 독일이 조만간 소련을 침공할 것이라고 알렸다. 그뿐 아니었다. 독일에 심어둔 소련 첩자들이 "독일의 소련 침공 계획은 모두 완료되었습니다. 언제라도 공격이 시작될 수 있습니다."라는 보고를 계속 모스크바로 보냈다. 심지어 전쟁을 9일 앞둔 6월 13일, 세계 2차 대전에서 가장 유명한 스파이로 도쿄에 주재하던 독일계 소련 첩자인 리하르트 조르게는 "6월 22일 새벽에 독일이 9개 군, 150개 사단으로 소련을 공격할 것"이라고 적힌 완벽한 보고서를 본국에 보냈다. 소련 사령관 주코프마저도 6월 18일, 독일과의 전쟁이 임박했다고 경고했다. 심지어 전쟁 직전 두 달간, 독일 비행기는 소련 국경을 180번이나 넘었다.

하지만 스탈린은 처칠의 편지에 대해서는 "독-소간에 전쟁을 부추겨 이익을 취하려는 더러운 농간"이며, 첩자들의 정보에 대해서는 오히려 "나를 속이기 위한 역정보"라고 깎아내렸다. 스탈린은 소련 최고의 스파이로

히틀러의 주치의들

가장 정확한 정보를 전한 리하르트 조르게를 특히 싫어했는데, "일본의 동네 공장 사창가에서 놀아나는 자식"이라고 욕[121]할 정도였다. 스탈린이 말한 건 사실이긴 했다. 조르게는 도쿄에서 스파이 활동을 하는 동안 대략 30명의 여성과 친밀한 관계를 유지[122]했는데 그의 난잡한 여자관계만큼 정보는 정확했다. 특히 독일에 대한 정보가 그랬는데, 그는 일본 주재 독일 대사관의 부인과도 절친한 관계였기 때문이다.

그것만이 아니었다. 스탈린은 전쟁이 임박했다고 보고하는 사령관 주코프에게는 "겁주려고 온 거요, 아니면 아직도 훈장이 부족해서 전쟁을 일으키려 하는 거요?"라고 화를 냈다. 이에 그치지 않았다. 그는 계속해서 나쁜 소식을 전달한 소련 군사정보국장 이반 프로스쿠로프를 해고했다.[123] 소련 영공을 넘어오는 독일 비행기에 대해서는 독일을 자극할 수 있다며 아예 대공포 발사를 금했다. 스탈린은 전쟁 전날까지도 곡물과 자원을 실은 기차를 독일로 보냈다.

스탈린 또한 계획이 있었다. 스탈린은 독일과 영국, 양쪽이 지친 상태에서 "마지막에 행동"하여 최소한의 피해로 최대한의 이득을 챙길 작정이었다. 또한 그는 독일이 또다시 세계 1차 대전 때처럼 양면 전쟁을 하지 않을 것이라 믿었다. 거기다 소련 내부 사정도 좋지 않았다. 경제 정책의 실패로 1932년 우크라이나 대기근을 겪었고, 결정적으로 1937년부터 시작한 스탈린의 '대숙청'으로 대부분의 군 고위 장교는 감옥에 갇혀 있거나 흙 속에서 썩어가고 있었다. 1920년대 독일과 소련의 군사 교류로 소련에 파견되었던 독일군 장교였던 만슈타인, 구데리안 등은 세계 2차 대전에서 눈부신 활약을 하지만, 독일에 파견되었던 소련군 장교들은 대부분 독일 스파이로 몰려 살아남지 못했다. 군에는 전쟁을 잘하는 장교가 아니라, 정치를 잘하는 장교만이 가득했다. 거기다 소련은 독일과는 비교도 할 수 없는 작은 핀란드에게 어마어마한 고전을 하지 않았던가.

하지만 모든 이를 의심하고 아무도 믿지 않았던 스탈린은 히틀러가 공격하지 않을 것이라고 굳게 믿었다. 어떻게든 전쟁만은 피하고 싶었던 스탈린은 눈앞에 다가온 전쟁을 준비하는 대신, 두 눈을 가린 것이었다. 그 결과는 참혹했다.

새로운 문제, 유대인

독일 국방군은 위로는 한때 제정 러시아의 수도였던 상트페테르부르크에서 이름을 바꾼 레닌그라드를, 중간은 소련의 수도인 모스크바를, 남쪽으로는 우크라이나를 목표로 진군했다.

"레닌그라드를 지표면에서 쓸어버려야 한다."

"모스크바라는 이름은 영원히 사라질 것이다."

히틀러는 자원이 풍부한 우크라이나를 제외한 북부와 중부 지역은 모두 없애버릴 계획이었다. 독일의 전차는 소련을 무참히 짓밟았다. 북부에서는 레닌그라드를 포위하고, 중부에서는 민스크를 거쳐, 스몰렌스크를 점령하고 모스크바 앞에 도달했다. 남쪽으로는 우크라이나 최대 도시인 키이우(키예프)도 포위하여 함락시켰다. 소련의 붕괴가 눈앞에 다가왔다.

전쟁이 시작된 지 일주일도 채 지나지 않은 6월 28일 스탈린이 울부짖었다.

"모든 게 끝났어. 난 기권이야. 레닌이 이룩해놓은 것을 내가 다 조져

났어…… 우리가 그 모든 것을 조졌고, 똥칠까지 했어."

전쟁이 발발한 지 11일째인 7월 3일 스탈린은 모스크바 붉은 광장에 모셔져 있던 레닌의 시신마저 모스크바에서도 무려 1,600킬로미터 이상 동쪽으로 떨어진 튜멘이라는 도시로 옮겨야 했다.

히틀러는 세계 1차 대전에서 유대인이 독일의 등에 칼을 꽂아 패전했다고 주장했지만, 당시 독일 내에서 유대인 인구는 전체 인구의 1%도 되지 않았고, 당시 8천만 독일 인구 중 100만 명도 채 되지 않았다. 하지만 독일이 새로 점령한 동유럽은 상황이 달랐다.

유대인을 싫어한 것은 독일의 히틀러만이 아니었다. 러시아 말로 대박해를 의미하는 '포그롬'(погром, Pogroms)은 원래 '아수라장에 분노를 퍼붓다, 폭력적으로 파괴하다'라는 뜻으로 19세기에서 20세기 초에 제정 러시아에서 일어난 유대인에 대한 조직적인 탄압과 학살을 뜻했다.

프랑스 또한 반유대주의가 만연했다. 세계 1차 대전의 패배를 독일과 히틀러가 유대인과 볼셰비키에 돌린 것처럼, 프랑스 또한 1870년 독-프랑스 전쟁에서의 패배를 유대인의 탓으로 돌리려고 했다. 그 대표적인 경우가 1894년 프랑스를 흔든 '드레퓌스 사건'이었다. 프랑스 장교인 드레퓌스가 독일군 스파이로 몰려 유죄를 선고 받았다. 심지어 나중에 진범이 밝혀졌지만, 드레퓌스는 10년 형을 받고 징역을 살았다. 이유는 간단했다. 독일에 진 프랑스로서는 희생양이 필요했고, 유대인인 드레퓌스가 딱 들어맞았다. 인권의 나라 프랑스에서조차 유대인의 인권은 없었다.

정권을 잡은 나치는 1933년 봄 유대인 기업에 대한 불매 운동을 벌였으나, 국민들은 시큰둥했다. 그리고 2년 후인 1935년 히틀러는 나치 7차

전당대회가 열린 뉘른베르크에서 독일인의 피와 명예를 지키기 위한 법(Gesetz zum Schutze des deutschen Blutes und der deutschen Ehre)과 제국시민법(Reichsbürgergesetz)을 통과시켰다. 일명 '뉘른베르크 법'이었다. 이 법을 만들기 위해 독일 법률학자와 관리 17명은 인종 간 결혼과 이민을 관리하는 미국의 순혈법을 다각도로 검토했다.[124] 당시 미국은 노예제는 폐지했지만, "인종을 차별하는 나라일뿐 아니라 나치 독일조차 미국을 보고 영감을 얻을 정도"[125]로 인종차별이 공공연히 일어나는 나라였기 때문이다.

뉘른베르크 법으로 모든 유대인은 시민권이 박탈되며, 독일인과 유대인 사이의 결혼은 물론이고 성관계까지 금지되었다. 조부모 4명 중 유대인이 3명일 경우, 유대인으로 간주하고, 2명일 경우에는 유대 관습을 따르거나 유대교 공동체 소속일 경우 유대인으로 간주[126]하도록 정교하게 유대인을 정했다. 하지만 뉘른베르크 법은 "혈관에 흑인의 피가 한 방울이라도 섞인 미국의 남녀를 흑인으로 간주하는" 미국보다는 엄격하지 않았다. 미국의 "한 방울 규칙(One-drop rule)은 나치가 보기에도 너무 가혹"했기 때문이다.[127]

하지만 이 뉘른베르크 법 또한 2년 전 유대 기업 불매운동처럼 큰 관심을 끌지 못했다. 그렇다고 포기할 히틀러가 아니었다.

뉘른베르크 법이 제정되고 3년 후인 1938년, 프랑스 주재 독일 대사관 직원인 에른스트 폼 라트가 17세 폴란드 유대인 헤르셸 그린슈판이 쏜 총에 맞아 죽었다. 나치는 이에 대한 보복으로 11월 9일 밤 유대인 상점을 부수고, 유대인 사원을 불태웠다. 깨진 유리가 길거리에서 수정처럼 반짝여서 '수정의 밤'이라 불리는 사건이었다. 백 명의 유대인이 희생당하고, 유대인 회당 177개가 불탔고, 7천 개가 넘는 상점이 파괴되었다.

이때부터 유대인에 대한 탄압과 격리, 추방 등의 국가적인 탄압이 본격적으로 시작되었다. 하지만 그 누구도 공개적으로 반대하지 않았다. 대부분의 국민들은 이건 좀 심한 게 아니냐고 생각하긴 했지만, 완전 고용으로 배를 불려주고 외교의 승리를 통해 마음마저 채워준 히틀러였기에 눈 감아 주었다. 거기다 이미 저항은 불가능했다. 나치와 히틀러에 대한 비판과 비난은 고사하고 히틀러식 인사를 하지 않는 것만으로도 실직이나 수용소행을 각오해야 했다. 부유한 유대인은 이때부터 본격적으로 독일을 떠났고, 독일에 남은 건 가난한 유대인이었다.

유대인이 본격적으로 문제가 된 것은 독일이 폴란드를 점령한 1939년부터였다. 당시 유대인의 상당수가 독일이 아닌 폴란드를 비롯한 동유럽에 살고 있었기 때문이다. 폴란드를 점령한 히틀러는 일단 점령지의 유대인들을 게토에 몰아넣었다. 그리고 독일이 소련을 침공하고, 영토를 확장하자 동유럽에 살던 수백만 유대인의 운명이 히틀러와 나치의 손에 맡겨졌다.

최종 해결책

'유대인 문제에 대한 최종 해결책'이 1942년 1월 20일 베를린 교외의 반제에 있는 암그로센반제 56번지 별장에서 나왔다. 열린 장소의 이름을 따 '반제 회담'이라고 한다. 그전까지 눈에 보이는 대로 유대인을 잡아 죽였지만, 유대인의 수가 급격히 증가하자 그런 방법으로는 모든 유대인을 처치할 수 없었다. 획기적인 대책이 필요했다.

헨리 포드가 컨베이어 벨트를 돌리며 분업을 통해 자동차를 대량 제조했다면, 나치 또한 분업을 통해 죽음을 대량 생산하기로 했다. (실제로 헨리 포드는 유대인 차별주의자였으며, 나치와 긴밀하게 협력했다.) 나치는 살인을 철저히 분업화한 죽음의 공장인 절멸 수용소(Vernichtungslager)를 세웠다. 절멸 수용소는 나치에 반대하는 국가의 적을 수용하여 강제 노동을 시키는 강제 수용소나 포로 등에게 일을 시키는 강제 노동 수용소(Arbeitslager)와 달랐다. 말 그대로 절멸시키기 위한 장소였다. 아우슈비츠를 포함한 6곳이 모두 폴란드에 세워졌다. 트레블린카 절멸 수용소에서는 하루 최대 2만 5,000명을 학살했다. 수용자 가운데 사망률이 99.993%에 달했다.[128] 살아서 들어가면 확실하게 죽어서 나왔다.

독일 국민은 뭔가 이상한 일이 벌어진다고 어렴풋이 느꼈지만, 굳이 알려고 하지 않았다. 국민이든 군대든 어차피 자기 일이 아니었다. 히틀러에게 반대하면 자신도 끌려갈 수 있었다. 유랑 민족인 집시 또한 유대인과 같은 운명을 맞았다.

슬라브족의 운명도 가혹했다. 독일군이 사로잡은 포로 대부분은 소련군이었고, 600만 명의 소련 포로 중 330만 명이 기아와 질병, 주거 시설의 부족으로 사망했다.[129] 포로의 55%가 사망한 것이다. 이것으로 비극은 끝이 아니었다. 독일군에 포로로 잡힌 소련군 병사들이 어떻게 살아남아 소련으로 돌아간다고 하더라도 살아남기 어려웠다. 스탈린은 포로들을 "외국으로 달아난 변절자"라고 지목하면서, 그들이 돌아오는 즉시 처벌하고 가족들 역시 처벌하도록[130] 했기 때문이다. 심지어 스탈린은 장남인 야코프가 독일군에게 잡히자, 스탈린은 "바보 같은 놈, 자살도 못 하다니!"라고 오히려 화를 냈다. 얼마 안 가, 야코프는 일부러 수용소 철조망으로 달려가 독일군 총에 맞아 죽음을 맞이했다.

히틀러는 인종주의뿐 아니라 우생학에 빠져 있었다. 열등한 유대인을 없애기 전에, 위대한 아리아인부터 완벽하게 만들기로 했다. 히틀러는 훌륭한 독일인 중에 뒤떨어진 불량품이 있는 것을 참을 수 없었다. 열등인간(Untermensch)인 장애인과 정신질환자를 없애 버리기로 했다. 이를 담당하는 기관이 베를린에서 가장 유명한 공원인 티어가르텐 남쪽의 티어가르텐 4번지에 있어 'T4 프로그램'이라 불렸다. 오늘날 베를린 필하모니 콘서트홀 바로 앞으로, 사람을 살려야 하는 병원에서 사람을 죽였다. 아우슈비츠의 원조 격이었다.

히틀러는 T4 프로그램으로 7만 명 이상을 제거했다. 하지만 불량품을 없애는 것만으로는 성에 차지 않았다. 불량품은 없어져야 할 뿐 아니라, 아예 태어나지 말아야 했다. 200개의 유전건강법원에서 불량품을 낳을 가능성이 있는 인간을 정했고, 40만 명에게 불임시술을 행했다.

이런 장애인과 정신질환자, 유대인에 대한 학살을 설계한 이가 있었다. 히틀러의 주치의인 카를 브란트였다.

히틀러의 주치의 1-카를 브란트

넓은 이마에 완벽하게 정리한 8 대 2 가르마가 인상적인 카를 브란트는 히틀러보다 15살 적었다. 그는 뮌헨 대학, 베를린 대학 등 독일 내 유수의 대학에서 정식 교육을 받고 25살에 의사가 되었다.

소련에서 공산당이 권력을 장악하자, 많은 이들이 공산당에 가입했다. 독일인들 또한 나치가 정권을 잡자, 정확히는 1933년 3월 히틀러가 수권법마저 통과시키자 이에 반대하기는커녕 우르르 나치에 가입했다. 이런 이들을 '3월의 제비꽃'이라 부르는데, 나치가 대세가 된 후 가입한 사람들을 경멸조로 부르는 말이었다. 히틀러의 다른 주치의인 테오도어 모렐도 1933년 4월에 나치에 가입했다.

카를 브란트

하지만 출세욕이 남달랐던 카를 브란트는 남들보다 일 년 앞선 1932년 3월 1일 나치당에, 그것도 돌격대에 들었다. 그러던 중 그에게 기회가 왔다. 1933년 8월 15일 히틀러의 부관인 빌헬름 브뤼크너가 교통사고로 크게 다친 것이다. 그때를 놓치지 않고 외과 의사인 카를 브란트는 자기 능력을 십분 발휘하여 그를 수술해 낫게 했다. 그 덕에 그는 히틀러의 개인 주치의가 되었다. 카를 브란트는 승승장구했다. 친위대에 들어가 총통부 의사가 되어 히틀러의 최측근이 된 후, 친위대 수장인 하인리히 힘러, 나치 독일의 이인자인 괴링 등과도 친분을 쌓았다. 친위대 중장(오늘날로 치면, 투 스타에서 쓰리 스타)까지 오를 정도로 승승장구했다. 심지어 그는 아들 이름조차 아돌프 히틀러의 이름을 따서 카를 아돌프 브란트라고 지었다.

히틀러와 마찬가지로 인종주의에 깊게 빠져 있던 그가 바로 독일 내 장애인과 정신질환자를 제거하는 T4 프로그램의 설계자이자, 실행자였다. 히틀러와 마찬가지로 자신을 구원자라고 여긴 그는 열등한 인간의 목숨을 끊는 것을 구원이라 여겼다. 실제로 한 희생자가 "그냥 총살형으로 죽여 달라. 뭣 하러 가스실에 집어넣고 구차하게 죽이려고 하느냐"라고 묻자, 그는 "가스가 사람을 죽이는 가장 인도적인 방법이다."라고 답할 정도였다.

히틀러의 주치의들

우월한 그에게 열등한 인간은 같은 사람이 아니라, 실험용 쥐였다. 처음에는 인도적인 방법으로 사람을 보냈지만, 시간이 흐르자 사람을 그냥 죽이기 아까웠다. 사람을 가지고 다양한 실험을 시작했다. 차가운 얼음물에 사람을 담그고, 얼마 만에 죽는지 시간을 기록했다. 겨자 가스를 뿌린 채 사람의 몸에서 일어나는 반응을 관찰했다. 수많은 독 중 어떤 것이 가장 효과적인지 테스트했다. 그 외에도 수많은 균들과 화학 물질을 쥐 대신 사람에게 직접 투여했다.

카를 브란트[좌]와 히틀러[우]

속칭 일본의 마루타 부대인 731부대는 그래도 외국인을 대상으로 했지만, 독일의 T4 프로그램은 자국민을 대상으로 인체 실험을 했다. 그는 장애인과 정신질환자에 이어 일부 퇴역 군인들까지 대상으로 하다 소식이 새어나가 독일 군부의 반발에 부딪혔다. 그제야 7만 명 이상의 목숨을 빼앗은 T4 프로그램은 독일 내에서 폐지되었다. 이 T4 프로그램은 나치정권이 시행한 정책 중에서 유일하게 국민의 찬성을 받지 못해 폐지된 단두 개의 정책 중 하나였다. 나머지 하나는 기존의 기독교를 재해석하여 예수가 아리아인이고 히틀러가 독일민족의 메시아임을 주장하는 '독일신앙운동'이었다.

하지만 카를 브란트는 인체 실험을 멈추지 않았고, 독일 밖 강제 수용소에서 이번에는 유대인을 대상으로 생체실험을 이어갔다.

느려지는 독일군

누구도 막을 수가 없을 것 같던 히틀러를 처음으로 막아선 건 영국의 처칠이었고, 다음은 2달 안에 무너질 줄 알았던 소련이었다. 더 정확히는 129년 전 나폴레옹을 괴롭혔던 바로 그 소련의 넓은 땅과 기후, 그리고 후진성이었다. 독일의 수도 베를린에서 모스크바까지 직선거리로는 1,600킬로미터였고, 독일과 소련의 국경선에서조차 모스크바까지는 무려 1,000킬로미터에 달했다. 도로는 대부분 비포장도로였고, 러시아 영토 내 그나마도 얼마 없는 철로는 독일과 규격이 달라 독일의 기차가 달릴 수 없었다.

독일군의 진군 속도는 러시아 영토 깊숙이 들어감에 따라 점점 느려졌다. 독일 전차는 러시아 전차에 가로막힌 게 아니라, 전차를 따라오지 못하는 보병과 소와 말이 끌고 오는 석유를 포함한 보급의 부족, 그리고 잔고장으로 멈춰 섰다.

거기다 히틀러는 모스크바를 목표로 돌진하다 8월에 주력을 남쪽의 우크라이나로 방향을 선회했다. 그렇게 함으로써 모스크바 공격이 2개월 가까이 늦어졌다.[131] 소련과의 전쟁 직전 발칸 반도에서 보낸 6주와 함께 두 번째로 귀중한 시간을 날려 보낸 것이다. 스탈린은 루스벨트의 특사 해리먼과의 대화에서 "독일군이 모스크바 침공에만 집중했더라면 모스크바를 함락시킬 수 있었을 것[132]"이라고 할 정도였다. 히틀러의 명백한 실수였다.

10월 6일 밤, 평소보다 빠르게 첫눈이 내렸다. 하얀 눈은 뜨거운 피에 젖은 대지에 닿자 녹아내렸다. 곧 땅은 진흙탕이 되었고, 말 그대로 '길이 없어지는 때'인 '라스푸티차(rasputitsa)'가 시작되었다. 100일 넘게 소련군 시체를 짓밟으며 전진하던 독일군 탱크의 캐터필드가 진흙탕에 빠져 헛돌다 멈추었다. 당시 모스크바로 향하는 중부 집단군을 이끌던 보크 원수는 야전 일기에 "러시아 놈들보다 습기와 진흙탕이 우리를 더 괴롭히다니!"[133]라고 불평했다.

11월 중순 땅이 얼어붙자 다시 독일군은 전진하기 시작했다. 독일군은 모스크바에 있는 성당의 탑이 맨눈으로 보이는 곳까지 진격했지만, '진흙 장군'에 이어 나폴레옹을 물리쳤던 소련의 '동장군'이 독일군을 막고 나섰다. 동장군은 독일 병사들의 손과 발은 물론 탱크마저 얼렸다. 탱크에 시동을 걸려면 엔진 밑에 불을 피워야 할 정도였다. 12월 4일 모스크바의 수은주는 영하 35도까지 떨어졌다.

12월 6일 모스크바를 떠나지 않은 스탈린은 반격을 지시했고, 추위에 강한 소련군은 독일군에 맹공을 퍼부어 모스크바를 지켜냈다. 소련군 최고의 스파이인 조르게가, 일본이 소련 대신 남방으로 진출한다는 정보도 모스크바를 방어하는 데 큰 몫을 했다. 소련이 일본과의 전쟁에 대비해 놓았던 극동의 병사를 모두 빼서 독일과의 전쟁에 투입할 수 있었기 때문이다.

12월 7일 독일과 동맹을 맺고 있던 일본이 미국의 진주만을 공습했다. 일본은 당시 인도차이나를 장악하고 있던 프랑스가 독일에 항복하자, 인도차이나 반도를 점령했다. 이에 반발한 미국이 일본에 원유 수출을 금지하자, 석유가 나지 않던 일본은 위기에 처했다. 결국 일본이 택한 방법은 전쟁이었다. 일본은 진주만에 공습을 가해 미국에 큰 피해를 주는 동시에 인도네시아의 석유를 차지한 후, 미국과 협상에 나설 생각이었다.

일본이 미국을 공격했다는 소식을 들은 세 나라의 정상은 환호성을 질렀다. 한 명은 독일과 싸우던 영국의 처칠이었고, 다른 한 명은 일본과 싸우던 중국의 장제스였다. 이로써 처칠과 장제스는 미국의 도움을 받을 수 있게 되었다. 마지막 한 명은 독일의 히틀러였다. 히틀러는 결국에는 전쟁에 참여할 미국을 일본이 태평양에 묶어 줄 것을 기대했다.

일본은 미국과 장기전을 벌일 생각은 없었다. 실제로 태평양 전쟁 전, 일본 고노에 총리가 야마모토 함대 사령관으로부터 미국과의 전쟁에 대한 승산을 물어보았다. 그러자 야마모토 사령관은 "처음 반년 혹은 1년 정도는 괜찮겠지만, 2~3년 정도 지속한다면 승리를 확신할 수 없습니다. 따라서 일본이 강대국 미국을 상대로 장기전을 벌이면 가망이 거의 없기 때문에 무슨 수를 써서라도 단기전으로 결판을 내야 합니다."라고 대답했다.

일본은 진주만 공습으로 큰 타격을 입은 미국이 협상에 나설 것이라고 생각했다. 일본은 이전의 청일 전쟁, 러일 전쟁에서 기습 공격으로 승기를 가져간 후 전황이 유리한 상황에서 협상을 했고, 모두 성공하였기에 미국 또한 타협할 것이라고 생각했다.

하지만 일본의 착각이었다. 이미 최강대국이 된 미국은 일본과 협상할 생각이 아예 없었다. 거기다 일본에 선전 포고를 한 루스벨트는 진주만 공습에도 불구하고 우선순위를 일본의 태평양이 아니라, 독일의 유럽에 두었다. 일본에 이은, 히틀러의 착각이었다. 전황이 예상대로 흘러가지 않자, 히틀러는 군을 탓하며 나치 당수, 총리, 대통령에 이어 12월 19일 육군 총사령관이 되어 직접 군대를 이끌었다.

그렇게 1941년이 끝나고 1942년이 시작되었다. 독일군과 소련군 모두에게 혹독했던 동장군이 물러가자, 얼어붙었던 땅이 녹아 진흙탕으로 변했다. 가을에 이은 봄의 라스푸티차였다. 양군 모두 진흙탕에 발이 빠진채, 휴식 겸 다음 전투를 기다렸다.

해가 바뀌었지만, 여전히 주도권은 독일에게 있었고, 독일이 유리한 상황이었다. 독일은 매번 연료 문제로 골머리를 앓았기에 유전 지대인 카프카스를 손에 넣기로 했다. 히틀러는 북부의 레닌그라드와 중부의 모스크바 대신, 남부 카프카스를 목표로 했다. 카프카스를 넘으면 중동이었기에 잘만하면 이집트에 주둔한 영국군마저 손아귀에 넣을 수 있었다.

1942년 6월 28일 독일이 공세를 시작했다. 날이 따뜻해지고 땅이 말라붙자 언제 그랬냐는 듯 독일은 무자비한 속도로 전진했다. 8월 23일 독일의 폭격기가 스탈린그라드를 폭격했다. 볼가강변에 있던 석유 저장소가 불에 탔다. 시뻘건 화염이 수백 미터 상공까지 치솟았고, 이후 며칠 동안

300킬로 떨어진 곳에서도 시커먼 연기 기둥을 볼 수 있을 정도였다.[134] 그렇게 스탈린그라드 전투의 막이 올랐다.

스탈린 그라드 – 두 독재자의 자존심 대결

스탈린이 독일과의 전쟁을 위해 가장 잘 준비해 놓은 것은 볼가강변의 도시 '차리친'을 1925년 자신의 우상화를 위해 '스탈린그라드'라고 바꾼 것이었다. (이후 스탈린 격하 운동을 펼친 흐루쇼프가 다시 스탈린그라드를 볼고그라드로 바꾼다.) 볼가강 서안의 공업 도시 스탈린그라드는 겨우 4킬로미터 남짓한 폭으로, 서울로 치면 상암동 하늘공원에서 광진구 워커힐 호텔까지 강을 따라 길게 들어서 있었다.

독일군의 처음 목표는 카프카스 지역의 유전과 더 나아가서는 물보다 기름이 많은 중동이었지만, 히틀러는 스탈린이란 이름에 그만 원래 목표마저 잊어버렸다. 스탈린그라드를 완전히 폐허로 만들어 버린다고 하더라도 스탈린이 죽거나 소련이 무너질 리 없었지만, 히틀러는 스탈린의 도시라는 뜻의 '스탈린그라드'을 점령해 지도상에서 없애버리기로 했다. 스탈린 또한 자신의 이름을 딴 도시에 집착하기는 마찬가지였다. 어느덧 히틀러와 스탈린 두 독재자는 자존심을 걸고 스탈린그라드에서 맞붙었다.

독일군은 전차의 기동성을 바탕으로 적군을 포위 섬멸하던 기존의 전격전 대신 소총과 수류탄을 들고 건물 하나하나씩 점령하는 시가전에 돌입했다. 이에 소련 장교는 압도적인 독일 육군의 야포와 공군의 공습을 피하고자, 병사들에게 적군과의 거리를 90야드(80미터)로 유지하라고 지시[135]했다. 탱크로 수백 킬로미터를 거침없이 전진해오던 독일군은 탱크에서 내려 오로지 두 발로 거리와 건물, 그리고 계단을 뛰어다녀야 했다. 심지어 벽 하나를 등지고, 독일 병사와 소련 병사가 대치하는 상황마저 벌어졌다.

스탈린그라드에서 벌어진 시가전은 세계 1차 대전의 참호전과 같았다. 하루에도 수십 킬로미터의 평야를 거칠 것 없이 전진하던 독일부대는 하루에 건물 몇 개를 점령하는데도 애를 먹었다.

"모든 (소련) 병사들이 저격수에 필적하는 사격 솜씨를 지녔기 때문에 독일군은 늘 걸어 다니지 못하고 기어 다녀야 했다."[136] 스탈린그라드의 기차역은 무려 15번 넘게 주인이 바뀌었다.

독일은 한때 스탈린그라드의 90%를 장악하고, 소련군을 볼가강 180m까지 몰아넣었다. 그것이 한계였다. 소련은 볼가강을 건너 계속 인력과 무기를 보충했다. 양측을 합해 200만 명이 넘는 사망자가 발생했다. 역사상 최대의 사상자를 낸 전투였다. 보병의 목숨을 판돈 삼아 벌이는 시가전에서 승리를 거둔 쪽은 독일보다 더 많은 군인을 갈아 넣을 수 있었던 소련이었다.

독일군이 시가전에 모든 것을 쏟고 있을 때, 소련군은 도시를 둘러싸고 있던 독일군을 커다랗게 포위했다. 1943년 1월 포위된 독일군 하루 빵 배급이 초코파이 두 개 정도인 75그램으로 줄었다. 병사들은 적의 심장을 쏠 총알도, 자신의 배를 채울 빵도 부족했다. 스탈린그라드의 독일군을 이끌던 파울루스는 히틀러에게 물자와 병력을 보충해줄 것과 함께 퇴각을 요청했다. 이에 1943년 1월 30일, 총리 취임 10년 기념일을 맞이한 히틀러는 파울루스에게 후퇴를 허락하는 대신 원수라는 직책을 내렸다. 또한 히틀러의 대변인인 괴링은 파울루스의 6군을 페르시아에 맞선 스파르타의 정예 300명이 모두 전사한 테모필레의 스파르타군에 비유했다. 명예롭게 끝까지 싸우다 죽으라는 말이었다. 하지만 파울루스는 명예로운 죽음 대신 치욕스러운 삶을 택했다. 파울루스는 원수가 된 다음 날, 소련군에게 항복했다.

스탈린그라드 전투에서 소련에 사로잡힌 독일군 포로 중, 고급 장교의 사망률은 5%였지만, 초급 장교는 55%, 일반 병사와 하사관은 95%가 목숨을 잃었다.[137] 9만 1천 명의 포로 중에 겨우 5,000명만 살아남았다.[138] 독일군이든, 소련군이든 전투에 져서 포로가 되면 죽은 목숨이나 다름없었다.

소련군은 스탈린그라드 전투에서 승리한 기세를 몰아 후퇴하는 독일군을 공격했다. 하지만 독일의 명장 만슈타인은 상대방이 최대한 깊숙하게 들어오도록 내버려 둔 다음, 상대가 제풀에 지쳐 전진을 멈추고 숨을 고를 때를 노려 반격을 가했다. 2월 19일부터 3월 14일까지 이어진 돈바스-하르코프 공방전에서 다시 한번 독일군은 큰 승리를 거두었다. '전격전'에 이은 '기동방어'라는 또 다른 전술이었다. 그리고 또다시 봄의 라스푸티차가 등장했다. 혈전을 치른 두 나라는 휴식에 들어갔다.

쿠르스크 전투 이후

1941년 1차전에서는 독일이 전혀 전쟁을 예측하지 못한 소련에 대승을 거두었다.

1942년 2차전에서 독일은 소련이 예측한 모스크바가 아니라, 소련이 예상하지 못한 카프카스와 스탈린그라드를 공격하면서 승기를 가져갔다.

하지만 그해 겨울 스탈린그라드에서 치명적인 패배를 당했지만, 1943년 봄에 하리코프(하리키우)에서 승리를 거두면서 자신의 실력을 유감없이 내보였다.

1943년 여름, 독일과 소련은 3차전을 앞두고 있었다. 독일은 여전히 공격의 주도권을 가지고 있었다. 1차전과 2차전에서 모두 소련이 예상하지 못한 곳에 허를 찔렀던 독일이었지만, 이번에는 달랐다. 소련과 독일 모두 다음 3차전이 벌어질 곳을 알고 있었다. 독일쪽으로 툭 튀어나온 경상도보다 조금 더 큰 쿠르스크 지역이었다.

1943년 7월 쿠르스크에는 뜨거운 붉은 해가 파란 하늘에 떠 있는 가운데, 땅에는 노란 해바라기와 초록색 밀이 하늘을 향해 자라고 있었다. 7월 5일, 독일군 탱크의 캐터필드가 지진이라도 일어난 것처럼 대지를 울리며 밀과 해바라기를 짓밟고 전진하기 시작했다. 독일은 ㄷ 자로 튀어나온 쿠르스크 지역을 위아래에서 협공하여 그 사이의 소련군을 완전히 섬멸할 계획이었다. 하지만 이미 독일군의 계획을 알아차린 소련은 독소전쟁에서 처음으로 만반의 준비를 갖추고 있었다.

스탈린그라드 전투가 역사상 가장 많은 사상자를 낸 전투였다면, 쿠르스크 전투는 규모 면에서 지상 최대의 기갑전이었다. 7월 12일 철도 교차점인 프로호프카에서 독일군 600대, 소련군 900대의 전차가 뒤엉켰다. 총 1,500여 대의 전차 중 700대가 넘게 파괴되었다. 소련군의 전차가 더 많이 파괴되었지만, 결국 독일은 원래 목표였던 포위 섬멸을 이루지 못하고 퇴각하고 말았다. 이탈리아에 연합국이 상륙했다는 소식을 들은 히틀러가 부대를 후퇴시킨 것이었다. 하지만 전투를 계속했어도 쿠르스크 전투에서 완벽한 준비를 하고 있던 소련을 독일이 이기기는 힘들었다.

소련은 스탈린그라드의 시가전에 이어 쿠르스크의 전차전에서도 승리를 거두었다. 독일의 장기인 전차전에서마저 소련이 독일을 꺾었기에, 이 쿠르스크 전투로 사실상 세계 2차 대전의 승패가 결정되었다. 독일에게 남은 건 길고 긴 후퇴뿐이었다.

다음 해인 1944년 6월 6일 노르망디 상륙작전으로 영국과 미국의 연합국이 프랑스에 상륙하였고, 결국 독일은 서쪽의 영미 연합국과 동쪽의 소련군을 양쪽에서 상대하게 되었다.

엎친 데 덮친 격으로 독일 국방군 내에서 1944년 7월 20일 히틀러 암살 시도까지 일어났다. 회의가 열리는 늑대소굴에서 폭탄이 터져서 회의에 참여한 사람 중에 4명이 사망했다.

히틀러 암살 세력은 권총 하나 대신 번거롭게 시한폭탄을 택했다. 시한폭탄을 설치한 가방을 테이블 아래 놓아두었다. 하지만 결정적인 실수가 있었다. 혹시나 가방이 옆으로 넘어지면서 예정된 시간보다 일찍 폭발할 것을 두려워한 하인츠 브란트 대령이 가방을 테이블 다리에 기대 세워 놓은 것이었다. 안타깝게도 히틀러 쪽이 아니라 히틀러 반대쪽에. 폭탄과 히틀러 사이에는 있던 두꺼운 테이블 다리가 폭발 당시 방패 역할을 하면서 히틀러를 살렸다. 실제로 사망한 4명 모두 폭탄 쪽에 앉은 사람이었고, 테이블 다리 반대편에 있던 사람은 히틀러를 포함해 아무도 죽지 않았다. 히틀러는 우측 고막이 파열되었으며, 뇌진탕을 겪었을 뿐 생명에는 지장이 없었다.

"이런 겁쟁이들 같으니…… 바로 그게 그들의 본모습이다. 그들이 최소한 나한테 총을 쏠 용기가 있었더라면 나는 그들을 존경했을 것이다. 그러나 그들은 자신의 생명을 버릴 용기가 없었다."[139]

분노에 찬 히틀러가 소리 질렀다. 암살 시도 사건 후, 히틀러는 "최근 몇 년 동안, 러시아에서의 계획이 왜 실패했는지 이제야 알겠다. 반역자들 때문이야. 그런 놈들만 없었더라면 벌써 승리했을 거라고."[140]라며 군부를 탓했다. 하지만 세계 1차 대전에서 독일이 전쟁에서 패했기에 혁명이 일어난 것이지, 혁명이 일어나서 전쟁에 패한 것이 아니듯, 세계 2차 대전에서도 패배가 다가왔기에 군이 반역을 일으킨 것이지, 군의 반역 때문에 전쟁에 지고 있는 것은 아니었다.

1944년 9월 11일 미군 정찰대가 처음으로 서쪽에서 원래의 독일 영토로 진입했다. 6월 6일 노르망디 상륙작전 후, 97일 만이었다. 도박사였던 히틀러는 마지막 승부수를 던졌다. 소련과의 동부 전선을 놔두고, 연합군의 서부 전선에 모든 것을 걸었다. 히틀러는 코뿔소 뿔 형태로 서쪽의 연합군을 들이받을 생각이었다. 1940년 프랑스 전쟁의 재현을 꿈꾸며, 아르덴 지역을 통과해 연합군의 보급을 맡은 항구 도시 안트베르펜까지 단번에 진격할 계획이었다.

이것이 히틀러의 마지막 도박인 '아르덴 공세', 이른바 '벌지 전투'였다. 1944년 12월 16일, 독일군은 반격을 전혀 예상하지 못했던 연합군을 거칠게 몰아붙이며 기세 좋게 전진했으나 시간이 흐를수록 진격은 더뎌졌다. 독일군은 바다 냄새조차 맡지 못하고, 목표에 반의반이 조금 지난 지점에 멈춰 섰다. 허를 찌르긴 했으나, 처음부터 불가능한 작전이었다.

서부 전선에서 독일의 아르덴 공세가 멈춘 1945년 1월 12일, 동부 전선에서 소련이 독일과 폴란드 사이에 놓인 비스와강과 오데르강을 건너며 총공세에 나섰다. 서부 전선에서 도박을 하느라 모든 것을 쏟아부은 독일로서는 동부 전선에서 소련을 막을 수 없었다. 소련의 비스와-오데르 공세는 독일의 아르덴 공세와 달리 멈추지 않았다. 히틀러는 얼마 남지 않은 모든 것을 건 마지막 도박에 실패하고, 그나마 가지고 있던 판돈마저 모두 잃었다. 이제 스탈린의 소련군이 히틀러가 있는 베를린을 향해 전력으로 질주하기 시작했다.

히틀러의 마지막 생일

아르덴 공세가 실패로 돌아간 이후, 히틀러는 베를린 총리 관저 10미터 아래 지하 벙커에 계속 머물렀다. 아무리 인공조명으로 밝힌다 한들, 햇볕이 들지 않는 지하는 어둡고 습하며 악취가 가득했다. 히틀러의 두 눈은 붉게 충혈되었을 뿐 아니라 시력마저 나빠져 일반 글자보다 3배 크게 나오는 '총통 타자기'로 작성된 문서조차 두꺼운 안경 없이는 읽을 수 없었다.

히틀러가 벙커로 들어온 이후로 끊임없이 나쁜 소식만 들려왔다. 그 가운데 4월 12일 딱 한 번 좋은 뉴스가 전해졌다. 미국 대통령 루스벨트의 죽음이었다. 이 소식을 들은 히틀러는 기적이라며 좋아했지만, 기적은 딱 거기까지였다. 루스벨트는 죽었지만, 연합국과 소련의 공격은 멈추지 않았다. 4월 16일 소련은 잠시 멈추었던 공세를 다시 시작했고, 베를린은 곧 포위될 위기에 처했다. 지하 벙커에는 디젤 발전기가 웅웅거리며 돌아가는 소리와 함께 소련군의 포격 소리가 모든 이의 귀를 울렸다.

그 가운데서도 시간이 흘러 4월 20일, 히틀러는 56번째 생일을 맞이했다. 히틀러가 총리가 된 1월 30일과 함께, 히틀러의 생일인 4월 20일은 나치, 아니 독일의 가장 큰 기념일이었다. 총리 관저에서 축하 파티가 열렸고, 연합군은 이를 공습으로 축하했다. 다른 이들이 소련군이 베를린을 포위하기 전에 수도를 떠나자고 말했지만, 히틀러는 운명에 자신을 맡기겠다며 다른 이들이 떠나는 것을 막지 않았다. 이에 많은 이들이 여행 허가증을 발부하는 사령부 건물로 몰려들었고, 겨우 몇 시간 만에 2천 장 이상의 허가증이 발부되었다.[141] 생일날, 모든 것에 좌절한 그는 이렇게 말했다.

"내겐 약도 듣지 않아."

그런데 히틀러가 말한 약은 보통 약이 아니었다. 히틀러의 주치의인 테오도어 모렐이 투여한 약 중에서 종합비타민, 케모마일, 카페인, 남성 호르몬제인 테스토스테론, 사람을 흥분시켜주는 아드레날린까지는 그래도 괜찮았다.

히틀러의 주치의 2 - 테오도어 모렐

유대인뿐 아니라 자국민을 대상으로 인체 실험을 한 카를 브란트가 반듯하고 깔끔한 외모에 걸맞은 엘리트였다면, 테오도어 모렐은 뚱뚱하고 기름기가 흐르는 지저분한 외모로 어딘가 부족해 보였다. 돼지라는 별명답게 몸에서 냄새가 날 뿐만 아니라 구취도 심했다. 한 번은 부하들이 이를 지적하자 히틀러는 "나는 그를 향수가 아니라, 의학적 치료를 위해 고용했다."라고 변호할 지경이었다.

히틀러보다 3살 많은 그는 생긴 것과는 다르게 이른바 잘 나가는 의사였다. 1932년 그해 수입이 1만 2천 파운드, 오늘날로 따지면 25만 파운드로 4억에 가까웠다.[142] 모렐 박사는 베를린에서 가장 번화가인 쿠르퓌르스텐담, 줄여서 쿠담 거리에서 피부-비뇨기과로 개업하여 영화계나 연극계의 유명 인사가 주요 고객이었다.[143]

히틀러에게 마약을 투여한 테오도어 모렐

오래전부터 히틀러는 불면증, 복통, 피부 습진 등을 겪고 있었는데, 1936년 히틀러 전속 사진사인 호프만이 테오도어 모렐 박사를 추천했다. 모렐 박사가 이전에 임질에 걸린 호프만을 깔끔하게 치료해 준 적이 있었기 때문이다. 임질과 매독은 지금도 흔하지만, 그때는 더 흔한 질환이었다. 성병 중 다수는 성기에 궤양과 고름뿐 아니라, 피부에 발진이 나타났기에 과거에 독일뿐 아니라 우리나라도 피부-비뇨기과를 묶어서 보았다. 어떤 이는 성병 전문인 모렐 박사가 히틀러의 주치의를 담당했다는 사실과 다른 여러 가지 근거를 바탕으로 히틀러가 1908년에 유대인 창녀에게서 매독에 걸렸으며, 이로 인해 유대인을 저주하게 되었다고 주장한다. 또한 세계 2차 대전 말기 히틀러가 손을 떨며, 성격이 변한 것을 신경 매독때문이라고 설명하기도 하나 의학적 근거가 희박하다.

복통은 평생 히틀러를 괴롭혔다. 히틀러의 병명은 큰 이상 없이 복통, 혹은 복부 불쾌감, 배변 후 증상 완화가 만성적으로 반복되는 과민성대장증후군이었다. 서구인의 7~10%[144] 에서 발생하는 질환으로 스트레스를 받으면 심해진다. 시험 당일 아침, 학교 화장실에 길게 사람들이 줄 서는 이유가 다 이 질환 때문이다. 히틀러는 발에 습진도 심했는데, 구두를 신을 때마다 가려워서 미칠 지경이었다.

히틀러는 사진사 호프만을 통해 소개받은 테오도어 모렐에게 습진과 복통을 일 년 안에 고쳐준다면, 자신의 주치의로 고용하겠다고 제안했다.[145] 다른 저명한 의사들이 모두 도전했다가 포기한 상태였다. 모렐의 아내가 말렸지만, 모렐은 이를 그에게 찾아온 큰 기회로 보았다. 그는 히틀러에게 복통과 습진을 1년 안에 고치겠다 장담했다. 그리고 그는 불과 1개월 만에 히틀러의 복통과 습진을 고치는 데 성공했다. 히틀러는 환호성을 지르며 "기적의 의사가 내 생명을 구했어!"[146] 라고 외쳤다. 그렇게 모렐 박사는 단번에 히틀러의 신뢰를 얻어 개인 주치의가 되었다. 그렇게 둘은 떼려야 뗄 수 없는 사이가 되었다.

히틀러의 애인이었던 에바 브라운이 찍은
테오도어 모렐[좌]과 이발사 호프만[우], 1940년

히틀러는 열정이 넘쳤고, 또 열정이 넘쳐 보여야 했다. 그렇게 흥분된 상태가 지속되다 보니, 밤에는 불면증을 겪었다. 그러다 에너지가 고갈되면, 심한 무기력증과 우울함에 빠졌다. 과도하게 흥분하는 조증과 가라앉는 우울증이 번갈아 가며 나타났던 것이다. 거기다 1923년 교도소 신체검사에서 드러났듯이 히틀러는 잠복 고환으로 우측 고환의 기능이 상실되었다. 바로 이 지점에서 주치의인 테오도어 모렐이 나섰다. '구식 치료법에 얽매이지 않는 의사'였던 그는 지금이라면 쓸 수 없는 약을 히틀러에게 투여했다.

마약을 포함한 항정신성 약은 크게 두 가지로 나눌 수 있다. 사람을 업(up), 각성하게 하는 약과 사람을 다운(down), 가라앉히는 약이다. 일부 사람들이 히틀러를 조울증으로 진단할 정도로 그는 감정의 기복이 심했다. 또한 국가 지도자, 국방군 총사령관, 총리, 대통령, 최고 법관, 당 지도자인 그는 맡은 직책만큼이나 업무가 많았다. 잠은 항상 부족했으며, 늘 피곤했다. 히틀러가 불면증에 시달리거나 휴식이 필요할 때면, 주치의 모렐 박사는 그에게 진정제나 당시 수면제로 쓰였던 나트륨 바르비탈이나 브롬화칼륨을 투여했다.

반대로 주치의는 히틀러가 에너지가 필요할 때, 지금도 사용되는 포도당, 카페인, 남성 호르몬인 테스토스테론, 흥분제인 아드레날린을 주었다. 모렐은 거기다 더해서 마약인 코카인과 당시에는 페르비틴으로 팔렸던 메스암페타민, 즉 히로뽕에 마녀들의 약으로 불리던 벨라돈나까지 히틀러에게 투여했다.

당시만 하더라도, 마약에 대한 심각성이나 금기, 표준화된 용량 등이 없어 의사가 임의로 투약을 결정하고 양을 조정할 수 있었다. 처음에 히틀

　　　　　　　　　　　　　　　　히틀러의 주치의들

러는 축농증을 치료하기 위해 안약으로 코카인을 투여하다 코로 직접 흡입했다. 그러다 어느 순간 코카인도 주기적으로 맞기 시작했다. 코카인은 사람을 흥분시켜 활력이 넘치도록 만들었기 때문에 예로부터 오랜 시간 일하는 농장의 노예부터 월스트리트의 투자자들이 자주 애용하곤 했고, 우울증의 치료제로도 이용했다. 히로뽕인 메스암페타민은 세계 2차 대전 당시 초코렛과 섞여 전차초코렛이라는 별명이 붙었는데 전차 승무원이나 폭격기 조종사, 유보트 승무원들이 자주 복용했다.

히틀러의 아침은 주치의인 모렐이 그에게 그날 분 각성제를 투여하는 것으로 시작되었다.[147] 마약이 일상이 된 것이다. 그 외에도 히틀러는 수시로 신경성 복통을 호소했는데 그럴 때는 아편계 약물인 모르핀을 맞았다. 마약이긴 하지만 아편은 통증에 효과적이어서 오늘날에도 암 환자에게 주로 사용된다. 각종 마약을 마음껏 투여했던 모렐이 왜 '구식 치료법에 얽매이지 않는 의사'로 불렸고, 지저분한 외모에도 베를린 번화가인 쿠담 거리에서 VIP 진료를 할 수 있었는지 추측할 수 있다.

결국 히틀러는 하루에만 주치의인 모렐 박사가 처방한 28가지의 알약을 먹고, 전쟁을 치르는 동안 모두 90가지의 약을 복용했다.[148]

괴링은 그를 '제국 주사부 장관'이라고 비꼬기도 했는데, 괴링 또한 모르핀 중독자였다. 테오도어 모렐 박사가 각종 마약과 항정신성 약물을 투여한 사람은 히틀러와 괴링뿐이 아니었다. 체코 대통령인 에밀 하하가 1939년 3월 히틀러에게 체코를 넘긴다는 서명을 앞두고 지쳐 쓰러지자, 히틀러 옆에 있던 모렐이 하하 대통령에게 주사로 회복시켜 서명하게 했다. 이에 모렐 박사는 자신이 없었으면 성명서에 서명도 받지 못했을거라고 자찬하자, 히틀러는 "모렐 당신이 노신사를 팔팔하게 만든 바람에 서명을 거부할까 노심초사했다."[149]고 말할 정도였다. 외국 정상과의 만남에도 데려갈 정도로 히틀러는 주치의인 모렐 박사의 능력을 지극히 신뢰했다.

독일의 패배가 임박한 1944년 9월부터 히틀러는 심각하게 몸이 나빠졌다. 몇 번이나 쓰러지고, 왼팔을 벌벌 떨었으며 몸에 마비를 겪었다. 우리 몸에서 도파민을 분비하는 신경 세포가 파괴되는 파킨슨의 초기 증상일 수도 있었고, 코카인을 비롯한 히로뽕 같은 과도한 각성제의 투여로 인한 부작용일 가능성도 있었다. 하루는 히틀러의 주치의 중 한 명이었던 기징 박사가 모렐 박사의 처방한 약을 우연히 보다, 독약으로 사용되는 벨라돈나와 스트리크닌 등이 포함되어 있음을 알아차렸다. 벨라돈나는 마녀들이 하늘을 나는 데 사용한다고 알려져 있었는데, 극소량으로도 하늘을 나는 듯한 환각을 불러일으켰다.

모렐 박사의 처방을 알게 된 기징 박사뿐 아니라, 인종차별주의자이자 사람을 실험 도구로 이용했지만, 실력만은 뛰어났던 카를 브란트, 그리고 히틀러를 자주 진찰했던 하셀 바흐, 이 셋이 히틀러에게 모렐 박사에 대해 반대하는 의견을 냈다. 하지만 히틀러는 이들에게 상을 주는 대신 셋 모두를 총통부 의사에서 해임하는 것으로 마무리 지었다.

세계 2차 대전의 패배가 눈앞에 다가온 시점에서도 "충성스러운 모렐이 없었다면, 나는 완전히 쓰러져 버렸을 거야. 그런데 다른 멍청한 의사들은 그를 제거하려고 했지."[150]라고 말할 정도로 히틀러는 자신의 주치의를 굳게 믿었다.

히틀러가 코카인, 모르핀, 벨라돈나, 메스암페타민까지 맞았고 주로 코카인을 자주 찾았기에 일부에서는 그가 마약 중독자라고 주장하며, 모렐 박사가 히틀러의 몰락을 가속화했다고 말하기도 한다.

마약 중독자는 삶의 목적이 마약이다. 마약을 위해 돈은 물론이고 생명까지 바친다. 마약을 위해 살고, 마약을 위해 죽는다. 히틀러는 자주 마약을 찾았지만, 적어도 마약 중독자는 아니었다. 그는 자신이 하는 일을 정확히 알고 있었고, 그 어떤 약이나 환각에 영향을 받지 않았다.[151] 히틀러에게 마약은 단지 정신을 집중하고 때로는 몸을 쉬게 하는 용도였다. 히틀러에게 마약은 수단일 뿐, 목적이 아니었다.

또한 히틀러가 만약 삶의 목적이 마약인 마약 중독자였다면 결코 자신에게 마약을 제공하는 의사를 마지막 순간까지 떠나보내지 않았을 것이다. 히틀러는 56번째 그의 생일 당일 날이자, 죽음을 10일 앞둔 날 주치의인 모렐 박사와 다투었다. 테오도어 모렐은 히틀러를 떠났고, 히틀러는 그를 잡지 않았다. 모렐 박사는 4월 23일 베를린을 떠나 연합국이 점령한 곳에 도착했다.

도박사의 최후

독일 제국과 히틀러의 종말이 눈앞으로 다가왔다. 패배를 피할 수 없게 되자 그는 세계 1차 대전에서 독일이 패한 원인을 등을 찌른 유대인과 볼셰비키에 돌린 것처럼 2차 대전의 패배를 가장 먼저 군부로 돌렸다.

"나의 장군들이 당신들처럼 용감했더라면……육군이 나를 배반했고, 장군들은 아무 데도 쓸데가 없었다."

다음은 국민 차례였다.

"독일 민족이 약한 것으로 판명되면 더 강한 민족에게 절멸당할 수밖에 없다. 동정은 필요 없다."

"국가사회주의의 계획과 이상들은 이런 국민들에게 너무 고상하고 고귀했다…… 이런 국민들은 이런 운명에 처해도 싸다."[152]

패배의 이유를 다른 이에게서 찾던 그였지만 적어도 패배의 책임은 피하지 않았다.

"나는 이제 운명을 따라야 한다. 설사 나를 구할 수 있다고 할지라도 그렇게 하지 않겠다. 선장은 배와 함께 침몰한다. 그게 당연하다."[153]

그리고 히틀러는 전쟁에서 승리하는 방법 대신 배와 함께 침몰한 방법을 고민하기 시작했다. 안타깝게도 그의 곁에는 주치의인 테오도어 모렐도 없었다.

1939년 8월 폴란드의 침공을 앞두고, 나치의 이인자 괴링이 히틀러에게 "사생결단만은 하지 말지요."라고 말하자, 히틀러는 "나는 평생 판돈을 몽땅 거는 게임을 해 왔소."[154]라고 답했다. 그랬다. 히틀러는 타고난 승부사였다. 히틀러는 그의 말대로 매번 모든 것을 걸었다. 그에게 삶과 더 나아가 전쟁이란 "전부 아니면 전무"였다. 그랬기에 성공할 수 있었다.

세계 1차 대전이 끝나고 아무것도 없었던 그는 국가사회주의당의 대표가 되었고, 세계 대공황과 기존 정치인과 정당의 실패를 바탕으로 성공할 수 있었다. 나치가 가장 많은 득표를 받자, 그는 "총리가 아니면, 내각참여는 없다."라며 벼랑 끝 전술로 버텼고, 결국 총리가 되었다. 국회의사당 방화 사건과 수권법 통과로 한순간에 모든 권력을 손에 쥐었다. '장검의 밤'을 통해 자신을 위협하는 돌격대를 제거하고, 군대와 손을 잡고 국내에서 모든 적을 물리쳤다. 국내를 완전히 장악한 히틀러는 멈추지 않고 국외로 눈을 돌렸다.

전쟁이 일어날까 두려워했던 국민뿐 아니라 독일군 장교도 반대했지만, 히틀러는 모든 반대를 무릅쓰고, 베르사유 조약 탈퇴, 재무장, 라인란트 점령, 오스트리아와 체코 합병까지 이뤄냈다. 히틀러는 매번 자신의 모든 것을 걸었고, 이에 겁을 먹은 영국과 프랑스는 제 발로 물러났다. 이에 히틀러의 독일은 라인란트, 오스트리아, 체코를 먹으면서 판돈을 키웠다.

처음에는 무모해 보였지만, 그가 계속해서 성공을 거두자 사람들은 히틀러에 대한 불신과 의심 대신 신뢰와 믿음을 보냈다. 사람들은 위대한 비스마르크조차 하지 못한 일이라며 그를 칭송했다.

그를 칭송한 것은 평범한 독일 국민만이 아니었다. 독일군의 명장이자 나중에 히틀러와 갈등을 겪는 만슈타인조차 "히틀러는 절대적인 직관과 본능적인 감각이 있는 것으로 보였다. 절대 멈추지 않고 진행될, 그리고 혹자가 빛나는 사건들의 연속이라고 표현한 연이은 성공은…… 놀랍게도 이 모든 것이 전쟁 없이 이루어져 왔던 것이다."[55]라고 말할 정도였다.

히틀러의 도박이 연이어 성공하는 것을 지켜보던 국민들과 군부는 히틀러를 견제하거나 막는 대신 어느 순간부터 그들 또한 그들이 가진 모든 것을 히틀러에게 걸었다. 카지노에서 계속 이기는 사람을 뒤에서 구경하는 이들이 결국 그 행운의 남자를 따라 돈을 거는 것과 같았다.

사람들은 그가 가져다주는 성공에 취해, 그의 잘못을 눈감아 주었다. 처음에는 우파 정치인이, 그다음에는 국민과 군부가 같은 편이 되었다. 비밀경찰인 게슈타포가 새벽에 누구를 잡아가도 못 본 척했다. 처음에는 공산주의자와 사회주의자로 시작해서 장애인이 잡혀갔고, 마지막에는 유대인이 끌려갔다. 사람들은 잡혀가는 사람들이 말썽꾼 아니면 혁명 분자, 계급도 다르고 딴 세상에서 살아가는 사람들이려니 했다.[156] 모두가 알았지만, 아무도 몰랐다.[157] 자기 일이 아니면, 아무 일도 아니었다.

1939년 9월 그는 피를 흘리지 않던 '꽃의 전쟁'을 끝내고, 폴란드를 침공했다. 승리했다. 그다음 해인 1940년에는 당시 최강의 육군을 가진 프랑스를 단 6주 만에 제압했다. 덩치만 큰 소련 따위는 문제 없었다. 히틀러만이 아니라, 독일 국민들과 군인들은 소련마저 집어삼키며 전 세계 최강국이 되는 꿈에 부풀었다. 히틀러는 비스마르크를 넘어 소련 정복에 실패한 나폴레옹마저 능가할 것 같았다. 히틀러는 마약이 아니라, 거듭되는 성공과 그 성공을 이끄는 자신에게 취했다. 승리와 자신에게 중독된 그는 멈출 수 없었다.

레닌그라드를 포위하고, 모스크바를 코앞에 두었을 때 히틀러는 스탈린의 판돈이 다 떨어졌다고 생각했다. 하지만 소련의 주머니는 계속 채워졌다. 단번에 끝났던 폴란드나 프랑스와는 다르게, 소련과의 전쟁은 질질 시간을 끌었다. 한때 소련의 대부분을 장악한 히틀러는 끝내 소련을 항복시키지 못한 채 결국 역전당했다.

도박에서 상대의 돈을 거의 다 따다가 흐름이 바뀌어 자기 돈을 거의 다 잃어가는 상황에서 얼마 남지 않는 돈이라도 챙기기위해 자리에서 일어날 수 있는 도박꾼은 없다. 도박꾼이란 원래 테이블 위의 모든 돈을 가지거나, 자신이 가진 돈을 모두 잃어야 한다. 그것이 도박꾼의 숙명이다. 히틀러가 돈을 잃어가자, 사람들은 의심하기 시작했다.

"지도자의 예지가 들어맞았으면 좋겠다. 최근 들어 너무 실망을 많이 해서 이제는 좀 미심쩍다." 히틀러를 믿고 따르던 선동가 괴벨스마저 이렇게 말할 정도였다. 히틀러가 돈을 모두 잃기 직전, 그를 구원자이자, 메시아로 떠받들던 국민과 군부, 심지어 부하마저 히틀러를 버리고 곁을 떠나기 시작했다.

절망밖에 남지 않은 총통의 벙커로 이번에는 알프스 너머 이탈리아에서 비극적인 소식이 전해졌다. 그의 롤모델이었으나, 어느 순간부터 짐밖에 되지 않았던 무솔리니의 죽음이었다. 연합국을 피해 도망치던 무솔리니가 코모호숫가 근처에서 애인인 클라라 페타치와 함께 잡혀 총살당한 것이었다. 그것으로 끝이 아니었다. 두 사람의 시체는 밀라노 로레토 광장에 있는 주유소에 거꾸로 매달렸고, 분노한 사람들은 시체에 욕을 하는 것으로 모자라 장대를 휘두르고, 돌을 던졌다. 무솔리니의 얼굴은 짓이겨져 알아볼 수 없었다. 모든 것을 잃고, 치욕스러운 삶 대신 명예로운 죽음을 준비하던 히틀러에게 이제 죽음마저도 안전하지 못했다.

4월 29일 밤, 살날이 얼마 남지 않은 히틀러는 그의 애인인 에바 브라운과 햇빛이 들어오지 않는 지하 벙커에서 결혼식을 올렸다. 히틀러는 전속 사진사 호프만의 사무실에서 17살의 에바 브라운을 처음 만났다. 결혼식은 히틀러 때문에 두 번이나 자살 시도를 했던 그녀를 위해 히틀러가 마지막으로 해 줄 수 있는 전부였다.

4월 30일, 베를린을 둘러싼 소련군이 총통 벙커 몇백 미터까지 접근했다. 더 이상 시간을 끌다가는 히틀러도 무솔리니와 같은 운명을 맞이할 지경이었다. 그는 부하에게 자신과 아내 에바 브라운의 유해가 소련군의 손에 들어가지 않도록 명령하고는 심지어 서면으로도 확인받았다. 그리고 그는 에바와 벙커에 있는 한 방에 들어갔다. 얼마 안 가 총성 한 발이 울려 퍼졌다. 오후 3시 30분이었다. 그는 생전에 한 말을 지켰다.

"내가 베를린을 떠날 거로 생각한다면 엄청나게 오해한 것이다! 차라리 내 머리에 총을 쏘겠다."[159]

1923년 11월 8일 히틀러는 뮌헨의 호프집 뷔르거브로이켈러에서 천장에 총을 쏘며 혁명을 외쳤다. 혁명이 실패로 돌아가자, 그는 권총으로 자신을 쏘려 했지만, 주위 사람의 방해로 쏠 수 없었다. 그 후로 22년이 지나서야, 그는 드디어 권총으로 자신을 쏘는 데 성공했다. 총소리에 놀란 부하가 문을 열고 들어갔을 때, 그의 오른쪽 관자놀이에는 검붉은 피와 함께 구멍이 나 있었고, 7.65 밀리 발터 권총이 옆에 있었다. 에바 브라운은 푸르스름한 입술을 한 채 죽어 있었다. 미리 구해 둔 청산가리를 먹은 것이었다.

히틀러와 에바 브라운의 죽음을 확인한 부하는 히틀러와 에바 브라운의 시체를 벙커 밖 공터로 빼낸 후, 주변 자동차 연료탱크에서 빼낸 기름 200리터를 둘의 사체에 붓고는 불을 지폈다. 히틀러와 에바 브라운의 몸이 불타는 동안, 아무도 그의 몸이 재로 변하는 것을 끝까지 지켜보지 않고 살 길을 찾아 자리를 떠났다.

책을 불태우고, 유럽을 불태운 히틀러는 그렇게 자기 몸마저 불사르며 사라졌다.

남은 이들

세계 1차 대전에서는 협상국의 참호와 독일군의 참호 사이가 지뢰와 포 구덩이만 가득한 수백 미터의 '무인지대(No man's land)'가 있었다면, 세계 2차 대전에서는 독일과 소련이 한 차례씩 휩쓸고 간 수백 킬로미터의 피에 젖은 땅[160], '블러드랜드(bloodlands)'가 있었다. 폴란드와 우크라이나, 벨라루스와 소련 서부에 해당하는 이 곳은 저주 받은 지역이었다.

1930년대 스탈린의 경제 정책 실패로 일어난 우크라이나 대기근으로 이 지역 사람들은 상당수가 굶어 죽었다. 하지만 그것으로 부족했는지 스탈린은 소수 민족 박해와 대숙청으로 다수의 동유럽인을 희생시켰다. 소련계 폴란드인, 우크라이나인, 그 외에도 수많은 민족이 목숨을 잃고 강제 이주를 당했다. 이에 1941년 독일군이 쳐들어오자, 박해받던 그들은 독일군을 해방군으로 여겼다. 하지만 히틀러에게 그들은 유대인과 함께 지구상에서 사라져야 하는 열등한 슬라브족일 따름이었다. 즉결 처형, 감옥, 수용소가 그들을 기다리고 있었다. 독일이 물러가자, 스탈린은 그 지역 사람들을 독일에게 협조한 스파이로 여기고 무자비한 숙청을 감행했다.

세계 2차 대전 동안 이 피에 젖은 땅의 남자는 전쟁터나 수용소에서 죽음을 맞이했고, 아이, 노인, 여자는 기근으로 굶어 죽었다. 소련의 스탈린과 독일의 히틀러라는 두 번의 지옥을 겪어야 했던 이들은 유대인과 더불어 세계 2차 대전에서 가장 불쌍한 사람들이었다.

히틀러에 모든 것을 걸었던 독일 국민들은 대가를 치러야 했다. 인구 8,000만의 독일은 전체인구 10%에 해당하는 800만 명의 사상자를 남겼다. 1938년 미국, 소련 다음으로 세계 3위의 경제 대국이었던 독일은 전쟁이 끝난 직후 국내 총생산량(GDP)이 5,457억 달러에서 2,285억 달러로 무려 60% 감소[161]했다. 동독과 서독으로 분단되었고, 수도인 베를린도 예외가 될 수 없었다.

모든 것이 부족한 베를린에는 딱 세 개의 일자리만이 넘쳐 났다. 매춘부와 암거래상, 그리고 스파이였다.[162] 나치를 위해 일했던 이들은 소련이나 미군에게 정보를 팔았다. 팔 정보조차 없는 이들은 암시장에서 음식을 구하기 위해 가진 모든 것을 헐값에 넘겼다. 1871년 프로이센-프랑스 전쟁 승리 후 개선식이 열렸던 독일의 상징인 브란덴부르크 문 앞에는 배를 채우기 위해 모든 것을 파는 암시장이 열렸다. 팔 게 없는 여자들은 몸이라도 팔아야 했다. 초콜릿 따위의 군인 보급품을 얻기 위해 몸을 팔던 여자를 초코레이디라 불렀다. 독일판 양공주였다. 돈 많은 미군은 다리를 벌린 독일 여자에게 푼 돈을 주었고, 돈 없는 소련군은 다리를 벌리지 않는 여자에게 주먹을 날렸다. 실제로 10~80세 사이의 독일 여성들 중 베를린에서는 10만 명 이상이, 동독의 다른 지역에서는 150만 명 이상이 1945년 초반 6개월 동안 소련 군인들에게 강간을 당했다.[163]

나치에 가입하기 위해 줄을 섰던 이들은 이제 퍼실샤인(Persilschein, 세탁 세제인 Persil에서 유래한 말로 깨끗한 과거란 뜻으로 비나치화 증명서)을 구하기 위해 또다시 줄을 섰다. 사람들은 빨간 셔츠(공산당)에서 갈색 셔츠(나치)로, 다시 흰색 셔츠(비나치)로 갈아입었다. 일부 남자는 왼쪽 팔 안쪽에 새긴 자신의 혈액형을 지우기 위해 자기 팔을 칼로 긁거나 불로 지져야 했다. 그건 영원히 감춰야 할 친위대의 표시였다.

독일 국민은 모든 것을 묻은 채 새로 시작해야 했다. Stunde Null, 즉 0시[164]로 돌아갔다.

히틀러의 대변인인 괴벨스는 부인과 6명의 자식과 함께 벙커에서 청산가리를 마시고 목숨을 끊었다. 사로잡힌 친위대의 힘러와 이인자 괴링은 재판받는 도중 청산가리 캡슐을 깨물어 자살했다.

독일 국방군은 친위대나 나치와는 다른 대접을 받았다. 독보적으로 뛰어난 장군이었던 만슈타인은 재판에서 18년 형을 받았다. 하지만 전쟁터에서 보여준 뛰어난 업적으로 아군은 물론, 적에게마저 존경받으며 오늘날까지도 많은 군사학자들의 연구 대상이 되고 있는 그는 감옥에서 편안하게 지내다 4년 만에 건강상의 이유로 석방되었다. 만슈타인은 〈잃어버린 승리〉라는 이름의 회고록을 내면서, 히틀러가 방해하지 않았다면 쿠르스크 전투에서 소련을 이겼을 것이며, 만약 히틀러가 장성들에게 완벽한 재량권을 주었더라면 장성들이 전쟁에서 패하지 않았을 것을 암시했다.[165] 이에 동조한 많은 이들이 히틀러가 그의 작전에 관여하지 않았다면 역사가 달라졌으리라[166] 생각한다.

세계 1차 대전의 패배에 대해 힌덴부르크가 말했던 '등 뒤에서 찌른 칼'이 세계 2차 대전에서는 죽은 히틀러가 되었다. 하지만 히틀러가 아니었다면, 독일군은 혁신적인 전격전을 선보이기는커녕, 전쟁을 시작조차 하지 못했을 것이다. 언제나 죽은 자는 말이 없었다.

히틀러의 주치의이자, 사람을 실험 도구로 사용했던 카를 브란트는 독일의 패전을 앞두고, 자기 아내와 아이들을 연합국 쪽으로 보내려다 독일군에 사로잡혀 반역죄로 사형선고를 받았다. 그는 교도소에 수감되어 있던 중 독일이 항복하여 히틀러의 손에 죽는 것은 피할 수 있었다. 하지만 세계 2차 대전 직후 뉘른베르크 재판 중 나치에 협조한 의사 재판에서 그는 나치의 전쟁 범죄에 가담한 의료인 23명 중 대표로 또다시 사형을 선고 받았다. 재판 이름마저 'United States of America v. Karl Brandt, et al.(미합중국 대 카를 브란트 외)였다. 단, 나치의 인체 실험에서 카를 브란트와 쌍벽을 이뤘던 '죽음의 천사'로 불리던 요제프 멩겔레는 남미로 도주하여 천수를 누리다 죽었다.

　재판에서 카를 브란트는 자신의 안락사 프로그램이 매우 인도적인 방법이며, 모두 친위대 수장인 힘러가 시켜서 한 일이라고 주장했으나 받아들여지지 않았다. 교수형에 처하기 직전 "나는 발판 위에 서 있는 것을 부끄러워하지 않는다. 이것은 정치 보복일 뿐, 나는 내 조국을 위해 일했다."는 말을 남기며 끝내 자기 잘못을 인정하지 않았다. 〈예루살렘의 아이히만〉에서 유대인 학살인 홀로코스트 책임자인 아돌프 아이히만이 "나는 시키는 일을 충실히 했을 뿐이다."라고 변명한 것과 유사했다. 의사인 카를 브란트의 치명적인 실수는 잔인한 인체 실험을 한 것이 아니었다. 그의 잘못은 인체 실험을 통해 얻은 귀중한 데이터를 챙기지 않은 것이었다.

　독일과 함께 세계 2차 대전을 일으킨 일본은 전쟁에 있어서는 독일만큼 강력하지는 않았지만, 인체 실험에 있어서는 나치를 압도하고도 남았다. 일본은 만주 하얼빈의 6제곱킬로미터에 걸친 면적에 150동이 넘는 건물로 이루어진 대규모 복합시설[167]에서 다양한 인체 실험을 수행했다. 이는 면적으로만 따지면 현재 아산 병원의 20배 정도 규모이다. 사람을 통나무라는 뜻의 '마루타'라 부르며 차마 말로 하기조차 두려운 행위를 저질렀던 731부대가 바로 그들이었다. 하지만 731부대 출신들은 우두머리인 이시이 시로 준장을 포함하여 대부분 미국의 신변 보호를 받으며 천수를 누렸다. 그들은 매우 소중하고 귀한 인체 실험 데이터를 가지고 미국 정부와 범죄자가 수사에 적극적으로 협조한 대가로 사면받는 플리바겐에 성공했기 때문이다.

뉘른베르크 재판 받는 카를 브란트[상단 중앙]

히틀러에게 마약을 포함하여 90가지 약물을 투여했던 히틀러의 주치의인 테오도어 모렐은 뉘른베르크 재판 가운데 '의사 재판' 명단에 없었다. 그뿐 아니라 아예 기소조차 되지 않았다. 의사인 그는 환자인 히틀러에게 현대 의학에서는 몸을 해칠 가능성 때문에 더 이상 하지 않는 치료를 하긴 했지만, 당시에는 종종 사용되던 방법이었다. 거기다 그는 나름대로 최선을 다해 환자인 히틀러를 도왔을 뿐만 아니라 반인도적인 범죄에는 전혀 가담하지 않았다.

누군가 그에게 '왜 악인인 히틀러를 치료했냐?'고 따질 수도 있다. 하지만 그때나 지금이나 의사의 임무는 환자를 치료하는 것이지, 벌하는 것이 아니다. 아픈 사람을 치료하는 건 의사이고, 나쁜 이를 처벌하는 건 판사이며, 나쁜 정치인을 쫓아내는 건 국민이어야 했다. 히틀러보다 3년 먼저 태어난 테오도어 모렐은 히틀러가 죽은 지 3년 후에 뇌졸중으로 사망했다.

히틀러가 세계 2차 대전을 일으키고 유대인을 학살했던 것은 그가 아파서도 아니었고, 주치의인 테오도어 모렐 박사가 마약을 투여했기 때문도 아니었다. 히틀러가 도박에서 계속 이기자, 이에 취한 국민들이 그를 믿고 그에게 자신들이 가진 모든 것을 걸고 지지했기 때문이다. 히틀러는 건강했고 그가 행한 모든 일에 책임을 질 수 있었다.[168] 그건 독일 국민 또한 마찬가지였다.

IV

2등의
열등감

중국의 두려움

중국(中國)이라는 이름의 유래를 알기 위해서는 역사책을 뒤지는 것보다, 누군가의 댓글을 참고해야 한다.

"소국(小國)이라 부르기에는 땅이 넓고, 대국(大國)이라기엔 속이 너무 좁다."[169]

인구 세계 1위, 경제력을 나타내는 GDP는 미국에 이은 2위, 군사력으로는 미국과 러시아에 이은 3위, 영토로는 러시아, 캐나다, 미국 다음으로 4위인 중국이 속 좁은 이유는 두려움 때문이다. 그리고 그 두려움의 근원은 분열과 이민족, 더 깊이 들어가면 한 인물의 열등감 때문이다.

중국의 첫 통일을 이룬 건 기원전 221년 진나라의 진시황이었다. 이로써 550년간 지속된 춘추 전국 시대의 혼란도 끝날 줄 알았지만, 대륙은 15년 만에 다시 내전에 휘말린다. 4년간의 내전 끝에 한나라의 유방이 초나라의 항우를 꺾고, 기원전 202년 중국을 하나로 합쳤다.

한나라는 422년간 이어졌지만, 삼국(위-촉-오)으로 분열된다. 잠시 진나라로 통일되지만, 다시 갈라져 581년 수나라가 통일할 때까지 370년간 전란이 끊임없이 이어지는 혼란의 시기를 겪는다. 위진 남북조 시대였다.

수나라에 이어 당나라가 통합을 이어가지만, 수나라와 당나라 황제 또한 모두 선비족 출신이어서 정통 한족 국가는 아니었다. 907년 당나라가 망하고, 5호 10국 시대의 혼란으로 이어진다. 한족의 송나라가 등장하기는 하나, 북쪽 여진족의 요나라와 거란족의 금나라에 밀려 반쪽짜리 국가였다. 1279년 송나라마저 몽골족의 원나라에 멸망하고 만다.

100년 가까이 몽골족의 지배를 받던 한족은 1368년 주원장이 원나라를 몰아내고 명나라를 세운다. 명나라는 한나라 멸망 이후, 천년 만에 세워진 정통 한족 국가였다. 하지만 명나라도 300년을 버티지 못하고, 1644년 만주족이 세운 청나라에 의해 무너졌다.

기원전 770년 시작된 춘추 전국 시대부터 1911년 신해혁명으로 청나라가 멸망할 때까지 2,681년간 분열되지 않고 한족이 중국을 다스린 시기는 한나라의 422년과 명나라의 276년을 합한 698년으로 중국 역사 전체의 1/4밖에 되지 않는다.

거기다 한족은 무수히 많은 이민족의 침입을 받았다. 몽골족, 거란족, 여진족, 흉노, 돌궐(투르크) 등의 유목 민족은 물론이고, 18~19세기에는 러시아에게 연해주를 비롯한 많은 북동쪽 영토를 빼앗겼다. 19세기부터는 영국을 필두로 프랑스, 독일, 이탈리아, 오스트리아, 미국, 일본까지 모두가 중국을 노렸다. 형식상으로는 임대지만 사실상 식민지나 다를 바 없는 '조차'라는 이름으로 홍콩과 웨이하이웨이는 영국에게, 광저우만은 프랑스에게, 산둥반도의 칭다오는 독일에게 빼앗겼다.

중국인, 그러니까 한족들은 자신들을 세상의 중심이라 중국(中國)이라고 하지만, 한족은 오랫동안 오랑캐라 천시했던 유목민족의 지배를 받았다. 청나라 때 한족은 이류 취급을 받았을 뿐 아니라, 강제로 머리까지 밀며 변발을 해야 했다. 그래도 청나라 때는 나았다. 원나라 때는 아예 최하층이었다.

1911년 쑨원의 신해혁명으로 만주족의 청나라가 무너진 후, 중국은 혼란을 거듭했다. 세계 2차 대전에서는 소련이 독일에게 무너지기 직전까지 갔던 것처럼 중국도 일본에게 거의 패배할 뻔했다. 중일 전쟁에서 중국은 자기 힘만으로 일본을 꺾지 못했다. 미국이 일본 본토에 원자폭탄을 투하하고, 소련이 만주를 점령하자 일본이 항복하여 중국은 운 좋게 승리를 얻을 수 있었다.

1945년 8월 15일 일본의 패배로 중일 전쟁이 끝나자, 장제스의 국민당과 마오쩌둥의 공화당은 내전에 돌입했다. 1949년 10월 장제스는 대만섬으로 도망가고, 마오쩌둥이 중국을 통일했다. 하지만 영토는 청나라에 비교하면 몽골, 연해주, 중앙아시아를 잃고 30% 가까이 줄었다. 그렇기에 만주족이 세운 청나라라면 모를까, 한족이 세운 지금의 중국은 이름과 달리 세상의 중심이 되기에는 뭔가가 부족하다.

현재 중국은 간절히 바라던 통일은 이루었지만, 여전히 불안하다. 인종과 종교가 다른 서쪽의 티베트는 100년 전 중국이 신해혁명으로 무너진 틈을 타 독립했다. 하지만 1950년 6.25 전쟁으로 세계의 이목이 한반도에 쏠려 있을 때를 틈타 마오쩌둥이 다시 무력으로 점령했다. 이에 반발한 티베트에서는 달라이 라마를 필두로 독립운동이 지속되고 있다. 서북의 신장 위구르(웨이우얼)에서는 위구르족을 비롯한 소수 민족의 상당수가 이슬람교를 믿으며 청나라에 점령당한 이후로 끊임없이 분리 독립을 외치고 있다. 몽골 바로 아래에 있는 내몽골 자치구(네이멍구자치구)에서는 몽골족이 한때 천년 전 칭기스칸의 영광을 꿈꾸고 있다. 예로부터 '여진족이

히틀러의 주치의들

만 명을 넘으면 대척할 수가 없다.'는 말이 있듯 동북부의 만주는 항상 조심해야 한다. 1억 한족의 명나라는 겨우 100만의 여진족이 세운 청나라에 무너져 한족은 280년간 만주족에게 지배당했다. 20세기에는 중화학 공업 중심지로 중국 경제를 떠받쳐온 동북 지역이었지만, 이제는 완전히 쇠락하여 주민들의 원성만이 자자하다.

거기다 같은 한족이지만 영국의 식민지로 궁핍했던 본국과 달리 오랫동안 부귀영화를 누렸던 홍콩은 1999년 중국에 반환된 이후 끊임없이 민주화를 외치며 분리를 주장하고 있다.

서쪽 티베트, 북서 신장 위구르(웨이우얼), 북쪽 내몽골자치구, 동북 만주 지역, 남동 홍콩, 이 다섯 곳 중에 한 곳이라도 독립을 한다면, 다른 지역에서도 독립 요구가 산불처럼 일어나 중국은 다시 분열될지도 모른다. 중국으로서는 가장 피하고 싶은 시나리오일 것이다.

문제는 국내뿐이 아니다. 러시아는 18~19세기에 청나라의 영토를 슬금슬금 빼앗더니 어느새 블라디보스토크라는 도시까지 세웠다. 블라디보스토크, '동방을 지배하라.'는 뜻이다. 러시아보다 더 큰 위협은 해양 세력인 일본이었다. 일본은 1895년에는 청일 전쟁, 1931년 만주 사변, 1937~1945년 중일 전쟁을 일으키며 중원에 대한 야욕을 드러냈다.

1950년대에 중국은 동쪽 한반도에서 3년간 미국과 전쟁을 치렀으며, 1960년대에는 인도에 이어 북쪽 소련과도 국경 분쟁을 벌였다. 1979년에는 남쪽 베트남과도 전쟁을 치렀다. 중국은 100년간 그 어떤 나라와도 관계가 좋았던 적이 없었다.

그런 중국에게 분열은 약소국으로의 추락을 뜻하고, 이는 곧 외세의 침략으로 이어진다. 그러니 중국으로서는 분열과 소수 민족의 독립을 절대적으로 막아야 한다. 중국이 현재 역사를 왜곡하고, 주변국에게 무력 시위를 하는 것은 궁극적으로 그런 두려움과 불안을 감추기 위해서이다. 거기다 주변국들과의 대립이나 갈등은 국내에서 국민을 단결하는 데 효과가 있어, 정치인이 일부러 갈등을 일으키기도 한다. 그런 중국을 대표하는 인물이 있었으니, 그가 바로 중국 현대사의 희극이자 비극의 주인공 마오쩌둥이다.

충격과 분노, 그다음은?

"저것은 악마의 배다."

1841년 1월 7일 오전 8시 하늘을 찢는 대포 소리가 광저우 앞바다에 울려 퍼졌다. 14개월 동안 전쟁 준비를 마친 중국은 16척의 전투용 함선의 대포뿐 아니라, 강변에 설치한 300문의 대포를 영국 배를 향해 갈겼다. 영국 또한 최첨단 네메시스호를 비롯한 전함들이 포를 쏘았다. 사정거리가 짧은 중국 대포는 아예 영국 배에 닿지 않았지만, 사정거리가 긴 영국 대포는 쏘는 대로 적중했다. 그렇게 일방적인 전투 중에 운 좋게 중국의 포탄 한 발이 네메시스호에 떨어졌다. 놀라운 일이 벌어졌다. 네메시스호에 적중한 포탄이 배에서 튕겨 나온 것이다. 중국 군인들은 전의를 상실했고, 그중 누가 외쳤다. 저것은 악마의 배라고. 실제로 최신식 네메시스호는 중국 사람들이 처음 본 철제선이었다.

아침에 시작된 전투는 점심 무렵 끝이 났다. 청나라는 277명이 죽고 467명이 부상당한 반면, 영국은 38명만 다쳤을 뿐 죽은 사람은 아무도 없었다. 세상의 중심이라는 중국의 자부심이 산산조각이 났고, 이때부터 서구 열강의 본격적인 침략이 시작되었다.

14개월 전인 1839년 11월 3일, 해가 지지 않는 나라와 세상의 중심인 나라가 당시 중국 최대의 상업 항구인 광저우 연안에서 맞붙었다. 아편전쟁의 시작이었다.

중국과 영국이 교역을 시작하자, 막대한 돈을 번 것은 세계 최초로 산업 혁명을 시작한 영국이 아니라 여전히 가내 수공업을 하던 중국이었다. 영국인은 평균 일 년에 400잔의 차를 마셨고,[170] 영국 가정은 평균 수입의 10%를 차를 사는 데 썼다.[171] 영국은 중국에서 막대한 차를 사 와야 했다. 이에 영국은 식민지인 인도에서 생산된 면화를 원료로 자국 공장에서 만든 면직물과 모직물을 중국으로 수출하였으나 아무도 사지 않았다. 양털로 만든 모직물은 중국 남부에서 입기에는 너무 더웠고, 중국이 가내 수공업으로 만든 면직물은 영국이 공장에서 만든 제품보다 훨씬 저렴했다. 4억에 가까운 중국의 인구와 그로 인한 낮은 임금 덕분이었다. 그렇다고 영국으로서는 식민지인 인도에게 했던 것처럼 중국의 면직물에 각종 세금을 부과하거나 생산량의 제한을 가할 수도 없었다.

영국이 중국에서 살 물건은 차뿐 아니라 비단과 도자기 등 많았으나, 막상 중국은 영국 제품에 관심을 보이지 않았다. 이는 엄청난 무역 적자로 이어졌고, 이를 견디지 못한 영국은 아이디어를 냈다. 인도에 영국산 면직물을 팔고 그 돈으로 인도의 벵골에서 생산된 아편을 산 후, 중국에 아편을 팔아서 번 돈으로 차와 비단, 그리고 은을 사기로 한 것이었다. 이른바 영국-인도-중국을 잇는 삼각 무역은 속된 말로 대박이 났다. 어느 순간부터 아편은 차를 넘어, 세계 무역에서 단일 상품으로 최대 규모의 교역 물품이 되었다.[172]

이에 영국은 어마어마한 돈을 벌어들였고, 반대로 중국은 아편에 병들어갔다. 아편은 영국에게는 약이 되고, 중국에게는 독이 되었다. 청나라는 이미 1729년부터 100년 넘게 아편을 피우는 것뿐 아니라, 판매하는 것을 법으로 금했으나, 법은 있으나 마나였다. 거기다 청나라는 관리들에게 청렴을 강조하며, 봉급을 적게 주었다. 하지만 청렴을 강조하는 청나라에서 승진하려면 아이러니하게도 뇌물이 필수였다. 관리들은 아랫사람에게 최대한 뇌물을 챙겨, 윗사람에게 바쳤다. 그런 상황에서 법으로 금지된 아편을 사고 팔기 위해, 상인들은 관리에게 막대한 뇌물을 바쳤다. 정부에서 아편 단속을 강화하면, 아편 가격이 올라 관리들은 더 많은 뇌물을 받을 수 있었고, 상인들은 더 큰 돈을 벌었다. 외국 상인, 청나라 상인, 청나라 관리, 청나라 정부 모두 어마어마한 이득을 보는 가운데, 병 들어가는 건 백성뿐이었다.

아편으로 나라가 병들어 가자, 참다못한 청나라 황제는 외국과의 무역을 허락한 광저우에 입만으로 청렴결백을 떠드는 인물이 아니라 몸소 행동으로 실현하는 관리를 파견했다. 포청천이 아닌 임청천(林靑天)으로, 맑은 하늘 같은 임대감이라는 별명을 가진 임칙서였다. 임칙서는 당시 19살의 영국 빅토리와 여왕에게 "자신은 피우지 않는 아편을 만들어 중국의 우둔한 백성들에게 파는 것은 다른 사람을 죽음에 빠뜨리면서 자신

히틀러의 주치의들

은 잘살겠다는 생각"이라며 직접 훈계하는 편지까지 썼다. 편지만이 아니라, 그는 실제로 아편 판매를 금했다. 몰수한 아편을 상인들에게 되팔아 자기 주머니를 두둑히 채웠던 이전 벼슬아치와 다르게 임칙서는 몰수한 아편 2만 상자(1,500톤)를 다시는 쓸 수 없게 석회와 섞은 후 바다에 버렸다. 거기다 아편을 운송, 판매하는 사람들을 사형시키겠다고 엄포했다. 그러는 가운데, 양측간에 서로 의도하지 않은 충돌이 일어났다.

당시 우연히 전투에 참여한 영국 측 배는 영국군이 아니라, 동인도 회사 소속인 볼레이지호와 히야신스호 2척뿐이었다. 당시만 해도 바다에는 해적들이 수시로 출몰했기에 대부분 상선은 해적들로부터 자신을 지키기 위해 대포로 자체 무장을 하고 있었다. 두 배는 모두 전투를 위한 전함이 아니라, 자체 방어를 위해 무장을 한 상선이었다.

청나라에서는 2척의 무장 상선을 제압하기 위해 29척의 정규 해군을 투입해서 전투를 벌였다. 결과는 영국에게는 이보다 더 좋을 수 없었고, 중국에게는 이보다 더 나쁠 수 없었다. 청나라 함대 29척 중 26척이 침몰하거나 대파했고, 겨우 3척만 자력으로 움직일 수 있었다. 볼리지호와 히야신스호는 실컷 대포를 쏜 후, 유유히 광저우 앞바다를 떠났다. 이른바 1839년 11월 3일에 벌어진 1차 천비(穿鼻) 전투였다.

5개월 후인 1840년 4월 10일, 영국은 중국의 아편 무역 금지에 대해 국회에서 토의를 한 후, 투표에 들어갔다. 투표 결과 271대 262로 영국 의회는 중국에 아편을 계속 팔기 위해 전쟁도 불사할 것을 승인했다. 신사의 나라 영국이 벌인 "인류 역사상 가장 부도덕한 전쟁"이었다.

그렇게 양측이 전쟁을 위한 모든 준비를 마치고 정식으로 대결한 2차 천비 전투는 또다시 악마의 배, 네메시스호의 활약으로 중국의 패배로 끝났다. 최첨단 철갑선인 네메시스호는 바닥도 평평하고 얕아 수심이 낮은 바다에서마저 항해가 가능했다. 증기선이었기에 바람의 영향을 적게 받았을 뿐 아니라 강한 동력으로 다른 배를 견인할 수도 있었다. 거기다 회전식 대포를 장착하여 360도 공격이 가능했으니, 말 그대로 전천후였다.

영국은 바다에서 대포를 쏘아, 해안 요새를 무력화한 후 군인을 상륙시켰다. 서류상 병사는 중국이 훨씬 많았다. 하지만 관리들이 없는 군인을 명단에 올려 봉급과 훈련 비용을 착복했기에 실제 병사는 얼마 되지 않았다. 월급조차 제대로 받지 못한 병사들은 훈련받는 대신 지역 주민을 약탈하기에 바빴고, 실제로 전투가 일어나자 도망가기에 바빴다.

지휘관은 한 술 더 떴다. 중국의 지휘관 중 하나였던 양팡은 자신의 대포는 적에게 닿지 않지만, 적의 대포가 자신에게 닿는 이유를 양놈이 쓰는 사술 때문이라고 생각했다. 양놈의 사술에는 음기로 대응해야 하기에, 그는 여자들이 사용한 요강을 모아 배에 실었다. 그러면 양놈들의 눈이 멀어 대포를 쏘지 못한다고 여겼다. 영국은 이런 미신과 부패가 만연한 중국을 광저우뿐 아니라 양쯔강을 거슬러 올라가며 상하이에 이어 난징까지 마음껏 짓밟았다. 중국은 자신보다 월등한 무기와 기술을 가진 나라가 있다는 것을 몸소 대포로 두들겨 맞으며 깨달았다. 이는 중국만 겪게 되는 일이 아니었다. 14년 후인, 1854년 일본은 미국의 페리호로, 35년 후인 1875년 조선은 일본의 운요호를 통해 똑같이 경험하게 된다.

사람이 충격을 받으면, 가장 먼저 보이는 반응은 부정과 분노이다. 공포와 두려움에 휩싸여 상대를 악으로 규정하고 비난하거나, 아예 현실을 회피한다. 그러니 어느 중국 병사가 포탄을 튕겨내는 철갑선 네메시스호를 보고 '악마의 배'라고 부른 것은 당연한 반응이다. 다만 나라의 지도자라면 누구보다 먼저 현실을 냉철하게 인지하고, 그에 대한 대책을 내놓아야 한다. 만약 리더마저 똑같이 부정과 분노만을 표출한다면, 그것은 더 큰 재앙으로 이어진다.

아편전쟁 10년 후, 태평천국(太平天國) 운동이 발생했다. 안타깝게도 태평천국 운동은 아편전쟁이라는 외부의 위기에 대한 부정과 분노에 불과했다. 여기에 쌓여있던 내부의 위기마저 더해져, 아편전쟁과는 비교도 안 되는 재앙이 닥쳤다.

고시 낙방생이 건설한 동물농장

과거 시험은 언제나 인간의 삶을 드라마틱하게 바꿔놓는다. 이몽룡이 과거 시험에 합격하지 못했다면, 기생의 딸인 춘향이는 변 사또의 수청을 들고 첩이나 관기로 평생을 살았을 것이다. 조선이 이러한데 과거 시험의 원조이자 수나라 때부터 과거 시험을 실시해 온 중국은 더 심했다. 19세기 청나라 당시에도 과거 시험에 최종 합격만 하면, 최고의 엘리트로 대접받으며 출세가 보장되었다.

과거 시험에 도전하는 많은 사람 가운데 홍씨 성을 가진 이가 있었다. 다섯 남매 중, 넷째 아들로 태어난 그는 머리가 좋아서 집안에서 유일하게 교육을 받을 수 있었다. 가문뿐 아니라, 마을의 기대까지 한 몸에 받았다. 하지만 과거 시험은 그리 호락호락하지 않았고, 몇 번이나 떨어진 그는 몸져눕게 되었다. 계속되는 낙방으로 실의에 빠진 사람이 한둘이 아니었겠지만, 그는 무려 40일간 끙끙 앓았다. 와병 중에 꿈을 꾸었는데 금빛 수염이 배꼽까지 내려온 노인이 나타나, 그에게 검을 건넸다. 또한 형이라는 사람이 금으로 만든 인장을 들고 등장해 홍 씨와 같이 요괴를 무찔렀다. 게임과 같은 꿈에서 깬 그는 곰곰이 생각하다 꿈속의 백발노인이 야훼이며, 중년 남성이 예수라고 단정지었다. 그리고 밖으로 나가 자신을 야훼의 아들이자, 예수의 동생이라고 주장하기 시작했다. (그가 40일 동안 앓았다는 건, 예수가 40일간 광야에서 받은 사탄의 시험을 그대로 따라 한 게 분명하다.) 연거푸 과거 시험 낙방으로 실의에 빠져 있던 고시 낙방생이었던 홍수전은 그렇게 자기 삶의 의미를 되찾았다.

과거에서 여러 차례 떨어져 입신양명의 기회를 놓친 홍수전은 이번에는 유학 대신 기독교에 모든 것을 걸었다. 그는 공자의 위패를 부수는 동시에 사람들에게 세례를 내렸다. "어디에도 불평등이 없고, 누구도 굶주리거나 헐벗지 않으리라."[173]라며 평등과 토지 균등 분배를 외쳤다. 당시 중국은 몇 년 전에 치른 아편전쟁으로 외세에 대한 반감이 높았기에 홍수전은 '반외세'를 외쳤다. 그뿐이 아니었다. 농민들 대부분이 한족이었기에 소수의 지배 계급인 만주족을 악마라 칭하며 '멸만흥한(滅滿興漢:만주족을 멸하고, 한족을 흥하게 하자)'을 주장했다. 술, 아편, 도박을 금지하고 남녀 간의 연애까지 금했다. 홍수전은 기독교가 약속한 지상낙원을 자신이 하늘이 아니라 땅에서, 사후가 아니라 생전에 이룰 것이라며 태평천국(太平天國)을 세우고, 자신을 천왕(天王)이라 칭했다. 거의 비슷한 시기인 1848년 마르크스는 '공산당 선언'을 통해 지상에 유토피아를 건설하고자 했다.

토지 균등 분배를 외쳤기에, 지주들이 기독교 교리를 빌려왔기에, 유학자들이 멸만흥한을 외쳤기에, 청나라 정부가 반외세를 주장했기에, 서양 열강이 가만히 있을 리 없었다. 하지만 땅을 나눠 준다는 말에 당시 지

악마가 된 천사이거나,
천사의 탈을 쓴 악마 홍수전

주의 땅을 빌려 농사를 짓던 소작농들이 구름 같이 몰려들었다.

백성과 병사에게 평등을 외쳤지만, 홍수전 자신만은 예외였다. 태양성이라는 궁전을 짓고, 자신을 태양으로 칭하며 처음에 내세웠던 기독교 교리마저 짓밟았다. 또한 그는 남녀 간의 연애를 금지하며 남녀가 결혼 전 관계를 맺으면 처형시켰지만, 자신과 측근은 이에 해당하지 않았다. 자기 바로 아래인 동왕과 서왕에게는 열한 명의 아내를, 그 외의 왕들과 자기 형제는 여섯 명, 고급 관료는 세 명의 아내를 허락했다. 그리고는 자신은 무려 88명의 부인과 2천 궁녀를 거느렸다. 백성들에게는 평등을 주장했지만 혼자서 부와 권력, 여자까지 모든 걸 가졌다. 거기다 자기 권력을 강화하기 위해 가장 뛰어난 장군이자, 부와 미녀를 마다해 청렴으로 인기가 높았던 석달개가 죽도록 내버려 두었다.

태평천국 운동은 평등을 주장하던 인물이 권력을 잡자, 새로운 불평등을 만들어 내는 중국판 〈동물농장〉이었다. 불쌍한 건 백성들이었다. 사이비 교주인 홍수전과 그 홍수전을 토벌하기 위한 정부, 둘 다 백성들을 약탈했다. 이 태평천국 운동으로 무려 2천만 명이 넘는 사람이 죽었다.

천국을 약속한 홍수전은 자신은 지상에서 천국을 누렸지만, 대신 백성들은 지옥을 겪었다. 홍수전, 그는 타락하여 악마가 된 천사였거나, 처음부터 천사의 탈을 쓴 악마였다. 그리고 100년 후, 제2의 홍수전이 나타날 예정이었다.

중국의 한계, 이홍장

홍수전이 사이비 교주로 서서히 세력을 키워가는 1847년, 홍수전이 끝내 통과하지 못한 과거 시험에 25살의 나이로 최종 합격하여 진사(進士)가 되어 출셋길이 열린 사람이 있었다. 19세기 후반 중국을 이끌어갈 이홍장(1823~1901)이었다.

'반외세'와 '멸만흥한(滅滿興漢:만주족을 멸하고, 한족을 흥하게 하자)'을 외친 홍수전은 1850년 자신을 진압하러 온 청나라 군대에 승리를 거두고, 다음 해에 '태평천국'이라는 나라를 세우며 명나라의 수도인 난징을 수도로 선포했다.

1840년대의 아편전쟁이 외부의 위기였다면, 1850년대의 태평천국 운동은 내부의 위기였다. 하지만 쇠퇴한 여진족의 청나라는 40년 후의 조선이 동학농민 운동을 진압하지 못한 것처럼, 태평천국 운동을 자기 힘으로 막지 못했다. 결국 한족인 증국번의 상군과 함께 증국번의 문하생인 이홍장의 회군이 태평천국 운동을 10년 넘게 걸려 제압했다. 과거 시험에 통과한 문인 이홍장이 무인으로서도 눈부신 활약을 펼친 덕분이었다. 이홍장은 남쪽에서 일어난 태평천국 운동뿐만 아니라, 같은 시기에 북쪽에서 염군(정부의 소금 독점을 피해 소금 밀매를 하던 무리)의 난마저 진압하며 권력의 실세로 떠올랐다.

압도적인 기술과 무기를 가진 서양에 대해 부정과 분노로 대응한 태평천국 운동이 끝나자, 소수의 엘리트는 서양을 인정하고 서양의 기술을 배우려 했다. 1861~1895년까지 중체서용(中體西用)이라는 구호 아래, 중국을 몸통으로 서양을 이용하자는 양무운동(洋務運動)이었다. 그 양무운동의 대표적인 인물이 바로 이홍장이었다.

"서양인은 우수한 총포와 증기선을 가지고 중국 땅에서 제멋대로 날뛸 수 있습니다. 중국의 무기는 서양의 것과 비교가 되지 않기 때문에 서양인에게 제약을 받는 것입니다."[174]

이홍장은 중국이 열강의 침략을 받게 된 이유가 단순히 기술, 그중에서도 낙후된 무기 때문이라고 생각했다. 그래서 군대, 그 가운데서도 해군 양성에 사활을 걸었고, 그 결과 탄생한 것이 북양 함대였다.

그러는 가운데 조선에서 부패한 관리의 수탈과 그로 인한 굶주림을 참다 못한 백성들이 들고 일어났다. 동학농민 운동이었다. 수탈과 굶주림에 고통받던 백성들이 일으킨 봉기를 진압할 수 없었던 무능력한 조선 왕실은 청나라에 군대를 요청했고, 청나라는 조선에 군대를 파견하면서 동시에 일본에 그 사실을 알렸다. 10년 전에 일어난 갑신정변의 결과로 1885년 체결된 톈진 조약에 청나라와 일본 양국은 조선에 군대를 파견할 때 서로에게 알린다는 내용이 있었기 때문이다. 이에 조선에 눈독을 들이고 있던 일본마저 조선에 군대를 보내자, 이에 놀란 동학군은 조선 정부와 화친을 맺고 자진 해산했다. 하지만 일본군은 군대를 철수하지 않았다. 이에 한반도의 지배권을 두고 청나라와 일본이 대치하게 되었다.

서태후의 지원 아래 실권을 잡고 양무운동을 펼치며 북양 함대를 키운 이홍장이었지만, 그는 처음부터 일본과의 전쟁은 피하고 싶었다. 그에게는 외부의 적인 일본뿐 아니라, 내부의 적도 많았다. 같은 한족은 만주족의 청나라에 충성하는 이홍장이 미웠고, 만주족은 한족인 주제에 실권을 차지한 그가 못마땅했다. 한족과 만주족 모두 이홍장이 일본과의 전쟁에 져서 몰락하기를 원했다. 말이 청일 전쟁이었지, 사실 이홍장과 일본과의 전쟁이었다.

1894년 7월 25일 일본 군함 요시노, 나니와, 아키츠시마는 조선의 아산만 앞에 있는 풍도라는 작은 섬 근처에 있던 청국 순양함 '제원호'와 '광을호'를 발견하고 선전 포고도 없이 먼저 포를 쏘았다. 청일 전쟁의 시작인 풍도 해전이었다.

일본에게 선제공격을 당한 이상, 이홍장은 전쟁을 피할 수 없었다. 나라 안밖에 모두 그의 적뿐이었지만, 그에게는 양무운동의 결과인 '무적의 극동 함대'라는 북양 함대가, 북양 함대 중에서도 정원(定遠)과 진원(鎭遠)이 있었다. 정원(定遠)과 진원(鎭遠) 두 전함은 7천 톤급으로 청일 전쟁 당시 일본의 4천 톤급 전함인 마쓰시마와 이쓰쿠시마에 비해 압도적인 크기를 자랑했다. 거기다 무려 12인치, 그러니까 305mm 대구경 대포가 정원(定遠)과 진원(鎭遠)에 각각 네 문씩 있었다. 이에 반해 일본의 마쓰시마와 이쓰쿠시마는 320mm 포가 겨우 하나 달려 있었고, 대신 120mm 속사포가 탑재되어 있었다.[175]

중국의 전함은 호랑이라면, 일본의 전함은 기껏해야 표범 정도였다. 이홍장은 전쟁이 일어나면 정원(定遠)과 진원(鎭遠) 두 척만으로도 일본 함대를 전멸시키고도 남을 것이라고 자부했다. 그것은 이홍장만의 생각이 아니었다. 중국은 물론이고, 서양 열강들 모두 중국의 승리를 예상했다.

청일 전쟁 직전, 독일인 군사 고문이 이홍장을 찾아왔다. 정원(定遠)

히틀러의 주치의들

과 진원(鎭遠)의 포탄 재고량이 세 발밖에 없다는 것이었다. 그것도 각각 세 발이 아니라, 정원에 한 발과 진원에 두 발이었다. 총 8문의 대포에 포탄은 겨우 3발뿐인 상황이었다. 거기다 3발 중 2발의 포탄에는 화약 대신 진흙과 모래가 들어가 있었다. 청나라에 만연했던 부정부패가 심지어 포탄에까지 깊숙이 스며들어 있었다.

압록강 앞바다에서 벌어진 해전에서 정원(定遠)과 진원(鎭遠)은 일본 군에게 어떤 타격도 주지 못했다. 덩치만 큰 이빨 빠진 호랑이였다. 정원은 바다에 가라앉았고, 진원은 일본에 끌려갔다.

중국의 한계였던 이홍장   일본 근대화의 상징 중 한명인 이토 히로부미

청나라, 아니 이홍장은 바다에서도 지고, 육지에서도 평양과 요동반도에서까지 패하며 일본에 무릎을 꿇고 만다. 단순히 서양의 겉모습만 흉내 내기 바빴던 양무운동은 청일 전쟁의 패배로 끝이 나고 말았다.

처참한 전쟁이 끝나자, 비참한 협상만이 남았다. 일본은 이홍장이 아니면 협상하지 않겠다고 우겼다. 자신이 30년 넘게 키운 자식과 같은 북양 함대를 잃어버린 72세의 늙은 이홍장은 마지막으로 청나라를 위해 바다를 건너 시모노세키항에 도착했다.

그가 협상 테이블에서 마주한 사람은 나중에 안중근에 의해 죽음을 맞게 되는 이토 히로부미였다. 이홍장과 이토 히로부미의 만남은 두 번째였다. 첫 번째가 조선에서 갑신정변이 일어난 후, 사건 마무리를 위해 1885년 텐진에서 텐진 조약을 맺을 때였다. 10년 전에는 청나라가 승자였기에 이토 히로부미가 청나라 항구인 텐진까지 와야 했다. 하지만 이번에는 청나라가 패자였기에 이홍장이 일본 항구인 시모노세키까지 노구를 이끌고 가야 했다.

일본은 청나라에게 첫째로 조선의 독립과 둘째로 타이완, 랴오둥반도, 펑후 제도 등의 영토, 셋째로 3억 냥의 배상금을 요구했다. 1891년 당시 청의 세입이 8,968만 냥[176]으로 3억 냥이면 3년 치 나라 예산을 넘었다.

회담은 길어졌다. 3차 회담을 마치고 가마를 타고 숙소를 향하던 이홍장의 가마 앞을 누가 몸으로 막아섰다. 불청객은 권총을 꺼내 이홍장을 쏘았다. 26살의 일본 극우파 청년인 고야마 로쿠노스케였다. 탄환은 이홍장이 쓰고 있던 금테 안경을 맞추고, 왼쪽 뺨에 박혔다. 의사는 수술로 볼에 박힌 총알을 빼자고 했지만, 그는 응급조치만 받은 후 얼굴에 붕대를 두르고 다시 협상에 나섰다.

전 세계에서 고령에도 나라를 위해 몸을 돌보지 않는 이홍장에 대한 동정과 교섭을 하러 온 대신에게 암살을 시도한 일본을 향한 비난이 동시에 쏟아졌다. 그 덕에 청나라는 배상금을 3억 냥에서 2억 냥으로 줄일 수 있었다. 이홍장은 자기 몸을 바쳐서 청나라 일 년 예산을 아꼈다. 그것이 이홍장이 청나라, 아니 중국을 위해 할 수 있는 마지막이었다. 군대를 잃은 이홍장은 외교로 중국의 위기를 극복하려 했으나, 이빨 빠진 호랑이를 두려워할 동물은 없었다. 시모노세키 조약이 그의 마지막 활약이었고, 그의 뒤를 나중에 위안스카이가 이어간다.

중국의 이홍장은 1823년생으로 조선의 흥선대원군(1820~1898)보다 3년 늦게 태어나, 3년 더 살다 1901년에 78세의 나이로 흥선대원군과 같은 나이로 죽었다. 중국 사람들은 그가 청나라를 무너뜨리고, 새로운 나라를 세우려는 의지가 없었음을 아쉬워한다. 이홍장은 30년 넘게 서태후의 지지 아래, 청나라를 운영했다. 그가 의지만 있었다면 만주족의 청나라를 무너뜨리고, 새로운 중국을 건설할 수도 있었다. 다른 누구는 이홍장이 단순히 서양의 기술, 그중에서도 군대만 키우려 했기에 실패했다며 중국을 일본처럼 근대화로 이끌지 못했다며 비난한다. 하지만 그건 그의 한계가 아니라, 이홍장보다 뛰어난 인물이 없었던 중국의 한계였다. 청나라 말기의 인물인 량치차오의 말대로 "그는 시대가 만든 영웅일 뿐, 시대를 만든 영웅은 아니었다."

1896년 한 때 '동양의 비스마르크'라 불렸던 이홍장이 독일에서 당시 정계에서 물러난 비스마르크를 만났다. 이홍장이 말을 꺼냈다.

"대신이라는 자가 국가를 위해 최선을 다해 일하고자 하는데, 조정의 모든 신료가 그의 의견에 반대하고, 힘을 합쳐 그가 하고자 하는 일을 방해만 합니다. 이러한 상황에서 대신이 자신의 뜻대로 일을 하려

면 어떤 방법이 있겠습니까?"

"가장 중요한 것은 군주의 지지를 얻는 것입니다. 그렇게만 된다면 권력을 독차지할 수 있는데, 못 할 일이 무엇이겠습니까?"

(둘 다 군주정 옹호자였다.)

"그럼 현재 대신이 한 명 있는데, 군주는 누구의 말이든 상관하지 않고 모두 다 듣는 사람이라, 요직에 있거나 가까이에서 시중드는 자들이 늘 군주의 권위를 빌려 큰일을 못 하게 협박한다면, 대신은 어떻게 해야 합니까?"

비스마르크는 한참 생각한 뒤 대답했다.

"만약 대신이 진실로 나라를 걱정했다면 군주의 마음을 바로잡지 못했을 리가 없습니다. 단, 군주가 여성이라면 어떠할지 장담하기 어렵습니다만."[177]

이 말을 한 비스마르크도, 이 말을 들은 이홍장도 더 이상 말을 이어가지 못했다. 1901년 향년 78세로 이홍장이 사망했다. 청나라에 남은 건 비스마르크가 말한 여성 군주, 서태후였다.

서태후

중국의 흡혈귀, 서태후

17세기 헝가리 북서쪽의 차크티스라는 마을에 피가 완전히 말라버린 시체 몇 구가 동시에 발견되었다. 겁에 질린 마을 사람들은 흡혈귀의 소행이라고 생각했다.[178] 당시 차크티스 마을은 헝가리 명문가인 바토리 가문의 땅이었는데, 귀족인 바토리 가문은 헝가리 왕보다 더 부유했다. 당시 가문의 주인은 엘리자베스 바토리라는 여성으로, 남편인 페렌츠 나스디가 죽은 후 과부로 지내고 있었다. 남편은 죽기 전 오스만 투르크와의 전장을 휩쓸고 다녔는데, 성으로 돌아와서도 전투에서 잡아 온 포로를 고문했으며 아내에게도 손수 그 방법을 알려주었다.

남편이 죽자, 이미 사람에게 고통을 주며 쾌감을 얻는 사디즘에 푹 빠져버린 그녀는 집안의 하녀로는 부족해 마을 사람들을 납치해 고문을 가했다. 시체는 점점 쌓여 어느덧 성안에 더 이상 놔둘 곳이 없었고, 몰래 시체를 버리다 결국 발각되었다. 그녀는 일기에 세세히 자신의 고문과 살해를 기록했기에, 죽인 소녀가 무려 650명이 넘은 것을 확인할 수 있었다. 이를 알게 된 아들과 딸이 친척인 투르조 백작과 상의하여 성을 뒤져 지하에 있는 고문실과 방 구석구석 침대 밑에 숨겨둔 시체들을 찾아냈다. 그녀의 공범들은 마녀를 처형하는 방식인 화형에 처했지만, 왕조차 함부로 할 수 없었던 바토리 가문의 수장인 그녀에게는 가택연금 조치만 내려졌다. 가족들은 그녀를 가둔 방의 모든 문과 창을 막아 그녀가 영원히 햇빛을 볼 수 없게 만들었다. 그녀가 바로 흡혈귀의 실존 인물이자, 루마니아의 드라큘라 백작과 함께 흡혈귀의 전설을 만든 장본인이었다.

엘리자베스 바토리가 자신의 젊음을 유지하기 위해 처녀들의 피로 목욕했다면, 서태후는 늙지 않기 위해 젊고 예쁜 산모들의 모유를 마셨다. 하지만 서태후는 젖으로 그치지 않았다. 27살에 과부가 된 서태후는 그녀의 나이 53살 때 이화원(頤和園)을 완성한 후로 남색을 탐한다는 소문이 돌았다. 그녀가 이화원 안에 있는 침실인 낙수당(乐寿堂)에 매일 밤 젊은 미남을 들여 관계를 맺고, 혹여 사실이 새어 나갈까 관계를 마친 남자들을 살해한다는 내용이었다. 중국판 〈천일야화〉였다. 서양의 천일야화인 〈아라비안나이트〉에서는 여주인공 셰헤라자드가 살아남았지만, 낙수당에서는 살아남은 남자가 없었다.

서태후에게 상납될 용모가 수려한 남자들이 호수 안의 섬인 남호도(南湖島)에 갇혔다. 이에 남호도를 미남섬이라고 불렀다. 남호도에 감금된 잘생긴 남자들은 일부러 씻지 않았는데, 혹시라도 서태후에게 불려갈까 두려워 그랬던 것이다.

'중국 미남들은 씻지 않는다.'에 이은 '중국 미남들은 씨가 말랐다.'는 풍문이 모두 서태후 때문에 생겼다.

그녀의 욕망은 젊음과 남색만이 아니었다. 옷만 삼천 상자에 보석이 넘쳤고, 한 번 신은 버선은 두 번 다시 신지 않았다. 음식마저 예외가 아니었다. 주방인 수선방에는 300명이 넘는 사람이 100개가 넘는 부뚜막에서 일했다.[179] 서태후의 한 끼 식사를 위해 128가지 되는 음식을 준비하는데 무려 만 명이 먹을 식비가 들었다.

사치의 절정은 베이징 북서쪽에 있는 정원인 이화원이었다. 그녀는 제2차 아편전쟁 때 파괴된 이화원을 복원시켰다. 그것도 기존보다 훨씬 더 크게. 잠실 석촌 호수 크기의 14배의 크기로 당시 청나라 1년 예산의 30%에 해당하는 은전 삼천만 냥을 들였다. 서태후에게 청나라 바다를 지킬 돈은 없었지만 자신의 호수를 꾸밀 돈은 넘쳤다.

그녀는 중국판 흡혈귀였다. 하지만 그것으로 전부가 아니었다. 그녀의 욕심은 궁궐, 음식, 남자, 젊음에서 멈추지 않았다. 그 끝은 권력이었다.

두 명의 며느리를 살해한 시어머니

중국은 1840~1841년 영국과의 아편전쟁에 이어, 1894~1895년 일본과의 청일 전쟁에서도 패하여 위기감이 절정에 달했다. 단순히 기술만을 배우자는 양무운동(洋務運動)이 실패한 후, 정신마저 개조해야 한다는 주장이 극소수의 젊은 엘리트들 사이에서 힘을 얻었다. 1898년 무술년에 일어난 무술변법(戊戌變法), 또는 변법자강 운동(變法自强運動)이었다. 실권을 장악한 서태후에 의해 기를 펼 수 없었던 광서제와 한족 학자인 캉유웨이와 량치차오가 힘을 합쳤다. 변법자강 운동은 1884년 조선에서 김옥균이 일으킨 갑신정변과 성격이 유사했다. 갑신정변으로 명성황후가 도망가듯, 변법자강 운동이 성공하면 어떻게 될지 모르는 서태후가 가만히 당하고 있을 리가 없었다.

이홍장(李鴻章, 1823~1901)보다 12살 적은 서태후(西太后, 1835~1908)는 조선 말의 흥선대원군과 명성황후의 단점만을 모아놓은 인물이었다. 먹고 살기 위해 궁으로 들어와, 뛰어난 목소리로 함풍제의 마음을 사로잡은 후 후궁이 되었다. 그것으로 끝이 아니었다. 함풍제의 유일한 아들을 낳아, 단번에 아들이 없는 정실인 동태후에 이어 서열 2위가 되었다.

안 그래도 태평천국 운동으로 혼란하던 1856~1860년까지 영국과 프랑스가 2차 아편전쟁을 일으켰다. 영국은 1차 아편전쟁에 승리하며 아편을 팔아 돈을 벌었지만, 어느새 중국 국내 아편 생산량이 영국의 아편 판매량을 추월했다. 그러자 수익이 줄어든 영국이 더 많은 항구를 개항할 것을 요구하며 벌인 전쟁이었다.

1차 아편전쟁 후 20년 만에 일어난 2차 아편전쟁에서도 청나라는 무기력하게 패했고, 심지어 수도인 베이징까지 빼앗기고 만다. 열하, 지금의 청더시로 피신한 함풍제는 끝내 베이징에 돌아오지 못한 채 화병으로 사망하자, 1861년 서태후가 낳은 아들 동치제가 만 5세의 나이로 즉위한다. 남편이 죽고 자기 아들이 황제가 되자, 그녀는 함풍제의 정실인 동태후와 함께 섭정하며 권력을 차지했다.

아들인 동치제가 황제에 올랐지만, 그 무엇보다 권력을 사랑한 여자인 서태후에게는 아들마저 권력을 위한 수단에 불과했다. 아들인 동치제는 그런 친어머니인 서태후보다 피 한 방울 섞이지 않은 동태후를 더 좋아하며 따랐다.

그러던 중 아들인 동치제가 1875년 천연두에 걸려 18살의 나이로 죽었다. 아들이 죽었건만, 서태후는 눈물 한 방울 흘리기는커녕 슬픈 표정조차 짓지 않았다. 아들인 동치제가 살아있었다면, 얼마 안 가 서태후의 섭정을 끝내고 직접 정치를 했을 테니까.

권력은 이제 동치제의 아내이자, 서태후의 며느리이자 황제의 어머니가 될 가순황후에게 돌아갈 예정이었다. 하지만 서태후에게는 다 계획이 있었다. 시어머니인 서태후는 아들 동치제의 죽음이 며느리인 가순황후

책임이라고 모략하여, 며느리가 스스로 목숨을 끊게 했다. 가순황후가 자살할 당시 임신을 했다는 소문이 있었으나, 그게 사실이었다면 서태후 입장에서는 며느리가 죽어야 할 이유가 하나 더 추가될 뿐이었다.

서태후는 권력을 유지하기 위해 며느리를 죽였다. 하지만 그녀가 죽인 며느리는 가순황후 한 명으로 끝나지 않았다.

아들인 황제가 죽자, 서태후는 자기 여동생이 남편의 동생인 순친왕과 결혼하여 낳은 다섯 살 광서제를 입양하여 황제에 앉혔다. 즉 여동생의 아들인 동시에 도련님의 아들인 조카 광서제를 양자로 삼아 두 번째 섭정을 이어간 것이다.

거기다 사고로 황실 서열 1위였던 동태후가 뇌출혈로 사망했다. 서태후는 얼마 안 가 남편 함풍제의 또 다른 남동생인 공친왕마저 쫓아냈다. 공친왕은 한때 서태후와 손잡았지만, 공친왕이 서태후가 아끼고 사랑하던 환관 소안자를 처형해서 둘 사이의 관계가 완전히 갈라섰다. 어차피 권력은 나눠가질 수 없는 것이었고, 이로써 그녀는 황실의 권력을 완전히 장악했다.

하지만 시간은 서태후의 편이 아니었다. 조카이자, 양아들로 5살에 황제에 오른 광서제가 점점 나이를 먹어갔다. 서태후는 광서제에게 부인(융유 황후)을 정해줬는데, 융유 황후는 사실상 서태후의 스파이였다. 광서제는 서태후가 고른 융유 황후를 거들떠보지도 않았고, 오로지 후궁인 진비만을 사랑했다. 1889년 19살이 된 광서제는 친정을 시작했고, 28살에 1898년 변법자강 운동을 벌이며 63살의 서태후와 맞섰다.

서양의 기술만 배우자는 양무운동이 실패한 마당에, 서양의 기술에서 한발 더 나아가 정신까지 배우자는 변법자강 운동은 처음부터 성공하기 쉽지 않았다. 백성들은 오래전부터 서양 열강에 대해 '부정과 분노'를 품고 있어, 백성들로부터 지지받는 건 불가능했다. 지식인들 사이에서도 변법자강 운동은 너무 급진적이어서, 양무운동에 비해 찬성하는 사람이 적었다. 이미 1884년 조선에서의 갑신정변이 좌절되었듯, 백성뿐 아니라 지식인의 지지조차 얻기 힘든 이런 급진적인 개혁은 실패하기 쉬웠다. 오히려 이웃 나라인 일본의 메이지 유신이 성공한 것이 기적에 가까웠다.

28세의 광서제는 42세의 캉유웨이와 26세의 량치차오 등의 젊은 피와 함께 입헌군주제를 비롯한 광범위한 개혁을 추진했다. 고종이 33세, 김옥균이 34세에 갑신정변을 일으킨 것과 유사했다.

광서제와 서태후, 개혁파와 수구파, 이 둘 싸움에 키를 쥔 것은 이홍장의 후계자인 위안스카이였다. 광서제는 당시 이홍장이 남긴 군대를 이끌던 위안스카이를 불러 충성을 물었다. 마흔 살의 위안스카이는 "신은 죽을 힘을 다해 성은에 보답하겠습니다. 목숨이 붙어 있는 한 황제 폐하께 충성하겠습니다."라고 대답했다.

하지만 여전히 광서제보다는 서태후가 강하다고 생각한 위안스카이는 말과는 반대로 행동했다. 서태후에게 광서제를 밀고했다. 이에 서태후는 쿠데타를 일으켜 황제인 광서제를 죽을 때까지 유폐시켰다. 서태후의 '무술정변'이었다. 이로써 조선의 갑신정변은 삼일천하로, 중국의 변법자강 운동은 백일천하로 모두 위안스카이에 의해 좌절되고 말았다. 중국 또한 조선처럼 근대화의 노력이 모두 실패했다. 이제 남은 건 청나라의 멸망이었지만, 서태후는 또 한 번 찾아온 위기를 능수능란하게 넘기며 권력을 유지했다.

중국에게 필요한 것

〈정무문〉, 〈황비홍〉에서부터 최근 〈엽문〉 등의 중국 무술 영화는 주로 19세기 후반에서 20세기 초를 배경으로 한다. 주연만 이소룡에서 이연걸에 이어 견자단으로 바뀌었을 뿐 내용은 똑같다. 주인공은 두 주먹만으로 때로는 수십 명의 조무래기를 물리친다. 조무래기들이 가끔 칼을 들거나 심지어 총을 쏘기도 하지만 결과는 똑같다. 하이라이트는 1대1 대결이다. 일본인이거나 서양인인 상대는 결전을 앞두고 주인공이 먹는 음식에 약을 타거나, 부상을 입히는 등 비겁한 짓을 서슴지 않는다. 하지만 그 모든 것을 이겨내고 주인공은 결국 악당과 싸워 이긴다.

비참했던 과거의 중국을 배경으로 당당하게 두 주먹만으로 비겁한 악당을 물리치는 영웅을 보며 현재의 중국인들은 통쾌함을 느끼며 아픈 과거를 치유한다. 하지만 그 당시 강력한 외세를 물리치기 위해 필요했던 건 쿵푸나 무술 고수가 아니라, 총과 대포로 잘 훈련된 군대와 훌륭한 지도자였다. 지금의 중국에게 필요한 것 또한 저런 영화가 아니라, 앞선 기술과 제도일 것이다.

중국 무술 영화에서나 일어날 법한 일이 변법자강 운동마저 실패한 중국에서 벌어졌다. 바로 '의화단 운동'이었다.

1899년 중국에 널려 있던 수많은 무술 집단 중에 한 세력이 역사 무대에 등장했다. 그들은 권법을 익히고 주문을 외우고 부적을 붙이면 신통력이 생겨 칼이나 총, 대포에도 다치지 않는다며 백성들을 선동하고 나섰다. 사이비 종교 집단이라는 점에서 50년 전의 태평천국 운동과 비슷했지

만, 이번에는 만주족을 멸하자는 '멸만흥한' 대신 청을 돕자며 '부청멸양
(扶淸滅洋)'을 외치며 선교사들과 외국인을 마구잡이로 학살했다.

이에 서태후는 1900년 6월 21일 선전 포고를 했다.

"그들은 우리 백성을 억압했고 우리 신들을 모독했다. 그들로 인해 엄
청난 고통을 받은 일반 백성들은 모두 다 복수심에 차 있다. 그래서 용감
한 의화단의 추종자들은 교회를 불태우고 기독교인을 죽였다."[180]

그녀는 의화단을 진압하는 대신 의화단 편을 들어, 서양 열강에 대해
서 전쟁을 선포했다. 이제 서태후의 권력을 위협하는 적은 도련님이었던
공친왕, 두 명의 며느리, 양아들인 광서제에 이어 서양 열강이 되었고, 서
태후는 의화단의 무술과 부적의 힘으로 서양의 대포를 물리칠 생각이었
다. 현실감각이 전혀 없는 그녀의 망상이었다.

서양 열강들은 죽은 강시나 귀신이 아니라, 산 사람이었기에 의화단
의 부적으로는 막을 수 없었다. 게다가 중국 내 이권을 놓고 치열하게 다
투던 영국, 프랑스, 독일, 이탈리아, 일본, 러시아, 미국, 오스트리아 8개국
이 이번에는 하나로 뭉쳤다. 유럽의 강대국에 미국까지 포함한 8개국이
서로 힘을 합친 것은 역사상 처음이자 마지막이었고, 앞으로도 외계인이
쳐들어오지 않는 이상 있을 수 없을 것이다.

나폴레옹조차도 영국, 프로이센, 러시아, 오스트리아의 연합에 끝내
패했는데 서양 8개국 연합을 물리치려면 태극권이나 정무문의 창시자가
아닌 전설의 동물인 용이라도 나타나야 했다.

한족에게 작은 발인 전족이 있었다면, 만주족에게는 기다란 손톱이
있었다. 당시 만주족 여자에게는 기다란 손톱이 한족의 전족과 마찬가지

로 권위와 부를 상징했다. 집안일을 하지 않고 머리를 다듬어 주는 하녀가 있다는 의미였기 때문이다. 서태후는 베이징을 버리고 도망가면서 살기 위해 그토록 아끼던 네 번째와 다섯 번째 손톱을 잘랐다.

하지만 그녀는 도망치면서 손톱을 자르는 것이 전부인 평범한 여자가 아니었다. 그녀는 궁궐이 혼란한 틈을 타 광서제가 아끼던 후궁 진비를 환관들을 시켜 우물에 빠뜨려 죽였다. 그렇게 후환을 미리 없앴다. 지금도 자금성 안 경기각 뒤편에 진비정(珍妃井)이라는 이름으로 진비가 빠져 죽은 우물이 남아있다. 이로써 그녀는 아들 동치제의 아내이자 자기 며느리였던 가순황후뿐만 아니라, 양아들인 광서제의 후궁인 진비마저 죽였다. 그녀가 두 번째 며느리를 살해하는 동안, 서양 연합은 1860년 2차 아편전쟁 이후, 두 번째로 수도인 베이징을 점령했다.

의화단 운동의 결과 배상금은 4억 5천만 냥으로, 청일 전쟁의 2억 냥에 비해 2배 이상으로 뛰었지만 이제는 이홍장처럼 몸을 바쳐 배상금을 깎아줄 인물도 없었다. 중국은 1940년까지 무려 39년간 이자까지 포함하여 9억 8,223만 냥을 갚아야 했다.

서양에 배상금을 지불하기 위해 서태후는 세금을 더 올렸다. 1840년 영국이 아편을 팔자, 그것을 막기 위해 전쟁까지 치렀던 청나라는 1900년 초에는 세수 확보를 위해 아예 아편을 적극적으로 장려했다. 이미 국내 아편 생산량은 1860년 영국 수입량을 능가하여, 1900년대에는 수입량의 10배가 넘었고, 세금의 50% 이상을 아편 판매로 충당하고 있었다. 그로 인해 인구의 10%에 가까운 4천만 명이 아편 중독에 빠져들었으니 나라가 멀쩡할 리 없었다. 언제 나라가 무너져도 이상하지 않았다.

1908년 11월 14일, 변법자강 운동이 실패한 후 10년간 갇혀 지냈던 광서제가 사망했다. 100년이 지나서야 사망 원인이 밝혀졌는데 비소에 의한 독살이었다. 광서제가 죽자 74살의 서태후는 이번에는 광서제의 조카인 세 살된 푸이를 황제로 앉히며 자신의 권력을 이어 가려 했다.

하지만 그녀가 피 대신 찾았던 젖과 젊은 미남은 그녀에게 젊음을 가져다주지 못했다. 서태후는 광서제가 죽은 다음 날 사망했다. 그것으로 그녀가 누리던 48년간 절대 권력이 끝이 났다. 그녀의 마지막 유언은 "다시는 나처럼 여인이 정사에 나서는 일이 없도록 하라."였다고 한다.

1901년 홀로 나라를 지키던 이홍장이 죽고, 1908년 변법자강 운동으로 개혁을 추구하던 광서제와 그 개혁을 막았던 서태후마저 사망했다. 나라를 빨아먹던 흡혈귀는 사라졌지만, 청나라는 이제 빨아먹을 피조차 없었다. 3년 후, 근대화의 상징인 철도 때문에 청나라는 무너지게 된다.

철도가 무너뜨린 청나라

절망적인 상황 속에서 근대화를 향한 노력은 봄을 맞이한 잡초처럼 중국 전역에 피어나고 있었다. 그중 하나가 근대화의 상징인 철도였다. 중국인들 스스로 돈을 모아 전국 곳곳에 철도를 건설했다. 하지만 기술도 자본도 부족한 상태에다 각 지방에서 마구잡이로 공사를 진행하다 보니 진척이 매우 느렸다. 이에 청나라 정부는 강제로 철도를 국유화한 후 통합하려 했다.

필요한 조치였으나 방법이 서툴렀다. 청나라는 민간 철도를 강제로 인수하면서 국민들에게는 투자금의 일부만 돌려주거나, 철도가 완성되면 투자금을 돌려주겠다는 종이 한장을 손에 억지로 쥐어 주는 걸로 끝냈다. 반대로 철도 건설에 필요한 돈을 영국, 프랑스, 독일, 미국 등에 빌리면서, 열강에게는 차관에 대한 담보로 관세와 소금에 부과하는 염세를 제공했다. 우리나라로 따지자면 각 지자체와 국민들이 돈을 모아 철로를 깔고 있는데 갑자기 정부가 일본의 돈을 빌려 짓겠으니 지분을 모두 헐값에 강제로 넘기라고 한 꼴이었다. 그것도 일본에게는 세금을 보증으로 제안하면서. 다 같이 힘을 모아 철도를 건설해도 모자랄 판에 민족 자본 vs 매판 자본, 한족 vs 만주족, 지방 정부 vs 중앙 정부의 대립이 발생했다.

1911년 8월 삼국지 유비가 촉나라를 세웠던 쓰촨성(사천성) 지방에서 대규모 철도 국유화 반대 집회가 열렸다. 철도를 지키자는 보로운동(保路運動)이었다. 청나라 정부는 우한에 있던 군대에게 쓰촨성으로 가서 시위를 진압하라고 했다. 하지만 우한에 있던 병사들이 정부의 명령을 거부했다. 백성이 시위할 때, 명령받은 군대가 진압하기를 거부하면, 그다음은 정권의 붕괴였다. 1917년 2월의 러시아, 1918년 11월의 독일에서도 일어나게 될 일이 가장 먼저 중국에서 일어났다. 1911년 10월 10일에 발생한 우한봉기였다. 우한 봉기는 전국으로 퍼졌고, 공화정을 주장하는 쑨원의 혁명파와 입헌군주정을 요구하는 입헌파가 동시에 청조 타도를 외쳤다. 청조는 위안스카이를 조정으로 불러들여 도움을 청했다. 이제 청나라의 운명은 위안스카이(원세개)의 선택에 달려 있었다.

작은 고추, 위안스카이

한국에서는 원세개로 알려진 위안스카이는 삼국지에 나오는 원술과 같은 종씨로 1859년 지방 명문가에서 태어났다. 위안스카이는 출생부터 남달랐다. 젖먹이 때부터 식욕이 대단해 어머니의 젖으로는 부족해 숙모 우씨의 젖까지 먹으며 자랐다고 한다. 다섯 살에 숙부에게 입양되어, 그 또한 태평천국 운동을 일으킨 홍수전이나, 태평천국 운동을 제압한 이홍장처럼 출세하기 위해 과거 시험을 준비했다. 두 번이나 시험에 떨어졌으나, 40일간 끙끙 앓아눕던 홍수전과는 다르게 그는 호쾌하게

"사내대장부로서 어찌 안이하게 붓과 벼루 속에 묻혀 세월을 헛되이 보내겠느냐!"[81]

라고 말하고는 문(文) 대신 무(武)를 택했다.

그는 좋은 가문 덕을 톡톡히 보았다. 숙부이자, 양부가 그를 자기 친구인 오장경(우창칭)을 소개해주었고, 위안스카이는 오장경을 따라 1882년 24살의 나이로 조선에 들어왔다. 1882년 임오군란 당시 청나라가 처음부터 흥선대원군을 납치할 계획은 아니었다. 오장경이 흥선대원군과 회담을 할 때, 협상 대신 흥선대원군을 납치하자고 꾀를 낸 인물이 바로 위안스카이였다. 위안스카이 덕에 임오군란은 일방적으로 청나라에게 유리하게 마무리되었다. 위안스카이의 활약은 그뿐이 아니었다. 임오군란을 진압하던 청나라 병사가 조선 민가를 약탈하자 그는 상관의 명령이 없었음에도 7명을 참수하는 등 군의 기강을 세워 상관의 주목을 받아, 단번에 정5품으로 승진했다. 3년에 한 번뿐인 과거 시험에 통과한 진사조차도 정7품에서 시작하는 것을 고려할 때 파격적인 승진이었다.

그 후로 위안스카이는 사실상 조선 주재 청나라 대사가 되었다. 1884년 김옥균이 일본군을 믿고 쿠데타인 갑신정변을 일으켜 조선 내 친청파를 제거하자, 다른 이들이 머뭇거릴 때 위안스카이는 군대를 투입하자고 하여 단 3일 만에 갑신정변을 진압하기도 했다.

"담력과 지략이 있고, 상황 판단에 능하며, 조선의 사정에도 정통하다."[182]라며 이홍장은 그를 칭찬했다. 키는 오척 단신이었으나 눈에서 인광이 뿜어져 나왔다. 작은 고추가 맵다는 말이 바로 그를 두고 한 말이었다. 그는 1894년 청일 전쟁이 시작될 때까지 10년 동안 청나라의 조선 책임자로 활동하는 동안, "조선의 왕"이라 불리며, 조선을 좌지우지했다. 그랬기에 조선 사람이라면 위안스카이를 싫어할 수밖에 없었다.

그렇게 젊은 나이에 승승장구한 그에게도 위기가 찾아왔다. 그가 10년간 다스리던 조선에서 1894년 청일 전쟁이 일어난 것이다. 그는 청일 전쟁을 막지 못했을 뿐만 아니라, 예측조차 못했기에 청나라의 패배에 대한 책임을 피해 갈 수 없었다. 하지만 그는 이홍장의 보호 아래 살아남았을 뿐만 아니라 그를 총애한 이홍장의 북양 함대를 이어받았다.

사람들은 위안스카이를 기회주의자라고 비난하지만, 같은 행동을 다르게 보면 그는 정세 판단에 능했을 뿐만 아니라 과감한 결정을 내릴줄 안다고도 할 수 있다. 1898년 변법자강 운동에서는 광서제 앞에서 말로는 충성을 맹세했지만, 행동으로는 광서제를 배신하고 서태후 편을 들어 서태후의 총애를 받았다.

그의 능력이 진정으로 빛을 발휘한 건 1899년 일어난 의화단 운동이었다. 서태후는 부청멸양(扶淸滅洋)의 기치를 든 의화단 편을 들었다. 결국 서양 열강에 쫓겨 수도 베이징을 버리고 열하로 도망가던 서태후는 위안스카이에게 서양 군대를 진압하라는 불가능한 명령을 내렸다. 청나라가 결코 서양 군대를 이길 수 없다고 판단한 위안스카이는 서양 군대 대신 의화단 운동을 진압했다. 동시에 그는 외국인과 교회를 보호하여 열강들의 호감을 받았다. 거기다 더해 피난 간 서태후에게 어마어마한 은과 비단, 식량을 보내며 1인 3역을 해냈다.

이홍장이 죽자 서태후는 위안스카이를 예전에 이홍장이 맡았던 직례 총독과 북양대신에 앉혔다. 하늘을 날던 그의 권력은 주위의 시샘과 질투로 오래가지 못했고, 황족들의 견제로 실각하여 그는 낙향해서 권력에서 물러나야 했다. 하지만 청나라의 사정은 그를 가만히 놔두지 못했다.

1911년 말, 우한 봉기 운동을 진압하지 못한 청나라는 다시 위안스카이에게 손을 내밀었다. 위안스카이는 "나는 절대로 혁명당이 될 수 없다."[183]라며 황실의 신임을 얻어 청나라의 군권을 장악했다.

혁명의 불길은 심상치 않았다. 11월 하순에는 우리나라 행정구역상 도(道)에 해당하는 총 24개 성(省) 중 18개의 성이 혁명을 지지하며 청나라로부터의 독립을 외쳤다. 이에 청나라 정부는 위안스카이에게 독립을 선언한 성을 토벌하라고 명령을 내렸다. 위안스카이는 "그들은 모두 백성들의 대표이므로 절대 토벌할 수 없다."[184]라며 말을 바꿨다.

그렇게 위안스카이가 이쪽저쪽 간을 보고 있을 때였다. 12월 25일 크리스마스에 '혁명 전사'가 상하이로 귀국했다.

혁명이 여자였다면

한 인물이 철도청 사장으로 부임했다. "앞으로 10년 안에, 지금까지 50년 동안 전국에 지어진 철도의 20배를 건설하겠다."라고 큰소리치고는 전용 열차를 타고 전국을 돌아다니며 시찰에 나섰다. 같이 다니던 한 기자는 열차 안에는 "야릇한 차림의 정체불명 미녀들이 많았다. 밤마다 복도 다니기가 민망했다."라며 현지 사정을 전했다.

그에게 철도 건설은 아주 쉬운 일이었다. 전국 지도를 펼친 후, 단번에 도시를 잇는 줄을 직선으로 죽죽 그으면 끝이었다. 철도가 산을 통과하고 강을 건너야 한다는 건 그에게 그리 중요하지 않았다. 그 모습을 본 앞의 기자는

"나는 그가 미친 정도가 아니라 그 이상이라는 가장 확실한 증거를 보았다. 왜냐하면 그가 충분한 돈과 시간만 있으면 얼마든지 할 수 있다고 믿어서가 아니라, 자신이 그렸으니 외국 자본가들이 얼마든지 돈을 내놓으리라고 믿었기 때문이다."[185]

이 사람이 바로 중국의 영원한 바지사장 아니, 국부라 불리는 쑨원이었다. 이런 그가 혁명에 나섰으니, 그 혁명은 실패할 게 불 보듯 뻔했다.

1866년생으로 위안스카이보다 7살 젊은 쑨원은 평생 그의 활동 무대이자, 아편전쟁이 일어난 남부 광둥성에서 태어났다. 쑨원은 가난한 집안의 3남 3녀 중 다섯째였다. 그래도 그는 운이 좋아 하와이에서 신식 교육을 받을 수 있었다. 먹고 살길을 찾아 하와이로 떠난 큰 형이 현지에서 자리를 잡고 가족들을 하와이로 불렀기 때문이다. 그렇게 서양식 교육을 접한 그는 홍콩의 서의서원(현 홍콩 대학교 의과대학)에서 의술을 배워 중서약국(中西藥局)이라는 이름으로 의원을 차렸다. 쑨원은 중국 전통 의학에 대해 아는 게 없었지만, 중국 전통 의학과 서양 의학을 합한 것 같은 병원 이름은 인기가 있었다. 병원이 잘 되어 돈을 잘 벌었지만, 그는 부에 큰 흥

미를 느끼지 못했다.

"사람 치료하는 인의(人醫)로 평생을 지내느니 나라의 환부를 도려내는 국의(國醫)를 하겠다."라며 그는 혁명에 나섰다.

그는 "만주족의 청나라를 물리치고 한족의 나라를 세우며(민족주의), 공화정을 도입하고(민권주의), 토지를 평등하게 나누자(민생주의)."는 삼민주의(三民主義)를 외치긴 했지만 말뿐이었다. 그에게는 어떤 계획도 없었다. 군대는 물론이고, 그를 따르는 국민도, 가진 돈도, 충성하는 조직도 없었다. 그는 겨우 수백 명에서, 많게는 수천 명으로 봉기를 일으켰지만, 우리나라로 치면, 도(道)에 해당하는 성(省)은커녕 도시조차 제대로 장악한 적이 없었다. 그가 시도한 열 번의 혁명 시도는 열 번의 실패로 끝이 났다.

광저우 봉기를 시작으로 열 번이나 혁명에 실패한 그는 단 하나를 얻었다. 명성이었다. 그리고 그 높은 명성에 걸맞은 자리가 있었다. 바로 얼굴마담이었다.

1917년 러시아의 2월 혁명 당시 러시아에 레닌이 없었던 것처럼, 1911년 10월 우한 봉기 당시에 그는 중국에 없었다. 쑨원은 미국에서 사태를 관망하다가, 나중에 분위기가 심상치 않자 12월 25일 상하이로 급히 귀국했다. 그의 명성에 끌린 군중들이 상하이에 쑨원을 보기 위해 가득 모였다. 소문으로는 미국에서 활동하던 그가 혁명에 필요한 군대와 자금을 가득 모아서 귀국한다고 했다. 쑨원이 배에서 내리자 기대에 찬 사람들이 쑨원에게 무엇을 가지고 왔느냐고 물었다.

"혁명에 대한 열정을 가지고 왔습니다."

그의 별명은 대포였는데, 허풍을 심하게 치는 사람이라는 뜻이었다. 12월 29일 상하이에서 중국의 24개 성(省) 중 17개 성에서 45명의 대표가 참가하여 쑨원을 초대 임시 대총통으로 추대하고, 1912년 1월 1일 명나라의 수도였던 난징에 중화민국 임시정부를 세웠다.

초대 임시 대총통이 된 쑨원은 베이징에 있는 위안스카이와 결판을 내야 했다. 명성만 높았을 뿐, 군대도, 조직도, 자금도 없었던 쑨원은 승부수를 띄웠다. 위안스카이에게 한 장의 전보를 보냈다.

"사실상 이 직위(대총통)는 당신을 기다리고 있으며, 나는 나의 제안을 세계에 분명히 알릴 것입니다."[186]

그가 선택한 것은 대결이 아닌, 양보였다.

한평생 충성했으나, 최악의 배신자가 된 남자

청나라 황실뿐 아니라, 혁명군의 수장인 쑨원마저 위안스카이에게 손을 내밀었다. 이제 위안스카이에게 선택의 시간이 왔다.

청나라 수도 베이징에는 막강한 북양군을 거느린 위안스카이가, 명나라의 수도였던 난징에는 오합지졸이 모인 혁명군의 쑨원이, 그 외에 각 성에는 청나라로부터 독립을 선언한 군벌들이 서로 눈치를 보며 대치하고 있었다. 청나라에는 황제가 있었기에 위안스카이는 결코 일인자가 될 수 없었다. 하지만 공화국은 달랐다. 임기가 정해져 있지만, 대총통이라는 일인자가 있었다. 평생 권력을 위해 살아온 그는 일인자가 되기로 하고 쑨원의 손을 잡았다. 그는 융유 태후에게 프랑스 혁명 당시 단두대에서 처형된 루이 16세를 들먹이며 협박했다. 이에 1912년 2월 12일 만 6살 된 황제 푸이가 퇴위하면서 청나라는 피 한 방울 흘리지 않고 무너져 내렸다. 위안스카이는 그날 당장 변발을 자르고 통쾌하게 웃었다고 한다.

위안스카이

쑨원

1911년 10월 10일 우한 봉기가 시작된 지 반년도 채 되지 않아 청나라가 무너졌다. 신해혁명의 열매는 고통받는 백성이나 혁명을 외친 쑨원이 아니라 권력을 좇던 위안스카이에게 돌아갔다.

임시대총통이 된 위안스카이는 쑨원을 베이징으로 초청했다. 며칠간 둘은 밤새 이야기를 나누었다. 연신 말을 늘어놓는 건 쑨원이었고, 위안스카이는 "하오, 하오."하며 고개만 끄떡일 뿐이었다.

연회 석상에서 위안스카이는 쑨원의 이름을 부르며 만세를 외치자, 쑨원은 이에 감동하여 눈물마저 글썽였다. 하지만 쑨원과의 만남이 끝난 후, 앞에서는 연신 쑨원을 칭찬하던 위안스카이는 돌아서자마자 표정을 싹 바꾸고는 냉정하게 쑨원을 평가했다.

"사람 됨됨이는 나무랄 데가 없다. 생각이 나보다 앞서 있고 뜻도 고상하지만, 실천력이 없어 보인다. 발기인 정도라면 모를까 나라를 맡기기에는 곤란한 사람이다…… 세월이 지나면 저런 사람들이 원견이 있었다는 말을 듣는다."라며 허탈해했다[187]고 전해진다.

위안스카이에게 대총통 자리를 넘겨준 쑨원에게도 나름의 전략이 있었다. 그것은 대총통 자리를 주는 대신 수도를 난징으로 하고, 선거를 통해 의회를 연다는 조건이었다. 수도를 난징으로 정하면 아무래도 베이징을 기반으로 한 위안스카이가 불리하고, 쑨원이 유리했다. 거기다 국민당을 창설한 쑨원은 투표를 통해 의회를 장악한 후, 다시 정권을 잡거나 적어도 위안스카이를 견제할 수 있다고 생각했다.

하지만 이미 닳고 닳은 위안스카이는 어리숙한 쑨원보다 몇 수 앞서 있었다. 위안스카이는 대총통이 되자마자, 베이징에서 군대를 동원하여 소요 사태를 일으켰다. 위안스카이는 이를 핑계로 난징으로 내려가지 않았는데, 군대가 난동을 부린 것은 위안스카이가 벌인 자작극이었다. 거기다 그는 국민투표로 선출된 의회를 강제로 해산시켰다. 몇 번이나 말을 바꿨던 위안스카이였기에 충분히 예상할 수 있었으나, 쑨원만 몰랐다. 이에 분노한 쑨원이 1913년 7월 위안스카이에게 맞서 전쟁을 벌였으나 상대도 되지 않았다. 그러자 쑨원은 항상 그랬던 것처럼 망명에 나섰다. 이제 위안스카이 앞에는 아무도 없었다.

그의 수하인 펑궈장이 하루는 그를 찾아와 황제가 될 생각이냐고 따지듯이 물었다. "내 나이가 올해로 벌써 58세이다. 지금까지 우리 집안에는 60세를 넘긴 사람이 없다. 내가 황제가 된들 얼마나 살겠는가!" 그 말에 흡족한 펑궈장이 자리를 떠나자, "저자가 감히 내 앞길을 막으려 하다니!"하며 투덜거렸다.[188] 1915년 10월 10일, 위안스카이는 형식적으로 전국에서 1,993명을 모아 군주제 부활을 놓고 뜻을 물었다. 결과는 압도적인 찬성. 이에 위안스카이는 1915년 12월 12일 중화 제국을 세우고 초대 황제가 되었다. 위안스카이는 나폴레옹에 이어 대통령에 해당하는 총통과 황제에 모두 오른 인물이 되었다.

어느 날 황제가 된 위안스카이에게 딸이 신문을 들고 달려왔다. 〈순천시보〉라는 위안스카이가 자주 보던 신문이었다. 자신에 대해 비판적이었던 순천시보는 어느 순간부터 "위안스카이의 황제 즉위가 하늘의 뜻에 부합한다." 같은 내용을 자주 실었고, 위안스카이는 그 신문을 보며 민심이 자신이 황제가 되길 원한다고 여겨 황제에 올랐다. 그런데 그날 딸이 들고 온 〈순천시보〉 내용이 평소 읽던 내용과는 달랐다. 항상 자신을 칭송하던 신문이 자신을 원색적으로 비난하고 있는 것이었다. 똑같은 신문을 찾아 비교해 보니, 날짜는 같았지만, 내용이 전혀 달랐다. 아버지보다 권력에 욕심이 더 많았던 큰아들인 위안커딩이 아버지를 황제로 만든 후, 자신이 황제를 이을 생각에 오로지 위안스카이를 위한 단 한 부의 신문을 찍어 오고 있었던 것이다. 위안스카이는 채찍으로 아들을 때리며 "아버지를 속이고 나라를 망쳤다."라고 화를 냈지만 이미 돌이킬 수 없는 일이었다.

1915년 12월 25일 각지에서 황제에 즉위한 위안스카이에 반대하는 저항이 일어나며 각 성이 또다시 독립을 외쳤다. 이른바 나라를 지킨다는 호국전쟁이었다. 이에 1916년 3월 22일 위안스카이는 황제에서 물러났다. 황제가 된 지 100일 만이었다. 그가 무너뜨린 변법자강 운동보다 3일 짧았다.

그리고 황제에서 물러난 지 76일 만에 위안스카이는 신장 기능 저하

298

로 인한 요독증으로 사망했다. 이천 년 전, 삼국지에서 스스로 황제를 칭했다가 실패하고 죽음을 맞은 먼 조상뻘인 원술과 닮은 꼴이었다. 그는 평생 자신이 한 말을 대부분 지키지 않았다. 하지만 자기 집안에 환갑을 넘긴 사람이 없다며, 황제가 된들 얼마나 살겠냐는 그의 말만은 지켜졌다. 그는 황제가 되어서 60을 넘기지 못한 채 59살에 죽었다.

중국 역사에서 가장 유명한 배신자는 "내가 천하를 배신할지언정 천하가 나를 배신할 수는 없소이다."라고 말한 조조지만, 가장 최악의 배신자는 위안스카이다. 1898년 변법자강 운동이 일어났을 때는 광서제를 버렸고, 1911년 신해혁명 당시에는 청나라를 등졌으며, 1915년에는 황제가 되어 신해혁명마저 내팽개쳤다. 하지만 처음부터 위안스카이는 한평생 충성을 다했다. 다만 그가 충성한 것은 황제와 청나라 그리고 혁명이 아니라, 권력이었다.

또다시 혼란으로

1917년 2월 혁명으로 무너지고, 8개월 만에 10월 소비에트 정부가 들어선 러시아는 운이 좋았다. 대혁명의 원조인 프랑스도 그리 나쁘지 않았다. 1789년 대혁명 이후, 1799년 나폴레옹이 쿠데타로 정권을 장악하기까지 10년밖에 걸리지 않았다. 중국은 1911년 신해혁명으로 왕정을 마치며 전반전을 끝냈으나, 새로운 정권을 세우는 후반전은 언제 끝날 지 아무도 알 수 없었다.

중국은 분열되어 있었다. 베이징에는 위안스카이의 부하들이 남은 권력을 가지고 다투고 있었고, 난징의 중화민국 임시정부는 언제라도 쓰

히틀러의 주치의들

러질것 같이 위태로웠고, 지방에는 군벌들이 난립하고 있었다.

거기다 1840년 아편전쟁부터 해서 영국을 시작으로 프랑스, 독일, 러시아, 일본까지 중국을 노리고 있었다. 홍콩 같은 경우 말이 99년 임대인 조계였지, 사실상 식민지였다. 빼앗긴 것은 땅뿐만이 아니었다. 만주 철도, 뤼순과 다롄항은 이미 일본이 손아귀에 넣고 있었고, 수많은 불평등 조약이 중국의 발목을 잡고 있었다. 거기다 낙후된 사회, 경제 시스템까지 문제는 끝이 없었다.

이 모든 것을 해결할 인물이 필요했다. 백성들의 허기진 배를 채우고, 동시에 위축된 가슴을 펼 수 있게 해줄 그런 영웅이. 누군가는 분열된 중국 대륙의 통일을 이루고, 외세의 침입으로부터 중국을 지켜내며, 동시에 사회, 정치, 경제에서 근대화를 이뤄내야 했다. 프랑스의 나폴레옹과 독일의 비스마르크조차 해내지 못한 과제였다. 역사상 그 누구도 이뤄내지 못한 과업이 중국의 수많은 군웅에게 주어졌다.

쑨원의 최후

위안스카이가 죽자, 이인자였던 돤치루이가 독재를 시작했다. 이를 기회로 본 쑨원은 자기 고향인 광저우를 기반으로 서남 군벌을 모아, 북쪽의 베이징을 정복하자는 '북벌'을 외치며 법을 수호한다는 뜻의 호법운동을 벌였다. 하지만 쑨원을 조금이라도 아는 사람이라면 시작도 전에 결과를 예측할 수 있었다. 역시나 실패였다.

1918년 세계 1차 대전이 끝나 유럽 대륙은 잠시 평화를 맞이했지만, 중국은 그렇지 못했다. 외세, 그중에서도 일본의 침략이 거셌고 여전히 수많은 군벌은 전투와 협상에 이어 배신을 이어갔다. 20세기판 춘추전국시대로 "만인에 대한 만인의 투쟁", 아니 "군벌에 의한 군벌의 투쟁"상태였다.

베이징에는 위안스카이의 후예들이 저마다 정통성을 주장하고 있었고, 수많은 군벌은 악수 하다말고 주먹을 쥐고 다투다, 또 언제 그랬냐며 화해하기를 거듭했다. 이번에는 민중이 나섰다. 1919년 5월 4일, 백성들은 베이징 천안문 광장에서 군벌과 서양 열강을 규탄하는 집회를 했다. 윌슨의 민족자결주의에 영향을 받은 중국판 3·1운동인 '5·4 운동'이었다. 이 '5·4 운동'은 베이징을 중심으로 전국으로 퍼져나가 몇 달 동안 지속되었지만, 뚜렷한 방향이나 핵심 조직이 없었다. 쑨원은 이를 "어린 학생들이 신문화 운동이랍시고 재잘거리고 있다. 우리는 그런 것에 신경 쓸 겨를이 없다."[189]라며 무시했다. 쑨원에게 혁명이란 레닌처럼 소수의 엘리트, 정확히 말하자면 자신만 해야 하는 것이었다. 실제로 그는 위안스카이에게 패한 후, 국민당을 해체하고 중화혁명당을 새롭게 만들면서 새 당원들에게 "자신에게 절대적인 복종"을 맹세하라고 다그쳤다. 그는 공화정을 주장했지만, 그에게 공화정이란 자신을 일인자로 추종할 때만 의미가 있었다. 그런 그였기에 학생과 국민이 자발적으로 나선 5·4 운동에 전혀 관심을 기울이지 않았다. 모처럼 일었던 들불은 곧 꺼졌다.

그때 레닌 주도하에 공산혁명을 마친 러시아가 뜬금없이 중국을 지원하고 나섰다. 유럽에서 고립된 소련은 제국주의에 대한 반격을 가하는 동시에 프롤레타리아 혁명을 널리 퍼뜨리고 싶었다. 유럽에는 적당한 곳이 없었고, 저 동쪽 끝에 중국이 있었다. 소련으로서는 극동에서 영향력을 확대하는 동시에 일본을 견제할 나라가 필요했다.

중국 내에 공산당이 있긴 했다. 중국 내 공산당은 1921년 상하이에서 정식으로 창립했으나 겨우 수백 명 수준이었다. 소련의 레닌은 보잘것없는 공산당 대신 쑨원의 국민당에게 손을 내밀었다. 대신 조건을 걸었다. 1만 명의 당원을 확보하고 있었던 쑨원의 국민당[190]에게 겨우 195명밖에 되지 않는 공산당과 연합하라는 것이었다.

당장 자금이 급했던 쑨원의 국민당과 도저히 혼자서 성장할 가능성이 없는 공산당은 손을 잡았다. 이로써 국민당은 자금을 얻었고, 공산당은 국민당으로 들어가 세력을 키울 수 있었다. 1924년 1월에 이루어진 국민당과 공산당의 연합, 제1차 국공(국민당-공산당)합작이었다.

이 당시 국민당은 냉장고에 있는 모든 재료를 모조리 집어넣은 잡탕이었다. 우파, 민족주의자, 좌파, 아나키스트는 물론 기회주의자까지 모두 섞여 있었다. 하지만 우파와 좌파는 소련의 자금을 지원 받기 위해서 억지로 손을 잡고 있었을 뿐, 자석의 N극과 S극처럼 절대 하나로 합쳐질 수 없는 관계였다.

소련의 자금 지원을 받게 된 쑨원은 다시 기세가 살아났다. 또다시 혁명을 시도하고, 또 실패했다. 그러기를 여러 번 되풀이하던 중, 1924년 그해 마지막 날 오후 4시에 그가 탄 전용 기차가 베이징에 도착했다. 십만 명의 군중이 역에서 그를 기다렸으나, 사람들은 쑨원의 얼굴을 볼 수 없었다. 쑨원이 극심한 복통으로 기차 바닥에 배를 안고 뒹굴고 있었기 때문이었다. 한 달 전에도 톈진에서 동북 군벌인 장쭤린과 회담을 하다 한 차례 쓰러지기도 했다.

이미 몇 달 전부터 그는 예전과 달리 쉽게 피로를 느꼈고, 우측 상복부에서 혹이 만져졌다. 간과 쓸개가 있는 위치였다. 결국 1925년 1월 26일 그 당시 록펠러 병원이라 불렸던 지금의 셰허 병원(Peking Uniion Medical College Hospital, PUMCH)에서 수술을 받았다. 하지만 쑨원의 배를 열었던 외과 의사는 고개를 저었다. 이미 암 덩어리가 간과 쓸개뿐 아니라 횡격막과 복강 내로 퍼져 있어서 손을 쓸 수 없는 상태였다. 외과 의사는 배를 열었다 아무것도 하지 못하고 그대로 닫고 나와서는 쑨원이 가능성이 없으며 10일밖에 살지 못할 것이라고 했다.[191]

하지만 10일을 넘기고도 45일이 지난 3월 12일 9시 30분, 그는 만 58세로 사망했다. 환갑을 2년 앞둔 나이였다. 처음에는 간암으로 알려졌으나, 다음날 부검 결과 쓸개암 4기로 밝혀졌다. 쑨원의 몸을 잠식한 쓸개암은 지금의 의학으로도 5년 생존율이 5%도 되지 않을 정도로 심각한 상태였다. 의사였던 그는 중국도, 자신도 구하지 못한 채 "혁명은 아직 이뤄지지 않았다. 중국을 구하라."라는 유언을 남기고 세상을 떠났다.

쑨원은 혁명만큼 여자를 사랑했다. 10번의 혁명은 실패하고 11번째 혁명인 신해혁명마저 미완성으로 끝났다. 하지만 결혼에는 3번이나 성공했을 뿐만 아니라, 이혼도 하지 않은 채 다른 여자와 결혼하기도 했다. 일본에서 망명 생활을 하면서도 일본인 여성을 적어도 두 명이나 현지처로 삼았고, 그중 한 명은 쑨원의 딸까지 낳았다.

혁명이 여자였다면, 그가 실패하는 일은 없었을 것이다. 혁명과 여자를 좇았던 그는 호화롭게 생활했지만, 적어도 부패하진 않았다. 그가 죽으면서 세 번째 부인인 쑹칭링에게 물려준 건 집 한 채와 이천 여권의 책뿐이었다. 집마저도 평소 쑨원의 처지를 불쌍히 여긴 이가 기부한 것이었다.

그는 "나의 벗 레닌의 본보기를 따라서 내 시신을 방부 처리하여 레닌이 안치된 것과 같은 관에 넣어주기를 바란다."[192]라고 소망을 남겼다. 실제로 소련은 그를 위해 유리관을 만들어 주었지만, 난징은 소련과 달리 너무 더웠기에 전시되지 못했다. 대신 명나라의 수도였던 난징에 있는 쯔진산에 묻혔다. 그의 무덤은 황제에 해당하는 능이라는 칭호가 붙어 중산릉(中山陵)이 되었는데, 바로 옆에 있는 명나라를 세운 주원장의 무덤인 명효릉보다 90미터나 더 높고, 몇 배나 더 넓다. 오늘날에도 많은 이들이 그를 기리기 위해 그의 능을 찾아온다.

쑨원이 죽은 지 100년이 다 되어간다. 365일 마오쩌둥 초상화가 걸려 있는 천안문 광장에 중국 건국 기념일인 10월 1일에는 그의 초상화가 걸린다.

쑨원은 살아서도, 죽어서도 그의 역할을 충실히 하고 있다.

동북의 왕, 장쭤린(장작림)

그래도 명색이 국민당의 수장인 그가 죽자 국민당 내에서 내분이 발생했다. 시작은 미약하였으나 점점 창대해진 것은 국민당 내 가장 소수였던 공산당이었다. 공산당은 소련의 지원으로 공산당 특유의 조직력을 바탕으로 국민당 내에서 급속도로 세력을 키워나갔다. 1925년 8월 20일, 공산당은 아니지만, 좌파였던 랴오중카이가 암살되자, 공산당은 우파 짓이라며 우파들을 공격하며 주도권을 잡았다. 그렇게 국민당은 붉게 물들어갔다. 국민당 좌파의 우두머리인 왕징웨이가 광저우에 자리잡은 국민당의 수반이 되었다.

쑨원이 죽은 시점에 수많은 군벌이 난립했지만, 당시 넘버원은 동북의 왕, 장쒀린이었다. 군벌이라고 하면 부정적인 느낌이 들지만, 그들은 혼란의 시대에 자신의 세력을 키우며 중국의 통일을 꿈꾸는 이들로 삼국지에 나오는 공손찬, 손권, 하진, 원소, 동탁, 유비 같은 호걸로도 볼 수 있다.

만주의 비적 출신으로 장제스보다 두 살 많았던 장쒀린은 여러 군벌과 손을 잡고 1925년 2월에는 상하이와 난징까지 장악했다. 하지만 그것도 잠시, 힘이 세진 장쒀린에 반대하는 군벌들이 손을 잡고 반격을 가해 난징과 상하이를 다시 빼앗았다.

동북의 왕, 장쒀린

장쒀린

아비 장쒀린은 호랑이였으나, 아들 장쉐량은 고양이였다

장쒀린의 분위기가 안 좋게 흘러가자, 장쒀린 편에 속했던 군벌들과 부하가 배신했다. 장쒀린의 펑톈군 6개 중, 가장 정예부대를 맡고 있던 궈쑹링이 일으킨 반란이 가장 컸다. 장쒀린은 후퇴를 거듭했다. 어떤 군벌도 부하도 믿을 수 없게 된 장쒀린은 외세에 손을 내밀었다. 그가 도움을 청한 것은 만주의 철도를 관리하고 있던 일본의 관동군이었다. 자신의 연고지인 만주에서 일본 관동군의 도움까지 받은 장쒀린은 결국 부하인 궈쑹

히틀러의 주치의들

링과의 전쟁에서 승리하고, 1925년 12월 25일 궈쑹링을 처형했다. 하지만 장쭤린은 늑대인 궈쑹링을 물리치기 위해 호랑이인 일본을 끌어들였고, 장쭤린은 나중에 그 대가를 치러야 했다.

만주가 탐났던 일본은 장쭤린의 귀에 대고 속삭인다. 베이징을 점령해 중국을 수중에 넣으라고. 다만 자신들이 그 틈을 노려 만주를 먹겠다고는 말하지 않았다.

일본 관동군의 지원을 받은 장쭤린은 1926년 4월 26일 드디어 베이징에 입성했다. 누가 뭐래도 이 시점에 중국의 패자는 동북의 왕, 장쭤린이었다. 하지만 그것도 잠시였다.

중국 역사를 이해하는데, 많은 사람만큼 어려운 것은 지명이다. 중국 지명은 강과 도시를 같이 알면 쉽다.

가장 북쪽에는 랴오허강(요하강)이 있다. 고대 고구려와 중국의 국경으로 랴오허강의 중심 도시는 선양시(펑톈=묵던=심양=봉천)로, 청나라의 발원지이자, 만주의 핵심 도시이다. 만주는 선양시로 끝난다.

그다음이 황하강이다. 황하강이 바다와 만나는 하구에 항구 도시인 톈진이 있고, 톈진에서 50킬로미터 떨어진 곳에 베이징이 있다. 황하강은 한강, 톈진-베이징은 인천-서울이라고 생각하면 쉽다. 베이징은 청나라의 수도이자, 현재 중국의 수도이다.

황하강에서 신의주와 부산 만큼의 거리에 장강(양쯔강)이 있다. 한강을 기준으로 강남과 강북을 나누듯, 중국은 이 강을 기준으로 강남과 강북으로 갈라진다. 상류에는 분지인 쓰촨(사천)의 중심 도시인 충칭이 있다. 중류에는 코로나의 발원지인 우한과 명나라의 수도였던 난징이 있고, 끝으로 하류에 상하이(상해)가 있다. 상류에서부터 충칭–우한–난징–상하이로 이어진다. 참고로 장제스의 국민당은 나중에 일본과의 전쟁에서 장강을 따라 후퇴하여 수도를 충칭으로 삼는다. 북쪽의 수도라는 뜻의 북경(베이징)과 남쪽의 수도라는 남경(난징)이 정치적으로 양대 중심지이다.

가장 남쪽에 주강이 있고, 주강 끝에 중국에서 가장 먼저 개항한 도시 광저우가 있다. 이 광저우 바로 앞이 홍콩과 마카오이다.

다시 한번 정리하자면, 북쪽에서부터

랴오허강(요하강): 선양시(평톈=봉천=심양)
황하강: 베이징(북경–청나라 수도)–톈진
장강(양쯔강): 충칭–우한–난징(남경–명나라 수도)–상하이
주강: 광저우–홍콩

쑨원의 진정한 후계자

그렇게 북쪽에서 동북의 왕 장쭤린이 베이징을 점령하고 석 달이 지나지 않았을 무렵 1926년 7월 1일 남쪽의 장제스가 북벌을 선언했다. 북벌의 북은 항상 북경인 베이징을 뜻했다. 하지만 중국 가장 남쪽인 광저우에서 베이징까지는 너무 멀었다. 장제스가 이끄는 국민 혁명군은 겨우 15만 명이었고, 중부와 북부의 군벌들은 무려 75만 명, 그중에서도 당시 베이징을 점령하고 있던 당대 넘버원이었던 동북 군벌 장쭤린은 35만 명의 병사를 거느리고 있었다.[193]

누구도 장제스의 승리를 예측하는 사람은 없었다. 병력은 적의 오분의 일에도 미치지 못했고, 그의 기반은 24개의 성(省) 가운데 겨우 광저우 하나뿐이었다. 소련 고문단의 평가에 따르면 북벌군의 약 삼분의 일이 무기를 가지고 있지 않았다[194]고 한다. 북벌의 총사령관인 장제스는 고작 100발의 포탄과 400개의 수류탄마저 어떻게 배분할지를 직접 결정해야 할 정도로 상황이 열악했다.

쑨원과 그의 후계자 장제스

하지만 마흔 살의 젊은 장제스에게는 2가지 장점이 있었다. 첫째로 그가 쑨원의 후계자인 점과 둘째로 그는 중국 최초의 현대식 군사학교 '황푸군관학교'의 교장이었다는 점이다.

마오쩌둥보다 6살 많고, 쑨원보다는 21살 적은 장제스는 1887년생으로 상하이 남쪽에 있는 저장성에서 소금 장수의 아들로 태어났다. 당시 소금은 정부에서 전매하는 상품이었기에 장제스의 가문은 마을에서 유지 대접을 받았으며 부유했다. 하지만 장제스가 다섯 살 때 할아버지가 세상을 떠나자 가세가 급격히 기울었다. 장제스는 홍수전, 이홍장, 위안스카이처럼 과거 시험을 준비하다 시대가 달라졌음을 인지하고 군인이 되기로 했다.

1900년대 초 아시아의 최강자는 일본이었다. 일본은 청나라를 꺾었을 뿐 아니라, 러시아와의 전쟁에서도 승리할 만큼 강한 나라였다. 일본이 러시아와 한 판 붙자, 영국을 비롯한 많은 나라들이 일본을 응원했다. 하지만 막상 일본이 승리하자, 서구는 황인종들에게 자신들이 정복당할지도 모른다며 두려워하기 시작했다. 이른바 '황화론'(Yellow Peril, Yellow Terror)이었다. 반대로 동양에서는 일본이 러시아를 무찌르며 동양의 자존심을 지켜줬다며 자랑스러워했고, 일본을 모델로 삼아 자국의 발전을 꾀하기도 했다. 장제스 또한 일본으로 가서 장교가 되기로 했다. 어렸을 때부터 "아이들의 왕이 되기를 좋아했던"[195] 장제스 개인에게도 중국에게도 현명한 결정이었다. 우여곡절 끝에 일본에서 중국 학생을 위한 군사학교에 들어간 그는 졸업 후 일본 육군 포병 연대에서 군 생활을 했다. 이때의 군대 경험이 장제스의 가장 큰 밑천이 되었다.

1911년 가을에 우한 봉기가 일어나자, 같은 저장성 출신이자 중국 동맹회 간부인 천치메이의 전보를 받고 11월에 귀국하여 천치메이의 심복으로 활동하며 본격적인 혁명에 나섰다. 하지만 자신의 정치적 스승인 천치메이가 암살되고, 혁명이 난관을 겪자 젊은 그는 방황했다. 뜨거운 혈기를 혁명과 권력 대신 술과 여자에 쏟아붓다가 성병인 임질에 걸리기도 했다.

1922년 광둥 군벌인 천중밍이 쑨원의 북벌에 반대하고 쑨원을 공격하자, 쑨원은 장제스에게 도움을 청했고 장제스는 죽음을 각오하고 쑨원이 타고 있던 영풍함에 올랐다. 이에 장제스는 42일간 자신보다 21살 많은 쑨원과 생사를 함께하며 그의 신임을 얻었다.[196] 무력이 필요했던 혁명가이자 정치인인 쑨원으로서는 군인인 장제스 같은 부하가, 군인인 장제스는 명성이 높은 쑨원 같은 스승이자 정치인이 필요했다.

장제스는 충동적이면서도 동시에 계획적이었다.

"군인이다 보니 난폭한 건 둘째고, 화부터 내는 바람에 말 걸기가 힘들다. 항상 주위 사람들을 긴장하게 만들고 툭하면 사표를 내던진다. 아무리 말려도 소매를 뿌리치기 일쑤다. 일단 낙향하면 내가 전보를 보내도 모르는 체한다."[197]

장제스에 대한 쑨원의 평이었다. 실제로 장제스는 1918년 7월부터 1924년 9월 황푸군관학교 교장에 취임하기까지 사직과 복직을 14차례 반복[198]할 정도였다. 그런 장제스를 잘 나타내주는 일화가 있다. 그가 하루는 쑨원의 처제인 쑹메이링에게 반했다. 하지만 쑹메이링은 당시 약혼자가 있는 상태였다. 장제스는 쑹메이링의 약혼자를 찾아가서 말했다.

"메이링보다 더 훌륭한 여자를 내가 직접 구해주겠소. 내 결혼식 날 들러리를 서주기를 바라오. 당신 결혼식에는 내가 들러리를 서겠소."[199]

장제스는 예측하기는 어렵지만, 자신이 원하는 여자와 권력만큼은 수단과 방법을 가리지 않고 차지하는 남자였다. 장제스는 쑨원이 죽은 후, 1927년 쑨원의 처제인 쑹메이링과 결혼하면서 쑨원과 동서지간이 되었다. 이로써 수많은 경쟁자를 제치고, 쑨원의 후계자라는 타이틀을 가져갈 수 있었다.

중국의 대부호인 쑹자수에게는 세 딸이 있었는데, 첫째가 쑹아이링, 둘째가 쑹칭링, 셋째가 쑹메이링이었다. 쑨원은 원래 쑹자수의 첫째 딸인 쑹아이링을 좋아했지만, 쑹아이링이 부유한 은행가인 쿵샹시에게 시집가자, 그녀의 바로 아래 동생인 쑹칭링과 결혼했다. 장제스와 결혼한 쑹메이링은 쑹자수의 막내딸이었다. 중국에서는 쑹자수의 세 자매에 대해 쿵샹시와 결혼한 첫째 쑹아이링은 돈을, 쑨원과 결혼한 둘째 쑹칭링은 나라를, 장제스와 결혼한 셋째 쑹메이링은 권력을 사랑한 여인이라고 한다.

쑨원이 죽자, 스탈린이 레닌을 우상화하며 자신을 레닌의 후계자로 자처하듯, 장제스 또한 쑨원을 우상화하며 자신을 쑨원의 후계자로 내세웠다. 쑨원의 무덤을 명나라를 건국한 주원장보다 크게 지은 사람이 바로 장제스였다. 그는 쑨원과 똑같이 첩을 제외하고 세 번의 정식 결혼을 했다. 쑨원이 쑹칭링과의 결혼이 세 번째이자 마지막이듯, 장제스도 쑨원의 처제인 쑹메이링과의 결혼이 세 번째이자, 마지막 결혼이었다. 장제스는 여자에 대해서는 진정한 쑨원의 후계자였고, 명예에 대해서는 쑨원보다 못했지만, 권력에 있어서는 쑨원보다 나았다.

1924년 소련의 지원을 받은 국민당은 광저우의 황푸에 군관학교를 세웠다. 우리나라로 치면 육군사관학교인 황푸군관학교 설립 당시 교장이 바로 38살의 장제스였다. 이때까지만 해도 장제스는 그리 유명한 인물이 아니었다. 권력에 취해 타락하기 전의 젊은 장제스는 엄격한 규율과 훈련을 강조했고, 그 결과 후쭝난, 린뱌오, 쑹스런 등 수많은 중국의 장군과 군사 지도자가 황푸군관학교를 통해 길러졌다. 한국의 김원봉, 김산 또한 황푸군관학교 출신이었다.

장제스는 개교한 지 1년도 안 된 시점에 6개월 남짓한 교육과정을 마친 1기 졸업생들과 1925년 2월 광저우가 속한 광둥성을 장악했다. 이로써 황푸군관학교 졸업생들은 성공적인 신고식을 치렀다. 장제스의 황푸군관학교는 급속도로 성장해 2년 만에 졸업생의 숫자가 5천 명으로 늘었다.

장제스는 제1차 북벌을 시작한 지 101일째 되는 1926년 10월 10일, 장강(양쯔강) 중류의 핵심 도시인 우한을 수중에 넣었다. 마침 신해혁명이 시작된 우한 봉기 15주년이 되는 날이었다. 이에 국민당은 1927년 1월 1일 광저우에서 우한으로 수도를 옮겼다. 거기다 1927년 3월 23일 난징마저 점령했다. 비로소 장제스가 장강 이남의 강남을 석권한 것이다. 엄청난 속도였다. 물론 한계는 명확했다. 베이징에는 여전히 동북의 왕인 장쭤린이 건재했을 뿐만 아니라, 강남 제패 또한 장제스가 수많은 군벌들과 연합하여 이룬 성과였다. 강남을 장악했으니, 그다음은 북경인 베이징이었다. 장제스로서는 이제 양쯔강을 건너, 장쭤린과 중국의 패권을 놓고 건곤일척의 승부를 가려야 했다. 하지만 그에게는 남아 있는 과제가 있었다.

상하이의 황제, 두웨성

장제스와 공산당의 갈등이 이번이 처음은 아니었다. 장제스는 처음부터 공산당을 믿지 않았다. 권력에 심취했던 그였지만, 단순히 공산당을 경쟁 상대로 여겨 공산당에 대해 잘 모르면서 무작정 싫어한 건 아니었다. 공산당의 영원한 이인자인 저우언라이는 "장제스가 자본론, 공산당 선언 등 섭렵하지 않은 사회주의 서적이 거의 없었다. 내로라하는 공산당 이론가들보다 더 해박했다."[200]라고 평할 정도로 그는 사회주의와 공산당에 대해서 잘 알고 있었다.

장제스는 1923년 직접 소련을 다녀온 후, 볼셰비키를 "전제 정치의 또 다른 이름"이며 "그들이 말하는 국제주의와 세계 혁명은 전부 옛 황제의 제국주의가 이름을 바꾼 것"에 지나지 않는다고 생각했다.[201] 장제스는 1945년에 〈동물농장〉을 쓴 조지 오웰보다 더 빨리 볼셰비키의 속성을 알아차렸다. 장제스 또한 권력을 추구하는 부류였기에 본능적으로 상대를 알아보았을 것이다. 다만 소련의 지원이 절실했기에 속마음을 숨기고 정치에 무관심한 군인으로 행동했다. 소련에서 파견 나온 코민테른의 대표인 보로딘은 그를 "전적으로 신뢰할 만하다."[202]고 잘못 평가했고, 황푸군관학교의 교장에 이어 국민당군 총사령관까지 오를 수 있었다.

1926년 3월 장제스는 좌파가 중산함이라는 군함을 동원하여 자신을 납치하려고 했다며 광둥성에 계엄령을 내렸다. 그가 군대를 장악하고 있었기에 가능한 일이었다. 이어서 1926년 5월 장제스는 국민혁명군 총사령관이 되어, 1차 북벌을 성공적으로 이끌었다. 광저우가 있는 광둥성에서 출발해, 우한과 난징, 상하이를 점령했다. 그러자 국민당 내부에서 성공하는 그를 견제하기 시작했다.

심지어 1927년 3월 21일, 장제스의 북벌군이 상하이를 포위하고 있을 때 공산당은 상하이를 장제스보다 한발 앞서 접수하기 위해 상하이에서 봉기를 일으켰다. 저우언라이(주은래)가 지휘하는 '규찰대'라는 이름의 무장 노동자 집단 5,000여 명이 상하이를 장악했다. 장제스의 국민혁명군이 상하이에 들어오기 하루 전이었다. 장제스 입장에서는 자신이 공들여 차려놓은 상을 공산당이 낼름 먹어버린 것이었다.

거기다 4월 1일 국민당은 장제스를 국민혁명군 총사령관에서 해임했다. 동시에 우연이라고는 너무나 완벽한 타이밍에 국민당의 좌파 지도자 왕징웨이가 귀국했다. 명백히 장제스를 몰아내려는 수작이었다.

화려하게 북벌을 성공시킨 장제스가 일방적으로 국민당 좌파의 공격을 받고만 있을 리 없었다. 그는 무엇보다 군대를 이끄는 총사령관이었고, 그는 군인답게 총과 칼로 반격에 나섰다. 하지만 이미 국민당 좌파가 장악하고 있던 우한에서는 불가능했다. 그가 선택한 곳은 동방의 파리, 상하이였다.

동방의 파리인 상하이는 미래의 이상을 좇는 혁명가와 현재의 이익을 따지는 상인과 외교관, 과거의 추억뿐인 마약 중독자와 창녀가 공존하는 도시였다. 어느 소설가의 표현처럼 빛과 열기, 그리고 권력이 꿈틀거리는 중국 최대의 도시가 바로 상하이였다. 그 원천은 돈, 좀 더 그럴듯한 말로 부(富)였다. 1931년 상하이는 중국 전체 무역의 50퍼센트 가까이를 차지하고 있었다.[203]

서양 열강들이 모두 들어와 있었기에 중국 정부조차 힘을 쓸 수 없었고, 장제스도 예외는 아니었다. 비록 장제스가 상하이를 군사적으로 점령했지만, 상하이의 황제는 장제스가 아니라 장제스보다 한 살 어린 상하이 빈민가 출신인 두웨성(두월성)이었다.

상하이에서 아편이나 총뿐 아니라 도박, 매춘은 물론이고 살인 청부까지 모든 불법은 청방의 두목인 두웨성이 관리했다. 삼합회의 원조 격인 청방(靑幇)은 중국 내 비밀 결사 조직 중에서도 가장 강력했을 뿐만 아니라, 서양 열강마저 포기한 상하이 조계의 치안까지 담당하고 있었다. 천하의 장제스도 상하이에 오면 두웨성의 집에 머물러야 안전을 보장받을 수 있었다.[204]

장제스가 우한에 이어 난징과 상하이를 점령하고 한 달도 지나지 않은 1927년 4월 12일, 어둠 속에서만 활동하던 두웨성의 청방 조직이 팔에 흰색 완장을 두른 채 밝은 빛 아래 상하이에서 모습을 드러냈다. 조직원들은 프랑스 외교관과 경찰에게서 건네받은 총을 들고 있었다. 이미 지시를 끝낸 장제스는 배를 타고 유유히 장강을 거슬러 올라 난징으로 몸을 숨겼다.

청방의 공격 대상은 경찰도, 외국 열강도 아니었다. 목표는 노동조합과 공산 당원이었다. 수천 명의 공산 당원과 공산 당원으로 의심받는 사람들은 즉결 처형되었다. 두웨성과 손을 잡은 장제스가 단번에 숨겨둔 이빨을 드러내고는 공산당과 국민당 내 좌파들을 물어뜯은 것이었다. 이른바 장제스의 '4.12 상하이 쿠데타'였다.

우한 정부의 수장이자 좌파의 거두 왕징웨이는 4월 17일 장제스를 국민당에서 영구 제명하고 체포하라고 했지만 아무도 무력을 지닌 장제스를 건드릴 수 없었다. 장제스는 왕징웨이의 우한 정부를 제쳐두고, 4월 18일 우한에서 500킬로미터 떨어진 명나라의 수도였던 난징에 새로운 정부를 수립한다. 이로써 국민당은 좌파인 왕징웨이를 필두로 한 우한 정부와 우파인 장제스를 중심으로 한 난징 정부로 나누어진다.

중원전쟁

'4.12 상하이 쿠데타'를 통해 어느 정도 국민당을 장악한 장제스는 1928년 4월 7일 장강을 건너 2차 북벌 전쟁을 시작했다. 당시 베이징을 차지하고 있던 만주 군벌이자 자신보다 2살 많은 장쭤린과 천하를 두고 대결을 벌일 예정이었다. 말 그대로 100만 대군이었다. 장제스가 29만 명을 동원했고, 나머지는 다른 군벌들의 병력이었다.

장제스의 2차 북벌 전쟁은 두 달만인 6월 8일, 장제스가 베이징을 점령하며 싱겁게 끝이 난다. 거기다 장쭤린은 베이징을 버리고 자신의 근거지인 만주의 선양으로 돌아가는 길에 철도에서 폭발이 일어나 즉사한다.

히틀러의 주치의들

당시 일본은 동북의 왕 장쭤린을 지원하여, 장쭤린이 베이징을 점령할 수 있도록 도왔다. 일본은 장쭤린이 본거지인 만주를 비우고 베이징에 진출할 때를 노려 만주를 차지할 생각이었다. 하지만 장제스에 패한 장쭤린이 다시 만주로 돌아오려고 하자, 일본 관동군이 철로에 폭탄을 설치하여 장쭤린을 암살했다. 폭탄이 터진 지역 이름을 딴 황구툰(황고둔) 사건이었다. 일본이 자신의 아버지를 폭살하자, 이에 분노한 장쭤린의 아들 장쉐량은 장제스에게 합류했다. 물론 장제스는 장쉐량에게 1,500만 달러에 육박하는 어마어마한 거금[205]을 지원했다. 장제스는 이제 광저우, 난징(남경)에 이어 베이징(북경)에 만주까지 아우르게 된다.

그렇게 장제스는 1차 북벌 전쟁을 통해 강남을, 2차 북벌 전쟁으로 베이징을 차지했다. 이에 자신감을 얻은 그는 1929년 1월 당시 160만 명에 가깝던 중국 내의 상비군을 80만으로 줄이기로 했다. 독립적인 세력을 유지하던 군벌의 세력을 약화하는 동시에 정부 예산의 대부분을 차지하던 군사비를 줄여 아낀 돈으로 나라를 정상적으로 운영할 생각이었다. 하지만 자신들의 손발을 자르려는 장제스의 속셈을 눈치챈 군벌들이 가만히 당하고만 있지 않았다. 또다시 내전이 벌어진다. 이제는 장제스와 장쉐량 대 나머지 군벌들의 대결이었다.

그렇게 1929년 3월부터 시작된 전쟁은 1930년 4월부터 11월까지 무려 7개월간 이어진 '중원전쟁'을 끝으로 장제스의 승리로 끝이 났다. 군벌과의 전쟁을 끝낸 장제스에게는 마지막 적이 남았다. 바로 공산당이었다. 얼마 되지 않은 공산당만 토벌하면 장제스는 1911년 시작된 신해혁명을 마무리 지을 수 있었다. 그가 분열된 중국을 통일한 영웅이 되기까지에는 마지막 한 걸음만이 남았다.

눈앞에 다가온 중원 통일의 꿈

1차 토벌. 1930년 12월부터 1931년 1월까지 10만 동원
2차 토벌. 1931년 4월에서 5월까지 20만 동원
3차 토벌. 1931년 7월부터 9월까지 30만 동원

3차까지 이어진 장제스의 공산당 토벌은 모두 실패했다. 하지만 누가 봐도 장제스가 승리할 게 분명한 싸움이었다. 그러던 중 만주에 있던 일본 관동군이 1931년 9월 18일 만주의 철도를 스스로 터트리고는(유조호 사건) 뻔뻔하게도 중국에게 혐의를 뒤집어씌웠다. 그렇게 중국을 가해자로, 자신을 피해자로 위장한 일본은 만주를 침공했다. '만주사변'이었다.

당시 철도는 무역뿐 아니라, 대규모로 군대를 이동시킬 수 있었기에 경제적으로도 군사적으로도 매우 중요한 요소였다. 1914년 세계 1차 대전 중 독일이 탄넨베르크 전투에서 러시아에 승리할 수 있었던 이유가 바로 기차를 통해 확보한 기동성이었다. 그 중요성을 알기에 1894년과 1905년 청일, 러일 전쟁에서 승리한 일본은 만주의 철도 운영권을 독점했고, 그 철도를 지키는 군대가 바로 관동군이었다.

만주 사변을 일으킨 관동군은 단순히 만주를 점령하는 것에서 그치지 않고 1932년 1월 상하이까지 침략했다. 장제스는 일본과 적극적으로 싸우지 않고 정전협정을 맺었다. 이에 대해 많은 비판이 장제스에게 쏟아졌다. 하지만 그에게는 "국내를 평정하는 일이 먼저이고, 외국의 침략에 저항하는 것은 다음 일"이었다. 일본과의 협정이 끝나자, 그는 다시 공산당 토벌에 나섰다.

장제스가 일본의 침략을 수습하는데 정신이 없는 틈을 타, 공산당은 1931년 11월 지금의 루이진시에 중화 소비에트 임시 중앙정부 수립을 선포했다. 하지만 여전히 100만 군의 장제스에 비해 10만 명 남짓으로 열세가 분명했다.

1932년 6월부터 1933년 3월까지 무려 9개월간 이어진 4차 토벌은 이전과 달랐다. 이번에 달라진 건 국민당이 아니라, 공산당이었다. 공산당은 이전까지 마오쩌둥의 16자 전법으로 험한 지형을 이용하여 치고 빠지는 게릴라 전술에서 벗어나 적극적으로 도시를 공격하기 시작했다.

"적이 진군하면 물러나고(적진아퇴(敵進我退))
적이 머물면 교란하고(적주아교(敵駐我擾))
적이 피곤하면 공격하고(적피아타(敵疲我打))
적이 달아나면 쫓는다.(적퇴아추(敵退我追))"

공산당이 세 번의 전투에서 열세를 극복하고 승리를 거두긴 했으나, 뚜렷한 영토를 차지하지 못한 것이 소련으로서는 불만이었다. 이에 소련은 게릴라 전술을 고집한 마오쩌둥을 비난하며 전략을 바꾸었다. 땅을 차지하기 위해 공산당은 국민당과 정면 대결을 펼치기로 했다.

장제스가 50만 병사를 동원해 4차 토벌을 준비할 때, 일본은 만주 사변에 이어 만주 옆의 열하(러허성)를 공격했다. 하지만 장제스는 또다시 일본과 '탕구 협정'을 맺고, 일본의 만주 점령을 인정했다. 변함없이 그의 목표는 외부의 일본이 아니라, 내부의 공산당이었다.

장제스도 그가 언젠가 일본과 싸워야 한다는 사실을 잘 알고 있었다. 하지만 그가 판단하기로 당장 중국과 일본이 맞서 싸우면, 중국으로서는 승산이 없다고 생각했다. 명나라의 멸망이 그랬다. 청나라가 밖에서 공격해 오는 와중에, 명나라 내부에서 농민인 이자성의 난까지 일어나 명나라가 무너진 것을 장제스는 잊지 않았다. 그래서 외부의 강적인 일본과 맞서 싸우기 전, 내부의 통일이 급선무라고 생각했다.

1, 2, 3차 토벌은 마오쩌둥의 승리이고, 장제스의 패배였다면, 4차 토벌은 딱히 누구의 승리라고 보기 애매했다. 국민당은 게릴라 전술을 버리고 공격에 나선 공산당을 잘 방어했다. 하지만 그렇다고 국민당이 공산당에게 큰 피해를 준 것은 아니었다. 장제스는 포기하지 않았다. 1933년 10월에 다섯 번째 원정에 나섰다. 이번에는 장제스가 전략을 바꿨다. 100만 대군을 총동원했다. 거기다 요새와 요새를 참호로 연결한 후, 느리지만 착실히 전진했다. 여러 번의 승리 끝에 자신감을 얻은 공산당도 마오쩌둥의 유격전을 버리고 정규전에 나섰다.

병력도 적고, 무기도 열악한 공산당이 제발로 험난한 산에서 내려와 싸웠으니 패배는 피할 수 없었다. 다섯 번의 시도 끝에 장제스가 대승을 거두었다. 이제 공산당에게 남은 건 후퇴밖에 없었다.

대장정이라 쓰고, 대탈주라 부른다

1934년 10월 10일 공산당의 홍군은 중화 소비에트 임시 중앙정부를 세운 루이진시를 버리고 퇴각했다. 8만 6천여 명의 병사들에게는 정해진 퇴각 지점조차 없었다. 오로지 살기 위한 필사의 도주였다. 공산당은 장제스를 피해 18개의 큰 산맥을 넘었다. 그 중 5개는 만년설로 뒤덮여 있었고, 5,000미터가 넘는 산들도 수두룩했다. 24개의 강을 건너며 지구의 지름에 해당하는 12,000킬로미터를 하루에 30킬로미터 넘게 오로지 두 다리로 걸으며 368일간 줄행랑을 쳤다. 중국 동남부 루이진시에서 시작하여 시계 방향으로 중국을 돌아 겨우 북부 산시성에 도착했다. 8만 6천 명의 병사 중에 6천 명 만이 무사히 대장정을 마쳤다. 10명 중 한 명도 남지 않았다. 그럴듯하게 '대장정'이라고 말하지만, 실상은 '대탈주'였다.

하지만 필사의 도주를 하는 가운데 위기를 기회로 만드는 남자가 있었다. 바로 마오쩌둥이었다. 장제스보다 6살 적은 그는 후난성의 시골에서 태어났다. 19살에 일어난 신해혁명 당시, 혁명군에 일반 사병으로 참가하기도 했지만 청나라가 무너지자 도서관에서 혼자 책을 읽었다. 그는 도서관 사서로 일하며 마르크스 사상을 받아들여 혁명 전선에 나섰다. 1921년 7월 23일 중국 공산당 제 1차 전국대표회의에 참가한 13명 중에 한 명이었고, 그때만 해도 공산당원은 4억이 넘는 중국인 중에 겨우 50명에 지나지 않았다. 그는 소련 유학은커녕 일본에 간 적도 없었다. 철저한 국내파였기에 소련과의 관계도 그리 좋지 못했다. 하지만 국내파였기에 마오쩌둥은 중국 국내 상황에 맞는 전략 전술을 찾아냈다. 도시가 아니라 농촌 중심의, 전면전이 아니라 유격전이었다.

1935년 1월, 국민당에 쫓기며 대장정이라는 이름 하에 도주 중이던 공산당은 구이쭈이성의 도시 쭌이 회의에서 이번 패배의 책임을 묻는 회의를 열었다. 열린 도시 이름을 따서 '쭌이 회의'라 하는데, 마오쩌둥은 자신의 유격전술을 버리고 정면 대결에 나선 소련 유학파를 비판하며, 소련 유학파가 지휘하던 공산당을 장악했다. 초기 자신의 전략에 따른 공산당의 승리가 마오쩌둥에게 위기를 가져왔다면, 반대로 5차전에서 자신의 전략을 버린 공산당의 대패가 마오쩌둥에게는 기회가 된 것이다.

중국의 미래를 바꾼 사건

1935년 11월 대장정을 마친 공산당 지도부는 인적이 드문 산시성 북부에서 집도 없이 동굴에 머물러야 했다. 마오쩌둥은 살기 위해 대장정 도중 태어난 딸마저 촌락의 한 여인에게 몇 푼의 돈과 아편을 쥐어주며 맡겼고, 그 후로 영원히 딸의 생사를 알지 못했다. 시간이 지나면서 전국에 흩어져 있던 공산당원들이 산시성으로 찾아왔지만 3만 명이 채 되지 않았다. 장제스의 명령을 받은 장쉐량이 병력을 이끌고 산시성까지 마오쩌둥을 쫓아왔다. 이제 마지막이었다.

궁지에 처한 마오쩌둥과 공산당은 '항일'이라는 명분을 내세우며 협상을 제의했다. '항일'은 장제스의 공격을 받아 궁지에 몰린 다른 군벌들이 자주 부르짖던 대의였다. '중국인들끼리 싸우는 것을 멈추고, 함께 힘을 합쳐 일본과 싸우자.'였지만, 속마음은 '날 살려줘.'였다.

하지만 장제스는 겉으로 대화하는 척했을 뿐, 속으로 오로지 공산당을 완전히 없애버릴 생각이었다. 그에게 "일본은 피부병, 공산당은 심장병"이었다.

일본이 철도에 설치한 폭약으로 폭사한 아버지 장쭤린에 이어 만주를 기반으로 했던 장쉐량은 1931년 일본이 일으킨 만주 사변으로 본거지를 잃고 장제스와 손을 잡았다. 1901년생으로 장제스보다는 14살, 마오쩌둥보다는 8살 어린 36살의 장쉐량은 15만 명의 병력으로 궁지에 몰린 3만

명 남짓한 공산당과의 전투에 선봉으로 나섰지만, 매번 패했다. 이에 화가 난 장제스가 지원마저 끊어버리자, 장쉐량은 장제스와 공산당 사이에 끼인 신세가 되었다. 궁지에 몰린 장쉐량은 1936년 4월 장제스 몰래 공산당의 저우언라이와 회담을 했다. 무슨 말이 오갔는지는 정확히 알 수 없지만 장쉐량은 공산당 토벌을 질질 끌었다. 참다못한 장제스가 12월 4일 비행기를 타고 장쉐량이 있는 시안으로 향했다.

시안(서안), 한때 한나라와 당나라의 수도로 장안으로 불렸던 도시였다. 장제스는 시안 외곽에 있는 온천인 화청지(화칭즈)에 머물렀다. 화청지는 당나라 시절부터 황실의 휴양지로, 현종과 양귀비가 사랑을 나누었던 곳으로 유명했다.

그날은 12월 12일이었다. 공산당 토벌과 중국 통일을 목전에 둔 장제스는 따스한 온천에서 추운 겨울도 잊고 잠시나마 단꿈을 꾸고 있었다. 그 꿈을 깬 것은 밖에서 들리는 총소리였다. 항상 암살과 반란의 위협에 직면했던 장제스는 쿠데타를 직감했고, 잠옷 바람으로 신발도 신지 않은 채 침실 창문을 넘어 도망쳤다. 그는 2미터가 넘는 호텔 담장마저 뛰어넘었지만, 담장 아래 도랑에 발을 잘못 디뎌 부상을 입었다. 장제스는 다친 다리를 절뚝거리며 야산으로 도피했지만 어디선가 날아오는 총알에 호위병들이 하나둘 픽픽 쓰러져갔다. 이에 끝이라고 생각한 장제스가 외쳤다.

"너희들이 날 죽일 생각이면 빨리 쏴라."

하지만 군인들은 장제스를 산 채로 붙잡아 끌고 갔다. 자기 부하인 장쉐량 앞으로. 장쉐량이 일으킨 명백한 쿠데타였다.

장제스는 장쉐량의 얼굴을 보자 며칠 전에 호통친 일이 떠올랐다.

"한 달 내로 공산 비적들을 무찌르든가, 아니면 중앙군을 투입할 테니 푸젠성으로 가라."[206]

얼마 전 시안에 온 장제스는 전쟁을 중지하고 공산당과 손잡고 일본과 싸우자고 요청하는 장쉐량에게 소리쳤었다. 그것이 화를 불러일으킨 것이다.

1931년 만주 사변 당시, 장쉐량은 자신의 본거지인 만주를 일본에게 빼앗기지 않기 위해 장제스에게 도움을 청했으나 장제스는 매몰차게 거절했다. 시간이 흐르면 흐를수록 일본의 만주 지배는 굳건해졌고, 장쉐량으로서는 만주를 다시 회복할 가능성이 점점 희박해져 갔다. 거기다 이대로 공산당과 계속 싸우다가는 이기든 지든 얼마 남지 않은 병력을 다 잃게 될 것 같았다. 그렇다고 공산당과의 전투를 피하다가 장제스가 한 말 대로 자신을 만주에서 먼 남쪽 푸젠성으로 보낸다면, 자신을 뒤따르던 병사들마저 모두 떠날 것이었다.

앞에서는 공산당의 마오쩌둥이, 뒤에서는 국민당의 장제스가 자신의 숨통을 조여왔다. 그 상황에서 장쉐량이 선택한 것은 장제스를 납치하는 쿠데타였고, 이 쿠데타가 중국의 역사를 완전히 바꾸어놓았다. 장쉐량이 일으킨 시안 사변이 아니었다면, 장제스는 빠르면 3개월, 길어도 1년 안에 공산당을 전멸시키고 중국을 통일했을 것이다.

장쉐량은 나중에 중국을 통일한 공산당으로부터 시안 사변을 통해 멸망 직전의 공산당을 살렸기에 '나라를 구한 영웅'이라는 칭송받았으나, 사실은 자신이 살기 위한 쿠데타를 벌인 것 뿐이었다.

장쉐량이 쿠데타를 일으켜 장제스를 사로잡았다는 소식에 마오쩌둥과 공산당은 물론이고, 장제스에 저항하던 군벌들과 왕징웨이를 비롯한 국민당의 다수가 환호성을 질렀다. 대부분이 그를 처형하자고 주장했다. 소수의 황푸군관학교 출신인 장교들만이 "우리의 지도자에게 무슨 일이 생기면 모든 힘을 다해 반란군을 토벌하겠다."라고 했으나, 장제스가 죽으면 모두 모래알처럼 흩어질 무리였다.

장제스를 구한 건, 아무도 예상하지 못한 소련의 스탈린이었다. 9년 전인 1927년 4월 12일 장제스가 암흑 조직 청방의 힘을 빌어 '상하이 숙청'을 통해 국민당 내의 좌파와 공산당을 쓸어버리자, 스탈린은 장제스와 절교까지 했다. 그런 스탈린이 장제스를 사로 잡은 장쉐량을 비난하며 당장 장제스를 석방하라고 하자, 마오쩌둥은 욕을 퍼붓고 발을 동동 굴렀다.

시안 사변이 일어나기 한 달 전 독일은 일본과 방공협정을 체결했다. 이로써 소련은 서쪽의 독일과 동쪽의 일본에 포위되었다. 소련으로서는 일본을 견제하기 위해 강력한 중국이 필요했다. 그런 상황에서 장쉐량이 장제스를 사로잡은 시안 사변이 일어나자, 스탈린은 이를 일본이 일으킨 것으로 생각했다. 스탈린은 현재 중국의 일인자인 장제스가 사망할 경우 중국이 다시 혼란에 빠질 것을 우려했다. 스탈린으로서는 당시 국민당 좌파 수장인 왕징웨이는 친일 반소 성향이라 내키지 않았고, 장제스의 국민당에 쫓겨 줄행랑치다 궁지에 몰린 공산당과 마오쩌둥은 미덥지 못했다.

스탈린에게는 세계 혁명보다 소련이 더 중요했고, 미약한 중국 공산당보다는 강한 장제스가 필요했다. 스탈린은 즉시 마오쩌둥에게 장제스를 풀어주고, 둘이 손잡고 일본에 맞서 싸우라고 명령했다. 그 결과 둘은 억지로 다시 악수할 수밖에 없었다. 제2차 국공합작이었다.

대탈주 끝에 잡히기 직전이었던 마오쩌둥은 운 좋게 살아났지만, 라이벌을 죽일 기회를 놓쳤다.

중국 통일을 눈앞에 둔 장제스는 목숨을 잃을 뻔했지만, 간신히 살아날 수 있었다.

가장 불쌍한 건 어설픈 쿠데타를 일으킨 장쉐량이었다. 다 된 밥에 재를 뿌린 장쉐량에게 분을 넘어 한을 품은 장제스는 그를 가택연금 시켰다. 장제스는 죽기 직전, "호랑이(장쉐량)를 풀어놓아선 안 된다."라며 아들 장징궈에게 같은 말을 되풀이했다. 실제로 장쉐량은 장제스가 죽고 난 후에도 아흔 살이 되는 1990년 6월까지 무려 54년간을 갇혀 살아야 했다.

장쉐량이 나중에 말했듯이 시안 사변으로 "가만히 앉아서 이득을 본 것은 오직 공산당뿐이었다." 스탈린에 의해 목숨을 구한 장제스는 이제 8년간 항일전선의 최전선에서 목숨을 걸고 처절하게 싸워야 했다. 반면 마오쩌둥은 중국 북서쪽 '옌안'이라는 작은 도시에서 일본과의 전투를 피한 채 세력을 키울 수 있었다. 마오쩌둥의 공산당은 나중에 자신들이 일본군의 90퍼센트를 상대했다고 선전했지만, 일본군의 90퍼센트를 상대한 것은 장제스의 국민당이었다. 심지어 마오쩌둥은 공산당 팔로군의 최대 항일 투쟁이었던 '백단대전(白團大戰)'을 지휘한 펑더화이를 일본과 싸웠다는 이유로 질책했다. 일본도 굳이 공산당을 건드리지 않았다. 공산당이 장악한 외딴 시골보다는 국민당이 장악한 도시를 점령하는 게 일본에 유리했기 때문이다.

마오쩌둥은 "일본과의 항쟁은 우리 당이 발전할 수 있는 절호의 기회이다. 우리는 70퍼센트를 역량 확대에, 20퍼센트를 국민당과의 투쟁에,

10퍼센트를 일본과의 투쟁에 사용해야 한다."[207]라고 선언했다. 뿐만 아니라 훗날 마오쩌둥은 자신들이 저지른 잔악 행위를 사과하는 일본인들에게, "중일 전쟁이 없었으면 나는 여전히 옌안의 동굴에서 살고 있을 거라며 도쿄에 감사해야 할 빚을 지고 있다."라고 속마음을 털어놓기도 했다.[208]

중일 전쟁은 장제스가 우려했던 대로 장제스에게는 독이, 마오쩌둥에게는 약이 되었다. 1937년부터 1945년까지 8년간, 장제스는 일본과 중일 전쟁을 치르면서 처참하게 피를 흘렸고, 그동안 마오쩌둥은 부지런히 살을 불렸다. 100만이었던 장제스의 병력은 일본과 총력전을 벌이며 430만으로 늘었으나 장제스는 다수의 정예병을 잃었다. 시안 사변 당시 3만뿐이었던 마오쩌둥의 병력은 어느새 120만으로 늘었다. 30배 이상의 병력 차이가 어느새 4배 이하로 줄었다.

8년간의 긴 전투 끝에 일본은 패전하여 중국 땅에서 물러갔다. 일본이 항복을 선언하기 하루 전인 1945년 8월 14일, 만주를 점령한 스탈린은 공산당의 마오쩌둥이 아니라, 국민당의 장제스와 '중소 우호 동맹' 조약을 맺었다. 여전히 스탈린은 중국의 지배자를 마오쩌둥이 아니라 장제스로 인정한 것이었다. 공산당의 마오쩌둥에게는 벌써 세 번째 굴욕이었다.

첫 번째 굴욕은 1924년 소련이, 중국 공산당 혼자 힘으로는 혁명에 성공할 가능성이 없으니, 국민당과 손잡으라는 '제1차 국공 합작'이었다.

두 번째 굴욕은 1936년 시안 사변으로 장쉐량이 장제스를 생포했을 때, 스탈린이 장제스를 살려주라고 한 '제2차 국공 합작'이었다.

하지만 마오쩌둥이 자신보다 15살 많은 스탈린으로부터 받아야 할 굴욕은 세 번째가 마지막이 아니었다.

1917년 러시아 혁명으로 전제 군주국이었던 러시아 제국이 무너진 후, 권력을 잡기 위한 볼셰비키와 반볼셰비키 사이의 적백 내전(1917~1922)이 있었다. 러시아 혁명이 일어나기 6년 전 중국에서 '신해혁명'이 일어나 청나라 제국이 무너졌지만, 그 후로 수많은 이가 등장하고 사라졌다. 신해혁명 이후 34년이 지났지만, 내전은 그치지 않았고 수많은 군벌이 등장하고 사라진 끝에 결국 단 두 명만이 남았다. 국민당의 장제스와 공산당의 마오쩌둥이었다.

영향력이 미치는 영토의 인구만 해도 4억 vs 1억, 병력만 해도 430만 vs 120만으로 같은 공산당인 소련의 스탈린조차도 장제스를 중국의 지배자로 인정할 정도로 장제스가 유리한 상황이었다. 마오쩌둥이 많이 따라오긴 했지만, 누가 봐도 승패는 분명했다.

장제스는 마오쩌둥에게 패한 것이 아니었다.

일본이 패망하고 물러가자, 국민당의 장제스와 공산당의 마오쩌둥이 '중원 통일'이라는 마지막 목표를 두고 맞붙게 되었다. 미국 대통령인 트루먼은 둘을 화해시키기 위해 특사로 미 육군 원수이자, 나중에 국무장관이 되는 조지 마셜을 보냈고, 스탈린 또한 마오쩌둥에게 충칭으로 가서 국민당과 화해하라고 지시를 내렸다. 둘은 충칭에서 만나 화해하는 척했지만, 끝내 세계 일인자와 이인자 말 모두 듣지 않았다.

히틀러의 주치의들

미국과 소련이 화해를 시키려 했으나, 둘은 손을 잡을 수 없었다 1945년 9월

　첫 결전지는 일본이 점령했다 소련이 빼앗은 만주였다. 만주는 당시만 해도 중국 석유 생산량의 93퍼센트, 철도망의 41퍼센트, 중공업의 90퍼센트[209]를 차지하고 있었다. 또한 옛날부터 중국에서는 "동북을 취한 자가 천하를 얻는다."라는 말이 전해질 정도로 중요한 곳이었다.

　장제스의 국민당은 도시와 철도를, 마오쩌둥의 공산당은 농촌을 차지하고 있었다. 만주에서도 제1의 도시 선양과 제2의 도시 하얼빈, 제3의 도시인 창춘은 국민당이, 나머지는 공산당의 영토였다.

1948년 공산당은 만주 제1의 도시인 선양과 제3의 도시인 창춘을 포위했다. 당시 공산당 최고의 군사 전략가인 린뱌오는 1948년 5월 30일 명령을 내렸다. "창춘을 죽음의 도시로 만들라." 공산당은 도시 전체에 철 조망을 두르고 4미터 깊이의 참호를 팠다. 그리고 군인은 물론이고 민간인마저 도시를 벗어나는 것을 허락하지 않았다. 그래야 식량 부족이 더 심해질 터였다. 굶주림을 견디지 못한 사람들은 먹을 수 있는 모든 것을 먹었다. 그중에는 사람도 포함되어 있었다.

창춘에서만 16만 명의 민간인이 굶어 죽었다. 이 작전에 대해 공산당 중위인 장정룽은 이렇게 기록했다. "창춘은 마치 히로시마 같았다. 사상자 수도 대충 비슷했다. 다만 히로시마는 9초가 걸렸고 창춘은 5개월이 걸렸을 뿐이다." 그 후로도 전투는 여러 곳에서 비슷한 양상으로 흘러갔다. 공산당은 국민당이 점거한 도시를 포위한 다음, 철도선을 끊고 적들을 고립시키고, 대량의 무기를 노획했다.[210] 철도 요충지인 쉬저우에서 벌어진 화이하이 전투는 물론이고, 베이징-톈진에서도 공산당은 승리를 거두었다.

결국 장제스는 대만으로 도망가고 마오쩌둥이 중국을 통일했다. 소련이 1917년 2월 혁명으로 제정 러시아를 무너뜨리고 같은 해 10월 혁명으로 소비에트 공화국이 세워질 때까지 8개월이 걸린 반면, 중국은 1911년 신해혁명으로 청나라가 무너지고 중화인민공화국이 세워질 때까지 38년이 걸렸다.

마오쩌둥이 중국을 통일했지만, 마오쩌둥의 승리라기보다는 장제스의 패배였다. 장제스가 진 건 크게 4가지 이유였다.

가장 큰 부분은 군사였다. 장제스는 일본이 중국에서 실패한 전략을 그대로 따라 했다. 장제스는 일본이 하듯 도시와 철도를 중심으로 점과 선을 장악했고, 마오쩌둥은 농촌을 중심으로 면을 차지했다. 결국 점인 도시가 면인 농촌에 포위당하고, 선인 철도가 절단되면서 완벽하게 도시가 봉쇄 당하며 패했다.

둘째는 경제 실패였다. 마오쩌둥은 농촌을 점령했지만, 장제스는 도시를 차지했다. 10년 넘게 이어진 전쟁으로 돈이 부족했던 국민당 정부는 돈을 더 많이 찍어냈는데 이는 세계 1차 대전 이후의 독일처럼 초인플레이션을 불러왔다. 1948년 9월 106이었던 상하이 도매 물가지수는 5개월 후인 1949년 2월 40,825로 400배가 뛰었다.[211] 이에 20년 전 독일에서 돈을 수레에 싣고 나르던 상황이 중국에서도 일어났다. 임금을 받는 노동자가 많은 도시에 비해 식량을 직접 생산하는 농촌이 상대적으로 초인플레이션의 피해가 적었다.

셋째는 장제스의 오랜 권력 독점과 부패였다. 1927년 4월 상하이 사변으로 국민당 정권을 장악한 장제스는 20년간 권력을 휘둘렀다. 장제스와 그의 친인척은 어마어마한 부를 축재하는 동시에 돈을 물 쓰듯 썼다. 부유한 장제스와 그의 친인척과는 반대로 내전에 강제로 끌려온 군인들은 형편없는 대접과 낮은 임금을 받았다. 이에 병사들은 전의를 상실했다. 조금만 불리해지면 땅을 나눠준다는 공산당에 항복했다. 미국이 국민당에게 지원해준 각종 무기는 곧장 암시장에 팔려 공산당 손에 들어가 오히려 국민당군을 공격하는 데 쓰였다. 이에 실망한 미국은 결국 국민당에게 지원을 관두었다.

마지막으로 장제스 또한 쑨원처럼 백성에 대한 신뢰가 없었다. 그에게 중국인이란 "게으르고, 무감각하고, 부패하고, 타락하고, 오만하고, 사치를 즐기고, 규율을 지키지 못하고, 법을 존중하지 않고, 부끄러움이 없고, 도덕이 무엇인지도 모르는…… 대다수는 반은 죽은 거나 다름없는, 산 것도 죽은 것도 아닌…… 산송장"[212]이었다. 장제스에게 백성이란 자신을 추종하며 따라야 하는 신하이자 부하에 불과했다. 그렇게 장제스는 민심을 잃었다.

장제스는 배부른 늙은 사자였고, 마오쩌둥은 배고픈 젊은 사자였다. 결국 배부른 늙은 사자는 자신보다 6살이나 젊고 배고픈 사자에게 중원을 빼앗기고 말았다.

1949년 10월 1일 천안문 광장에서 중화인민공화국 설립 기념식이 열렸다. 커다란 쑨원의 초상화가 천안문 광장에 걸렸다. 하지만 마오쩌둥은 쑨원이 내세운 삼민주의 중 겨우 첫 번째인 청나라를 물리치고 한족의 나라를 세운다는 민족주의만 이루었을 뿐이었다. 마오쩌둥에게는 민권주의와 민생주의뿐 아니라, 다른 부분에서도 근대화를 이뤄내야 하는 과제가 남아 있었다. 거기다 여전히 공산세계의 일인자 스탈린은 이인자 마오쩌둥을 곱지 않은 시선으로 보고 있었다.

같은 편인 적이 없었던 스탈린과 마오쩌둥

스탈린에게는 세상에서 믿을 사람이 단 한 사람도 없었다. 부하마저 잠재적인 배신자였으니, 소련에 이어 공산주의 넘버투인 중국의 마오쩌둥은 더더욱 배신할 가능성이 높았다.

소련의 스탈린과 중국의 마오쩌둥은 처음부터 악연이었다. 1920년대에 소련은 중국의 공산당이 아니라, 국민당을 지원했다. 1937년 장쉐량이 장제스를 납치한 시안 사변에서도 마오쩌둥의 반대에도 불구하고 장제스를 살려주라고 한 것도 스탈린이었다. 그것으로 끝이 아니었다. 1945년 8월 14일 일본이 전쟁에서 항복하기 직전, 소련이 중소 조약을 맺으며 중국의 대표로 인정한 건 공산당의 마오쩌둥이 아니라, 장제스였다. 심지어 1949년 공산당의 마오쩌둥이 장강 이북을 차지하고 여세를 몰아 장강을 건너 완전히 장제스를 제압하려 하자, 스탈린은 마오쩌둥에게 장강을 넘지 말라고 충고했다. 스탈린 입장에서는 통일된 중국보다, 분열된 중국이 자신에게 더 유리할 것이라고 보았기 때문이다. 하지만 마오쩌둥은 스탈린의 충고를 무시하고, 장강을 넘어 중국을 통일했다.

넘버원인 스탈린으로서는 자기 말을 어기고 통일을 이뤄낸 공산주의 넘버투인 마오쩌둥이 달갑지 않았다. 이인자인 마오쩌둥도 그동안 자신을 여러 차례 무시한 일인자인 스탈린이 마음에 들 리가 없었다.

마오쩌둥이 한창 장제스와 중국 통일 전쟁을 벌일 때, 마오쩌둥은 스탈린의 인정이 필요했다. 한번도 중국 밖을 나간 적이 없는 마오쩌둥이었지만 모스크바에 직접 갈 테니 자신을 만나달라고 스탈린에게 매달렸다. 하지만 스탈린은 혹시나 장제스가 이길까 계속 마오쩌둥의 방문을 거절했다. 결국 스탈린이 마오쩌둥에게 모스크바 방문을 허락한 것은 1949년 10월 마오쩌둥이 장제스를 완전히 중국 대륙에서 쫓아냈을 때였다.

그해 12월 16일 정오에 마오쩌둥이 탄 기차가 모스크바에 있는 야로슬라프 역으로 들어섰으나, 마오쩌둥을 환영하는 자리에 스탈린은 없었다. 스탈린은 저녁 6시에 마오쩌둥에게 잠시 얼굴을 비췄을 뿐, 그로부터 5일간 스탈린으로부터 아무런 연락이 없었다.

스탈린의 70회 생일 잔치에서 굳은 표정의 1인자와 2인자

　12월 21일, 스탈린은 마오쩌둥을 자신의 생일잔치가 벌어지는 볼쇼이 극장으로 불렀다. 다행히 자리는 스탈린의 오른쪽이었다. 그뿐이었다. 둘은 굳은 표정으로 손뼉만 칠 뿐, 말이 없었다.

　해가 바뀌고 또 한 달이 지났으나 마오쩌둥은 중국으로 돌아가지 않았고, 스탈린은 마오쩌둥을 부르지 않았다.

　마오쩌둥은 "나는 먹고 싸러 (모스크바에) 온 것이 아니오!"라고 화를 냈지만 달라지는 건 없었다. 스탈린은 얄타 회담에서 루스벨트와 처칠을 도청한 것처럼 마오쩌둥 또한 도청하고 있었고, 심지어 그의 몸 상태를 염탐하기 위해 그가 싼 똥까지 하수구로 흘려보내지 않고 '비밀 상자'로 수집하는 치밀함을 보였다.

　그렇게 마오쩌둥이 먹고 싸면서 모스크바에서 시간을 보내고 있던

히틀러의 주치의들

1950년 1월 초 영국은 중화인민공화국을 정식 국가로 승인했다. 미국 또한 애치슨 라인을 발표하면서, 대만을 극동 방위선에서 제외하며 중국 공산당에게 화해의 손짓을 보냈다. (참고로 이 애치슨 라인에서는 대만과 함께 남한도 제외되었다)

스탈린은 마오쩌둥이 모스크바에 온 지 두 달이 넘은 2월 14일에서야, 5년 전 장제스와 맺은 '중소 우호 동맹 조약'을 폐지하고, 마오쩌둥과 새롭게 '중소 우호 동맹 상호 원조 조약'을 체결했다. 스탈린은 만주 철도와 뤼순항을 중국과 30년간 공동 관리한다는 내용을 삭제하며 마오쩌둥의 위신을 세워줬다. 물론 스탈린은 공개하지 않기로 한 비밀 의정서[213]를 통해 소련의 이익을 챙기는 것을 잊지 않았다.

스탈린이 보기에는 마오쩌둥은 레닌-마르크스주의를 전혀 몰랐다. 비록 소련 또한 성숙한 자본주의 단계가 아니라 초기 자본주의 단계에서 혁명이 일어났지만, 중국은 아예 자본주의 전 단계인 중세 봉건 사회에서 혁명이 일어났기에 중국의 현실은 마르크스 이론과 너무 동떨어져 있었다. 심지어 혁명의 주체가 노동자와 병사가 아니라 농민이었다. 거기다 마오쩌둥은 동양인이었다. 스탈린이 보기에 마오쩌둥은 공산주의자라기보다는 민족주의자에 가까웠다.

마오쩌둥이 보기에 스탈린은 제국주의자였다. 스탈린은 다른 나라의 프롤레타리아 혁명보다 소련의 이익을 우선시했다. 거기다 스탈린은 중국 공산당과 마오쩌둥, 자신을 수십 년간 인정하지 않았을 뿐만 아니라 자신이 중국을 통일하기 직전까지도 자신보다 장제스를 더 믿고 지원했다.

당시 소련이 군사력이나 경제력에서 중국을 월등히 앞섰지만, 인구로 따지면 단연코 중국이 1등이었다. 또한 중국은 소련 따위와는 비교할 수 없는 역사와 전통이 있었다. 중국이 넘버원인 소련 다음인 넘버투였지만, 마오쩌둥의 마음속에는 중국이 그리고 자신이 넘버원이라는 자부심이 있었다. 하지만 당장은 일인자인 소련과 스탈린에게 의지하고, 그가 시키면 시키는 대로 할 수밖에 없었다. 힘 없는 이인자의 숙명이었다.

천사와 악마, 흐루쇼프

권력의 세계는 의리 따위는 찾아볼 수 없는 비정한 조폭 사회다. 조직의 일인자는 라이벌 조직을 경계하는 동시에, 조직 내 이인자도 견제해야 한다. 강력한 이인자는 언제든지 일인자인 자신의 자리를 노릴 수 있기 때문이다. 이인자는 더욱 복잡하다. 이인자는 상대 조직의 습격에 당하지 않게 주의하는 것은 물론이고, 언젠가 일인자가 되는 것을 꿈꾸면서도 조직의 일인자가 자신을 내치는 것을 조심하고, 동시에 삼인자가 치고 올라오는 것을 막아야 한다.

국제 관계 또한 조폭 세계와 다름없다. 당장은 이인자인 마오쩌둥은 일인자인 스탈린을 속으로 증오하지만, 겉으로는 그를 따를 수밖에 없었다. 일인자의 자리를 호시탐탐 노리면서.

1953년 3월 5일 스탈린이 죽었다. 의사조차 믿지 못했던 인간에게 걸맞은 비참한 죽음이었다. 뇌출혈로 바지에 오줌까지 지리며 죽어가던 스탈린 옆에는 그가 충성 경쟁을 시키고 있던 말렌코프, 베리아, 불가닌, 흐루쇼프 4인방이 있었다. 그 4인방 중에 스탈린의 뒤를 이어 권력을 움켜

쥔 건, 스탈린보다 16살 젊으며, 마오쩌둥보다 5달 늦게 태어난 니키타 흐루쇼프였다. 50대 중년의 배 나온 아저씨인 흐루쇼프는 70대 노인이었던 스탈린이 손가락으로 자신의 배를 찌르며 장난을 치면 억지로라도 웃어야 했고, 우크라이나 전통춤을 추며 스탈린 앞에서 재롱을 부려야 했다. 살기 위해서였다.

서기장이 된 흐루쇼프는 1962년 모스크바에서 열린 추상 미술 전시회를 방문할 일이 있었다. 가난한 집에서 태어나 고등 교육을 제대로 받은 적이 없는 그는 난해한 추상 작품들을 아무리 뚫어지게 봐도 이해할 수 없었다. 참다 못한 흐루쇼프는 결국 한 조각가의 작품 앞에서 "퇴폐적", "똥" 같은 욕설을 쏟아 부었다. 그러자 자기 작품 앞에 서 있던 조각가가 흐루쇼프에게 "당신은 흥미로운 사람입니다. 당신 안에는 악마가 있고, 또 천사도 있네요."[214]라고 말했다.

1971년 흐루쇼프는 죽기 전, 자신이 똥이라고 비난했던 그 조각가에게 자신의 기념비를 맡겼다. 조각가인 에른스트 네이브베스티니는 오른쪽은 흰, 왼쪽은 검은 사각형 대리석을 쌓고서 그 가운데 흐루쇼프의 두상을 놓는 것으로 그를 기렸다. 악마와 천사가 공존하는 흐루쇼프를 잘 표현한 작품이었다.

1956년 2월 25일 크렘린 궁전에서 열린 소련 공산당 제20차 전당 대회에서 흐루쇼프 안의 천사가 나타났다. 그는 무려 5시간 동안, 스탈린이 세계 2차 대전뿐 아니라, 정치 및 경제 등 모든 분야에서 저지른 잘못과 그로 인해 목숨을 잃은 희생자의 수까지 조목조목 밝히며 한때 절대 권력을 누렸던 죽은 지도자를 비난했다. 이 연설은 소련 정치 역사에서 가장 큰 전환점이 된, '스탈린 격하 운동'이었다.

천사와 악마, 흐루쇼프의 묘비석

　이에 자극받은 헝가리에서 10월, '작은 스탈린'이었던 라코시 마차시에 반대하는 민주화 운동이 일어났다. 그러자 이번에는 흐루쇼프 안의 악마가 등장했다. 소련의 탱크가 헝가리의 민주혁명을 무참히 짓밟았다. 우리 아버지(스탈린)를 아들인 내(흐루쇼프)가 비난할 수는 있지만, 남(헝가리)이 욕하면 참을 수 없었던 것이다. 천사인 흐루쇼프는 소련의 정치범 수용소인 굴라크의 문을 열어 수백만 명을 해방시켰고, 악마인 흐루쇼프는 쿠바 미사일 사태로 전 세계를 멸망시킬 뻔하기도 했다. 집권 당시, 우크라이나에게 스탈린 치하의 고통스러운 시절을 사죄하는 의미로 크림반도를 준 것도 흐루쇼프였다.

　흐루쇼프, 그는 어디로 튈지 모르는 럭비공 같은 인물이었다.

마오쩌둥의 야자타임

흐루쇼프의 '스탈린 격하 운동'에 그 누구보다 심한 충격을 받은 이는 마오쩌둥이었다. 살아있는 스탈린 앞에서 재롱떨기에 바빴던 흐루쇼프가 스탈린이 죽자 그를 짓밟았다. 중국의 스탈린이라 불리는 마오쩌둥은 자신이 죽고 난 후, 아니 살아있을 때 부하 중 한 명이 흐루쇼프처럼 자신을 비난할까 두려워졌다.

이에 마오쩌둥은 한가지 꾀를 냈다. 자신이 스탈린과 흐루쇼프보다 더 관대하고 포용력이 있는 사람인 것처럼 연기하기로 한 것이었다. 그는〈백 가지 꽃이 일시에 개화하고, 백 가지 학문이 서로 논쟁하게 하라〉[215]라며 '백화제방(百花齊放), 백가쟁명(百家爭鳴) 운동'을 벌였다. 지식인들에게 표현의 자유를 준 것이었다. 이른바 마오쩌둥의 야자타임이었다.

1957년 5월 봄을 맞아, 땅 위에서 꽃들이 피어나는 동시에 마오쩌둥의 지시에 따라 마오쩌둥과 공산당에 대한 비난이 터져 나왔다.

"이것은 독재다."

"당원은 그들을 예외적인 민족으로 만드는 수많은 특권을 누린다."

"오늘날 베이징보다 장제스 치하의 충칭에서 더 말할 자유가 많았다."

"우리가 해방될 시기가 도래했다."[216]

대학생과 교수, 지식인뿐만이 아니었다. 마오쩌둥의 부하였던 류사오치, 덩샤오핑, 저우언라이 등도 스탈린 격하 운동의 영향으로 개인 우상 숭배와 독재를 금하고 공동 지배 체제를 지지하고 나섰다.

"오빠, 나 살찐 거 같지?"

"괜찮으니까 사실대로 말해봐."

여자 친구가 실제로 체중이 늘었고, 그녀가 아무리 사실대로 말해달라고 하더라도, 남자 친구는 절대로 "응, 너 살쪘어."라고 있는 그대로를 말해서는 안 된다. 여자 친구가 듣고 싶은 말은 "응, 너 살쪘어."라는 진실이 아니라, "살쪘다고? 오늘 왠지 더 예쁜 것 같은데." 같은 칭찬이기 때문이다. 직장에서 상사가 '야자타임'하자고 할 때도 똑같다. 상사가 듣고 싶어 하는 말은, 자신에 대한 충고나 비난이 아니라 칭찬이다. 마오쩌둥도 마찬가지였다. 그가 백화제방 운동을 펼치며 듣고 싶었던 말은 살쪘다는 비판이 아니라, 예쁘다는 칭찬이었다. 하지만 부하들은 그런 그의 마음을 읽지 못했다. 여자 친구, 아니 마오쩌둥의 무시무시한 복수가 시작되었다.

"악마와 도깨비가 기어 나오도록 내버려 두어라. 모든 사람이 그것들을 똑똑히 보게 하라. 잡종들이 설치게 내버려 두어라…… 그들은 향기로운 꽃들 틈에서 자라는 독초에 불과하며, 아무리 뽑아도 매년 새로 자라기 마련이다."[217] 마오쩌둥의 말 한마디에 열심히 피어난 꽃은 이제 사라져야 할 독초가 되었다. 처절한 숙청이 이어졌다.

부하들의 충성을 확인하려 했던 마오쩌둥의 '야자타임'은 그의 의도와는 반대로 '군기타임'으로 변했다. 거기다 '스탈린 격하 운동'에 이어진 흐루쇼프의 헝가리 민주화 운동과 소련의 무력 침공은 언제라도 자신이 권력을 잃을 수 있을 뿐 아니라, 소련은 중국을 공격할 수 있다는 두 가지 공포를 동시에 안겨 주었다. 중국의 스탈린인 마오쩌둥은 흐루쇼프와 소련이 미운 동시에 두려웠다. 물론 그의 자리를 넘보는 부하들도.

그렇게 소련과 흐루쇼프에 대한 두려움과 증오를 품은 마오쩌둥이 흐루쇼프를 만났다. '스탈린 격하 운동' 후, 1년 8개월 후인 1957년 10월 모스크바에서 열린 러시아 혁명 40주년 기념식에서였다. 두려움과 열등감에 사로잡힌 넘버투 마오쩌둥이 넘버원인 흐루쇼프를 만난 것은 조만간 중국의 대저주로 변할 예정이었다.

열등감의 저주, 대기근운동

"종이호랑이를 러시아어로 어떻게 말하지?"
"부마즈니 띠그르라고 합니다."[218]
흐루쇼프를 만나기 위해 모스크바로 떠나기 전날 밤, 마오쩌둥은 통역관인 리웨란에게 뜬금없는 질문을 던지고 나서, 몇 번이나 "부마즈니 띠그르, 부마즈니 띠그르"라고 말하며 혼자서 웃음을 터뜨렸다고 한다.

스탈린 사망 후, 경쟁자들을 물리치고 일인자가 된 흐루쇼프로서는 공산주의 넘버 투인 마오쩌둥의 인정이 필요했다. 마오쩌둥과 낙후된 중국 입장에서는 군사나 경제 등에서 뛰어난 소련 기술이 필요했다. 더욱이 적인 미국과 영국을 비롯한 강력한 자본주의 국가들이 있었기에 공산주의 국가인 소련과 중국은 좋으나 싫으나 서로에게 의지할 수밖에 없었다.

지나치게 조심성이 많아 말이 적었던 스탈린과 달리, 흐루쇼프는 호쾌하며 말이 많았다. 그는 소련 연례 회의에서 "15년 후 소련이 철강 생산량에서 미국을 따라잡는 정도가 아니라 앞서게 될 것"이라며 허풍을 늘어놓았다. 이에 자극받은 마오쩌둥은 "15년 후, 중국이 철강 생산량에서 영국을 앞지르기 시작할 것"이라고 맞받아쳤다. 자본주의 1등인 미국을 공산주의 1등인 소련의 흐루쇼프가 따라잡겠다고 하자, 이쪽 2등인 중국의 마오쩌둥이 저쪽 2등인 영국을 추월하겠다고 한 것이다. 같은 편 내에서의 자존심 대결이 펼쳐졌다.

철강에서 한 걸음 더 나아가 흐루쇼프는 소련 전체를 옥수수로 뒤덮어 미국의 농업 생산량마저 뛰어 넘겠다고 했다. 이에 마오쩌둥이 가만히 있을 수가 없었다.

1920년대, 독일과의 세계 1차 대전에 이어 적백 내전까지 겪은 소련의 경제는 처참했다. 공산혁명에 성공한 레닌은 사적 소유를 허용하지 않는 사회주의 정책을 수정하여, 시장 경제의 상당 부분을 허용했다. 농민은 세금을 낸 후 남는 곡식을 시장에 팔 수 있었고, 기업들도 할당량을 바친 후 나머지를 시장에 판매했다. 이를 통해 소련은 급속한 경제 발전을 이루었는데, 이를 '신경제정책'(New Economic Policy), 줄여서 네프(NEP)라고 한다. 하지만 급속한 경제 발전은 빈부 격차를 가져왔고, 이는 '모두가 평등한 사회 건설'이라는 공산주의 목표와는 전혀 다른 방향이었다.

레닌이 죽고 정권을 잡은 스탈린은 경제를 시장이 아니라, 국가 아래에 두었다. 농업은 '집단 농장(콜호스)'이라는 이름 아래 공동 생산, 공동 분배 방식을 취했다. 이를 감시하기 위해 농촌에 공산당 관계자와 경찰이 우글거렸다. 부농인 쿨라크는 당장 숙청되거나, 저 멀리 집단 노동 수용소인 굴라크로 끌려갔다. 농민은 집단 농장 아니면 집단 노동 수용소, 둘 중 하나를 선택해야 했다.

사람들은 가장 먼저 자신이 소유한 가축을 "남 줄 바엔 내가 먹자."라며 마구잡이로 잡아먹었다. 당시 기술이 낙후된 소련에는 농업 기계가 거의 없어, 가축이 주된 농사 도구였는데 가축이 없어지자 농업 생산량이 급감했다. 거기다 아무리 열심히 일해도 배급이 똑같았기에, 사람들은 부지런히 일하기보다 온종일 빈둥거리며 시간을 보냈다.

생산량은 곤두박질쳤지만, 관료들은 스탈린에게 잘 보이기 위해 할당량을 점점 늘렸다. 국가는 계획된 할당량에 맞춰 강제로 곡식을 거두어 갔다. 인정사정 볼 것 없었다. 할당량을 채우지 못하면 다음 해에 쓸 종자마저 빼앗아 갔다. 그리고 아무것도 주지 않았다. 식량을 소지하기만 해도 범죄의 추정 증거가 되었다.[219] 수색단원들이 집집마다 샅샅이 수색에 나섰다.[220] 농민이 아무것도 가져가지 못하게 하고자 밭에 감시탑이 세워졌다. 감시와 폭력이 평화롭던 농촌마저 덮쳤다.

"문 열어! 안 열면 문을 부숴버리겠다. 우린 네 재산을 압수할 거고, 넌 수용소에서 죽게 될 거다."[221]

그렇게 공산당원들은 농민들에게서 빼앗은 것으로 자신들의 배를 불렸고, 강탈한 식량을 농민들에게 나눠 주는 대신 외국으로 수출해 외화를 벌어들였다. 그 결과 미국의 대평원과 아르헨티나의 팜파스와 함께 세계 3대 곡창지대인 우크라이나에서 대기근이 발생하는 믿을 수 없는 상황이 벌어졌다. 당시 우크라이나 인구가 3,000만 명이었는데, 10%에 해당하는 300만 명이 아사했다. 1932~1933년에 발생한 '우크라이나 대기근'이었다.

농업은 대재앙이었지만, 그래도 소련의 모든 것을 갈아 넣은 중화학공업은 대성공이었다. 어찌 되었건 세계 2차 대전에서 독일의 공격마저 막아낸 스탈린은 소련을 미국과 함께 세계를 양분하는 초강대국으로 우뚝 세웠다.

마오쩌둥은 30년 전 스탈린이 했던 방식을 그대로 따르기로 했다. 이인자인 중국이 일인자인 소련을 따라잡기 위해서 이인자인 마오쩌둥은 더 철저하게 일인자인 스탈린을 모방했다. 아버지의 폭력 속에 자란 아들이 말로는 폭력을 휘두른 아버지를 원망하면서, 행동은 아버지를 그대로 따라 하는 모습이었다. 열등감에 사로잡힌 무식하고 용렬한 이인자의 한계였다.

1958년 5월 마오쩌둥은 영국의 철강 생산량을 15년이 아니라 7년 만에 따라잡겠다고 선언했다. 그다음 달에는 7년이 아니라 내년이면 영국을 따라잡고, 5년 후면 강철 제련에서 중국이 소련과 맞먹을 것이라고 주장했다.[222] 얼마 지나지 않아 이번에는 아예 3년 안에 미국 생산량과 맞먹는 철강을 생산하겠다고 자신했다.

마을마다 철강 할당량이 정해지고, 할당량을 채우지 못하면 식량 배급이 끊겼다. 9천만 명의 농민들이 동원되어 집마다 사람 키보다 큰 벽돌과 흙으로 쌓은 용광로가 세워졌다.

"이처럼 작은 뒤뜰 용광로에서 이렇게 많은 철을 생산하는데 왜 외국인들은 거대한 제철소를 건설하지? 참으로 한심하군."[223]

마오쩌둥은 비웃었다.

그는 미천한 가문에다 시골 촌놈 출신이었다. 젊은 나이에 큰 뜻을 품고 당시 수도였던 베이징으로 상경했으나, 베이징 대학에 정식이 아니라 겨우 청강하는 학생이었으며 기껏해야 도서관 사서에 불과했다.

1920년대 중국에는 유학 붐이 일었다. 공화정을 배우려면 프랑스 혁명이 일어난 프랑스로, 레닌-마르크스주의를 배우려면 소련으로, 근대화를 배우려면 일본으로 유학 가던 시기였다. 하지만 베이징에서조차 두각을 나타내지 못하던 마오쩌둥은 유학을 가봤자 성공할 가능성이 없다고 판단했을 것이다.

"내 임무 가운데 하나는 신문을 읽으러 오는 학생들의 이름을 기록하는 것이었다…… 그들 대다수에게 나는 중요한 인물이 아니었다…… 그들은 일개 사서가 남방 사투리로 하는 말을 들을 시간이 없었던 것이다."

정규 교육을 받지 못해 열등감에서 벗어날 수 없었던 그는 지식인이나 전문가를 "거지 근성 강하고, 고마워할 줄 모르고, 남 핑계 대기 좋아하고, 정확히 알지도 못하는 주제에 온갖 잘난 척은 다 하고 무책임하다."[225] 라고 비난하며 "무식한 사람은 유식한 사람보다 강하다."라며 억지로 자존심을 세웠다. 결국 그런 지도자의 열등감과 우매함이 나라에 대재앙을 가져오게 된다.

기본적으로 강철을 생산하려면, 순도 높은 철광석과 고열을 내는 양질의 석탄, 그리고 고열과 고압을 견딜 수 있는 용광로, 끝으로 뛰어난 기술, 이 네 가지가 필요하다.

하지만 마오쩌둥은 아무것도 몰랐다. 백성들은 순도 높은 철광석 대신 삽, 주방 도구 등 눈에 보이는 잡동사니를 모두 녹이기 시작했다. 밥을 해 먹을 식기와 더불어 농사지을 기구마저 부족해졌다. 양질의 석탄 대신, 눈에 보이는 나무란 나무는 모조리 베어 땔감으로 쓰는 것으로 모자라 문짝과 가구마저 태웠다. 나무를 베어낸 전국의 산은 민둥산이 되었고, 들판 어디에도 제대로 서 있는 나무를 볼 수 없었다. 집에서 벽돌을 쌓아 만든 간이 용광로는 고압과 고온을 견딜 수가 없었다. 그렇게 각 가정에서 모든 것을 희생하며 철을 만들었으나, 아무짝에도 쓸모없는 이른바 똥철이었다. 하지만 진짜 재앙은 철 다음 곡물에서 발생했다.

소련에서 도입했던 집단 농장(콜호스)의 중국판인 인민 공사가 등장했다. 공동 소유, 공동 재배, 공동 분배였다. 마오쩌둥은 스탈린보다 더 철저히 인민 공사에 매달렸다. 소련은 농민들의 집단 농장 가입률이 70%를 넘기지 못했지만, 중국은 99%에 달했다.

농민은 땅은 물론이고, 가축에 이어 각종 농기구와 심지어는 밥그릇까지 공동으로 사용해야 했다. 30년 전에 소련에서 벌어졌던 똑같은 일이 더 극단적으로 발생했다. 인민들은 가장 먼저 국가에 몰수당하기 전 가축을 잡아먹었다. 안 그래도 뒤뜰 용광로를 만들기 위해 성인 남자들이 동원되어 인력이 부족한 상황에서 소와 말들이 사라지니 더더욱 노동력이 부족했다. 심지어 1958년에는 대풍년이 들었지만 9천만 명의 건장한 남성이 농사를 제쳐두고 철을 생산하는 데 투입되어, 곡식을 수확할 인력이 부족했다. 여자와 어린아이들, 백발의 노인들이 쉬지 않고 추수했으나 곡식을 다 거둬들일 수 없었다. 들판에서 추수하지 못한 곡식은 썩어가는데, 막상 먹을 식량은 부족했다.

모두의 것은 누구의 것도 아니었다. 각종 농기구는 집 뒤뜰에 있는 용광로에서 사라지거나, 아니면 인민 공사의 한구석에서 녹슨 채 방치되었다. 관리하지 않은 농기구는 일 년도 채 지나지 않아 사용할 수 없었다. 땅마저도 마찬가지였다. 누구도 열심히 일하지 않았다.

그것으로 끝이 아니었다. "저 새는 해로운 새다."로 대표되는 제사해운

히틀러의 주치의들

동(除四害運動)이 시작되었다. 쥐, 파리, 모기, 참새, 이렇게 네 가지 해충을 제거하여 곡물 생산량을 높이는 동시에 사람들을 괴롭히는 벌레를 제거하겠다는 마오쩌둥의 굳은 의지가 담긴 투쟁이었다.

마오쩌둥은 몰랐지만, 참새는 곡물을 쪼아 먹는 동시에 해충도 잡아 먹었다. 참새가 사라지자, 애벌레와 메뚜기 등이 창궐하여 벼와 밀이 익기도 전에 해충들이 모두 갉아먹었다.

검증되지 않은 새로운 농사법이 마오쩌둥의 말 한마디로 등장했다.

"작물을 깊이 심을수록 뿌리가 더 튼튼해지고 크게 자란다."

"작물은 다른 동무와 함께 잘 자라며, 함께 성장하면서 더 편안해할 것이다."[226]

땅을 30센티, 심지어 1미터 깊이로 판 후 씨를 뿌렸다. 모내기할 때 한 번에 5~6개의 모를 심는 대신 100개씩 심었다. 마오쩌둥은 어떤 곳에 가서는 다른 지역에서는 일 년에 모를 두 번 심는데, 왜 한 번 밖에 모를 심지 않냐며 두 번, 심지어 세 번 심기를 강요했다. 모두가 그의 지시가 잘못된 것을 알았으나, 아무도 이의를 제기할 수 없었다. 틀린 걸 알면서도 그대로 마오쩌둥의 말을 따랐다. 깊게 심은 씨는 끝내 싹을 틔우지 못했고, 빽빽하게 심은 모는 영양분이 부족해 자라지 못했다. 겨울에 심은 모는 그대로 얼어 죽었다. 게다가 철강 생산을 위해 나무를 모두 베어 산과 들에 나무가 없어지자 조금만 비가 와도 흙이 떠내려와 홍수가 발생하고, 비가 조금만 내리지 않으면 가뭄이 들었다.

마오쩌둥이 정한 할당량을 달성하기 위해 눈에 불을 켠 간부들은 온갖 편법을 동원했다. 곡물을 물에 적셔 무게를 늘렸다. 곡물은 무거워졌으나, 곧 썩기 시작했다. 거기다 곡물을 쌓아둘 뿐 아무도 관리하지 않았다. 제사해 운동으로 그렇게 없애려고 했던 쥐가 곡물 창고마다 넘쳐났다.

공산당은 간부 등급에 따라 고기부터 설탕, 곡물 등의 음식은 물론이고 집과 의료혜택까지 모든 부분에서 특권을 줬다. 심지어 담배마저 배급되는 양과 질이 달랐다. 간부들은 승진하기 위해 더 열심히 목표치와 할당량을 늘렸다. 거짓말이 클수록, 간부인 자신들에게 주어지는 특혜는 커지는 반면, 굶어 죽는 사람은 많아졌다. 창고에서는 식량이 썩어가는 가운데 사람들은 삐쩍 말라가고, 쥐와 간부들만 뒤룩뒤룩 살이 쪘다.

1957년 1억 9,500만 톤이었던 곡물 생산량을 바탕으로 1958년에 3억 5천만 톤을 목표로 했으나 실제 생산량은 2억 톤이었다. 하지만 일부는 실제 생산량의 2배가 넘는 4억 5천만 톤을 달성했다고 발표했다. 이에 신이 난 마오쩌둥은 다음 해인 1959년에는 5억 2,500만 톤을 목표로 잡았다. 전년도 실제 생산량의 2.6배에 가까운 양이었다. 1959년 실제 생산량은 1억 7,000만 톤으로 목표치의 1/3에도 이르지 못했다. 대약진운동이 절정이었던 1960년에 대재앙이 닥쳤다. 실제 곡물 생산량이 1억 4,350만 톤으로 대약진운동 3년 만에 무려 30% 감소[227]한 것이었다.

마오쩌둥의 열등감으로 시작하여 그의 허세를 채우기 위한 대약진운동은 결국 대기근으로 끝이 났다.

먹을 것이 없어진 사람들은 나무껍질과 풀은 물론이고, 사람이 사람을 먹고, 개가 개를 먹었다.[228] 마오쩌둥이 강제로 없앴던 시장이 다시 나타나 사람들은 인육을 사고팔았다. 30년 전 스탈린의 우크라이나에서 일어났던 일이 중국에서 그대로 재현되었다. 다만 그 규모가 10배가 넘었다.

최소 3,000만 명 이상이 굶어 죽었다. 인류 역사상 최악의 기근이었다. 그 것도 자연재해가 아닌 인재였다.

"먹을 게 충분하지 않을 때 사람들은 굶어 죽는다. 인민의 절반을 죽게 내버려 두어 나머지 절반이 그들 몫을 먹을 수 있게 하는 게 낫다."

인민들이 아사한다는 보고를 받은 마오쩌둥의 말이었다.

마오쩌둥이 일으킨 3년간의 대약진운동은 8년 동안 이어진 중일전쟁보다 더했으면 더했지 덜하지 않은 인명 피해를 가져왔다. 홍수전의 태평천국 운동과 마오쩌둥의 대약진운동은 둘 다 지상에 천국을 건설한다고 했으나, 실제로는 지옥을 불러왔다.

누군가는 수천만 명이 굶어 죽는데 왜 반란이나 대규모 반대 시위가 일어나지 않았느냐 궁금해할 수도 있다. 하지만 이미 기근이 심각해졌을 때 사람들은 시위는커녕 제대로 서 있을 수조차 없어 바닥에 드러누운 채 눈만 껌뻑일 뿐이었다.

아무리 1인 독재를 하던 마오쩌둥이라도 수천만 명을 굶겨 죽게 만든 대약진운동의 책임을 피해 갈 수 없었다.

"농민들은 지금 아무런 일도 하지 않은 채 불평만 늘어놓고 있습니다. 그들이 말하기를 장제스 치하에서는 고통스러웠지만 먹을 것은 풍부했는데, 마오 치하에서는 모든 것이 위대하지만 귀리죽만 먹고 있습니다."[229]

1950년 6.25 전쟁에 모두가 중국의 참전을 반대할 때, 오로지 마오쩌둥 편을 들고 원정군을 이끌었던 장군 펑더화이(팽더화)조차 마오쩌둥에게 대약진운동에 대해 비판적인 장문의 편지를 썼다. 가장 혹독한 비판을 한 인물은 1949년 중화인민공화국이 건국되자, 주석인 마오쩌둥에 이어 부

주석 자리에 오른 류사오치였다.

류사오치는 1961년 고향을 시찰하러 갔다가 굶어 죽는 고향 사람들을 보고 큰 충격을 받았다.

"열 가지 불행 중에 세 가지는 하늘에서 오고 일곱 가지는 사람에게서 옵니다."

"자연재해는 국가의 일부 지역만을 강타하지만, 인재는 나라 전체를 휩쓸어 버립니다. 우리는 이러한 교훈을 상기해야만 합니다."[230]

그는 나중에 마오쩌둥 앞에서 "너무 많은 사람이 굶어 죽었소! 역사는 당신과 나를 심판할 거요. 심지어 식인 행위도 역사책에 남게 될 거요!"[231]라고 비난을 쏟아 부었다.

마오쩌둥보다 6살 어린 류사오치는 마오쩌둥 고향 바로 옆 동네 출신이었지만, 마오쩌둥과는 다르게 20대 젊은 나이에 소련에서 유학까지 한 엘리트 공산당원이었다. 거기다 노동자 중심의 레닌-마르크스주의로 보면 농촌에서 농민 중심의 활동을 한 마오쩌둥은 이단에 가까웠지만, 도시에서 노동자 중심의 활동을 한 류사오치는 정통파였다.

류사오치는 마오쩌둥보다 먼저 1949년 여름 중국 공산당의 특사로 소련을 방문했다. 스탈린은 마오쩌둥의 모스크바 방문은 매번 거절했지만, 소련을 방문한 류사오치를 여섯 번이나 만나며 그에게 지극한 관심[232]을 보이기까지 했다.

공산당 내에서 마오쩌둥에게 비판이 쏟아지는 가운데 국공내전을 승리로 이끈 사령관 린뱌오만이 마오쩌둥을 옹호했다. 그는 "우리가 어떤 문제나 어려움에 봉착했다면 이는 마오쩌둥 주석의 지시를 충분히 따르지 않았기 때문이자, 주석의 건의를 무시하거나 제한했기 때문이다."[233]라며

히틀러의 주치의들

대약진운동이 실패한 것은 마오쩌둥이 아니라, 아래 사람들의 잘못이라고 주장했다. 하지만 그도 자신의 일기장에는 대약진운동이 '환상에 기초하고 있으며 완전한 실패'라고 비판했다.

마오쩌둥은 어쩔 수 없이 "직접이든 간접이든 모든 실수는 당 중앙에 있으며, 나에게도 책임이 있다. 내가 당의 책임자이기 때문이다."라며 책임을 인정하고 일선에서 물러나며, 류사오치에게 후임을 맡겼다.

류사오치[좌], 덩샤오핑[중앙]

류사오치와 덩샤오핑(등소평)이 정부를 이끌었다. 류사오치는 중국 내 최고의 마르크스주의 이론가였지만 오히려 마르크스 이론에 얽매이지 않고 유연했다. 누군가 류사오치에게 중국에 불필요한 공업이 많다며 화장품 공장 따위는 없어져야 한다고 주장하자, 그는 이렇게 말했다.

"여성들이 화장을 안 하면 사람 사는 세상이 아니다. 화장품 공업 발전 여부는 우리가 결정할 문제가 아니다. 인민들이 필요로 하면 저절로 발전하기 마련이다."[234]

마오쩌둥이 물러나고, 류사오치가 중국을 이끌자 경제가 급속도로 성장했다. 1963~1966년까지 중국은 매년 두 자릿수 성장률을 기록했다. 그러나 이대로 권력을 잃어버린 채로, 류사오치의 인기가 치솟는 것을 지켜볼 마오쩌둥이 아니었다.

스탈린은 1932~1933년 우크라이나 대기근을 일으키고 얼마 안 가 1937~1938년 대숙청을 일으켰다. 마르크스의 희망을 스탈린이 절망으로 바꾸었다. 스탈린의 추종자인 마오쩌둥은 인류 역사상 최악의 대기근을 일으킨 후, 이제 대숙청마저 따라할 차례였다. 중국의 대숙청, 이른바 '문화대혁명'이었다.

문화대숙청 운동

연극 〈해서파관〉의 내용은 지금까지 변함이 없다. 타락한 명나라 12대 황제인 가정제 앞에서 직언한 관리 '해서'가 파면되는 이야기다.

"과거 황제께서 좋은 일을 했습니다. 지금은 무엇을 하고 있단 말입니까? 당신은 과오를 바로 잡아야 합니다. 백성이 행복하게 살 수 있도록 해야 합니다. 당신은 너무 많은 잘못을 저질렀는데 언제나 자신이 정확하다고 믿어 어떤 비판도 받아들이지 않습니다."[235]

변한 건 마오쩌둥이었다. 마오쩌둥은 처음에는 자신을 불의에 맞서 싸우는 관리 '해서'에 투영했다. 그래서 이 연극을 쓴 작가이자 베이징시 부시장인 우한을 칭찬하며 자필 서명이 담긴 책을 선물하기도 했다. 하지만 어느 순간부터 마오쩌둥이 타락한 명나라 황제로, 그를 비판하는 펑더화이와 류사오치가 불의에 맞서 싸우는 '해서'로 바뀐 것 같았다.

히틀러의 주치의들

1965년 11월 10일 한 신문에 〈해서파관평전〉이라는 글이 올라왔다. 마오쩌둥의 지시를 받은 야오원위안이, '해서파관'이 마오쩌둥을 비판한 것이라며 문제를 제기했다. 문화대혁명의 시작이었다. 대약진운동이 대기근운동이 되듯, 문화대혁명은 문화대학살이 될 예정이었다.

마오쩌둥은 10대, 흔히 말하는 중 2병에 걸린 아이들을 동원했다. '홍위병'이었다. 10대를 정치에 동원한 건 마오쩌둥만이 아니었다. 원조는 히틀러였다. 히틀러는 10세부터 18세의 아이들로 히틀러 유겐트(Hitler-Jugend, HJ)를 조직해 자신을 우상화했다. 그래도 히틀러의 아이들은 유대인과 공산당을 공격했지, 자기 선생과 이웃, 친지, 더 나아가 가족에게는 폭력을 가하지 않았다. 마오쩌둥은 아무것도 모르는 10대 아이들에게 자신의 우상화뿐 아니라, 국민들에게 테러를 가하게 시켰다. 심지어 그는 "가족을 희생하고, 대신 조국에 공을 세우라."라고 아이들을 부추겨 부모와 친구마저 고발하게 했다.

마오쩌둥은 아이들에게 몽둥이를 쥐어주며 면책 특권을 부여했다. "피를 맛본 이리 새끼"들은 무리 지어 다니며, 마음에 들지 않는 이들을 마구잡이로 습격했다. 홍위병이 가장 먼저 공격을 가한 대상은 교사였다. 대학 교수들도 린치를 피할 수 없었다. 학생이 교사를, 대학생은 교수를 주먹으로 때리고 발로 밟았다. 겨우 시작일 뿐이었다. 학교에서 교사를 때렸던 아이들은 집에 와서 부모와 형제, 자매를 고발하기 시작했다.

마오쩌둥은 '사령부를 포격하라'는 대자보를 붙였다. 포격해야 할 사령부는 자신의 자리를 빼앗은 류사오치였다. 누군가 류사오치 집의 담벼락에 "중국의 흐루쇼프, 류사오치를 타도하라."라고 썼다. 정확하게 마오쩌둥의 속마음을 읽은 것이었다. 사람들은 국가 주석인 그를 끌어내 마구잡이로 주먹질하다 그가 넘어지자 발길질을 가했다. 결국 나중에 류사오치는 당뇨 합병증에 폐렴까지 겹쳤으나 아무런 치료도 받지 못하고 비참한 죽음을 맞았다.

다음은 펑더화이였다. 한때 마오쩌둥은 그를 '나의 유일한 대장군'이라고 불렀다. 모두가 미국이 두려워 6·25전쟁에 참전하기를 꺼리고, 심지어 국공내전을 승리로 이끈 최고의 명장 린뱌오조차 가능성이 없다고 할 때, 펑더화이만이 마오쩌둥 편을 들었기 때문이다. 또한 명장 린뱌오가 와병을 핑계 삼아, 6.25 전쟁 지휘를 거부하자 펑더화이는 그를 대신해 병사들을 이끌고 한반도로 건너 가서 미국에 맞서 대등한 전쟁을 벌였다.

펑더화이는 권력욕이 없는 순수한 군인이었지만, 마오쩌둥을 비판했기에 마오쩌둥의 복수를 피할 수 없었다. 그는 홍위병에게 목에 줄이 묶인 개처럼 끌려다니며 얻어터져 얼굴이 짓뭉개지고, 갈비뼈가 부러졌다.

광풍이었다. '반혁명', '수정주의', '우파'라고 누군가가 손가락질만 하면 그것이 즉결심판이었다. 피 맛에 취한 사람들이 남녀노소를 가리지 않고 우르르 몰려다니며 폭력을 가했다. 책을 찢고, 예술품을 불태웠다. 이천 년 전 진시황제의 분서갱유가 또다시 재현되었다.

1969년 제9차 당대회에서 중앙 위원회의 80퍼센트 이상이 면직되었다.[236] 스탈린의 대숙청 때와 비슷했다. 마오쩌둥은 자신이 살아있을 때는 물론이고 자신이 죽고 나서 자신을 비난할 가능성이 있는 모든 이들을 숙청했다. 광기 어린 폭력 속에 살아남은 건 마오쩌둥과 그에게 아첨하는 인간들뿐이었다. 대장정 당시 생사를 같이한 동료들마저 예외가 될 수 없었다. 그렇게 그는 중국의 스탈린이자, 살아있는 진시황이 되었다.

마오쩌둥이 벌인 대약진운동이 중국의 육체를 피폐하게 만들었다면, 문화대혁명은 정신마저 황폐하게 만들었다. 대약진운동으로 10년의 경제를, 문화대혁명으로 10년의 문화를 잃어버리게 된다. 마오쩌둥의 잃어버린 20년이었다.

마오쩌둥이 유일한 "나의 대장군"이라 불렀던 펑더화이도 숙청을 피할 수 없었다 [좌]
한 때, 2인자였던 류사오치는 1967년 문화대학살의 희생자가 된다 [우]

중국판 동물농장의 완성

소련의 소비에트는 집권 초기 자신들의 권력을 강화하고, 사람들에게 공산당 가입을 권유하기 위해 등급에 따라 배급량을 달리했다. 1등급은 붉은 군대 병사, 관료 그리고 당원, 2등급은 노동자, 3등급은 부르주아였다. 중국 또한 소련을 그대로 따랐다. 좋은 계급에는 혁명 간부, 군인 그리고 가난한 소작농, 보통 계급에는 소시민, 중산층, 농민 그리고 지식인과 전문직, 나쁜 계급은 자본가와 지주, 부유한 농민이 속했다. 시간이 흐를수록 계급에 따른 차별은 깊어 갔다. 앞에서도 말했지만, 공산당 내에서도 간부 등급에 따라 음식과 집은 물론이고 담배마저 차이를 두었다. 그것으로 끝이 아니었다.

문화대혁명이 시작되자 전면에 나선 고위 간부 2세들은 공공연히 신분 세습을 외쳤다. "아버지가 영웅이면, 그 아들도 영웅이다. 아버지가 반동이면 그 아들도 잡종이다."[237] "용은 용을 낳고, 봉황은 봉황을 낳으며, 생쥐는 생쥐를 낳는다." 이로써 신분을 타도하기 위한 공산주의 혁명은 새로운 계급을 탄생시켰다. 신분화 및 세습화는 지금까지 이어져 '태자당'이라는 새로운 귀족이 되어, 중국의 정치, 경제, 군사를 장악하고 있다. 소련에 이은, 중국판 동물농장의 완성이었다.

새 신분의 정점에는 마오쩌둥이 있었다. 대장정 당시 연안의 동굴에서 거주하던 그는 이제 청나라 황궁이었던 중난하이에서 생활했다. 1973년 마오쩌둥은 공식 석상에서 "진시황은 중국 봉건사회의 제일 유명한 황제이다. 나 역시 진시황이다(我也是秦始皇)."라고 주장했다.

진시황은 불로장생을 꿈꾸며 불로초를 찾아 나섰지만 실패했다. 마오쩌둥은 불로장생을 꿈꾸는 대신 자신의 권력과 명예를 영원히 지키기로 했다. 자신의 지위를 넘볼 수 있는 이들을 모두 숙청하고, 끝까지 후계자를 정하지 않았다. 그래야만 스탈린이 죽고 난 후, 스탈린을 비판한 흐루쇼프 같은 인물이 나오지 않을 것이었다.

마오쩌둥 또한 스탈린과 같이 심각한 편집증과 우울증, 불면과 불안을 겪었다. 이유는 단순했다. 누군가가 자신을 배신할까 두려웠기 때문이다. 그는 수면제인 세코날과 다량의 신경 안정제를 복용해야 겨우 잠들 수 있었다. 심지어 누군가 수영장에 독을 풀지 않았을까 의심하기도 했다. 지붕에서 소리가 나자, 천장에 누군가 침입했다고 생각하기도 했다. 천장에 있었던 것은 두 마리의 들고양이였으나[238] 그는 끝내 숙소를 바꾸었다.

마오쩌둥 옆에서 평생 충성을 바쳤던 영원한 이인자 저우언라이도 마오쩌둥의 의심을 피할 수 없었다. 저우언라이는 일본과 프랑스 유학파로 우리나라의 3.1 운동에 해당하는 중국의 5.4 운동에 참여하는 등 이미 젊은 나이에 명성을 널리 알렸다. 1924년 쑨원이 세우고, 장제스가 교장이었던 광저우의 황푸군관학교에서 정치부 부주임까지 맡은 저우언라이는 마오쩌둥보다 먼저 공산당에서 두각을 나타냈다. 거기다 저우언라이는 마오쩌둥보다 다섯 살이나 적었다. 그렇기에 아무리 저우언라이가 마오쩌둥에게 평생 충성을 맹세했다고 할지라도 마오쩌둥의 마음속에는 저우언라이는 경쟁자인 동시에 미래의 흐루쇼프가 될 수 있는 인물이었다. 사람들은 둘이 형제보다 더 가까운 사이로 알고 있지만, 실제로는 그렇지 못했다. 저우언라이가 숙청당하지 않았던 것은 그가 단 한 번도 일인자 자리를 넘보지 않고 평생 이인자 자리에 안주했기 때문이다. 심지어 마오쩌둥 앞에서 무릎을 바닥에 꿇은 채로 설명했다고 전해진다.

1972년 저우언라이가 방광암에 걸렸다는 사실을 의사로부터 알게 된 마오쩌둥은 의사들에게 저우언라이에게 암에 걸렸다는 사실을 알리지 말라고 명령하며, 별도의 지시를 내릴 때까지 수술을 허락하지 않았다.[239] 암에 걸린 지 2년 후에야 저우언라이는 뒤늦게 수술받았지만 암이 전신에 퍼진 상태였다. 저우언라이는 아픈 몸을 이끌고 총리로서 중국을 위해 잠시도 일을 쉬지 않았고, 그 결과 마오쩌둥이 원하는 대로 마오쩌둥보다 빨리 죽었다. 마오쩌둥은 저우언라이가 사경을 헤매고 있을 때조차 단 한 번도 문병을 가지 않았고, 죽고 나서도 공식적인 조문조차 없었다. 마오쩌둥에게는 동지는 물론이고 친구조차 없었다.

그 누구도 피할 수 없는 그날

마침내 1976년이 왔다. 당시 최소한 2억 명 이상의 국민이 만성적인 영상 실조에 시달리고 있었다.[240] 그뿐이 아니었다. 그해 7월 28일 새벽 3시 42분 베이징 전체가 흔들렸다. 베이징에서 150킬로미터 떨어져 있는 탄광 도시이자 인구 150만 명의 탕산에서 리히터 7.8 규모의 지진이 일어난 것이다. 히로시마에 떨어진 원자 폭탄 400개가 동시에 폭발한 것 같은 파괴력이었다.

이미 예견된 재앙이었다. 2년 전부터 중국 지진국에서는 탕산 인근에서 강한 지진일 발생할 수 있다며 경고했다. 하지만 마오쩌둥과 문화대혁명의 영향으로 전문가의 의견 따위를 귀담아듣는 사람은 없었다. 오히려 최초 발언자인 양유천은 "민심을 어지럽힌다."는 혐의로 공안에 잡혀가 조사를 받고 사상 교육을 받아야만 했다.

현대적인 기술과 장비가 없는 상태에서 오로지 사람의 손과 삽으로 복구해야 했기에 실종자 수색은 무려 6년을 끌었다. 중국 당국은 사망자 수가 24만 2천 명이라고 공식 보도를 했으나, 실제로는 50만 명 이상이 사망했으리라 추정되며, 탕산 지진은 역사상 1900년 이후 지진으로 인한 가장 큰 인명 피해 사례로 꼽는다.

동양적인 시각에서 자연재해는 곧 나라에 큰 재앙이나 왕조 교체를 의미했다. 실제로 지진이 일어난 43일 후, 중국 황제가 사망했다.

히틀러의 주치의들

입으로는 평등을 외쳤지만, 몸으로는 모든 것을 독차지한 그를 무너뜨린 것은 만인에게 평등한 죽음뿐이었다. 1976년 9월 9일 자정이 지나고 10분 후, 만 83세의 마오쩌둥은 사망했다. 오래전부터 그의 몸 상태는 좋지 않았으며, 주치의에 따르면 그는 스티븐 호킹 박사가 앓았던 서서히 신경이 마비되는 근위축측삭경화증, 즉 루게릭병을 앓고 있었다고 한다.

"지방에서 태어나 정규 교육을 받지 못했으며, 열등감에 휩싸여 지식인들과 전문가의 말을 무시했다. 이는 대기근을 초래했고, 이어 자신을 비판하는 이들에게 숙청을 가했다. 누군가 자신의 권력을 빼앗을까 두려워 편집증에 시달려 밤늦게까지 잠을 자지 못했다." 누군가 한 이 말은 소련의 스탈린과 중국의 마오쩌둥 모두에게 해당되었다. 의사마저 숙청한 스탈린과 달리, 오래 살고 싶었던 마오쩌둥은 의사만은 숙청하지 않았다. 그것이 마오쩌둥이 살아생전 예상하지 못한 큰 반전을 불러오게 된다.

위대한 마오쩌둥이 죽었으니 인민들은 울어야만 했다. 그래도 웃고 싶거든 문을 잠근 채 들키지 않고 혼자 몰래 웃어야 했다. 몇몇 도시에서 술이 동났다. 한 여자아이가 이런 글을 남겼다. "아직 어렸던 나는 어른들의 표정 변화에 어리둥절했다. 전날 밤 그렇게 (절친과 포도주를 마시며) 행복해했던 아버지는 다른 사람들 앞에서 너무나 슬픈 얼굴을 하고 있었다."[241]

자신의 권력이 흔들리는 것을 원하지 않아, 후계자를 정해놓지 않았기에 마오쩌둥 사후에 권력 투쟁을 피할 수가 없었다. 스탈린과 똑같이 후계자 자리를 놓고 마오쩌둥의 아내인 장칭을 포함한 4인방이 권력을 다투었지만, 끝내 권력을 잡은 것은 덩샤오핑이었다. 그는 류사오치와 함께 대약진운동 이후, 무너진 중국 경제를 살리는 데 노력했으나 오히려 그것이 발목을 잡아, 문화대혁명으로 실각했었다. 다만 마오쩌둥보다 열 살 어렸던 덩샤오핑은 흐루쇼프를 마르크스와 스탈린에서 벗어난 '수정주의'라고 적극적으로 비난하며 마오쩌둥에게 충성했기에 류사오치와 달리 목숨은 건질 수 있었다. 대신 그의 큰아들인 덩푸팡은 문화대혁명 당시 홍위병에 쫓겨 연구실 창문 밖으로 뛰어내리다 크게 다친 후 장애인이 되었다.

권력을 잡은 덩샤오핑은 "검은 고양이든 흰 고양이든 상관없이, 쥐를 잘 잡는 고양이가 좋은 고양이다."라는 '흑묘백묘론'을 주장하며 개혁개방 정책을 펼쳤다. 그리고 1981년 공산당대회에서 전임자인 마오쩌둥의 공과 과를 7:3으로 공식 선언하며, 더 이상 마오쩌둥에 대해 언급하는 것을 금했다. 1958년 4월 처음 설립된 인민 공사는 24년이 지난 1982년 겨울에야 비로소 공식적으로 철폐되었다.

마오쩌둥의 흐루쇼프

마오쩌둥이 사망한 지, 18년 후인 1994년 미국에서 책 한 권이 출판되었다. 제목은 The Private Life of Chairman Mao." (한글판 《모택동의 사생활》) 이었다. 마오쩌둥이 그토록 두려워했던 중국판 흐루쇼프가 나타난 것이었다. 중국의 흐루쇼프는 숙청된 류사오치나 펑더화이, 그리고 마오쩌둥의 뒤를 이은 덩샤오핑이 아니었다. 그는 다름 아닌 22년간 마오쩌둥의 주치의였던 리즈수이였다.

리즈수이는 1919년 출생으로 마오쩌둥보다 26살이나 젊었다. 그는 의

히틀러의 주치의들

사가 되어 시드니에서 생활하던 중 조국이 통일되었다는 소식에 기대를 걸고 1950년에 귀국했다. 그의 증조부는 청나라 황제의 주치의였는데, 그 또한 1954년부터 마오쩌둥이 사망하는 1976년까지 22년간 마오쩌둥의 주치의를 맡았다. 마오쩌둥은 아들뻘이자 의사인 그에게 곧장 속마음을 털어놓곤 했다.

리즈수이는 1988년 미국으로 이민을 간 후, 76살이 되는 1994년 문제의 책인 〈마오쩌둥의 사생활〉을 출간했다. 젊음을 중국과 마오쩌둥을 위해 바친 그는 "이 책이 마오쩌둥의 독재로 인해 인민들이 고통받고, 지식인들은 그들의 양심을 꺾거나 이상을 희생하면서 살아남아야 했던 시대의 증인이 되기를 바란다."라고 후기를 남겼다.

1936년 마오쩌둥은 그를 서양에서 혁명가로 알리게 되는 책인 "중국의 붉은 별"을 쓴 에드거 스노우와의 인터뷰에서 "나는 여자들에게 관심이 없네."라고 언급한 적이 있다.[242] 하지만 그의 말은 절반만 맞고, 절반은 틀렸다. 마오쩌둥은 여자들에게 관심이 없는 대신, 여자와의 섹스에는 관심이 넘쳐났다.

마오쩌둥의 주치의인 리즈수이에 따르면 그는 진정한 밤의 황제였다. 아주 오래전부터 오로지 마오쩌둥을 위한 댄스파티가 열렸다. 무도회는 응당 사라져야 하는 부르주아 문화였으나, 마오쩌둥은 이를 즐겼다. 북한 기쁨조의 원조 격인 문화공작대에 속한 젊고 아름다운 여자들이 오로지 마오쩌둥을 위해 춤을 추었다. 무도회장 바로 옆에는 마오쩌둥만이 사용할 수 있는 방이 있어, 춤을 추다 마음에 드는 여자가 있으면 그는 즉시 여자의 손목을 이끌고 그 방으로 들어갔다.

전문가를 싫어하고 자기 말을 따르는 부하를 좋아한 마오쩌둥은 성숙하고 지적인 여성보다 나이가 어린 농촌 출신 여성을 선호했다. 이는 스탈린 또한 마찬가지였다. 독재자인 그 둘은 모두 자신을 존경하거나, 자신이 마음대로 조종할 수 있는 쉬운 여자를 좋아했다.

그는 마작을 즐겼는데 젊은 여자와 탁자 위에서는 손으로는 마작을 하면서, 탁자 아래에서는 발로 상대의 다리를 쓰다듬었다. 가끔 서너 명, 심지어는 다섯 명의 여자들과 동시에 한 침대에 들어가기도 했다.

대약진운동으로 대기근이 찾아와 굶주리다 못한 인민들이 시장에서 인육을 사고 팔 때도, 문화대혁명으로 동지들이 광장에서 10대 소년에게 끌려다니며 옷이 찢어지고 구타당할 때마저, 마오쩌둥은 자신만을 위한 비밀의 방에서 10대 소녀의 옷을 벗기고 있었다.

마오쩌둥의 주치의, 리즈수이

히틀러의 주치의들

마오쩌둥과 트리코모나스

트리코모나스라는 성병이 있다. 눈에 보이지 않는 작은 기생충이 일으키는 질병으로 임질, 매독과 함께 대표적인 성병이다. 하지만 특이하게도 남자에게는 거의 증상을 일으키지 않고, 여성에게서만 염증을 일으킨다. 여자가 이 트리코모나스에 걸리면 심한 악취와 함께 질에서 농이 나오는데, 질염을 넘어 자궁에까지 퍼지면 골반염을 일으킨다. 심할 경우 여자에게 불임을 일으킬 수도 있어 반드시 치료해야 하는 질환이다. 트리코모나스는 걸린 사람뿐 아니라, 파트너도 같이 치료받아야 하는데, 문제는 증상이 없는 남자들이 곧잘 치료를 거부하는 것이었다. 그렇게 트리코모나스 치료를 거부하는 남자 중에 마오쩌둥도 있었다.

마오쩌둥과 관계를 가진 여자들이 모두 트리코모나스에 걸려 앓게 되자, 주치의인 리즈수이는 마오쩌둥이 트리코모나스를 옮긴 주범이라는 것을 알게 되었다. 주치의는 비록 마오쩌둥 본인은 증상이 없지만, 여자에게 병을 옮기기에 치료를 권하며 당분간 성관계를 맺지 말라고 하자, 그는 이렇게 대꾸했다.

"내가 괴롭지 않으면 문제 될 게 없어."

참다못한 주치의가 최소한 목욕과 세수라도 하라고 권유하자, 그는 몸을 따뜻한 타월로 문지르기만 할 뿐, 실제로 목욕을 한 적이 없다고 고백 아닌 고백을 하며 목욕마저 거부하며 말했다.

"나는 여자의 체내에서 씻고 있다구."

결국 마오쩌둥은 죽을 때까지 그 성병을 가지고 다녔다.[243] 더 어이없는 건, 트리코모나스에 걸린 여자들이 자신이 성병에 걸린 것을 부끄러워하기보다는 자랑스러워했다는 것이다. 왜냐하면 그 병에 걸린 것이 마오쩌둥과 그렇고 그런 관계라는 것을 의미했기 때문이다. 이 일화는 마오쩌둥과 중국 인민의 관계를 가장 잘 나타낸다.

마오쩌둥은 천국을 약속했지만, 대약진운동과 문화대혁명으로 중국에 두 번의 지옥을 가져왔다. 인민들이 지옥을 겪을 때 오로지 그 자신만이 천국을 누렸을 뿐이다.

중국에 희망은 있는가?

1911년 신해혁명으로 청나라가 역사 속으로 사라졌다.

"만주족의 청나라를 물리치고 한족의 나라를 세우며(민족주의), 공화정을 도입하고(민권주의), 토지를 평등하게 나누자(민생주의)."는 쑨원의 삼민주의(三民主義) 중 만주족의 청나라를 몰아내고 한족의 나라를 세웠기에 민족주의에는 성공하였지만, 나머지 민권주의와 민생주의는 여전히 까마득해 보인다.

신해혁명이 일어난 지 111년이 지났고, 마오쩌둥이 죽은 지 46년이 흘렀지만, 아직도 혁명은 완성되지 않았다. 마오쩌둥은 죽을 때까지 열등감과 편집증을 버리지 못했고, 현재의 중국 또한 열등감에서 비롯된 두려움과 편집증을 버리지 못했다. 중국은 소수 민족이나 특정 지역이 분리 독립을 주장할까 전전긍긍하고 있으며, 그런 움직임이 있을 때마다 강력한 규제와 탄압에 나서고 있다.

오늘날에도 천안문 광장에는 여전히 마오쩌둥의 초상화가 걸려있고, 모든 중국 지폐에는 마오쩌둥이 그려져 있다. 그런 상황에서 누군가 중국에 희망은 있는가 하고 물을지도 모르겠다.

대약진운동으로 쥐, 참새, 모기, 파리를 제거하자는 '제사해 운동'이 한창일 때였다. 스탈린이 했던 것처럼 천 명당 한 명이라는 인간 숙청 할당량을 정해놓은 마오쩌둥과 중국 공산당은 잡아야 할 쥐와 새마저도 목표치를 정해 놓았다. 사람들은 참새가 땅에 앉아서 쉴 수 없도록 소리를 지르고 북을 치고 수건을 흔들며 쫓아다녔다. 참새가 도망가다 지쳤을 때 잡기 위해서였다. 쥐도 예외가 아니었다. 많은 이들이 덫을 놓고, 쥐약을 풀어 사냥에 나섰다.

6억이 넘는 인민 중에는 쥐의 속성을 잘 아는 현명한 이들이 있었다. 그들은 다른 이들처럼 쥐를 사냥하는 대신 집에서 기르기 시작했다. 실제로 쥐 한 쌍은 일 년에 최대 천 마리까지 번식했다. 누구보다 많은 쥐를 잡아서, 공산당과 마오쩌둥에게 상을 받은 사람들은 쥐를 사냥하던 이가 아니라, 쥐를 사육하던 이들이었다.

쥐를 사육하던 이들은 마오쩌둥이 죽었을 때 겉으로는 눈물을 흘렸겠지만, 속으로는 웃음을 지었을 것이다. 그런 인민이 어딘가에 존재하기에 신해혁명은 언젠가 완성될 것이다.

V

아이언 맨과
철의 여인

아이언 맨, 레이건

링컨, 존 F. 케네디, 그리고 레이건에게는 공통점이 있다. 이 셋은 역대 미국 최고의 대통령을 뽑는 여론 조사에서 항상 1, 2, 3위를 다툰다. 거기다 이 셋은 제임 기간 중에 전부 총에 맞았다. 다만 레이건은 링컨과 케네디와는 다르게 총에 맞고도 살아 남았다.

고등학교에서 학생회장을 두 번이나 했던 25살의 존 힝클리는 1981년 3월 30일 오후 2시 25분 워싱턴에 있는 힐튼 호텔 앞에서 누군가를 기다렸다. 그 때 기다리던 사람이 등장했다. 레이건 대통령이 자신으로부터 여섯 발짝 앞으로 접근하자 존 힝클리는 품속에 숨겨둔 22구경 리볼버 권총을 꺼내 그를 향해 쐈았다. 레이건이 대통령으로 임기를 시작한 지 두 달이 지난 날이었다.

경호원들이 존 힝클리에게 달려들어 제압하기 전, 힝클리는 총에 장전된 6발을 모두 발사했다. 2초도 되지 않는 눈 깜짝할 시간이었다. 첫발은 백악관 대변인인 제임스 브래디의 이마를 관통했다. 제임스 브래디는 다행히 목숨은 건졌지만 불행히도 하반신이 마비되어 평생 휠체어 신세를 지게 되었다. 두 번째는 워싱턴 D.C. 교통 경찰관인 토머스 델라헌티의 목뒤에 꽂혀, 그의 왼쪽 팔이 마비되었다. 세 번째는 맞은편 길가에 창문을, 네 번째는 경호 요원 티모시 맥카시 요원의 복부를, 다섯 번째는 리무진 방탄유리를 맞췄다. 그러는 동안 경호 팀장인 제리 파가 온몸으로 대통령을 감싸고 리무진에 태운 채 출발했고, 다른 경호원들은 총을 쏜 존 힝클리를 제압했다. 그가 레이건 대통령을 암살하려고 했던 이유는 정치나 신념이 아니라 사랑 때문이었다. 단순히 영화 〈택시 드라이버〉에 출연하여 유명해진 여배우 조디 포스터의 관심을 끌기 위해서였다.

잠시 후 리무진 안에서 대통령인 레이건은 자신을 몸으로 덮은 경호 팀장 제리 파를 밀쳐내며 투덜거렸다. "당신이 너무 세게 미는 바람에 갈비뼈가 부러진 것 같아." 대통령은 곧이어 기침했고, 선홍빛 피가 입에서 흘러나왔다. 대통령이 다친 건 사실이었으나 경호원이 세게 밀어서 생긴 건 아니었다. 존 힝클리가 쏜 마지막 6번째 총알이 리무진에 맞고 튀어나온 후, 레이건의 왼쪽 겨드랑이를 뚫고 폐에 박혔다. 레이건이 총에 맞은 건 불운이었지만, 차에 맞고 튕겨 나온 총알에 맞은 건 행운이었다. 총알은 심장에서 겨우 손가락 한 마디만큼 떨어진 곳에서 멈추었기 때문이다.

리무진은 4분 만에 조지 워싱턴 병원에 도착했다. 간호사가 총에 맞은 대통령의 가슴을 지혈하려고 손을 대자, 레이건 대통령은 몸을 움찔하며 간호사에게 말했다.

"우리 아내 낸시에게 허락 맡았소?"

입에서 피를 흘리면서도 그는 웃음을 잃지 않았다. 수술과 12일의 병원 치료를 받은 후 레이건은 큰 후유증 없이 퇴원했다. 그의 지지율은 더욱 올라갔다.

레이건의 아버지인 잭은 알코올 중독자로 늘 술에 취해 살았다. 매일 어머니는 술에 쩔어 잠에 취한 아버지를 침실로 옮겨 놓기 바빴고, 레이건 또한 열한 살 때 현관에 쓰러져 코를 심하게 골던 아버지를 어머니 대신 침대에 눕히기도 했다.[244]

그는 불우한 가정 환경을 이겨 내고 대통령이 되었다. 대통령이 되어서 총에 맞고도 살아났지만, 이번에는 대장암과 전립선암이 그를 괴롭혔다. 만 74살(1985년)에 대장암 수술을 받고, 76살(1987년)에는 전립선암 수술까지 받았으나 그는 끄떡없었다. 대통령 임기가 끝났지만, 끝이 아니었다. 말을 타다가 넘어져 생긴 뇌출혈로 응급 수술도 받았다. 하지만, 악의 제국(Evil Empire)인 소련을 무너뜨린 레이건답게 끄떡없었다. 그는 진정한 아이언 맨이었다.

철의 여인, 대처

런던에서 기차나 차로 2시간 걸리는 영국 남쪽 해안에 있는 브라이튼시에는 영국의 전성기인 빅토리아 시대에 지어진 고급스러운 분위기의 '더 그랜드 브라이튼 호텔'이 지금도 운영 중이다. 1984년 10월 12일 새벽 2시 54분, 주로 상류층이 묵는 그 호텔에서 시한폭탄이 터졌다. 아일랜드의 독립을 요구하는 IRA(아일랜드 공화국군)가 일으킨 테러였다. 호텔에는 영국 보수당 각료회의가 열리고 있었고, IRA의 목표는 영국 총리이자, 보수당 대표인 마가렛 대처였다. 모두가 잠들었을 그 시간, 젊을 때부터 하루 4시간밖에 자지 않았던 대처는 그날도 연설문을 쓰기 위해 깨어 있었다.

"쾅."

소리와 함께 그녀가 묵고 있던 스위트룸의 욕실이 흔적조차 없이 날아가 버렸다. 호텔의 일부가 무너지면서 다섯 명이 죽고, 서른한 명이 다쳤다. 36명의 사상자 중에 대처는 없었다. 철의 여인이라는 별명답게 그녀는 먼지만 둘러썼을 뿐 손끝 하나도 다치지 않았다.

마가렛 대처가 극복한 시련은 폭탄 테러뿐이 아니었다. 귀족과 평민이라는 뚜렷한 계급으로 나누어져 있는 영국 사회에서 정치는 귀족이나 상류층만이 하는 것이었다. 평민 집안에서 태어난 그녀는 매번 '잡화점의 딸'이라는 비아냥을 들어야 했다. 거기다 남성들의 전유물이었던 정치에 도전했기에 '여자'라는 약점은 끊임없이 그녀를 괴롭혔다.

대통령 선거가 없는 영국은 선거에서 승리한 당의 대표, 즉 당수가 자연스럽게 총리가 된다. 총리가 되려면, 먼저 당대표가 된 다음 선거를 이끌어 총선에서 승리하는 게 일반적이다. 그녀는 1975년 보수당 대표에 도전했다.

한 신문은 당수에 도전한 그녀에게 "여성이라는 사실이 극복할 수 없는 장애."라 평했고, 어떤 정치인은 "모든 여성 정치인은 이류이고, 대처는 여성인 데다가 경험도 없는 경량급"[245]이라고 깎아내렸다. 심지어 남편인 데니스조차도 "정신 나갔어? 전혀 가망이 없잖아."라며 그녀가 당대표가 될 거라고는 기대하지 않았다. 선거에 나선 자신도 확신할 수는 없었지만, 놀랍게도 대처는 1975년 보수당 대표가 되었다. 그리고 당 대표가 된 4년 후, 1979년 5월 4일 총선거를 승리로 이끌면서, 영국을 이끈 총리가 된다. 영국 최초의 여자 수상이었다.

불만의 겨울

'잡화점 자식'에 '여자'라는 난관마저 뚫고 총리가 되어서 나중에는 자신을 노린 폭탄에서도 살아남을 대처였지만, 막상 영국 총리가 된 그녀가 마주한 영국의 상황은 세계 2차 대전 이후 최악이었다.

100년 전만 해도 해가 지지 않는 나라로, 칭기즈칸의 몽골을 넘어 역사상 가장 넓은 제국을 다스렸던 영국의 영광은 추억할 수조차 없는 빛바랜 과거가 된 지 오래였다. 1947년 대영제국의 보석이었던 인도를 잃었다. 거기다 세계 2차 대전 당시 독일군의 신출귀몰한 사령관 '사막의 여우' 롬멜로부터 지켜낸 수에즈 운하마저 이집트에 빼앗기고 말았다.

대처

1960년 GDP 순위 9위에서 1976년에는 18위로, 경제는 몰락하다 못해 추락하여 1976년 IMF로부터 구제 금융까지 받는 신세로 전락했다. 높은 실업률에 극심한 인플레이션, 거기다 바닥을 맴도는 경제 성장률까지. 1973~1979년까지 물가는 연평균 14.8%로 올랐지만, 경제 성장률은 고작 2.3%였다.[246] 대표적인 고임금, 저생산성의 구조였다.

정부도 만만치 않았다. 미국에 케인즈의 〈뉴딜 정책〉이 있었다면, 영국에는 〈베버리지 보고서〉가 있었다. 세계 2차 대전이 끝난 1946년 탄생한 영국의 복지 정책인 '요람에서 무덤까지'는 말 그대로 국가가 요람에서 무덤까지 책임진다는 것이었다. 대신 정부는 어마어마한 세금을 걷고, 가능한 모든 걸 국유화했다. 1946년부터 항공, 철도, 탄광, 화물차, 운하, 통신, 전기, 가스, 석유회사, 은행까지 정부가 운영했으며, 사기업마저 망할 것 같으면 국가가 떠안았다. 소득세 기본 세율은 최저 33%에서 최고 83%였다.[247] 부자는 국가에 세금을 내기 싫어 일하지 않았고, 가난한 사람은 국가에서 보조금을 받으면 되니 일할 생각을 하지 않았다. '영국병'을 앓고 있는 '유럽의 병자', 그게 1970년대 영국이었다.

그것으로 전부가 아니었다. 영국에는 총리보다 더 막강한 권력을 가진 사람이 있었다. 1969년, 1974년, 1979년에 이르기까지 3번에 걸쳐 모두 집권당을 갈아치운 건, 투표권을 가진 국민이 아니라 노조였다.

물가가 상승하자, 노조가 임금 인상을 요구하며 파업에 들어갔고, 정권을 잡은 당은 노조의 요구를 수용했다. 임금이 오르자 다시 물가가 상승했다. 고물가는 잡히지 않았고, 삶이 어려워진 국민들이 변화를 바라며 정권을 교체하는 악순환이 계속되었다. 그리고 정권을 교체시킨 노조의 수장이 바로 전국광부조합(National Union of Mineworker, NUM)를 이끄는 아서 스카길(Arthur Scargill)이었다.

참다못한 보수당은 1974년 '누가 영국을 다스리는가?'는 구호로 선거에 나섰지만, 패배함으로써 영국을 다스리는 건 총리나 정당, 국민이 아니라 아서 스카길과 노조라는 것을 증명하고 말았다. 그리고 대처가 총리가 되도록 도와준 사람도 역시 아서 스카길이었다.

1973년 1차 석유 파동에 이어, 1978년 2차 석유 파동으로 물가가 급상승하자, 노조는 임금 인상을 요구하며 다시 파업에 나섰다. 첫 시작은 화물 노조였다. 1979년 1월 3일 화물 노조는 25% 임금 인상 요구와 함께 파업을 시작했고, 파업은 전국으로 퍼졌다. 1월 22일, 전국 공공부문 근로자 노동조합이 중심이 되어 대규모 연대 파업이 일어났는데, 무려 150만 명의 노동자가 파업에 참여했다. 50년 만에 최대 규모였다.[248]

모든 게 마비되었다. 그해 겨울은 유난히 추웠는데, 석유와 석탄의 공급이 중단되어 난방이 제대로 되지 않았고, 결국 일부 병원마저 폐쇄되었다. 도로에는 자동차 대신 검은 쓰레기 더미가 산을 이루었다. 우중충한 영국 날씨에 더해 가뜩이나 날은 추운데, 거리에는 악취가 진동했다. 어디서나 쥐들을 쉽게 볼 수 있었다. 심지어 리버풀에서는 장례업에 종사하는 노동자들의 파업으로 시체마저 방치되었다.

허약한 정부는 또 두 손을 들었다. 트럭 운전사들의 임금은 22% 인상되었고, 다른 파업 노동자들도 9% 전후의 선에서 협상이 진행되었다. 1976년 IMF 구제 기금을 받을 당시 약속한 임금 인상률인 연 5%를 어기고 정부는 노조의 요구를 들어주었다.

모두가 못마땅한 '불만의 겨울(Winter of Discontent)'이었다. 노조는 더 높은 임금을 받지 못해 만족스럽지 못했고, 국민은 극심한 물가 상승에 더해, 노조의 파업으로 고통을 겪었다. 화가 잔뜩 난 국민들이 할 수 있는 것이라고는 정권 교체뿐이었다. '불만의 겨울'을 겪은 국민들은 1979년 총선거에서 변화를 갈망하며 여당인 노동당 대신, 야당인 대처의 보수당을 뽑았다. 대처가 수상이 된 건, 그녀 자신의 노력도 있었지만 아서 스카길과 노조 덕분이었다. 운이 좋았다.

"그동안의 황폐하고 우울했던 과거로부터 벗어나자."

대처는 초기부터 정부의 지출을 줄이고, 노조의 파업에 강력하게 대응하기로 했다. 하지만 효과가 없었다. 그녀는 영국 최초의 여성 총리가 되었지만, 물가는 상승했고, 실업률은 높아져 갔다. 1981년 말 대처의 지지도는 25%, 정부 정책에 대한 찬성은 18%에 불과했다. 역대 최악의 총리이자, 정부였다. 그런 그녀에게 위기이자 기회가 찾아왔다. 이번에는 나라 안에서가 아니라, 나라 밖에서였다.

　　　　　　　　　　　　　히틀러의 주치의들

흔들리는 세계 최강국

레이건

영국에 '거대 노조'가 있었다면, 미국에는 '거대 정부'가 있었다. 1930년대 경제 대공황을 극복하기 위해 정부가 경제에 적극적으로 개입한 케인즈주의가 수십 년간 지속되면서 미국 정부는 비대해졌다. 또한 일본과 독일 등이 자동차를 비롯한 뛰어난 품질의 공산품을 전 세계에 수출하면서 미국 제조업은 경쟁력을 잃었다. 거기다 1970년 원유 파동으로 전 세계에 불어 닥친 석유값 상승과 그로 인한 물가상승으로 미국도 영국과 유사한 경제 침체에 빠졌다. 한때 전 세계 GDP의 36%까지 차지하던 미국의 경제는 레이건 집권 당시 23%까지 내려앉은 상태였다.

문화적으로는 베트남전 영향으로 반전 운동과 동성애, 흑인, 여성에 대한 인권 운동이 활발하여 어떻게 보면 더 나은 쪽으로 진보하고 있었지만, 그에 대해 모든 국민이 다 동의하는 것은 아니었기에 가치관 혼란을 겪고 있었다. 경제적 위기와 문화적 혼란 속에 세계 최강국인 미국은 영국과 달리 또 다른 짐이 있었다. 공산주의로부터 자유와 민주주의를 지켜야 하는 책임이었다.

소련과 중국의 영토 경계인 연해주에 우수리강이 있다. 강의 서쪽은 중국이고, 동쪽은 소련인데 비가 많이 오면 흙과 모래가 떠내려와 강 가운데에 모래 섬이 생기곤 했다. 1969년에도 큰비가 온 후, 강 중간에 여의

도만 한 섬이 생겼다. 진바우라는 이름이 붙긴 했지만 섬이라기보다 갈대
만 무성한 모래사장에 가까웠다. 하지만 이 섬의 영유권 문제를 두고 공
산 국가 랭킹 1위인 소련과 2위인 중국이 다투기 시작했다. 섬은 핑계였
고, 사실상 그동안 쌓여있던 앙금이 폭발한 것이다.

처음에는 국경을 지키던 병사들간의 단순한 몸싸움으로 시작했다.
몸집이 작은 중국 병사들은 덩치가 큰 소련 병사들에게 상대가 되지 않
았다. 그러자 중국군은 무술 유단자인 특수부대원들을 투입하여, 소련 군
인의 코를 납작하게 눌러주었다. 이에 자존심이 상한 소련 병사들은 권투
선수 출신의 중위를 내세워 패배를 되갚아주었다. 화가 난 중국 병사들은
봉을 들고 나와, 소련 군인들을 구타하기 시작했다. 자신들은 맨손으로 싸
우는데, 비겁하게 무기를 들고 나온 상대에게 화가 난 소련 중위가 총을
쏘면서 결국 전차까지 등장했다. '중소 국경 분쟁'은 한 편의 코미디 같았
다. 소련과 중국은 미국이라는 강력한 공동의 적을 맞아 잠시 잊고 있었
지만, 원래 사이가 좋지 않았다. 얼마 전까지만 해도 소련은 연해주를 포
함하여 중국의 영토를 서서히 잠식하고 있었고, 만주의 철도까지 집어삼
키기도 했다. 미국은 바다 건너 멀리 있었지만, 소련과 중국은 4,200킬로
미터에 이르는 국경을 경계로 서로 등을 맞대고 있었다. 이웃과 관계가 좋
은 나라는 역사상 극히 드물었고, 소련과 중국도 예외가 될 수 없었다.

미국을 공동의 적으로 힘을 합치던 소련과 중국이, '중소 국경 분쟁'
이 일어나자 소련에겐 미국 대신 중국이, 중국에겐 미국 대신 소련이 주적
이 되었다. 그러자 소련과 중국은 누구 먼저랄 것도 없이 미국에 손을 내
밀었다.

그런데 당시 이 상황에서 미국은 어이없게도 저 아시아의 변방 국가

　　　　　　　　　　　　　　　히틀러의 주치의들

인 베트남조차 꺾지 못하며 빌빌거리고 있었다. 미국으로서는 베트남에서 철수할 구실이 필요했다. 미국은 소련과 중국이, 소련과 중국은 각각 미국이 필요한, 웃지도 울지도 못하는 상황이 펼쳐졌다.

미국과 중국의 수교, 미국과 소련의 협상이라는 믿기 어려운 일이 1970년대에 동시에 벌어졌다. 1962년 쿠바 미사일 사태로 서로 핵 버튼을 눈앞에 두고, 혼자 죽을까 다 같이 죽을까 고민하던 소련과 미국은 1969~1979년까지 핵무기의 생산과 배치를 제한하는 '전략 무기 제한 협상'을 체결했다. 1972년 미국의 닉슨 대통령이 20년 전 한반도에서 피를 흘리며 싸웠던 중화인민공화국을 방문하고, 1979년 미국은 중국과 정식 수교에 들어간다.

1970년대 프랑스어로 긴장 완화를 뜻하는 '데탕트'가 이루어졌으나, 믿음이 아니라 필요에 의한 이해관계는 언제나 그렇듯 영원하지 못했고, 일시적이었다.

데탕트를 무너뜨린 건 소련이었다. 소련이 1979년 12월 아프가니스탄을 무력으로 침공하여 힘을 과시함으로 데탕트가 끝이 났다.

거기다 1979년 이란 혁명으로 팔라비 왕조가 무너졌다. 한때 이란을 다스렸던 친미 성향의 팔리비가 미국으로 망명하자, 이란 국민들이 팔라비를 이란으로 소환하라고 미국 대사관 앞에서 시위하기 시작했다. 잔뜩 흥분한 이란 국민들은 미 대사관에 난입하여 70명의 미국 외교관을 인질로 잡았다. '주이란 미국 대사관 인질 사건'이었다. 국제 관습법상 대사관 내부는 대사를 보낸 국가의 영토로 간주하기 때문에 이란 국민이 무력으로 미국의 영토를 점령한 꼴이었다.

이를 눈 뜨고 볼 수 없었던 미국은 특수 부대인 델타 포스를 투입하여 '독수리 발톱 작전'이라는 이름으로 인질 구출 작전을 펼쳤다. 하지만 델타 포스는 인질 구출은커녕 인질이 있는 대사관을 구경조차 못 했다. 특수부대가 이란의 사막에서 모여 중간 점검을 하기로 했는데 어이없게도 헬리콥터가 수송기를 들이박는 바람에 수송기 승무원 5명과 헬리콥터 승무원 3명이 죽었고, 인질 구출 작전은 시작도 하지 못하고 끝났다.

그 결과 세계 최강국이라는 미국은 자국민이 444일간 인질로 붙잡혀 있게 되는 촌극이자 비극을 겪게 된다.

1950년대에 연장전 끝에 무승부로 끝난 한국 전쟁에 이어, 1960년대와 1970년대에는 베트남 전쟁에서 패했고, 심지어 미국은 이란에 인질로 잡힌 자국민조차 구하지 못했다. 세계 2차 대전 당시 태평양에서는 일본을, 유럽 대륙에서는 독일을 쳐부수고 세계를 구원하고 세상에 자유와 평화를 가져다준 미국이었다. 해가 지지 않는 대영제국의 영광이 100년 전이었다면, 미국의 영광은 불과 한 세대 전이었다. 미국 국민의 마음 속에 품고 있던 국가에 대한 자부심이 무너져 내렸다.

거기다 레이건의 공화당은 라이벌 민주당에게 1930년대 루스벨트(민주당)가 4선 집권한 이후로 지속해서 밀리고 있었다. 이전 공화당 출신의 대통령이었던 닉슨은 수치스럽게도 민주당 사무실을 도청하다 들킨 워터게이트 사건으로 탄핵 직전 사임했다.

레이건에게는 특별한 무언가가 필요했다.

"Let's Make America Great Again. (미국을 다시 위대하게)"

공화당의 대통령 후보 레이건은 나중에 공화당의 트럼프가 따라 하

히틀러의 주치의들

는 이 유명한 슬로건으로 민주당의 현직 대통령이었던 지미 카터를 꺾고 1981년 1월 20일 미국 40대 대통령이 되었다.

대통령이 된 레이건 앞에 나라밖에는 더 강해진 라이벌 소련이 핵미사일로 미국을 겨냥하고 있었다. 나라 안에는 1930년대 대공황을 극복할 당시에는 효과가 있었을지는 모르겠으나 이제는 제 기능을 잃어버린 거대 정부가 있었다. 국민들은 이전보다 가난해진 동시에 문화적으로 정체성의 혼란을 겪는 데다 계속되는 전쟁에서의 패배로 인해 실의에 빠져 있었다. 레이건이 미국을 다시 위대하게 만드는 건 누가 봐도 쉽지 않아 보였다.

위기를 기회로, 포클랜드 전쟁

영국과는 대서양 정반대에 있는 아르헨티나에 1976년 군부 쿠데타가 일어나고, 1981년 11월 쿠데타의 주역 중 한명이었던 레오폴도 갈티에리 장군이 대통령이 되었다. 한 때, 세계 5위의 경제 대국으로 1913년부터 수도인 부에노스아이레스에 지하철이 달렸던 아르헨티나는 세계 2차 대전 이후 급속도로 무너지기 시작했다. 100년 전이나 지금이나 여전히 농축산물만 팔고 있었으니, 나라의 발전이 멈춘 꼴이었다. 선진국에서 추락한 아르헨티나 국민들은 불만에 가득 차 있었고, 권력자는 국민들의 봉기를 막기 위해 뭐라도 해야했다. 아르헨티나는 1978년 자국에서 열린 월드컵에서 심판을 매수하는 동시에 당시 대통령이었던 호르헤 라파엘 비델라는 "우승 못하면 총살"이라는 명령을 내렸고, 결국 당시 토탈 사커의 진수를 보여주던 오렌지 군단 네덜란드를 꺾고 우승을 차지했다.

하지만 월드컵 우승컵만으로는 굶주린 국민들의 배를 채워줄 수는 없었다. 축구는 우승했으나 경제가 망하자, 잔뜩 흥분한 국민이 자신을 향해 분노를 쏟을까 전전긍긍하던 갈티에리는 가까운 포클랜드섬으로 눈을 돌렸다.

경기도 크기의 포클랜드섬은 아르헨티나에서는 서울에서 제주도 정도 거리지만, 영국에서는 서울에서 남아공만큼 멀었다. 하지만 그 섬을 영국이 19세기부터 차지하고 있었다. 1980년대 섬에 거주하던 사람은 천 명정도로, 사람보다 훨씬 더 많은 펭귄과 양이 사실상 섬의 주인이었다.

아르헨티나의 갈티에리 대통령이 포클랜드에 눈독을 들이는 시점에, 영국의 대처 수상은 가뜩이나 부족했던 군 예산을 줄이고 있었다. 작은 정부를 지향한 대처는 세금을 줄이는 동시에 정부 지출을 줄여야 했고, 군대도 예외가 아니었다. 영국은 1979년 국방 예산 부족으로 마지막 정규 항공모함으로 함재기 50대를 실을 수 있는 아크로열마저 퇴역시켰고, 남대서양에 상주하며 포클랜드 근해에서 작전을 담당하던 인듀런스호마저 철수시켰다.

이를 기회로 본 아르헨티나는 1982년 4월 2일, 4,000명의 지상군을 동원해 포클랜드를 공격했다. 당시 포클랜드에는 영국군이 겨우 100명 밖에 없었다. 아르헨티나는 제대로 된 전투조차 없이 포클랜드를 손쉽게 점령한 후, 영국에 협상을 제안했다. 어차피 아르헨티나도 영국도 전쟁할 상황이 아니었다.

영국, 정확히 말하자면 집권당의 수장인 대처는 위기에 처했다. 과거에 전 세계의 바다를 주름잡던 영국의 수중에는 20대 남짓한 함재기를 실을 수 있는 경항공모함 두 척뿐이었다. 1980년 당시 미국이 대략 80~100기의 함재기를 탑재하는 대형 항공모함을 열 척 가량 보유했음을 감안하면, 영국 해군의 규모와 수준이 얼마나 형편 없었는지 알 수 있다. 또한 지구 반대편에 있는 포클랜드는 영국에서 너무 멀었다. 기후마저 그녀를 돕지 않았다. 북반구에서 4월은 봄이었지만, 남반구에서는 가을이었고 곧 겨울이 다가올 예정이었다. 거기다 군대를 파견하려면 무엇보다 막대한 돈이 들었다. 이런 상황은 고려하지 않은 채 야당과 국민들은 포클랜드를 빼앗긴 대처에게 '사임하라.'며 목소리를 높였다.

영원한 우방인 미국도 당시 국무장관인 알렉산더 헤이그를 영국으로 보내 마가렛 대처에게 아르헨티나와의 평화 협상을 제안했다.

"포클랜드는 영국으로부터 수천 마일 떨어져 있고, 경제적으로 무의미합니다. 총리께서 이 섬을 위해 전쟁을 하셔야 할 이유가 없습니다."

대처는 결정을 내려야 했다. 망설일 시간조차 없었다. 그녀는 평화를 종용하는 미국 국무장관에게 말했다.

"그렇다면 미국은 어째서 1941년 수천 마일 떨어져 있는 하와이 때문에 일본과 전쟁에 나섰나요?"

세계 2차 대전 당시 일본이 하와이 진주만을 공격하자 미국은 일본과 태평양 전쟁을 시작했으면서, 포클랜드를 공격당한 영국에게는 전쟁 대신 협상을 권유하는 것을 따진 것이었다.

현실적으로는 미 국무 장관의 말이 맞았다. 포클랜드는 경제적으로 전혀 가치가 없었다. 하지만 영국이 저항조차 못 하고 포클랜드를 빼앗기면, 다음은 지중해의 입구에 위치한 지브롤터를 비롯해 홍콩 등 보석 같은 땅을 다른 나라가 쉽게 넘볼 것이었다. 그녀에게는 선택지가 없었다.

"우리는 싸울 수밖에 없게 되었습니다."

그녀는 전쟁하기로 결심했다. 전쟁 직전, 1982년 1월 당시 영국의 실업자 수는 300만 명에 이르렀고, 대처와 정부의 인기는 최저점을 찍고 있었다.

전쟁을 다짐한 그녀가 가장 먼저 옆에 있던 국방부 차관에게 물었다.

"자, 이제 그럼 어떻게 해야 하죠?"

과감한 결정을 내린 그녀는 사실 군과 전쟁에 대해 아무것도 아는 게 없었다.

6월 14일, 포클랜드에서 포위당한 아르헨티나 군이 항복함으로써 두 달간의 전쟁은 영국의 승리로 끝이 났다. 무엇보다 대처와 영국의 강한 의지가 승리의 원동력이었다. 전쟁에서 승리하자, 대처의 인기가 하늘을 찔렀다. 위기였던 포클랜드 전쟁이 그녀에게 기사회생의 기회가 된 것이었다.

운이 좋았다. 만약 그녀가 포클랜드 전쟁에서 패했다면, 사임해야 할 사람은 아르헨티나 대통령 레오폴도 갈티에리가 아니라 영국 총리인 그녀였을 것이다. 그뿐만 아니라 그녀는 영국 역사상 가장 치욕적인 인물로 남았을 것이다.

외부의 적을 물리쳤으니, 다음은 내부의 적이 기다리고 있었다. 이제 대처가 맞서 싸워야 하는 상대는 1970년대 정권을 갈아치우며 영국을 다스렸던 탄광 노조위원장, 아서왕 스카길이었다.

악의 제국과 스타워즈

"우리는 하나님의 뜻을 받들어 혼신의 힘을 다해 악과 싸워야 한다."

이 말은 중세 시대 십자군 전쟁에서 잃어버린 예루살렘을 찾기 위해 전쟁에 나선 기독교 군주가 아니라, 미합중국 대통령인 레이건의 입에서 나왔다. 1983년 플로리아주에서 열린 기독교 복음주의자들 연설에서 그는 위와 같은 말을 하며 소련을 '악의 제국(Evil Empire)'이라 칭했는데, 이 말은 처칠의 '철의 장막(Iron Curtain)'만큼이나 유명해졌다. 나중에 9.11 테러 사태에 부시 대통령이 테러를 지원하는 정권인 북한, 이란, 이라크를 악의 축(Axis of Evil)이라고 칭한 것도 바로 레이건이 말한 '악의 제국'을 따라 한 것이다.

거기서 한발 더 나아간 레이건은 악의 제국인 소련을 무찌르기 위한 전략으로 "악마의 핵미사일이 우리의 땅에, 우리 동맹국들의 땅에 떨어지기 전에 우주에서 레이저 광선을 발사해 파괴하겠다."라며 전략방위구상(Strategic Defense Initiative, SDI), 다른 말로 하면 미사일 방어 전략(MD), 더 간단한 말로 우주 전쟁(Star Wars)을 주장했다. 약함은 침략을 초래할 뿐이라며 '힘을 통한 외교'(Peace through strength)를 주장하며 더 강한 힘으로 소련을 억누르기로 외교 방침을 정했다.

냉전 시대에 소련과 미국 사이에 평화가 유지된 이유는 간단했다. 어려운 말로 하면 상호확증파괴(Mutually Assured Destruction, MAD), 쉬운 말로 하면 공포의 균형이었다. 누군가 먼저 핵 공격을 하면, 상대도 핵 반격으로 양쪽 모두 멸망하기에, 서로 보복이 두려워 섣불리 공격하지 못하도록 하는 것이었다. 하지만 레이건의 말대로 우주 방어가 가능하다면, 미국은 소련을 핵으로 공격하여 붕괴시킬 수 있지만, 소련은 미국에 타격을 입힐 수 없게 된다. 즉, 미국은 핵전쟁에서 승리할 수 있게 된다.

미국은 이 우주 전쟁을 위하여 어마어마한 군사비를 투여하고, 이에 질세라 소련도 우주 방어를 뚫을 수 있는 미사일 개발에 박차를 가한다. 하지만 레이건이 말했던 우주 방어는 40년이 지난 지금도 완성되지 않았고, 대신 영화 '스타워즈(우주전쟁)' 시리즈만 계속 나오고 있다.

그러던 어느 날이었다. 미국을 포함하여 그 어떤 나라도 핵을 쏘지 않았지만, 1986년 4월 26일 소련은 히로시마 원폭의 400배에 달하는 핵 공격을 받았다. 그로 인해 당시 소련을 다스리던 고르바초프는 핵전쟁이 어떤 것인지 알게 되었다. 체르노빌 원자력 발전소가 터진 것이었다. 서방측은 미국의 군사 경쟁에 소련이 과도한 국방비 지출을 하다 버티지 못해 무릎을 꿇었다고 생각하지만, 고르바초프가 군비 경쟁을 중단하고 군축을 마음먹은 건 체르노빌 원자력 발전소 폭발의 충격 때문이었다. 레이건 또한 재선되어 더 이상 선거에 신경 쓸 필요가 없어지자, 1985년부터 소련을 더 이상 악의 제국이라 부르지 않으며 강경에서 온건으로 노선을 바꾸었다.[249]

1980년대 소련은 실수에 더해 불운이 가득했다. 1964년 쿠데타를 일으켜 흐루쇼프를 몰아내고, 소련의 서기장이 된 브레즈네프가 1982년 11월 10일 사망했다. 브레즈네프는 1975년 한 차례 심장 마비를 겪으며 몸의 상태가 급격하게 나빠졌고, 1979년부터는 국가 주요 행사에도 참여할 수 없는 상태였다. 브레즈네프 사후 유리 안드로포프가 서기장에 올

히틀러의 주치의들

라 개혁을 시작했으나, 취임한 지 일 년도 되지 않아 당뇨와 이로 인한 신부전, 위궤양으로 사실상 정상적인 업무 수행이 불가능했고, 취임한 지 15개월 만에 지병으로 사망한다. 그다음으로 콘스탄틴 체르넨코가 서기장을 이어갔으나, 그 또한 건강이 좋지 않아 일년 만에 숨을 거둔다. 그렇게 1970년대 후반부터 1985년에 미하일 고르바초프가 권력을 잡을 동안 소련은 사실상 서기장들의 건강 문제로 인해 아무것도 하지 못한 채 허송세월을 보냈다.

이에 더해 1986년 유가가 배럴당 27$에서 10$로 곤두박질치면서 35년 전 그때나 지금이나 여전히 국내 산업에서 원유와 천연가스 비중이 절대적으로 높은 소련 경제가 큰 타격을 받았다. 반대로 영국과 미국의 인플레이션은 급격히 진정된다. 한국 또한 1980년대 저유가와 저물가의 혜택을 누려, 고도의 경제 성장을 이룬다.

소련에게는 체르노빌 원자력 발전소 폭발에 이은 석유 가격 하락에 더해 1979년 시작한 아프가니스탄 전쟁마저 끝이 보이지 않았다. 당시 소련은 미국과의 군비 경쟁에 더해 아프가니스탄 전쟁으로 GDP의 20%를 국방비에 쓰고 있는 상태였다. 소련은 언제 무너져도 이상하지 않은 상황이었다.

1987년 레이건은 베를린의 상징인 브란덴부르크 문 앞에서 이렇게 연설을 했다.

"Mr. Gorbachev, open this gate! Mr. Gorbachev, tear down this wall!"(고르바초프, 문을 여십시오. 고르바초프, 이 벽을 허무세요.)

레이건이 퇴임하고 1년도 지나지 않은 1989년 11월 9일, 그의 말대로 베를린 장벽이 무너지면서 냉전이 종식되었다. 베를린 장벽이 무너진 2년 후인, 1991년 12월 26일 소련마저 붕괴되어 조각조각 찢어졌다. 마르크스는 1848년 공산당 선언에서 공산주의 혁명으로 국가의 사멸을 예언했는데, 공산주의 혁명 이후 마르크스의 예언과는 정반대로 독재를 통해 가장 강력했던 국가 체제를 유지했던 소련이 결국 스스로 붕괴되었다.

레이건 또한 대처처럼 운이 좋았다. 어차피 소련은 석유 가격 하락에 이은 원자력 발전소 폭발, 끝나지 않는 아프가니스탄 전쟁으로 인한 삼중고를 겪고 있었기에, 레이건이 아니었더라도 스스로 무너질 운명이었다. 체제 경쟁은 미국의 승리로 돌아갔고, 그 공은 온전히 레이건 몫이었다.

통제할 수 없는 외부의 적 말고, 이제 통제해야 하는 내부의 적이 두 인물에게 남았다.

내부의 적, 노조

대처에게는 탄광 노조위원장 아서 스카길로 대표되는 '영국병'이 있었다면, 레이건에게는 1930년 이후 '케인즈주의'로 잔뜩 커진 '큰 정부'가 있었다. 내부의 적은 이름만 다른 일란성 쌍둥이 같았다.

"정부는 '문제 해결책'이 아니라, '문제' 그 자체이다."

레이건은 1981년 1월 20일 취임식에서 그가 갈 방향을 명확히 밝혔다. 또한 "정부는 문제를 해결하지 않습니다. 정부는 보조금을 줄 뿐입니다."라며 기존의 정부를 비난했는데 이는 대처가 한 "문제가 생겼어. 가서 보조금을 얻어와야지."라는 말과 똑같았다.

대응 또한 거의 유사했다. 세금 축소, 규제 철폐를 통한 자유화(민영화),

히틀러의 주치의들

복지 축소를 비롯한 정부 지출 감소, 노조 파업에 대한 강경 진압이었다. 문화적으로는 대처는 대영제국의 마지막 전성기인 '빅토리아 시대'를 이상으로 자립심, 근면, 금욕, 의무를 강조했고, 레이건은 초기 미국의 '청교도 정신'을 내세우며 자유를 바탕으로 근면, 절약, 도덕적 생활을 중시했다. 경제에서 '신자유주의'와 함께 문화·정치에서 '신보수주의'가 등장했다.

노조는 기본적으로 미국이라면 민주당(영국은 노동당)을 지지하고, 공화당(영국은 보수당)에 반대한다. 그런 성향과는 반대로 미국 대통령 선거 당시 항공관제사 노조(PATCO: Professional Air Traffic Controllers Organization)가 노조 중 거의 유일하게 레이건을 지지했다.

레이건이 대통령이 되자, 항공관제사 노조는 1981년 8월 3일 파업을 시작했다. 인생 관계란 기본적으로 기브 앤 테이크였고, 정치에서도 마찬가지였다. (표를) 준 게 있으니, (임금 인상) 오는 게 있어야 했다. 거기다 레이건 대통령은 젊은 시절 영화 배우 협회(SAG, Screen Actors Guild) 회장을 하며 노조를 이끌었던 적도 있었으니, 노조는 대통령이 자신들의 요구 조건을 들어줄 거로 생각했다. 연봉 1만 달러(당시 월급을 감안하면, 30% 이상의 연봉 상승) 인상과 함께, 더 나은 근무 환경, 주 32시간 근무를 요구했다.

선거에서 전 영화 배우 협회 회장인 레이건을 지지했던 항공관제사 노조는 공화당원인 레이건을 잘 몰랐다. 그는 젊었을 때 배우노조를 이끌었지만, 정치인으로서 뼛속까지 공화당원이었다. 그는 공무원 파업을 금지한 법을 내세우며, 강경 대응으로 나섰다. 그는 항공관제사 노조의 파업을 "국가 안전에 대한 위협"으로 간주하고, 48시간 내로 업무에 복귀하지 않으면 모두 해고할 것이며 재취업도 금지할 것이라고 엄포했다. 노조는 콧

방귀를 뀌었다. 파업에 나섰던 1만 3천 명 중, 10%만 현장에 복귀했다.

소련의 미사일에 대해 레이저 광선을 쏘겠다는 레이건은 대선 당시 자신을 지지했던 항공관제사 노조에게도 당근 대신 채찍을 들었다. 업무에 복귀하지 않은 11,345명을 즉시 해고했을 뿐 아니라 항공관제사 노조마저 해산시켰다. 그들의 빈자리에는 현역 장병뿐 아니라 예비역과 이미 은퇴한 관제사까지 모두 투입하여 비상근무 체제에 돌입했다. 그리고 승리했다. 그렇게 그는 케인즈주의를 끝내고 신자유주의의 시작, '미국의 새로운 시작: 경기 회복을 위한 프로그램', 일명 레이거니즘을 이뤄냈다.

하지만 레이건에 비해 대처의 적은 만만하지 않았다. 아서 스카길은 이미 1969년, 1974년, 1979년 세 번이나 정권을 무너뜨리며 총리를 교체했던 경험이 있었다. 그는 1970년대 여러 총리를 제치고 영국에서 가장 영향력 있는 사람으로 꼽혔으며, 별명이 영국의 전설적인 인물인 '아서왕(King Arthur)'이었다. 그에게 보수당 총리인 대처는 여자인데다, 풋내기에 불과했다. 그런 국면에서 선제공격에 나선 건 스카길이 아니라 대처였다. 1983년 포클랜드 전쟁 승리의 인기를 등에 업은 대처가 먼저 칼을 뽑았다.

산업혁명의 시작은 영국이었으나

영국에서 가장 먼저 시작된 산업혁명에서 증기기관은 떼려야 뗄 수 없는 관계이다. 영국이 세계 제1의 공업 국가가 된 이유 중 하나는 풍부한 석탄이었다. 특히 맨체스터 주위로 풍부한 석탄이 묻혀 있었고, 맨체스터는 이를 바탕으로 산업 혁명의 중심 도시가 될 수 있었다. 문제는 광산에서 석탄을 캐면 땅속 어디선가 흘러나오는 물이었다. 계속 석탄을 캐려면, 물을 광도 밖으로 퍼내야 하는데 마침 발명된 증기 기관이 소와 말은 물론이고, 기존의 풍력이나 수력 등에 비해 월등히 효율적이었다. 석탄을 많이 캐면 캘수록 그 석탄으로 증기 기관을 더 많이 돌려 물을 더 많이 퍼낼 수 있었고, 그 결과 땅속 깊게 들어가 석탄을 더 많이 캘 수 있는 선순환이 계속되었다.

증기기관과 석탄은 그렇게 광산에서 물을 퍼내는 양수기로 시작되어, 사람과 물건을 실어 나르는 기차, 실을 만드는 방적기와 천을 만드는 방직기까지 응용되면서 맨체스터는 세계적인 공업도시가 되었고, 영국은 세계 제1의 공업 국가가 되었다.

영국이 세계에서 가장 먼저 석탄으로 산업혁명을 시작할 수 있었던 것은 축복이었다. 하지만 200년 넘게 이어진 채굴로 탄광은 노후화되고, 석탄을 캐기 위해 점점 더 땅속 깊이 들어가야 했다. 채굴 비용은 증가했고, 인명 사고도 잦아졌다. 쇠퇴는 당연한 수순이었다. 산업 종사자 수는 절정기인 1914년 100만 명에서, 국영화 당시인 1946년 70만 명, 1983년도에는 이미 20만 명으로 쪼그라들어 있었다.

거기다 국내산 석탄이 톤당 45~50파운드일 때, 폴란드나 호주로부터 수입한 석탄은 운송비를 포함 25~30파운드로 영국의 석탄은 가격 경쟁력을 상실한 지 오래였다. 1970년대 잠시 석유 파동으로 대체제인 석탄의 인기가 오르기도 했으나, 1970년 중반부터 영국의 북해 유전이 개발되면서 석탄의 중요성은 더욱 감소하였다. 이미 대처 정부가 들어섰을 때는

75%의 탄광이 적자였고, 석탄 공사는 13억 파운드라는 어마어마한 국가 보조를 받고 있었다.

민영화와 작은 정부를 외치던 마가렛 대처가 석탄 산업에 칼을 빼 들었다. 1983년 탄광업에 종사하는 인력 20만 2천 명 중, 3년간 6만 명을 감원하기로 발표했다. 그 20만 명 중 18만 명이 속한 전국 광부노조의 위원장 스카길이 가만히 있을 리 없었다. 1984년 3월 그는 총파업으로 맞섰다. 대처는 이를 불법으로 규정하고 기마경찰을 보내 진압을 시작했다. 결국 1년 만에 승리를 거둔 것은 대처였다. '아서왕 스카길'이 '철의 여인 대처'에 패한 것이었다. 포클랜드 전쟁의 승리로 대처의 인기가 높았던 것에 반해 스카길이 이전에 '불만의 겨울'을 일으키며 국민들의 지지를 잃고 있었기 때문이다.

이에 자신감을 얻은 대처는 노조 탄압이라는 비난을 감수하며 노조 개혁을 시행하고, 국유화된 브리티시 텔레콤, 브리티시 가스, 브리티시 항공, 롤스-로이스, 국영 석유회사 BP, 영국 우주항공 등 많은 기업을 민영화했다. 또한 세금을 줄이며, 레이건과 함께 신자유주의를 완성해 나갔다.

잡화점의 딸로 태어난 그녀는, 일상이 전쟁이던 1980년대 외부의 적과 내부의 적, 모두를 물리치고 승리를 거두며 자기 뜻을 모두 관철했다.

이길 수 없는 것

두 인물은 의지만큼 운도 좋았다. 대처와 영국인에게 자긍심을 주었던 포클랜드 전쟁은 전쟁 당시 11억 9천만 달러, 현재 가치로 10조 원이 넘는 돈을 지출했을 뿐만 아니라, 전쟁 이후 매년 3,000억이 넘는 돈을 집어삼켰다. 거기다 전쟁 당시 255명의 영국 군인이 죽고 777명이 부상당했으며, 이 가운데 10%는 영구 장애인이 되었다. 하지만 승리에 취한 영국인은 나중에 날아온 계산서를 확인하지 않았다.

1970년 물가 상승을 일으켰던 석유 파동은 1980년 중반부터 배럴당 30달러에서 10달러 가까이 떨어졌다. 자연스럽게 물가가 잡혔다. 거기다 영국은 북해 유전이 본격적으로 개발되어 막대한 부를 창출했다.

레이건은 소련에 대한 강경책을 내세웠지만, 재선 후부터는 소련과의 화해에 나선다. 거기다 우주 전쟁 등으로 과도한 군사비를 지출하면서 공약과 달리 큰 정부를 작은 정부로 바꾸지도 못했다. 거기다 두 인물 모두 시장 중심 정책으로 노조를 억압하고, 감세하면서 부의 양극화를 더 심화시켰다는 비난을 피할 수가 없었다.

대처는 잡화점의 딸로, 로널드 레이건은 알코올 중독자의 아들로 태어나 변변치 않은 가정 환경 속에서 자수성가했다. 총리와 대통령이 되어서는 내부와 외부의 적 모두를 굴복시키며 조국의 화려했던 과거 영광의 일부를 되찾았다. 자신의 이름을 딴 '레이거노믹스'와 '대처리즘'이라는 '신자유주의' 정책과 '신보수주의' 운동을 펼쳤고, 오늘날까지도 위대한 정치인 순위에 항상 오르내린다.

거기다 그 둘은 세계 2차 대전 당시 처칠 총리와 루스벨트 대통령 이래 가장 친밀한 관계로 자주 만나며, '냉전 종식'을 끌어냈다. 단순한 전략적 파트너 관계를 넘어, 정치적 연인이라고 불릴 정도였다. 프랑스 미테랑 대통령이 "유럽 지도자들에게 그토록 깐깐하게 구는 사람(대처)이 레이건을 대할 때는 8살 먹은 소녀 같다."라고 말할 정도였고, 레이건 대통령도 대처를 "영국 최고의 남자"라며 칭찬했고, 대처 또한 "내 인생에서 남편을 빼고 제일 중요한 남자"라고 극찬했다.

*

하지만 강인하기만 할 것 같은 대처는 포클랜드 전쟁 당시 전사한 255명의 군인에게 모두 자필로 편지를 쓰는 따뜻한 마음도 갖고 있었다.

레이건은 존 힝클리의 총에 가슴을 맞아 병원에 실려 갔을 때, 자신을 수술할 의사들에게 "여러분들이 공화당 당원이기를……"이라며 목숨이 위험한 상황에서도 유머를 잊지 않았고, 이에 민주당원이었던 의사들 또한 "오늘만은 공화당 당원입니다."라며 훈훈한 상황을 연출했다. 사람들은 훤칠한 외모만큼이나 뛰어난 유머를 가진 그를 사랑할 수밖에 없었다.

레이건이 먼저 퇴임하고, 대처가 퇴임한 지 1년이 지난 1991년 11월, 캘리포니아에서 레이건 도서관 건립 기념회가 열렸다. 레이건의 정치적 연인이었던 마가렛 대처도 대서양을 건너 참석했다. 레이건이 만찬 자리에서 사람들에게 대처를 소개한 후, 똑같은 말로 다시 한번 더 그녀를 소개하는 실수를 저질렀다. 그 자리에 있던 사람들은 고개를 갸우뚱거렸지만, 대수롭지 않게 넘겼다. 당시에는 몰랐지만, 그 일은 앞으로 레이건뿐 아니라 대처에도 일어날 예정이었다.

*환하게 웃는 레이건과 대처, 둘은 정치적 연인이었다

히틀러의 주치의들

인생은 사진이 빽빽하게 차 있는 사진첩과 같다. 과거의 내 모습이 모여, 현재의 자신이 되고, 미래의 나로 연결된다. 그런데 어느 순간 내 모습이 점점 희미해져 간다. 가까운 시점부터 점점 더 먼 과거까지, 사소한 것부터 중요한 것까지. 그렇게 하나둘 기억을 잃다 보면, 시간도, 장소도, 사람도 사라진다. 지금이 언제인지, 여기가 어디인지, 이 사람은 누구인지 알아볼 수 없고 끝내는 나 자신이 누구였는지조차 알 수 없게 된다. 과거가 없어지자, 미래도 사라진다. 오로지 현재만 남는다.

치매. Dementia. 라틴어로 마음(Mentia)을 잃는다(De)는 뜻이다. 미래와 과거가 없으니, 참을 필요가 없다. 충동 조절이 안 되어 쉽게 화를 내고, 욕을 하기도 한다. '노인이 다시 아이가 된다.'라는 말이 바로 이런 모습을 뜻한다. 결국에는 진짜 아이가 되어, 혼자 먹을 수도, 소변과 대변조차 가리지 못하고, 끝내는 설 수조차 없다. 몸도, 마음도, 모든 것이 서서히 무너져 내린다.

1994년 레이건은 결국 치매(알츠하이머)로 진단된다. 그리고 몇 년 후, 길을 가다 사람들이 자신을 향해 손을 흔들자 옆의 아내에게 물었다.

"저 사람들이 왜 나에게 손을 흔들지?"

레이건은 자신이 대통령이었다는 사실조차 잊어버린 것이었다.

영국병에는 '대처리즘'과 거대해진 미국 정부에는 '레이거니즘'이라는 치료제가 있었다. 레이건은 최고의 의사들로부터 최선의 치료를 받았다. 하지만 그때나 지금이나 치매에는 확실한 치료제가 없다. 그 어떤 치료로도 잃어버린 기억을 되찾을 수 있기는커녕, 기억이 지워지는 것을 막을 수 없었다. 겨우 잃어버리는 속도만 조금 늦출 뿐이었다. 겨울이 오면, 나무에 잎이 떨어지듯 그렇게 머릿속의 기억들이 하나둘 사라졌다.

자신이 대통령이었던 사실조차 잊은 레이건은 외부 활동을 멈췄다. 붉은 철의 장막을 걷어내고, 악의 제국을 물리친 레이건에게 모든 게 흐려지는 '치매'라는 회색 장막이 쳐진 것이다. 철의 장막은 녹슬어 저절로 무너졌지만, 치매라는 장벽은 시간이 흐를수록 더욱 단단해져 갔다. 결국 레이건은 집 안과 자신만의 세계에 스스로 갇혀 버렸다. 끝내 항상 자기 옆에 있던 아내 낸시조차 누군지 잊어버리게 되었다.

1947년 조지 캐넌이 '봉쇄 전략'을 제안하면서 시작된 미국의 소련 봉쇄는 무려 40년이나 걸려 소련을 무너뜨렸지만, 레이건을 가둔 치매는 10년 만에 레이건을 쓰러뜨렸다. 총에 맞고도 살았고, 대장암과 전립선암도 극복하며, 뇌출혈마저 이겨낸 아이언 맨, 레이건은 결국 치매에 무너져 내려 2004년 만 93세의 나이로 사망했다.

레이건을 허물어버린 치매가 이번에는 대처를 찾아왔다. 그녀 또한 하나, 둘 과거를 잊어버리기 시작했다. 그녀의 시계는 앞이 아니라 뒤로 돌아갔다. 2003년 남편인 데니스 대처가 죽었지만, 대처는 남편이 죽은 사실을 잊은 채 계속 남편을 찾았다. 1990년에 총리를 사임했지만, 자신이 여전히 총리인 줄 알고 사람들 앞에서 일장 연설을 늘어놓기도 했다. 거기다 정치 인생의 정점이었던 1982년 포클랜드 전쟁마저 1990년대의 보스니아 전쟁으로 착각했다. 끝내는 자기 이름을 결혼하기 전 처녀 때 이름인 "마가렛 로버츠"라고 쓰고 말았다. 가까운 과거부터 시작해서 결혼한 사실마저 잃고 처녀 시절로 돌아간 것이었다. 그렇게 기억을 상실하며 그녀가 살아온 날들을 잃어갔다.

2013년 4월 8일, 레이건과 똑같이 10년간의 투병 끝에 그녀는 모든 삶의 기억을 잃고 생의 원점으로 돌아갔다. 강성한 노조를 깨부수고, 악의 제국 소련을 무너뜨리고, 암살과 테러에서조차 살아난 철의 여인 대처와 아이언 맨 레이건조차 시간을 이길 수 없었다. 조국의 잃어버린 영광을 찾아준 그들은 정작 자신의 영광을 잃어버렸다.

1994년 더 이상 치매에 걸린 사실을 숨길 수 없었던 레이건은 국민들에게 편지를 쓴다.

"저는 이제 인생의 황혼을 향한 여정을 시작합니다. 그러나 저는 미국이 언제나 빛나는 아침을 맞을 것이라 믿습니다.

인생의 황혼이 오기 전까지, 모두가 빛나는 아침을 누리기를……

VI

삶보다
기억되는 죽음

손을 떠는 내과 의사

모내기한 지 얼마 안 된 논에는 땅에 뿌리를 제대로 내리지 못한 모들이 물 위에 둥둥 떠 있었다. 인구 3만이 조금 넘는 조그만 읍에 유일한 응급실은 24시간 열려 있었지만 한산했다. 중환자라고는 인근 고속도로에서 사고가 나면 가끔 오는 외상 환자를 제외하고는 비교적 적은 편이었다. 병원 주위는 10년 전부터 아파트가 들어서긴 했지만 한가했고, 대부분이 논이었다.

토요일 오전 7시, 응급실로 환자가 왔다. 60대로 추정되는 남자 환자는 머리 쪽 출혈이 심해 얼굴을 알아보기 힘들었다. 심각한 건 머리만이 아니었다. 내원 당시 이미 숨도 쉬지 않았고, 심장도 뛰지 않았다. 의학 용어로 DOA(Death on Arrive), 즉 도착 당시 이미 사망한 상태였다. 의료진이 심폐 소생술을 위해 윗도리를 벗겼을 때 몸 이곳저곳이 심하게 다쳐 있었다. 동승한 보호자 말로는 높은 곳에서 떨어졌다고 했고, 의사 또한 이 정도 심각한 외상이라면 덤프트럭에 부딪히지 않는 이상, 추락 말고는 없다고 생각했다.

이런 경우, 의사는 심폐 소생술조차 하지 않고 바로 사망 선고하기도 한다. 이미 심장 박동과 호흡이 멎은 상태였고, 외상이 너무 심해서 설령 심장이 다시 뛴다고 한들 살아날 가능성이 지극히 낮기 때문이다. 하지만 응급실 담당 의사는 덜덜 떨리는 손으로 심폐소생술을 시작했다. 심폐소생술을 하다 보면 갈비뼈나 연골이 우두둑 소리와 함께 부러지며 내려앉는다. 하지만 환자의 가슴은 압박을 하기도 전에 부러져 있어, 심장을 누르자마자 찌걱찌걱 기분 나쁜 소리를 냈다.

사람들은 환자가 대부분 수술하는 외과에서 죽는다고 알고 있지만, 대부분의 사람은 내과에서 죽는다. 그렇기에 수많은 죽음을 경험하게 되는 내과 의사는 아무리 끔찍한 죽음을 보더라도 기껏해야 남몰래 얼굴을 살짝 찡그릴 뿐 두려워서 손을 떠는 경우는 없다. 하지만 그날만은 달랐다. 내과 의사의 손이 덜덜 떨렸고, 머릿속에는 이런 생각이 들었다.

'왜 하필이면 나에게 이런 일이……'

이미 죽은 환자에게 작은 시골 병원의 내과 의사가 혼자 사망 선고를 내리기에는 너무나 위험했다.

어느 병원에서 죽을 것인가?

2009년 5월 23일 토요일 오전 7시, 진영읍에 있는 지금은 진영한서병원으로 이름을 바꾼 세영병원 응급실로 경호원들이 전직 대통령을 은색 그랜저 뒷좌석에 싣고 왔다. 당시 환자의 의식은 없었고, 심장마저 멎어 있었다. 응급실을 보고 있던 내과 전문의가 즉시 심폐소생술을 시행했으나 멈춘 심장은 다시 뛰지 않았다.

심장이 멎고 10분이 넘어가면 생존 확률은 10%가 안 되며, 30분이 지나면 다시 심장이 뛸 확률이 지극히 낮기에 의사는 사망 선고를 한다. 하지만 그날 응급실 의사는 환자의 심장을 쥐어짜는 것을 멈출 수 없었다. 의사가 심폐소생술을 멈춘다는 것은 사실상 사망 선고였고, 전직 대통령의 사망 선고를 혼자 내릴 수 있을 만큼 용감한 의사는 그 어디에도 없었다.

당시 응급실에서 가장 가까운 거리에 있는 큰 병원은 삼성 창원병원이었다. 16킬로미터 거리로 차로 15분이면 닿을 거리였다. 다음이 양산 부산대학교 병원이었으나 거리도, 시간도 2배였다. 1분 1초를 다투는 상황이었으면, 30분 걸리는 양산 부산대학교 병원보다 그 절반밖에 걸리지 않는 삼성 창원병원으로 가는 게 더 현명할 수 있었다. 그렇기에 나중에 그의 죽음이 알려진 이후 많은 사람들이 왜 더 가까운 삼성 창원병원을 놔두고 양산 부산대학교 병원으로 갔는지 의문을 제기했다.

하지만 어느 병원으로 간 들, 어느 의사가 본 들, 이미 죽은 대통령을 살릴 수는 없었다. 이미 이 세상 사람이 아닌 그에게, 이 세상 사람이 할 수 있는 것은 '사망 선고' 뿐이었다. 살릴 수 없는 대통령에게는 의학적 결정 대신, 정치적 결정만이 남아 있었다.

'어느 병원에서 죽을 것인가?'

누군가 말했다. "대통령은 국립대 병원에서 돌아가셔야 한다."라고. 듣고 보니 삼성 창원병원보다 국립 양산 부산대학교 병원이 확실히 더 그럴 듯 해 보였다. 국립 양산 부산대학교 병원으로 연락을 취했다. 이에 국립 양산 부산대학교 병원은 즉시 병원장과 이사장뿐 아니라 각과 교수들을 소집하며 만반의 준비를 했다.

7시 35분에 시골 병원을 떠난 앰뷸런스는 8시 13분에 국립 양산 부산대학교 병원에 도착했다. 병원 응급실에는 2008년도에 개원한 이후로 가장 많은 의사가 한 명의 환자를 위해 모였다. 앰블런스 뒷문이 열리고 전직 대통령을 실은 침대 바퀴가 땅에 닿자마자, 기다리고 있던 의사들이 즉시 그에게 달라붙었다. 아침 7시부터 한 시간 넘게 심폐 소생술을 하느라 하얀 가운마저 땀에 흠뻑 젖은 시골 병원 의사는 그제야 전직 대통령의 심장에서 손을 뗄 수 있었다. 기도하는 심정으로 환자의 멈춘 심장을 쥐어짜던 그는 두 손뿐 아니라 두 다리마저 후들거렸다. 그가 끼고 있던 안경은 습기와 땀으로 뿌옇게 흐려져 있었다.

"07시 00분, 병원 내원 당시부터 심박동과 자발 호흡은 없었습니다. 추락으로 인한 두부 외상 외에도 내부 장기 손상이 의심됩니다."

짧은 설명을 끝으로 환자를 대학병원 응급실까지 인계한 시골 의사의 역할은 여기까지였다. 전직 대통령을 위해 모여 있던 의사들이 손을 번갈아 가며 심폐소생술을 계속했으나 이미 멎은 심장은 다시 뛰지 않았다. 기다리고 있던 의사 중, 막상 할 일이 없던 몇몇 의사들은 뒤로 물러나 고개를 설레설레 저었고, 어떤 이는 속으로 끌끌 혀를 찼다. 시골 병원과 국립 양산 부산대학교 병원은 둘 다 죽은 환자를 살려내지 못했다. 다만 시골 병원과 달리 국립 양산 부산대학교 병원은 전직 대통령의 죽었음을 공식적으로 확인해 줄 수 있었다.

"2009년 5월 23일 09:30분, 노무현 씨는 사망하였습니다."

그가 국립 양산 부산대학교 병원에 도착하고 1시간 17분 후에야 공식적인 사망 선고가 내려졌다. 사망의 종류는 '외인사', 사고의 종류는 '추락', 의도성 여부는 '자살' 또는 '미상', 사망의 직접 사인은 '두개골 골절 및 두부 손상, 다발성 골절 및 내부 장기손상'이었다.

혹시나 수술할지도 몰라 대기하고 있던 신경외과 교수는 끝내 메스를 잡을 일이 없었다. 할 일이 없어진 신경외과 교수는 전직 대통령의 터진 머리를 꼼꼼히 꿰맸다고 한다. 원래 죽은 자의 머리를 봉합하는 건 교수의 역할이 아니었다. 원래 장의사나 말단 의사인 인턴이 하는 일이었다.

그의 마지막 순간

총은 멀리 있는 남의 목숨보다 가까이 있는 자신의 목숨을 더 확실하게 앗아 간다. 총으로 자신을 쏘면, 통계상 10명 중 9명이 사망한다. 설령 운 좋게 살아 남는다고 하더라도, 어쩌면 죽는 게 나을지도 모를 끔찍한 후유증을 남긴다. 하지만 한국에서는 총을 구하는 것이 죽기보다 어렵다.

다음으로 확률이 높은 것은 목을 매는 것이다. 10명 중 7명이 삶을 마감한다. 아내와 함께 살며, 밖을 나갈 때마다 경호원이 옆을 지키는 그에게는 생을 끝내는데 필요한 10분의 시간조차 주어지지 않았다. 가스 중독도 있으나, 같은 이유로 성공하지 못할 가능성이 높았다.

일본어 중에 '가이샤구'라는 말이 있다. 할복할 때, 배를 갈라도 사람은 즉사하지 않기 때문에 확실하게 뒤에서 목을 쳐주는 이를 일컫는 말이다. 배를 갈라도 죽고 싶지 않는데 칼로 손목을 긋는 것은 영화에서나 성공할 뿐 대부분 실패한다. 사람들은 손에 있는 동맥은 건드리지도 못하고, 목숨 대신 기껏해야 손목 인대를 끊는다.

사람들이 가장 많이 시도하는 음독은 치사율이 2%에 불과하다. 거기다 세상 사람이 그의 얼굴을 다 아는 상황에서, 약을 구하는 것조차 쉽지 않았다.

그에게 남아 있는 선택지는 투신 뿐이었다. 성공 확률은 30~40%이지만, 건물 8층 이상의 높이에서 떨어지거나, 머리나 몸통이 먼저 바닥에 부딪히면 사망률이 급격히 높아진다.[250] 그는 평소 사저를 감싸고 있는 동네 뒷산인 봉화산을 자주 산책했기에 봉화산에 있는 부엉이 바위와 그보다 높은 사자 바위를 모를 수가 없었다.

봉화산으로 산책하러 가기 전에 그는 이미 죽음을 결심하고 컴퓨터에 유서를 썼다. 오전 5시 44분 마지막으로 한글 파일 왼쪽 화면 위에 있는 저장 버튼을 눌렀다. 그 직후 경호원과 함께 사저를 나섰다. 경호원 몰래 집을 나가는 것도 생각했을 것이다. 경호원을 따돌리고 외출할 수 있겠지만, 그럴 경우 경호원이 다른 이들까지 불러 우르르 자신을 찾으러 나설 것이었기에 평소처럼 한 명만 데리고 나가는 게 나았다.

삶을 끝내기로 마음먹은 사람의 행동은 모두 제각각이다. 대개는 충동적으로 마음을 먹는다. 치밀하게 계획을 세운 후, 실천에 옮기는 사람은 여덟 명 중에 한 명뿐이다.[251]

유서를 남기는 경우도 생각보다 적다. 겨우 4명 중에 한 명만 유서를 남긴다. 누구는 변호사 출신인 그가 법적 효력이 없는 컴퓨터 파일로 유언장을 남길 리가 없다고 했지만, 그가 남긴 건 법적 효력이 필요한 유언장이 아닌 법적 효력이 필요 없는 유서였다. 거기다 그는 대통령이 되기 전에 스스로 간단한 일정, 회계 프로그램을 만들었고, 재임 시절에는 e지원 시스템을 도입할 정도로 컴퓨터와 친숙했다. 나중에 유서의 조작 가능성이 제기되자, 노무현 재단 측에서는 문체 등으로 미루어 보아 유서가 고인이 쓴 것이 맞다며 사실을 분명히 했다.

그는 어렸을 때부터 수천 번은 보아온 동네 뒷산에서 몸을 던지기로 했다. 집을 나오기 전 유서도 남겼다. 이제 그에게 마지막 장애물이 남았다. 그가 집 밖으로 나가기만 하면, 그림자처럼 자신의 뒤를 달라붙는 경호원이었다. 경호원에게는 전직 대통령인 자신을 지켜야 하는 임무가 있었다. 자신이 성공하려면 경호원이 실패해야 했다.

평소처럼 경호원은 그를 따라나섰다. 혹시나 그가 바위 아래로 몸을 던지기라도 하면, 경호원 또한 그를 구하기 위해 몸을 던질 것이었다. 자신을 묵묵히 따르는 그를 잠시 따돌려야 했다. 그래야 자신은 죽고, 경호원은 살 것이었다. 그가 말을 건넸다.

"정토사에 선법사가 있는지 보고 오지."
"모셔올까요?"
경호원이 되물었다.
"아니, 그냥 확인만 해봐라."

(경찰 조사 중에 경호원의 진술이 바뀌었다. 아무래도 경호하지 못한 책임 때문에 그랬을 것이다. 그가 경호원에게 정확히 어떤 말을 건넸는지는 오로지 죽은 그와 살아있는 경호원만이 알 것이다. 적어도 그가 경호원을 잠시나마 떨어뜨려 놓기 위해서 위와 같이 말을 했을 가능성은 높아 보인다.)

부엉이 바위에서 정토사까지는 250미터 정도로, 걸어가면 숨이 제법 차는 산길이었다. 왔다 갔다 하는데 5분 이상 걸렸다. 경호원이 그의 지시를 따라 정토사로 향했다. 그리고 경호원이 부엉이 바위로 다시 돌아왔을 때, 그는 사라지고 보이지 않았다.

포위된 대통령궁

영국제 호커헌터 전투기 두 대가 하늘이 아니라 땅에 가까이 날며 우리나라 청와대에 해당하는 칠레의 모네다궁 위를 스치듯 지나갔다. 국가 행사 때 하는 에어쇼는 아니었다. 전투기가 꼬리에서 색색의 연기를 내뿜는 대신 폭격을 가했기 때문이다. 그렇다고 전투기가 적국 소속도 아니었다. 자국 전투기였다. 공군만이 아니었다. 육군, 해군에 이어 경찰까지 모두 대통령 집무실이 있는 모네다궁을 포위하고 포격을 시작했다. 이곳저곳에서 터지는 폭탄과 최루탄, 그리고 화염으로 앞이 잘 보이지 않았다. 연기와 불 사이로 탱크가 정문을 부수고 들어왔다. 쿠데타 지도부는 현직 대통령에게 투항을 권하며, 비행기를 내줄 테니 원하는 나라로 떠나라고 제안했다.

현직 대통령에게는 소련이나 쿠바로의 망명이라는 선택지가 있었다. 하지만 그는 "내 몸에 총알 세례를 퍼부은 뒤에야 저들은 나를 모네다궁에서 끌어낼 수 있을 것"이라며, 결사항전을 외쳤다. 현직 대통령은 투항 대신 발코니에 몸을 감추고 전투용 헬멧을 쓴 채 자신을 목표로 돌진해 오는 적을 향해 총격을 가했다. 한 손에는 전화기를 들고 라디오를 통해 국민들에게 생중계로 연설하고, 다른 한 손으로는 AK 47 소총을 들고 저항했다. 하지만 제트기와 탱크를 소총만으로 물리칠 수 없었다. 또한 그의 라디오 연설을 듣고 있던 국민 중 그를 구하기 위해 대통령 궁으로 달려오는 사람은 극소수였다.

총과 대포 소리에 이어 자신을 잡으려고 몰려드는 군화 소리가 모네다궁을 울렸다. 대통령은 자신 주위에 있던 얼마 남아 있지 않은 사람들에게 마지막으로 지시했다.

"여러분 모두, 아래층으로 내려가시오. 무기는 여기 두고, 주머니에도 아무것도 넣지 마시오. 존엄을 가지고 떠나시오. 투항하시오. 학살은 피해야 하오."

그는 사람들을 모란데 가 80번지로 나 있는 출입문으로 안내했다. 그리고 대통령 자신은 제일 마지막에 내려가겠다고 했다. 사람들이 모두 내려가자 그는 내려가서 투항하는 대신 2층에 있는 인데펜덴시아룸으로 들어갔다. 스페인어로 독립의 방이었다. 이제 그의 옆에는 게릴라의 상징이자 쿠바의 피델 카스트로가 준 AK 47만 남았다. 쿠데타를 일으킨 군부를 향하던 AK 47은 이제 겨눌 곳이 없었다.

아옌데

칠레 역사 박물관에 전시된 아옌데의 안경

얼마 후 그날의 쿠데타를 기억하기 위해 방독면을 가지러 갔던 의사 파트리시오 기혼은 대통령의 죽음을 목격했다.[252] 팔걸이가 부러진 붉은 벨벳 의자에 반쯤 몸을 누인 채로 다리 사이에 AK 47이 놓여 있었고, 뒤로 누운 얼굴과 머리 주위로 피가 흥건해 누구인지 알아보기 힘들 정도였다. 그 누구보다 검은 플라스틱 뿔테 안경이 잘 어울렸던 칠레의 대통령, 살바도르 아옌데의 최후였다. 현장에는 그가 항상 쓰고 다니던 검은 뿔테 안경이 부서진 채 오른쪽은 사라지고 왼쪽만 남아 있었다. 그것도 깨진 유리에 피인지 그을음인지 알 수 없는 검은 때가 잔뜩 긴 채.

성공에 이어 찾아온 위기

그는 의사였다. 의사가 된 후, 취직하기 위해 병원 4곳에 채용 서류를 냈으나 모두 퇴짜를 맞았다. 대학생 때 한 정치 활동 때문이었다. 그가 겨우 얻은 일자리라고는 모두가 꺼려하는 부검의 자리였다. 모두가 꺼려하는 그곳에서 그는 쉬지 않고 일했다. 그는 1,500구가 넘는 주검을 부검했으며, 나중에 그 시절을 이렇게 회상했다.

"내 손을 고름 덩어리와 암 덩어리, 그리고 죽음 속에 집어넣어 빵을 벌었다."

그는 질병으로 신음하는 환자 대신, 가난으로 고통받는 국민을 살리기로 했다. 서른 살에 보건복지부 장관을 거쳐 네 번의 대선에 도전했다.

그가 인기를 얻자, 우파의 공격이 시작되었다. 언론에서 가난한 이들의 대변자인 그가 실제로는 가짜 사회주의자이며, 그가 바닷가의 여름 별장에 호화 요트를 가지고 있다고 공격했다. (한국에서도 특정 언론이 노무현 대통령에 대해 "부산요트 클럽 회장으로 개인 요트를 소유하는 등 상당한 재산가로도 알려져 있다."고 보도한 바 있다.[253])

아옌데는 이것이 허위임을 증명하기 위해, 모든 이가 볼 수 있도록 산티아고 중심가인 불네스 광장의 분수대에 자신의 요트를 띄웠다. 그가 소유하고 있다는 호화 요트는 작은 소형 배에 불과했다.[254] (마찬가지로 노무현 대통령이 소유했다는 요트 또한 오로지 바람으로만 가는, 2명이 간신히 탈 수 있는 돛단배였다. 차마 요트라고 부르기에 민망한 수준이었다.)

1970년 9월 4일 대통령 선거에서 살바도르 아옌데는 사회당과 공산당을 중심으로 무려 6개의 좌익 정당과 연합하여 36.2%를 얻었다. 우파 국민당의 호르헤 알레산드리는 34.9%를, 중도인 기독민주당의 라도미르 토미크는 27.8%를 득표했다. 전체 투표자 295만 명 중에서 겨우 3만 9,000표 차이로 아옌데가 1위를 차지했다. (당시 칠레에서는 대통령을 한 번 이상 할 수는 있었지만, 연임할 수는 없었다. 이에 전전직 대통령인 알레산드리는 출마했지만, 전직 대통령인 프레이 몬탈바는 출마하지 못했다.) 대선 후보가 과반수의 표를 얻지 못했기 때문에, 법에 따라 의회가 투표를 하여 아옌데를 대통령으로 뽑았다. 6년 전 기독민주당의 프레이 몬탈바는 무려 56%를 득표하며 당선되었으니, 얼마나 아옌데의 지지 기반이 약한지 알 수 있었다. 심지어 그는 2위를 했던 1964년 대선에서는 38.6%의 지지를 받아 1970년 대통령 당선 당시 36.2%보다 더 많은 표를 받았다.

그가 대통령이 되었으나 여전히 폭동과 시위, 테러와 암살, 경찰과 군대의 시위 진압과 발포, 비상사태와 쿠데타는 멈추지 않았다. 과거 스페인 식민지였던 칠레에서는 하룻밤 사이에 우후죽순 생겨나는 버섯과 같다하여 이름 붙은 판자촌인 '버섯 빈민가(Poblacion Callampa)'에 사는 이와 유럽 풍의 고급 주택에 사는 이가 서로 다른 세상에서 같은 시대에 살고 있었다. 사막과 밀림, 고산지대와 빙하가 길게 늘어선 칠레에서는 깨끗한 하얀 투표용지보다 끈적한 검은 총과 붉은 피가 더 친근했다. 그곳은 쿠데타가 난무했고, 독재자와 혁명가, 범죄자와 게릴라의 천국이었다.

히틀러의 주치의들

그는 선거기간 동안 '사회주의로 가는 칠레의 길('La vía chilena al socialism)'을 외쳤다. 칠레의 아옌데를 제외하고, 모든 공산주의는 안타깝게도 독재와 경찰 테러, 엄청난 인권 유린으로 이어졌다.[255] 아옌데는 무장 혁명 대신 민주 선거를, 폭력과 독재 대신 법과 의회를 통해 사회주의를 이루어 갈 것을 약속했다. 그것이 자신이 개척할 길이자, 칠레가 가야할 길이라고 굳게 믿었다. 그리고 자신의 말대로 총이 아니라 투표로 대통령이 되었으니, 이제 사회주의를 이루어야 했다.

그는 사회주의를 실현하기 위해 여러 정책을 펼쳤는데 그중 가장 대표적인 것이 토지개혁과 구리 광산의 국유화였다. 두 정책 모두 아옌데가 처음 시작한 것은 아니었다. 토지개혁은 이미 1962년 우파인 국민당의 알렉산드리 정부 때부터 시작하여 다음 정권인 중도 기독민주당의 프레이 정부도 계속해 오고 있었다. 참고로 칠레의 기독민주당은 종교에 기반을 둔 점, 중도 성향이지만 때로는 우파와 때로는 좌파와 연합을 했다는 점에서 독일의 중앙당과 비슷했다. '자유 속의 혁명'을 외쳤던 전직 대통령 프레이는 미국과 우호적인 관계를 유지하며 경제성장에 근거한 사회개혁을 추구하였다. 하지만 사회주의자였던 아옌데는 한 발 더 나아갔다. 그는 '땅을 경작하는 이에게 토지를'이라는 구호로 대농장을 몰수하여 토지를 농민에게 분배했다.

토지도 토지였지만 더 큰 문제는 구리였다. 지금도 칠레하면 구리이고, 구리하면 칠레다. 전 세계 구리 생산량의 1/4을 차지하며, 1970년 당시 칠레는 재정의 83%를 구리를 포함한 광물 자원 수출을 통해서 채웠다. 아옌데는 "구리는 칠레의 임금이다."라고 자주 말하곤 했다. 하지만 당시 광물 수출에서 번 돈의 대부분을 케네콧, 아나콘다, 브레이든 등의 미국 기업이 차지하고 있었다.

수에즈 운하의 국유화가 모든 이집트인의 소망이었던 것처럼, 구리 광산의 국유화 또한 모든 칠레인의 꿈이었다. 구리 광산의 민영화를 처음으로 시도한 이는 아옌데가 아니었다. 아옌데 이전 대통령인 프레이 몬탈바가 먼저 미국 기업이 소유한 칠레 구리 광산 회사들의 51% 지분을 칠레 정부 이름으로 인수했다. 또한 아옌데가 대통령이 된 후 열린 국회에서 우파와 좌파 가리지 않고 만장일치로 구리 국유화에 찬성했다. 이에 아옌데는 미국과 협상에 나섰으나, 미국으로서는 아옌데의 구리 광산 국유화에 찬성할 리 없었다. 협상은 결렬 되었다. 그러자 아옌데는 미국 기업의 지분을 강제로 인수하며 대신 배상금을 지불할 것이라고 했다. 그리고 미국 기업이 그동안 구리 광산으로 거둔 과도한 이익을 배상금에서 공제할 것이며, 15년간 미국 기업이 벌어들인 7억 7,400만 달러[256]규모의 이익이 배상금보다 커서 배상금을 한 푼도 줄 수 없다고 했다. 사실상 강제 무상 몰수였다.

15년 전, 이집트가 1956년 수에즈 운하를 국유화하자 실제 소유권을 가지고 있던 영국이 제2차 중동 전쟁을 일으켰듯, 미국 또한 가만히 당하고만 있을 리 없었다.

더욱이 냉전의 시대였다. 아옌데가 집권하기 11년 전인 1959년 쿠바에 사회주의 정권이 들어섰다. 거기다 쿠바의 카스트로는 미국의 턱 밑에 소련 핵미사일을 들여와 미국을 위협했다. 미국으로서는 또다시 중남미에 좌파 정권이 들어서는 것을 보고만 있을 수 없었다.

그런 상황에서 대통령인 아옌데는 피델 카스트로를 칠레에 초청했다. 피델 카스트로와 아옌데의 인연은 1959년 쿠바에서 피델 카스트로가 쿠바 혁명으로 정권을 잡은 후, 아옌데가 쿠바를 방문하면서 시작되었다. 이번에는 아옌데의 요청으로 칠레를 방문한 카스트로는 원래 일주일간 머물 예정이었으나 무려 25일간 머물며 아옌데와의 친분을 과시했다. 그뿐만이 아니었다. 아옌데는 1954년에는 소련에 한 달간, 중국에 3개월간 체류하면서 마오쩌둥을 만나기도 했다. 또한 북한과 베트남을 순방하기도 했다. 대통령이 되어서는 1971년 1월 중국과 외교 관계마저 수립했다.

미국 입장에서는 칠레가 제2의 쿠바가 될까 두려웠다. 겉으로는 자유민주주의를 내세우던 미국이었지만, 속으로는 반공이 더 중요했다. 미국 외교의 목표는 쿠바 혁명의 '수출'을 막는 것이었다. 사회주의만 아니라면, 독재라도 상관없었다. 이미 미국의 정보기관인 CIA는 1954년 과테말라 쿠데타를 지원한 것을 시작으로 쿠바, 도미니카, 파나마, 베네수엘라 등 중남미 좌파 정권을 상대로 군부에 쿠데타를 일으키도록 지원하고 있었고, 칠레도 그중 하나였다.

아옌데는 국가 수입의 대부분을 차지하는 구리 광산을 국유화해서 그 수입으로 국민 복지를 늘릴 생각이었다. 의도는 선했고, 의지 또한 강했다. 하지만 방법은 서툴렀고, 결과는 처참했다.

아옌데가 구리 광산을 100% 국유화하자, 미국 대통령은 CIA 국장인 리처드 헬름스에게 짧은 메모를 남겼다. 이에 미국은 오늘날 이란과 북한에 하듯 칠레에 경제 봉쇄를 가하는 동시에 미국이 가지고 있던 구리를 대량으로 시장에 풀었다. 구리 가격이 순식간에 폭락했다. 특정 기업이 손해를 감수하고 가격을 낮춰 상대 기업을 파산시키는 이른바 '치킨 게임'을 미국이 시작한 것이었다. 칠레는 미국과 비교할 수 없을 정도로 가난했고, 정부 재정의 대부분을 구리로 벌어 들이고 있었다. 구리 가격이 곤두박질

치자, 곧바로 칠레 정부의 재정이 바닥나기 시작했다.

엎친 데 덮친 격으로 칠레 정부가 벌인 강제 국유화의 다음 목표가 자신이 될지도 모른다고 겁먹은 수많은 다국적 기업과 자본가들이 썰물처럼 칠레를 빠져나갔다. 칠레 화폐인 에스쿠도화 가치가 땅에 떨어졌다. 칠레 정부는 재정 수입이 감소한 데다 자국 화폐가치마저 하락하자 더 이상 빚을 갚을 수 없었다. 구리 광산 국유화를 시작한 지 겨우 4개월만인 1971년 11월 칠레 정부는 빚을 갚을 수 없으니 기다려달라는 지불 유예, 모라토리엄을 선언했다.

구리 국유화의 여파는 이것으로 끝이 아니었다. 이번에는 1972년 10월 트럭 소유주들이 파업에 나섰다. 자신이 가지고 있는 트럭을 운전사나 정부가 빼앗아 갈까 두려웠기 때문이다. 파업한 이들이 노동자나 농민이 아니라, 트럭 즉 생산 수단을 소유한 부르주아의 파업이어서 '사장들의 파업'이라 불렸다.

남북으로 4,800킬로미터의 긴 지팡이 같은 나라에서 수송이 멈추자, 생필품 부족 현상이 극심해졌다. 북쪽에서는 생선이, 남쪽에서는 채소와 과일이 썩어 나갔다.[257] 들판에서는 수확하지 않은 농작물이 썩어가며 악취를 풍기는데, 가게의 진열대는 텅텅 비어 있었다. 가끔 들어오는 물건을 사기 위해 사람들은 긴 줄을 서야 했다. 사람은 많은데, 물건은 부족했다. 사람들은 가게 앞에서 오랜 시간 줄을 서서 기다려야 했으나, 대개는 빈손으로 돌아가야 했다. 시장에서 구할 수 없는 물건은 암시장에서 정부가 정한 가격의 몇 배에 팔렸다.

당장 재정이 부족한 정부는 돈을 찍어내는 동시에 임금을 급격히 올렸다. 식량과 생필품은 부족한데, 돈만 넘쳐나자 물가가 상승했다. 뭐가 원인이고, 결과인지 모를 악순환이 계속되었다.

1971년 정부의 50퍼센트 임금 인상과 가격 통제를 통해 경제는 8% 성장하고, 인플레이션을 22%로 낮추어 성공한 듯 보였지만, 잠시뿐이었다. 잘못된 정책으로 인한 후폭풍이 불어닥쳤다. 과도한 통화량 증가로 1972년 인플레이션은 260%에서, 1973년에는 무려 605%를 기록했다.[258] 최악의 경제 상황이었다. 국민들의 원성은 높아져만 갔다.

노동자도, 사장도 심지어 이를 해결해야 하는 정부마저도 다 같이 비명을 질렀다. 칠레가 구리 광산 국유화를 추진했을 때, 닉슨 대통령이 CIA 국장인 리처드 헬름스에게 남긴 메모가 그대로 이루어졌다.

"칠레 경제에 비명을. (Make the Economy Scream.)"

1973년 봄 세계에서 가장 큰 구리 광산인 엘 테니엔테(El Teniente)의 광부들이 41%의 임금 인상을 요구하며 파업에 나섰다. 노동자를 위한 정부에 노동자가 파업으로 맞선 것이었다. 파업은 또 다른 파업으로 번졌다. 무려 76일만에 구리 광산 노동자의 파업이 끝났지만, 이로써 구리가 전부인 칠레는 어마어마한 경제적 손실을 입었다. 식료품 부족 사태로 길게 늘어선 줄에는 자취를 감춘 물건 대신 출처를 알 수 없는 폭동과 쿠데타에 관한 소문만 넘쳐났다.

거기다 정치마저 혼란스러웠다. 사회당과 공산당에 다른 4개의 정당까지 더해진 아옌데의 인민 전선은 단 한 번도 과반수를 얻지 못했다. 아옌데가 정책을 추진하려면, 오른쪽과 왼쪽을 왔다갔다 하는 기독민주당과 연합할 수밖에 없었다.

대통령이 물러날 때

가장 먼저 질병이 있다. 앞에서 이야기한, 레닌, 우드로 윌슨, 루스벨트, 스탈린 모두 임기 도중 병으로 쓰러졌다.

다음은 암살과 테러이다. 앞서 책에 나오는 비스마르크, 이홍장, 레닌, 레이건, 대처 모두 암살과 테러를 당했으나 목숨을 건졌고, 차르 알렉산드르 2세, 링컨, 존 F. 케네디 등은 목숨을 잃었다. 그때나 지금이나 대통령이나 총리 곁에는 항상 경호원이 있지만, 안심할 수 없었다. 2022년 7월 8일 전 일본 총리 아베 또한 총격으로 사망했다.

셋째로는 법이 있다. 가장 대표적인 경우가 의회나 국민 투표에 의한 탄핵이다. 한국은 국회 의원 2/3 이상이 찬성하고, 헌법재판관 9명 중 6명 이상이 찬성하면 대통령은 지위를 잃는다. 노무현은 국회에서 탄핵 소추되었으나, 헌법 재판소에서 탄핵이 기각되어 대통령직을 유지했다. 반면 박근혜는 국회 탄핵 소추에 이은 헌법재판소에서 재판관 전원 일치로 탄핵 소추안을 인용해 대통령직을 잃었다.

넷째로 국민이 있다. 국민이 완전히 등을 돌리면, 대통령도 어쩔 수 없다. 국민의 지지를 잃은 이승만은 하야할 수밖에 없었다. 반대로 국민의 지지가 압도적일 경우, 그 누구도 대통령을 건드리지 못한다. 유고슬라비아의 티토가 대표적인 경우이다. 그는 나치 치하에서 끊임없이 파르티잔, 즉 게릴라전을 펼치며 끝내 유고슬라비아의 독립을 이끈 유고의 영웅이었다. 그렇기에 그 누구도 그의 권위에 도전할 수 없었고 유럽의 화약 저장소인 발칸반도를 30년 넘게 내전이나 전쟁 없이 다스릴 수 있었다.

개발도상국이나 후진국에서 가장 흔한 것이 군부 쿠데타이다. 박정희, 전두환 모두 쿠데타로 정권을 잡았다. 이에 선거를 통해 권력을 획득한 문민정부의 김영삼이 가장 먼저 한 것이 바로 군부 쿠데타를 막기 위한 '하나회'의 척결이었다. 초기 지지율이 90%를 넘었던 김영삼은 취임 11일째인 1993년 3월 8일, 합참의장에 이은 국군 의전 서열 2위이지만 실제로는 서열 1위인 육군참모총장과 군 수사 기구인 기무사 사령관을 전격적으로 교체했다. 그리고 5월 24일 그는 하나회 회원 중 3성 장군 이상 전원과 장성 50여 명의 군복을 벗겼다.[259] 그 후로 한국에서 더 이상의 군부 쿠데타는 일어나지 않고 있다.

외부 세력도 빼놓을 수 없다. 미국이 이라크와 아프가니스탄을 침공하여 정권을 무너뜨렸다. 칠레의 경우에도 아옌데가 대통령에 당선되자, 미국의 CIA는 '푸벨트 프로젝트'라는 이름으로 쿠데타를 계획하고 지원하여 선거에 당선된 아옌데가 대통령에 취임하는 것을 막으려 했다.

정치적으로나 경제적으로 국내 사정이 좋지 않았던 아옌데는 끊임없이 외부에 손을 뻗었다. 미국과 한참 날을 세우던 쿠바의 카스트로를 만나 친분을 과시했고, 중국과 소련에 협조를 요청했다. 당장 식량과 자본이 부족한 칠레에 카스트로가 준 건, 돈과 양식이 아니라 자신이 쿠바에서 혁명을 일으킬 때 쓰던 AK 47 소총이었다. 당시 가난했던 중국 또한 칠레에 도움을 줄 수 없었다. 소련은 자신들처럼 무장 혁명이 아니라 선거를 통해 사회주의를 실현하는 칠레를 회의적인 시선으로 바라보고 있었다. 가난한 라틴 아메리카에서 아옌데는 환대를 받긴 했지만, 필요한 경제 지원은 받을 수 없었다. 아옌데의 외교 행보는 오히려 미국의 불안만 가중시켰을 뿐이다.

당시 국회는 앞에서도 말했듯이, 6개의 당이 합친 좌파 인민 전선과 우파 국민당 그리고, 기독민주당 이렇게 삼파전이었다. 단 한 번도 과반을 차지하지 못한 인민 전선으로서는 정국을 이끌어가려면 연합이 필요했다. 좌파인 인민 전선이 우파인 국민당과는 연합할 수 없었으니, 아옌데가 손을 내민 건 중도파인 기독민주당이었다. 정권의 쟁취가 목표인 정당은 항상 자신을 제외한 다른 정당이 잘 되는 것을 원치 않았고, 기독민주당 또한 마찬가지였다. 거기다 기독민주당 자체도 분열 중이었기에 인민 전선과 기독민주당과의 연합은 지지부진했다. 아옌데는 끝까지 연합을 포기하지 않았다. 하지만 1973년 9월 10일 기독민주당은 아옌데가 내민 손을 끝내 거절했다.

외부의 지원도 받지 못하고, 경제는 파탄 나고, 의회의 도움마저 기대할 수 없는 상태에서 아옌데가 마지막으로 희망을 건 곳은 국민이었다. 기독민주당에게 거절당한 다음 날, 아옌데는 개헌안을 국민투표로 물을 예정이었다. 헌법 개정이라고는 했지만, 사실상 자신에 대한 신임투표였다. 하지만 칠레 국민은 투표할 기회를 끝내 얻지 못했다.

아옌데는 민주 선거로 집권했고, 평화적으로 법을 준수하는 사회주의를 꿈꾸었다. 우익이 보기에 사회주의를 추구하는 아옌데는 급진파였지만, 좌익이 보기에 무장과 혁명이 아니라 선거와 법에 의지하는 그는 온건파였다. 사회 혼란이 가중되자, 인민 전선 내에서마저 분열이 심해졌지만, 아옌데는 그 분열조차 막지 못했다. 국가의 절반은 정부가 전복되기를 바랐고, 나머지 절반은 그런 정부를 지키려고 안간힘을 썼다.[260]

시위와 파업은 계속되고, 경찰과 군이 진압에 나섰다. 군의 무력 진압에 극좌파는 불만을 터뜨렸고, 극좌파 일부는 무장 민병대를 조직하며 급진적인 무장 혁명을 외쳐댔다. 이에 좌파 혁명이라면 치를 떠는 군부가 불안을 느꼈다. 앞에서도 말했지만 철저한 수직 계급 사회인 군부는 만인의 평등을 외치는 사회주의와는 처음부터 물과 기름의 관계였다. 거기다 군부는 파업을 진압하면서 속으로 무능한 정부를 비난했다. '내가 해도 저것보다 잘할 텐데.'라는 마음이 들기 시작했다. 더군다나 미국이 CIA를 통해 군을 지원하고 나섰다.

긴장은 점점 고조되어 갔다. 이미 브라질에서는 1964년 군사쿠데타가 일어나 독재가 이어지고 있었고, 볼리비아, 과테말라, 이웃 나라인 아르헨티나 이외에도 여러 나라가 같은 길에 들어섰거나 들어설 예정이었다.

1973년 6월 29일, 사령관 로베르토 수페르가 이끄는 제2 기갑연대가 모네다궁으로 쳐들어왔다. 쿠데타는 3시간 만에 끝났다. 군부 내에서 법을 준수하는 장군들이 쿠데타를 간단히 진압했다. 당시 육군참모총장이었던 프라츠 장군은 대통령인 아옌데에게 "쿠데타 모의에 연루된 12~15명 정도의 장성을 전역시켜야 한다. 하지만 그렇게 할 경우 내전이 벌어질 수도 있다."[261]라고 조언했다. 하지만 아옌데는 군부에 대해 과감한 조치를 내리지 않았다. 군에 대한 과감한 조치가 오히려 군을 더 자극할 수 있다고 생각했기 때문이다. 8월에는 해군이 쿠데타를 준비한다고 일부 수병들이 고발했을 때마저 아옌데는 미온적인 반응을 보였다.

아옌데는 쿠데타에 관련된 장군을 사임시키는 대신, 프라츠 장군을 비롯한 군 장교와 경찰 고위 인사를 내각에 기용하여 군부와 우파를 달

래려고 했다. 이에 작년에 이어 올해 초까지 내무부 장관을 했던 프라츠 장군을 이번에는 국방 장관으로 앉혔다. 또한 그는 자신이 의회와 국민의 지지를 얻으면, 군이 행동에 나서지 못할 것이라 예상했다.

1973년 8월 23일, 새육군참모총장 임명 직후 아옌데와 새육군참모총장인 피노체트

히틀러의 주치의들

하지만 프라츠 장군이 국방부 장관에 임명된 지 2주 후인 8월 22일, 시위가 일어났다. 당시 칠레에서 시위는 일상이었지만, 이번에는 좀 특별했다. 장교 부인들이 시위를 벌인 것이었다. 장소 또한 모네다궁 앞이 아니라 국방부 장관이자 육군참모총장인 프라츠 장군의 자택 앞이었다. 계급사회인 군대에서 장교들이 군에서 제일 높은 참모총장과 국방부 장관에게 직접 반대할 수 없자, 아내들을 대신 보낸 것이었다. 이는 사실상 부하장교들의 항명이었고, 프라츠 장군으로서는 어쩔 수 없이 군복을 벗어야 했다. 8월 23일 프라츠 장군이 사임을 했다. 이로써 육군 수뇌부 가운데 법을 지키려는 헌정주의자들은 힘을 잃었다.

사임을 앞둔 프라츠 장관과 대통령 아옌데는 오랜 상의 후, 충성스럽고 민주적인 육군참모총장을 새로 임명했다. 실제로 새 후임자는 3개월 전에 6월 29일 육군이 쿠데타를 일으켰을 때, 반란을 제압한 장성 중 한 명이었다. 쿠데타를 지원했던 CIA마저도 새 육군참모총장을 조용하고 온화하며 정직하고 악의가 없으며 상냥하고 근면하고 성실하고 종교적인 사람으로 평가했다. 그는 검소한 남자였고, 헌신적인 남편이며, 너그러운 아버지로 군대와 가톨릭교회, 그리고 가족 이외에는 관심이 없다고 알려진 인물이었다. 그는 한마디로 쿠데타와는 거리가 먼 사람이었다.[262] 또한 새 육군참모총장은 몇 년 전에 "저는 정치인이 아닙니다. 정치를 모릅니다. 저는 군인이며, 헌법을 존중합니다."[263]라고 자기 입으로 밝히기도 했다.

그렇게 새 육군참모총장을 임명하고 보름이 지난 9월 8일에는 지난달 육군참모총장에서 사임한 프라츠가 "10일 안에 일어날 쿠데타가 준비되어 있다."며 아옌데에게 경고를 전했다. 아옌데는 놀라지 않았다. 그 주 내내 새로 부임한 육군참모총장도 아옌데에게 육군 전체에서 동요의 움직임이 감지된다고 보고를 해왔던 것이다.[264] 이미 하루도 빠지지 않고 쿠데타에 대한 소문이 들려왔다.

수도 산티아고에서 50킬로미터 떨어진 칠레 최대의 항구 도시이자 아옌데의 고향인 발파라이소에서 해군은 "군은 모든 칠레인의 질서와 안전과 복지를 보장한다."라는 전단을 뿌리고 있었다. 그곳에서는 이미 군부의 쿠데타가 성공하여, 군부가 정권을 장악한 것 같은 분위기였다

하지만 '사회주의로 가는 칠레의 길'을 내세웠던 비폭력 민주 사회주의자였던 아옌데는 끝까지 민주주의를 지키려고 했다. 9월 10일 기독민주당과 협상마저 실패한 아옌데는 최후의 수단으로 다음날인 9월 11일에 국민 투표를 할 것이라고 발표했다. 개헌안에 관한 것이라고 했지만, 사실상 자신의 재신임을 묻는 승부수였다. 이를 알게 된 군부는 칠레 독립 기념일 날 행진 준비를 한다며 9월 14일로 계획했던 쿠데타를 앞당기기로 했다.

모두가 일어날 거라고 예상했지만, 아무도 확신할 수는 없었던 쿠데타가 마침내 1973년 9월 11일 화요일에 일어났다. 당일 새벽에 군사 쿠데타가 일어났다는 소식을 사저에서 들은 아옌데는 정부를 지키기 위해서 모네다궁으로 향했다. 궁에 도착했을 때, 자신을 지킬 경호 요원은 수십 명에 불과했다. 위기 속에서도 아옌데는 "그들이 불쌍한 피노체트에게 무슨 짓을 했는지 궁금하다."라며, 임명한 지 한달도 채 되지 않은 새 육군참모총장을 걱정했다.

쿠데타의 우두머리는 아옌데가 신변의 안전을 걱정한 육군참모총장인 피노체트였다. 그는 자신을 "정치를 모를뿐더러, 정치인이 아니라 군인이며, 헌법을 존중한다."고 했고, CIA마저도 그를 '비정치적이고 전문적인

군인'이라고 평가했지만, 사실과 달랐다. 아우구스토 피노체트는 그 누구보다 정치적이었고, 우유부단한 아옌데와 다르게 과감한 결단을 내릴 줄 알았다. 며칠 전까지도 아옌데에게 군부에서 심상치 않은 움직임이 감지된다는 보고를 올리며 쿠데타를 경고하며 아옌데에 충성했던 그가 이번에는 직접 쿠데타의 선두에 나선 것이었다.

피노체트의 쿠데타 세력이 대통령궁으로 몰려 들었지만, 쿠데타에 맞서 대통령을 지키려는 군부대는 없었다. 심각한 인플레이션으로 생필품을 사기 위해 상점 앞에 길게 줄을 서야 했던 국민들 또한 아옌데를 구하러 나오지 않았다. 즉각적인 혁명을 주장하며, 자체 무장을 소리 높여 외치던 극좌익 세력도 탱크와 전투기 앞에서 모습을 감추었다.

정치적 대립과 외세의 개입, 경제봉쇄 속 발버둥 치던 아옌데는 마지막 순간에야 법 대신 총을 들고 최후의 저항에 나섰다. 대통령 궁에서 몇 시간 동안 총격전이 이어졌으나, 탱크와 전투기를 총으로 이길 순 없었다.

군부와 우익뿐만 아니라, 다수의 중산층은 군의 쿠데타를 반겼다. 그들에게는 아옌데의 실각이 '정상으로의 복귀'였다. 아무리 줄을 서도 살 수 없었던 물건들이 다시 가게에 진열되기 시작했다. 암시장이 사라지고, 시장이 다시 등장했다. 물론 가격은 아옌데 정부가 일방적으로 정해 놓은 가격보다 몇 배나 올랐다. 국민들은 이전에 들어선 군사 정권들이 신속히 문민 정부에게 권력을 이양했기에 군의 통치는 길어야 1~2년이라고 생각했다.

그 누구도 부지런하며 신앙심이 깊고 헌신적인 남편이며, 너그러운 아버지인 피노체트가 비밀경찰(DINA)을 동원하여 17년 동안이나 독재를 이어갈 줄은 아무도 몰랐다.

피노체트는 '피의 독재'를 펼치며 수많은 이를 고문하고 죽였다. 쿠데타 직후, 군대는 산티아고 국립 경기장으로 사람들을 끌고 왔다. 1962년 자국에서 열린 월드컵 3~4위전에서 칠레가 유고를 1:0으로 꺾고 칠레의 월드컵 역사상 최고 기록인 3위에 오르게 된, 바로 그 경기가 열렸던 경기장은 11년 만에 감옥으로 변했다. 관중석에는 관중 대신 기관총이 자리를 잡았고, 경기장 지하의 락커룸은 고문실로 바뀌었다. 만 명이 넘는 사람이 경기장에 갇혀 고문을 받았다. 정부의 공식 통계로 41명이 사망했다고 하지만, 수백 명이 목숨을 잃은 것으로 추정되었다. 그것은 시작이었다. 그의 통치 기간 동안 누가 어떻게 얼마나 죽었는지 아무도 정확히 알 수 없었다. 히틀러의 독일과 스탈린의 소련 치하처럼 많은 이들이 행방불명되었다.

17년의 시간이 흐른 뒤, 1988년 피노체트가 자신의 임기를 8년 연장하는 국민투표를 시행했을 때, 전체 유권자 중 54.7%가 반대했다. 놀라운 건 피노체트에 반대한 54.7%가 아니라, 피노체트에 찬성한 43%였다. 겨우 12% 차이밖에 나지 않았다. 상당수의 사람들이 피노체트가, 아옌데가 망친 칠레 경제를 살렸다고 생각했기 때문이다.

칠레의 경제를 이끈 건 '시카고 보이스'였다. 신자유주의의 요람인 시카고 대학에서 신자유주의 대부인 밀턴 프리드먼에게 경제를 배운 그들은 피노체트의 경제를 이끌며, 아옌데가 국영화한 구리 광산을 제외하고 모든 것을 민영화하기 시작했다. 심지어 밀턴 프리드먼은 1975년 3월 칠레를 직접 방문하기까지 한다. 시카고 대학을 설립하여 '케인즈주의'에 맞서 '시카고 학파'를 키운 사람은 석유 재벌이자, 독점 자본가인 록펠러였다.

히틀러의 주치의들

실제로 피노체트 집권기 동안 경제 변동이 심했지만 다른 남미 국가인 브라질과 아르헨티나와 비교해서 가장 높은 경제성장률을 보였다. 아옌데 집권기에 비해 물가상승률은 낮아졌고, 경제성장률은 높아졌다. 단 실업률은 증가했고, 부의 불평등은 심해졌다.

2006년 12월 10일, 만 91세의 나이로 피노체트가 사망했다. 이틀 후인, 12월 12일 육군 사관학교에서 그의 장례식이 열렸는데 무려 5만 명이 넘는 지지자가 모여 그의 죽음을 애도했다.

삶, 죽음, 그리고 기억

인간이 스스로 삶을 끝내는 이유는 결코 죽고 싶어서가 아니다. 살고 싶어서이다. 모든 생명체는 죽음을 두려워하며 어떻게든 피하려 한다. 잠시 코와 입을 막고 숨을 참으면 금방 이 사실을 알 수 있다. 1분만 지나면 얼굴이 벌게지고, 숨이 차고, 가슴이 쿵쾅거린다. 몸 안에 있는 모든 세포가 살려고 발버둥을 친다.

생명체 중 거의 유일하게 인간만이 직접 생을 마감한다. 고통스러운 현실을 벗어나거나, 다가오는 비참한 미래를 피하기 위해서이다. 사람은 돈이 없거나, 몸이 아프거나, 마음이 아플 때, 스스로 목숨을 끊는다.

패전을 피할 수 없었던 히틀러는 소련군에게 잡혀 모스크바로 끌려가서 원숭이 우리에 갇혀 분노한 민중에게 구경거리가 될까 두려웠다. 소련군이 자신이 있는 지하 벙커에 수백 미터까지 몰려오자, 그는 무솔리니처럼 "나와 아내의 유해가 어떤 경우라도 개자식들 손에 들어가서는 안 된다."라고 말했다. 자살 직전 부하들에게 자신이 죽고 나면 시신을 화장하라는 명령으로도 부족했는지, 서면으로 지시하기까지 했다. 그는 죽어서마저 치욕을 피하고 싶었다.

삶과 생명은 그 자체로 순수한 목적이다. 그렇기에 의사는 어떻게든 생명을 구하려 한다. 하지만 극소수에게는 생명이 목적이 아니라 수단이 된다. 그렇기에 자신의 목숨을 버리면서 뭔가를 지키거나 얻으려 한다.

남베트남의 대통령이자, 가톨릭 신자였던 응오딘지엠은 부처님 오신 날에 하는 불교 행사가 못마땅했다. 1963년 5월 8일 응오딘지엠은 부처님 오신 날 축하 행사의 강제 진압을 명령했고, 진압하던 경찰 총에 맞아 죽는 사람까지 생겼다. 이에 1963년 6월 11일 스님들은 침묵으로 가두시위를 벌였다.

사이공시에 있는 미국 대사관 근처 교차로에 안꽝 사원의 틱꽝득 스님이 길 가운데 가부좌를 틀고 앉았다. 스님의 제자가 스승의 몸 주위를 돌며 조심스럽게 옷이 완전히 젖고도 남을 정도로 흠뻑 액체를 부었다. 스님이 타고 온 자동차에서 뺀 기름이었다. 기름을 다 부은 제자가 몇 발짝 뒤로 물러서자, 스님은 미리 준비해둔 라이터를 들어 올렸다. 라이터 불을 켜려고 했으나, 액체에 젖은 라이터에서 불이 켜지지 않았다. 이에 옆에 있던 다른 승려가 말없이 성냥갑을 건넸다. 성냥개비 끝에 피어난 작은 불은 이내 틱꽝득 스님의 몸을 집어삼키며 큰불이 일었다. 연기와 함께 살 타는 냄새가 진동했다. 불타는 스님은 신음 한번 내지 않았지만, 그 스님을 바라보던 사람들은 흐느껴 울기 시작했다. '소신공양'이었다.

사람의 몸에 불이 붙으면 이루 말할 수 없는 고통이 몰려온다. 피부

신념을 위해 목숨을 태우는 틱꽝득 스님

가 타들어 갈 뿐만 아니라, 몸에 있는 수분이 끓어오른다. 혈류가 부족하여 저혈량 쇼크가 오고, 곧이어 복강 안의 수증기가 끓어오르고 배가 풍선처럼 부풀어 오르다 기어이 압력을 버티지 못하고 터진다. 틱꽝득 스님은 그 어마어마한 고통을 참으며 침묵을 지킨 채 허리를 꼿꼿이 편 상태로 열반에 이르렀다. 명령만 떨어지면 언제라도 시위를 진압할 준비를 하고 있던 경찰들마저도 스님의 당당하고 의연한 모습에 저도 모르게 받들어총 자세로 경의를 표했다.

틱꽝득 스님은 자기 생명을 태워 독재와 부패로 얼룩진 남베트남 응오딘지엠 정부를 무너뜨렸다.

아옌데 대통령은 군인들이 포위망을 좁혀 오자, 다른 이들을 모두 대피시키고 혼자 방으로 들어가 쓰고 있던 헬멧을 벗고 의자에 앉았다. 방금 전까지 쿠데타 세력을 겨누던 AK 47을 무릎 사이에 끼운 채 자신의 턱 아래를 겨누었다. 총에는 "방법은 다르지만 같은 목표에 다다르기 위해 노력하는 나의 좋은 벗 살바도르 아옌데에게, 피델로부터."라는 문구가 적혀 있었다. 그가 방아쇠를 당기자 총알은 그의 아래턱을 통과하여 머리를 뚫고 나오며, 그의 목숨을 앗아갔다. 6년의 대통령 임기 중에 절반을 채 넘기지 못한 시점이었다.

아옌데의 죽음에 대해 타살 의혹이 제기되었으나, 정황상 자살에 가까웠다. 실제로 아옌데는 죽기 직전, 궁이 포위된 상황에서 마지막 탄환 가운데 한 발은 자신을 쏘기 위해서 남겨 둘 것이라고 말하며, 턱 아래로 총을 쏘는 시늉을 하기도 했다.[266] 38년 후인 2011년 부검을 통해서 다시 한번 총을 스스로가 쏜 것으로 확인했고, 유가족도 이를 받아들였다.

그는 마지막 연설에서 "민중의 충성에 제 생명으로 답하겠다."라며 자신의 희생이 헛되지 않으리란 것을 확신하고 삶을 마감했다.

아옌데가 목숨을 끊은 지 12일 후, 칠레의 국민 시인이자 저항 시인인 파블로 네루다도 지병인 암으로 사망했다. 칠레에서 상원의원까지 지낸 네루다는 1969년 공산당 칠레 대통령 후보에 나서기도 했지만, 아옌데에게 후보를 양보하며, 1970년 아옌데가 대통령이 되는 데 크게 기여했다.

네루다의 장례식에서 사람들은 군대의 감시 속에서도

"콤파네로 살바도르 아옌데, 프레젠테 아오라 이 시엠프레! (살바도르 아옌데 동지, 영원하라!)"

"대통령 동무, 지금, 여기에, 영원히!"[267]

라고 외쳤다. 그것을 시작으로 아옌데의 몸이 아니라 영혼이 부활했다. 65년의 일생과 3년간 대통령으로서의 삶보다 하루, 그것도 몇 시간 만에 맞이한 죽음이 사람들의 마음속에 영원히 남은 것이다. 긴 삶보다 짧은 죽음이 새 생명을 얻었다.

2008년 아옌데 탄생 100주년을 맞이하여 실시한 설문조사에서 칠레인들은 아옌데를 칠레 역사상 가장 위대한 인물로 선정하였다. 그리고 국민들 중 일부는 그를 성자로 추앙한다. 그가 죽음 대신 삶을 택했다면 결코 있을 수 없는 일이었다.

살아서 유명해진 게 아니라,
죽어서 유명해진 인물이 있다.
삶보다 죽음이 더 기억되는 사람이 있다.

2009년 4월 30일, 노무현 전 대통령은 검찰에 소환되어 조사받았다. 노태우, 전두환에 이어 전직 대통령으로는 세 번째였다. 아내인 권양숙 여사가 박연차 회장에게서 100만 달러를 받은 혐의로 그녀 또한 검찰에 소환될 예정이었다.

2009년 5월 23일 새벽, 한 남자가 부엉이 바위에 올라갔다. 거기에서는 그의 생가와 사저가 모두 보였다. 그는 부엉이 바위 아래로 몸을 던져 스스로 목숨을 끊었다.

너무 많은 사람들에게 신세를 졌다.
나로 말미암아 여러 사람이 받은 고통이 너무 크다.
앞으로 받을 고통도 헤아릴 수가 없다.
여생도 남에게 짐이 될 일밖에 없다.
건강이 좋지 않아서 아무것도 할 수가 없다.
책을 읽을 수도 글을 쓸 수도 없다.

너무 슬퍼하지 마라.
삶과 죽음이 모두 자연의 한 조각 아니겠는가?

미안해하지 마라.
누구도 원망하지 마라.
운명이다.
화장해라.
그리고 집 가까운 곳에 아주 작은 비석 하나만 남겨라.

히틀러의 주치의들

오래된 생각이다.

2009.5.23 새벽

그가 남긴 유서였다.

죽음을 택한 그에 대한 평가는 이제 살아있는 사람들의 몫이 되었다. 그의 삶과 죽음은 어디쯤 있는 걸까.

뒷이야기:

"저기요, 저게 부엉이 바위인가요?"

글을 쓰기 위해서 봉화산에 올랐다 하산하는 길이었다. 내려가는 나와 반대로 올라가던 한 중년 남성이 오른손으로 봉화산 정상에 우뚝 솟은 큰 바위를 향하며 나에게 물었다.

"아니요, 그건 사자 바위이고, 부엉이 바위는 저거예요."

봉화산 정상에 있는 사자 바위가 크기나 위치상으로 형이라면, 옆으로 한 걸음 뒤로 물러나 7부 능선에 있는 부엉이 바위는 동생 격이었다. 그랬기에 처음 봉화산을 본 사람은 정상의 커다란 사자 바위를 부엉이 바위로 착각한다. 사자 바위는 모양이 사자 얼굴 모습이라 사자 바위라고 불렸고, 부엉이 바위는 부엉이가 산다고 해서 붙은 이름이었다.

실제로 사자 바위가 30미터 높이의 부엉이 바위에 비해 10미터 이상 높을 뿐 아니라, 수직에 가까워서 사자 바위에서 투신하는 게 성공할 가능성이 더 높다. 그런데 왜 그는 부엉이 바위에서 몸을 던졌을까?

나는 그 이유를 찾기 위해 두 바위를 몇 번이나 왔다 갔다 하고, 길도 없는 바위 아래까지 살펴보다 바지에 달라붙은 도깨비바늘을 떼어내느라 고생을 했다. 그러다 나는 온몸이 땀으로 흠뻑 젖은 채로 부엉이 바위가 아니라 사자 바위에 올라서 서늘한 바람에 땀이 식어갈 때서야 그 이유를 알 수 있었다.

현재 다른 이의 투신자살을 막기 위해 부엉이 바위와 사자 바위 모두 철조망이 쳐져 있다. 부엉이 바위 근처에는 "독수리 날다."라고 적힌 작은 나무 기념비가 마치 묘비처럼 한구석에 서 있다. 노무현이 사망한 후, 7년 11개월하고 11일 후, 그의 비서실장이었던 문재인이 대통령이 되었다.

왜 그는 더 높은 사자 바위가 아니라, 낮은 부엉이 바위를 택했을까?
[왼쪽 : 부엉이 바위, 오른쪽 : 사자 바위]

VII

그가
물려받은 유산

그가 물려받은 유산

만 27살의 한 젊은이가 왕국을 물려받았다. 무려 128만 명의 군인을 보유한 국가로, 병력으로만 따지면 중국, 인도, 미국에 이어 세계 4위의 군사 대국이었다. 70년 전, 치열하게 전쟁을 벌였던 라이벌 국가는 겨우 55만 명으로 절반도 되지 않았다.

다만 그가 세습한 나라는 가난했다. 국경을 맞대고 있는 적은 세계 10위의 경제 대국이지만, 자신의 왕국은 100위권 밖이었다. 상대 국민은 1인당 1년에 3,700만 원을 벌지만, 자기 백성은 겨우 140만 원을 벌어 전 세계에서 가장 가난한 나라에 속한다.

거기다 그는 두려웠다. 두려움의 정체는 정권을 빼앗길지도 모른다는 생각과 정권을 위협하는 세계 최강국인 미국이었다.

영생을 위한 노력

광복 후 두 달이 지난, 1945년 10월 14일 평양의 기림리 공설운동장에는 수많은 인파가 한 사람을 보기 위해 몰렸다. 모인 사람들은 소문으로만 듣던 영웅이 실제로 어떤 모습일지 속으로 상상하며 두근거리는 마음을 진정시켰다.

일본을 무찌른 장군은 청산리 대첩의 김좌진이나 봉오동 전투의 홍범도도 있었지만, 모두 20년도 더 된 오래전 일이었다. 거기다 저 먼 만주였다. 하지만 조만간 모습을 보일 전설의 빨치산 영웅은 8년 전에, 그것도 조선 땅에서 일본에 대승을 거뒀다고 했다. 소문에 의하면, 그는 축지법을 쓰며 나뭇잎을 타고 두만강을 건너 만주에서 조선으로 건너왔으며, 솔방울로 수류탄을 만들어 일본군을 무찔렀다고 했다.

민중은 그가 임꺽정 같은 커다란 덩치에, 신선 같은 얼굴로, 사자후를 내뿜는 연설을 할 것으로 기대했다. 하지만 소련 장교들과 함께 나타난 그는 새파랗게 젊은 데다, 열변을 토하는 대신 번역 투가 완연한 연설문을 더듬거리며 읽기 시작했다. 얼마나 긴장했는지 두 눈은 단 한 번도 손에 쥔 종이를 떠나지 못했고, 손에 꽉 쥐고 있던 연설문이 구겨질 정도였다.

한 목격자의 증언에 따르면 그는 머리를 짧게 깎고 통통한 체격에 비해 작은 파란색 정장을 입은 중국집 종업원처럼 보였다.[268] 많은 이들이 기대했던 전설 속 영웅과는 다른 그의 모습에 실망하며 자리를 떴다. 사실 그가 승리로 이끌었다던 1937년 보천보 전투는 100명이 넘는 병력으로 산골 마을인 함경남도 갑산군 보천면에 있는 당시 경찰 5명뿐인 작은 파출소를 습격한 것에 지나지 않았다. 그 습격으로 2명이 사망했는데 죽은 두 명마저도 모두 경찰이 아니라 어이없게도 일본인 요리사와 두 살짜리 일본 순사 부장의 딸이었다. 거기다 일본 경찰들의 추격에 25명이 사망하고, 30명이 부상 당한 반면, 일본 경찰은 7명 사망하고, 14명이 부상[269]당한, 누가 봐도 실패한 전투였다.

하지만 그의 뒤에는 소련의 스탈린이 있었기에 그는 북한의 일인자가 될 수 있었다. 처음에 소련은 임시정부의 수장으로 조만식을 고려했다. 하지만 조만식이 소련의 신탁 통치에 반대하자, 꼭두각시가 필요했던 소련은 조만식을 버리고 그를 택했다. 그는 당시 만 33세로 젊은 데다, 1942년부터 소련 극동군의 88 독립 보병 여단에서 장교로 활동하여 나름 소련에게 친근한 인물이었기 때문이다. 이는 미국이 이승만을 택한 이유와 유사했다. 이승만은 미국에서 활동했고, 영어에 능숙한 기독교인이었다.

그는 권력을 강화하기 위해 스탈린 초상화 옆에 자기 초상화를 걸었다. 나라 곳곳에 스탈린과 그의 초상화가 등장했다. 초상화 다음은 동상이었다. 4만 개가 넘는 동상이 세워졌다. 그의 60번째 생일에는 만수대 언덕의 조선 혁명박물관 앞에 무려 23m 높이의 동상이 세워졌고, 밤이 되면 조명으로 동상을 밝혀 수 킬로미터 떨어진 곳에서도 그의 모습을 볼 수 있게 했다.

6.25 도중 북한을 찾은 중국인민위문단을 맞이하여
연회를 주최한 김일성

그가 죽자 아들은 "빨치산 동무들과 같이 묻어달라."는 아버지의 유언을 무시하고, 시신을 엠버밍, 즉 박제했다. 그런 점에서는 아들은 "어머니 옆에 묻어달라."는 레닌의 유언을 무시하고, 레닌을 박제하여 전시한 스탈린과 유사했다. 하지만 기술이 부족해서, 아들은 아예 저 멀리서 레닌과 스탈린을 박제하고 관리하는 소련 기술자를 불렀다. 무너진 소련, 그러니까 러시아가 다른 건 모르겠지만, 시체를 박제하는 기술만은 미국을 능가했다. 그리고 스탈린이 레닌의 초상화 옆에 자기 초상화를 걸듯, 아들은 아버지 초상화 옆에 자기 초상화를 걸었다.

아들이 죽자, 이번에는 손자가 아버지 시체를 박제해 할아버지 시체와 함께 금수산태양궁전 영생 홀에 전시했다.

할아버지와 아버지의 초상화, 동상에 이어 시신 박제를 통해 그는 할아버지와 아버지, 그리고 자신의 영생을 꿈꾸고 있다. 하지만 그들의 영생을 방해하는 것들은 한두 개가 아니었다.

외부의 적 – 미국과 중국

세계 2차 대전 당시, 미국은 일본과의 태평양 전쟁에서 50만 3천 톤의 폭탄을 투하했다. 5년 후, 미국은 한국 전쟁에서 그보다 좁은 곳에 더 많은 63만 5천 톤의 폭탄을 썼다. 그로 인해 수도인 평양은 초토화되어, 제대로 서 있는 건물을 찾아보기 힘들었다. 그 끔찍한 경험이 몸에 박힌 할아버지와 아버지는 전국 방방곡곡에 지하 벙커를 건설했다. 그중에서도 무려 100~150m 깊이에 지어진 평양의 지하철은 전쟁 시 핵 공격에도 견딜 수 있는 초대형 방공호였다. 그것으로도 부족했는지 북한에서 망명한 고위 공직자에 따르면 지하철 아래 지하 300m 깊이의 벙커를 만들었다고 한다.

미국의 위협은 폭격이나 공습만이 아니었다. 2002년 9·11 사태 이후, 미국 부시 정권은 이라크에 대량살상 무기(WMD)가 있다며 군대를 이끌고 쳐들어갔다. 이라크는 항복하고, 사로잡힌 후세인은 비참하게 죽었다. 하지만 미국이 주장하던 대량 살상 무기는 어디에도 없었다. 그뿐 아니었다. 대량살상 무기를 포기하며 미국에 협조했던 리비아의 독재자 카다피는 결국 2011년 민주화 혁명인 아랍의 봄에 정권을 잃고 시민군에 쫓기다 살해당하고 말았다.

아버지와 아들은 미국이 '안전 보장'과 '관계 개선'이란 말을 내세워 핵을 포기하게 한 후, 자신들을 쫓아낼 심산이라고 간주했다.

미국이 전력으로 쳐들어오면 이를 막아낼 국가는 없다. 하지만 적어도 미국의 도시에 핵폭탄이라도 한 발 떨어뜨려 상대에게 치명적인 피해를 줄 수 있다면 미국이 섣불리 자신들을 공격하지 못할 것이었다. 그렇기

히틀러의 주치의들

에 아버지와 그는 절대로 핵을 포기할 수 없었다.

"핵무기가 없으면 다른 나라의 공격을 받는단 말이야."[270]

그의 아버지 김정일이 한 말이었다. 북한은 미국으로부터 자신을 방어한다는 명목 아래 아주 오래전부터 핵개발을 해왔고, 여러 차례 핵실험을 통해서 이미 수십 개의 핵을 보유한 것으로 추정된다.

핵이 머리라면, 핵을 저멀리 날리는 몸통인 미사일도 중요하다. 미군은 세계 2차 대전 당시 폭격기에 핵폭탄을 싣고 가서 히로시마와 나가사키에 떨어뜨렸다. 그건 1945년의 이야기고, 지금 그때처럼 폭격기에 핵을 싣고 미국까지 날아가다가는 핵을 투하하기도 전에 핵을 실은 폭격기가 공중에서 격추될 가능성이 매우 높다. 그렇기에 말 그대로 대륙을 날아가는 대륙간 탄도 미사일(Inter-Continental Ballistic Missile ICBM)이 필수다. 혹여 미국이 북한이 핵 버튼을 누르기도 전에 선제적으로 핵미사일 기지를 타격할 수도 있기에 북한은 바다 깊은 곳에 숨어서 쏠 수 있는 잠수함 발사 탄도 미사일(Submarine-Launched Ballistic Missile, SLBM) 개발에도 박차를 가하고 있다.

미국은 정규군으로 이라크와 아프가니스탄을 쳐들어가 정권을 전복시킨 것으로 모자라 최근에는 무인 정찰기로 적의 수뇌부를 암살했다. 미국은 2015년 알카에다 예멘 지부 우두머리 나세르 알와히시, 2017년 알카에다 이인자인 아부 알 카이르 알마스리, 2020년 1월 3일에는 이란 군부 실세인 이란 혁명 수비대 사령관인 거셈 솔레이마니를 드론으로 타격했다. 미사일이나 스텔스기를 통한 공습에서 한발 더 진보한 '참수 작전

(Decapitation Strike)'이었다. 미사일과 폭격기에 이어 드론으로 그를 암살할 수도 있기에 북한의 최고 지도자인 그는 자신의 행적을 철저히 비밀로 하며, 지하 벙커와 전국에 수십 개나 있는 고급 아지트인 '초대소'를 전전하며 살고 있다.

적인 미국은 그렇다고 치고, 혈맹이라는 중국도 믿을 수 없기는 마찬가지다. 역사를 보면 중국은 일본보다 더 많이 그것도 대규모로 한반도를 침략했다. 한 무제는 고조선을, 당나라는 백제와 고구려를 멸망시켰고, 요나라와 금나라는 끊임없이 고려를 넘봤으며, 청나라는 정묘호란과 병자호란을 일으키지 않았던가.

처음 핵무기 개발에 성공했을 때 김정일의 첫 반응 중 하나는 "이제 중국의 간섭을 받지 않아도 되겠다."는 것이었다.

"미국 놈 열보다 중국 놈 하나가 더 위험하다."[271]

내부의 적 – 1. 백성

그의 아버지와 그는 미국을 포함한 외부 세력으로부터 자신을 지키기 위해 핵과 미사일을 만들었지만, 이는 또 다른 문제를 낳았다. 북한이 세계에서 1위인 항목이 있는데, 바로 GDP에서 국방비가 차지하는 비율이다. 미 국무부에 따르면 북한은 2006~2016년까지 11년 동안 GDP의 23.3%가 국방비로 1980년대 소련이 무너질 때와 비슷하며, 남한의 2~3%와 비교하면 10배에 가까웠다. 거기다 전체 인구에서 군인이 차지하는 비중도 4.8%로 세계에서 가장 높았다. 가뜩이나 가난한 나라가 돈과 소중한 인력을 대부분 군대에 투입했으니 경제가 제대로 돌아갈 리 없었다.

그런 상황 속에서 북한은 자신이 라이벌이라고 생각하는 남한이 1986년 아시안게임과 1988년 서울 올림픽 개최지로 선정되자 이를 방해하기 위해 '아웅 산 묘지 테러 사건'과 'KAL기 폭파 사건' 등을 일으키며 수많은 방해 공작을 했으나 실패했다. 결국 1988년 남한이 서울 올림픽을 성공적으로 치르며 세계에 한강의 기적을 알리자, 라이벌인 북한이 이를 가만히 보고 있을 수 없었다.

북한은 1988년 서울 올림픽에 질세라 다음 해인 1989년 평양 세계청년학생축전을 개최했다. 무조건 남한보다 큰 경기장을 지어야 했다. 이에 7만 명을 수용할 수 있는 서울 올림픽 주 경기장을 능가하는 15만명을 수용할 수 있는 능라도 체육관을 건설했다. 하지만 큰 것이 전부였다. 평양 세계청년학생축전에는 외국인만 해도 2만 2천 명이 방문했으나 돈은 한 푼도 벌지 못했다. 체제 선전을 위해 모든 것이 무료였기 때문이다. 그래도 능라도 체육관은 기네스북에 세계에서 가장 많은 무려 15만 명의 관중을 수용하는 축구 경기장으로 지금도 이름이 올라가 있다.[272] 당시 북한의 정부 1년 예산이 40억 달러 전후였는데, 평양 세계청년학생축전 개최를 위해 60억 달러를 썼다.

실책은 그뿐이 아니었다. 김일성은 1981년에 대동강 하구에 8km 길이의 댐 건설에 나섰다. 교통로로 쓰고 담수도 확보해 물을 공급하고, 전력까지 생산하여 1석 3조의 효과를 거둘 계획이었다. 이른바 '서해 갑문'이었다. 남한이 거의 비슷한 시기인 1983년에 착공하는 낙동강 하굿둑의 길이가 2.2km였는데, 서해 갑문은 3배가 넘는 8km였다. 자본과 기술이 부족했던 북한은 3년 만에 완공할 계획이었으나 몇 번의 연기 끝에 1986년 겨우 완성했다. 하지만 부실 공사로 계속 갑문에 금이 가고 물이 새어서 끊임없이 유지 보수를 해야 하는 상황에 부닥쳤다.

북한의 실패는 이것만이 아니었다. '평양 세계청년학생축전'과 '서해 갑문'에 이은 1980년대 북한 3대 실책 중 가장 큰 것이 남았다. 바로 '순천 비날론연합기업소'였다. 김일성은 1983년 '순천비날론연합기업소' 건설을 지시하여, 나일론에 이은 두 번째 합성섬유인 비날론 공장을 세우기로 했다. 그 공장에서 합성 섬유 외에도 수백 종류의 화학제품을 생산하여 옷도 공급하고, 비료로 생산하여 의식주(衣食住)에서 의(衣)와 식(食)을 동시에 해결할 생각이었다. 하지만 그 어떤 나라도 비날론을 쓰지 않는 데는 모두 이유가 있었다. 비날론은 생산에서 가뜩이나 북한에 부족한 전기를 많이 잡아먹을 뿐 아니라, 이런저런 이유로 실용성이 매우 낮았다. 비날론이 내세울 것이라고는 오래 전에 북한의 리승기 박사가 개발했다는 것과 원료를 수입할 필요가 없다는 것뿐이었다. 하지만 '주체사상'을 내세우는 북한은 독자적으로 '주체섬유'를 생산하기로 했다. 어설픈 계획과 전문가의 반대에도 불구하고 김일성은 무리하게 공장 건설을 밀어붙였다. 6년간 일 년 국가 예산 40억 달러의 2배가 넘는 100억 달러를 투자했으나, 결국 공장은 제대로 비날론을 생산도 하지 못한 채 고철 단지로 전락해 버렸다.

남한 대통령 암살부터, 경제 개발 계획까지 모조리 실패하며 1980년대를 보낸 북한에 1990년대가 되자, 이번에는 외부에서 큰 위기가 닥쳤다. 1991년 크리스마스 다음 날인 12월 26일 소련이 무너졌다. 이에 북한에 대한 원조가 끊겼을 뿐만 아니라, 북한의 조잡한 물건을 사줄 나라가 없어졌다.

엎친 데 덮친 격으로 1995년 8월 북한에 대홍수가 났다. 그 후로도 홍수와 가뭄이 번갈아 가면서 발생했다. 결국 1990년 후반 백만 명에 가

히틀러의 주치의들

까운 인구가 굶어 죽었다. 소련 스탈린의 '우크라이나 대기근', 중국 마오쩌둥의 '대약진운동'에 해당하는 북한 김정일의 '고난의 행군'이었다. 소련과 중국은 그나마 사정이 나았다. 스탈린과 마오쩌둥이 무리한 정책을 포기하자 기근이 멎었지만, 북한의 기근은 곧바로 해결되지 않았다.

가뜩이나 국민들이 굶주리고 있을 때, 김정일은 우리나라로 치면 청와대에 해당하는 금수산 의사당을 대규모로 개축하여, 1995년 7월 8일 '금수산기념궁전'으로 개명하고 박제한 김일성을 모셨다. 죽은 김일성을 위한 붉은 꽃은 넘쳐났지만, 산 백성들을 위한 하얀 쌀은 찾아볼 수 없었다. 죽은 김일성의 배는 불룩했고, 산 인민들의 배는 홀쭉했다. 그해 '고난의 행군'은 절정을 향했고, 수십만 명이 굶어 죽었다.

그것으로 멈추지 않았다. 2011년 12월 김정일이 사망하자, 아들인 그는 이미 한 번 이름을 바꾼 '금수산기념궁전'을 또다시 '금수산태양궁전'으로 바꾼 후, 아버지 김정일마저 박제해서 전시했다. 부자가 같이 박제된 것은 역사상 전무후무한 일이었다. 그 후로 그는 매년 새해 첫날 금수산태양궁전에 박제된 할아버지와 아버지를 참배해 오고 있다. 여기서 금수산은 짐승을 뜻하는 금수(禽獸)가 아니라, 삼천리 금수강산 할 때 비단 같다는 금수(錦繡)이고, 할아버지 김일성은 일성(日成)이라는 이름대로 '민족의 태양'이기에 '금수산태양궁전'이었다. 참고로 김일성(金日成)의 생일 4월 15일은 '태양절'로 북한에서 그 어떤 명절보다 중요하고 큰 명절로 꼽힌다.

금수산태양궁전은 부지 면적만 경복궁의 8배에 해당하며, 건축 면적으로만 따지면 로마의 성 베드로 성당보다 1.5배나 넓었다. 당시 건축 예산만 8억 9천만 달러로 1조 원에 가까운 돈이었다. 그 돈이면 고난의 행군

때 굶어 죽어간 인민 모두를 먹여 살릴 수 있었다.

백성이 굶어 죽든 말든 미식가 김정일은 만찬을 즐겼다. 김정일의 요리사였던 후지모토 겐지에 따르면, 김정일은 다랑어 뱃살과 상어 지느러미 등을 좋아했고, 최고의 재료를 구하기 위해 전속 요리사를 해외 각지로 보내기도 했다. 김정일의 전속 요리사는 싱가포르에서는 과일을, 러시아와 이란에서는 캐비어를 구입했고, 그 밖에 중국과 유럽, 일본에도 자주 다녀왔다. 한번은 1,200kg짜리 인도산 다랑어를 통째로 사서 항공으로 운송하며 자신의 부와 미식을 자랑하기도 했다. 김정일은 한 병에 560만 원인 1980년산 보르도 샤토 라투르와 에네시 코냑을 즐겨 마시는 애주가이기도 했다.

술과 산해진미가 넘쳐나니 여자가 빠질 수 없었다. 김정일이 오로지 자신을 위해 수십 명의 젊은 여성들로 이루어진 기쁨조를 운영하는 건 잘 알려진 사실이다. 기쁨조 외에도 평소 영화와 무용 등 문화에 대한 관심이 깊었던 김정일은 직접 만수대예술단을 운영하며 공연을 관람했다.

"협주단의 공연은 무용이라고 할 수 없는 것이었다. 그것은 음탕한 몸짓에 불과했다. 카세트에서 흘러나오는 음악에 맞춰 몸을 이리저리 비틀거나, 팬티가 다 보일 정도로 다리를 쩍쩍 들어 올리고 가슴이 다 들여다보이는 망측스러운 동작을 반복했다······ 김정일은 무척 만족스러운 듯 얼굴에 웃음이 가득했다."[273]

북한 형법 제6장 184조 '사회주의 문화를 침해한 범죄항'에는 '퇴폐적이고 색정적이며 추잡한 내용을 반영한 그림, 사진, 도서, 록화물과 전자매체 같은 것을 보았거나 들었거나 그러한 행위를 한자는 1년 이하의 로

히틀러의 주치의들

동단련형에 처한다.'고 되어 있지만, 법 위에 군림하는 그에게는 적용되지 않았다. 중국의 누군가와 똑같았다.

산해진미와 술, 그리고 여자에 둘러싸인 권력자는 위험에 처하게 된다. 국민들의 혁명, 아니 백성들의 봉기다. 18세기 "빵이 아니면 죽음을 달라."로 시작된 프랑스 대혁명은 결국 루이 16세가 단두대에서 목이 잘리는 것으로 끝이 났다. 러시아 혁명의 전반전이자, 차르를 붕괴시킨 1917년 2월 혁명도 "차르 타도."가 아니라 "빵을 달라."가 맨 처음이었다. 북한에서 인민들의 혁명이 일어나면, "빵을 달라"는 구호는 "밥을 달라." 아니면 "쌀을 달라."가 될 것이다. 러시아 인민이 레닌의 초상화를 불태우고, 그의 동상을 쓰러뜨리듯, 북한 인민 또한 언젠가 조선 혁명박물관 앞에 있는 건물 8층 높이의 김일성과 김정일의 동상을 넘어뜨리고, 금수산태양궁전의 영생 홀에 있는 박제된 시신을 짓밟을지도 모른다.

다양한 이유로 경제난이 가중되는 상황에서, 김정은은 2021년 4월 8일 조선노동당 제6차 세포비서 대회 폐막식에서 다시 한번 '고난의 행군' 재개를 선언했다. 원래 '고난의 행군'이란 '김일성이 빨치산 시절 모자라는 식량을 함께 나누어 먹으며 불굴의 정신력으로 일본군에 맞서 투쟁했을 때'였지만, 이제는 1990년 후반의 대략 100만 명이 아사한 대기근을 뜻했다. 물론 구호 따위가 굶주린 국민들의 배를 채워줄 수 없다는 사실은, 말하는 김정은도, 듣는 국민들도 잘 알고 있다. 그렇게 또다시 백성들에게 '고난의 행군'을 선포한 김정은 자신만은 '고난의 행군'에 나서지 않았다. 그는 800만 달러, 우리 돈으로 90억짜리인 영국제 호화 요트인 프린세스 95MY를 가지고 있다. 또한 "3살 때부터 운전을 시작해, 8살도 되기 전엔 굽이와 경사지가 많은 비포장도로를 몰고 질주한" 그답게, 20억에 가까운 메르세데스-벤츠 S600 풀만 가드를 포함하여, 100대가 넘는 고급 외제 자동차를 소유하고 있는 것으로 추정하고 있다.

내부의 적 - 2. 측근

할아버지 김일성은 직접 항일 무장 투쟁을 한 업적이라도 있었지만, 아버지 김정일은 특별히 이룬 게 없었다. 거기다 외향적인 할아버지 김일성과는 달리 아버지인 김정일은 내향적이고 카리스마가 부족했다.

김정은은 할아버지보다 모든 게 부족한 아버지 김정일에게서, 그것도 갑작스럽게 젊은 나이에 권력을 물려받았다. 이에 아무래도 당이나 군 내부에서 김정은에 대해 불만을 가진 세력이 있을 수 있다. 거기다 김재규가 박정희를 암살한 것처럼 언제든지 앙심을 품은 측근이 '욱'하고 자신을 살해할 수도 있다. 그뿐 아니다. 측근들은 중국이나 미국 등의 외부 세력과 손잡거나, 다른 백두 혈통을 꼭두각시로 내세우며, 쿠데타를 일으킬 가능성도 높다. 그러니 부하를 견제하고, 감히 자신의 권력을 넘보지 못하게 할 숙청이 필수였다.

숙청이라면 '대숙청'이란 고유명사를 남긴 스탈린과 말이 '문화대혁명'이지 사실상 '문화대학살'을 일으킨 마오쩌둥이 유명하지만, 알고 보면 그의 아버지와 할아버지 또한 숙청의 대가였고, 그도 예외가 아니었다.

6·25 전쟁이 끝나갈 무렵이었다. 한때 낙동강까지 전진하며 한반도 무력 통일이 김일성의 손에 잡힐 듯 했다. 하지만 수백만 명이 죽거나 다치

고, 북한의 거의 모든 시설이 파괴되었지만 통일에 실패하고 영토는 전쟁 전과 거의 차이가 없었다. 잔뜩 손해만 보고 아무것도 얻은 게 없는 전쟁이었다. 김일성으로서는 실패로 끝난 6·25 전쟁에 대해 책임을 지울 사람이 필요했다. 그 희생양에 적합한 사람이 바로 남로당의 박헌영이었다.

박헌영은 광복 당시 조선공산당을 세웠을 뿐 아니라, 다른 좌익계를 합쳐 남조선노동당(줄여서 남로당)을 만들었다. 남로당은 해방 조선에서 가장 강력한 세력 중 하나였지만, 미군정은 이들을 인정하지 않고 불법화하여 탄압하자 결국 그는 월북했다.

김일성은 6·25 직전 1950년 4월 모스크바에서 스탈린을 만날 때, 외무부 장관인 박헌영을 데리고 갔다. 그때 박헌영은 스탈린 앞에서 "전쟁이 일어나면 남한의 남로당원 20만 명이 이에 호응할 것."이라고 주장했다. 하지만 막상 전쟁이 터지자 그 어느 곳에서도 20만 명의 남로당원은 찾아볼 수 없었다. 6·25가 발생하기 전, 남한에 있던 남로당원은 박헌영과 같이 대부분 북으로 도피했고, 일부만이 남아서 태백산과 지리산 등에서 게릴라전을 벌이고 있었기 때문이다. 얼마 되지 않는 게릴라들도 사전에 6·25를 알지 못해, 남한을 점령한 북한군과 조우하고 나서야 전쟁이 일어난 것을 겨우 알았다.

박헌영의 남로당은 주로 남한에서 활동하다, 6·25 전쟁 전에 북한으로 건너왔기에 북한 내 기반이 없었다. 거기다 소련이나 중국 등의 외부 지원 세력이 없어 희생양으로 삼기 쉬웠다. 박헌영은 미군의 스파이라는 죄명으로 재판받아, 결국 1956년 처형되었다.

'남로당' 다음은 친중국 세력인 김두봉을 비롯한 '연안파'가 김일성의 타겟이었다. 중일 전쟁 당시, 마오쩌둥의 공산당은 연안에, 장제스의 국민당은 충청에 수도가 있었는데 중국 공산당과 함께 활동한 조선인들을 '연안파'라고 했다. 연안파는 조선의용군이라는 자체 군대도 보유하고 있었다. 조선의용군은 중일 전쟁에서는 일본과, 중국 내전에서는 장제스의 국민당과도 전투를 벌였기에 실전 경험도 많았다. 거기다 6·25 전쟁에서 북한은 소련보다 중국의 도움을 많이 받았기에, 중국을 등에 입은 '연안파'는 언뜻 봐서는 김일성의 만주 빨치산파보다 더 강력했다. 하지만 저 멀리 중국의 내륙 지방인 연안에서 주로 활동했기에, 만주에서 활동한 김일성의 '만주빨치산파'보다 북한에서 잘 알려지지 않았다. 거기다 우두머리가 없어 단결하지 못했다. 김일성은 1956년 '8월 종파 사건'을 통해 예상보다 쉽게 연안파 대부분을 숙청했다.

소련의 지지 덕에 젊은 나이에도 북한의 일인자가 된 김일성으로서는 소련이 언제든지 자기 대신 다른 인물을 꼭두각시로 내세울 가능성이 있었다. 허가이를 필두로 한 고려인 2, 3세들로 이루어진 '소련파' 또한 숙청을 피해 갈 수 없었다.

끝으로 함경북도 갑산 출신으로 김일성의 '만주파'와 함께 빨치산 투쟁을 한 '갑산파'를 처단함으로 비로소 절대 권력을 완성하였다.

할아버지의 천부적인 재능을 아버지인 김정일도 이어받았다. 아버지에게서 권력을 물려받자마자 시작된 대기근으로 민심은 사나웠고, 아버지 김일성의 측근들은 언제든지 쿠데타를 일으킬 수 있었다. 김정일은 권력 강화를 위한 물갈이와 함께 흉흉해진 민심을 다른 곳으로 돌릴 필요가 있었다.

권력을 잡은 김정일은 먼저 비밀경찰인 '심화조'를 만들었다. 수장의 이름은 채문덕. 김정은과 김정남의 고모부이자, 김정일의 여동생 김경희의 남편인 매제 장성택이 함께 했다.

　김정일은 북한에 대기근을 가져온 자신과 아버지 대신 죄를 물을 자를 찾아야 했다. 서관희였다. 중앙당의 농업 담당 비서인 서관희는 당시 비료값 300만 달러를 횡령하여 징역 생활 중이었다. 그런 서관희에게 고문을 가해 거짓 자백을 받아냈다. 서관희는 단순한 개인의 사리사욕이 아니라, 자신은 서북청년단의 잔당으로 북한을 망하게 하기 위해 돈을 횡령했다고 했다. 1940년대 후반에 활동했던 서북청년단이 50년이 지나서도 북한에 살아남아서 다시 활동할 리 없었지만 사실 여부는 상관없었다. 그때부터 마음에 안 드는 이들은 모두 서북 청년단, 간첩이라는 죄명 하에 숙청당했다. 남한에서도 '빨갱이', '간첩'으로 몰아붙이며 죄 없는 사람들을 몰아간 공안 사건이 있었지만, 북한의 '심화조 사건'과는 비할 바가 못 되었다. 최소 2만 명 이상[274]이 희생되었다.

　마오쩌둥이 '대약진운동'으로 3,000만 명이 굶어 죽고 권력이 약해지자, '문화대혁명'으로 다시 권력을 강화한 것과 유사한 패턴이었다. 숙청이 끝나자, 스탈린이 비밀경찰 NKVD 수장을 갈아치우듯 김정일은 숙청의 도구였던 채문덕과 심화조 또한 모두 제거해 버렸다.

　할아버지와 아버지의 피가 흐르는 그는 만 27살에 정권을 잡자, 본능적으로 숙청을 시작하였다. 가장 먼저 대상에 오른 것은 무력으로 쿠데타를 일으킬 수 있는 군부였다. 1년도 되지 않아 합참 의장에 해당하는 인민군 총참모장 리영호를 제거했다. 김정일 영결식에서 영구차를 호위했던 김정각, 김영춘, 우동측 등 군부 4인방을 사임시키거나 한직으로 보냈다.

장성택

가장 핵심 인물은 이인자이자 고모부인 장성택이었다. 그에게 국가 전복음모 혐의를 씌워 14.5mm 기관총을 쏘아 죽였다. 그것으로는 부족했는지 남은 사체는 화염방사기로 불태웠다.[275] 아무래도 그가 고모부이면서 아버지 김정일의 최측근이자 이인자였던 점, 이복형인 김정남의 후원자였던 점 등이 젊은 김정은으로서는 내키지 않았을 것이다. 그뿐만 아니다. 현영철 인민무력부장은 회의에서 졸고, 내각 부총리 김용진은 안경을 닦았다는 이유로 처형당했다. 그가 집권 초기 5년간 처형한 인원은 140명인 것으로 추정된다.[276]

독재자의 숙명인 숙청으로 그는 혹여 자신을 위협할 수 있는 일말의 가능성이 있는 인물들을 정리했다. 또한 인기가 없었던 아버지 김정일보다는 할아버지 김일성을 따라 하며 김씨 일가의 독재 기반을 닦고 있다.

내부의 적-3. 가족

그는 가난한 백성만이 아니라, 백두산의 정기가 흐른다는 '백두혈통'을 물려받았다. 20세기와 21세기 통틀어 전무후무한 3대 세습을 정당화

북한 김정은 가계도

1대

김성애
(1924~2014)

김일성 주석
(1912~1994)

김정숙
(1917~1949)

부부 · 부부 · 자녀

2대

김평일
(1954~)
전 주체코
북한대사
2019년 11월 말
북한 입국

첫째 부인 성혜림
(1937~2002)

김정일
국방위원장
(1942~2011)

셋째 부인 고용희
(1953~2004)

김경희
(1946~)
직함 없음

부부 · 부부 · 자녀

3대

이혜경

김정남
(1971~2017)
피살

김정철
(1981~)
대군 대접,
직함 없음

김정은
(1984~)
당 위원장, 국무위원장 등

리설주 여사
(1989~)

김여정
(1988~)
당 제1부부장

부부 · 자녀

김한솔
(1995~)

김솔희
(1999~)

아들

딸 김주애
(2013~)

아들
(2017~)

연합뉴스

450

하기 위해 만든 '백두혈통'은 오히려 그의 약점이 될 수 있다. 그의 어머니인 고용희가 조선계 일본인이기 때문이다.

김일성을 아버지로 둔 김정일은 불쌍한 아이였다. 김일성의 첫째 부인이자, 빨치산 동료였던 김정숙은 김정일을 낳고 7년 후인, 1949년 33살의 나이로 요절했다. 지금으로 치면 김정일이 초등학교 1학년 때 어머니가 돌아가신 것이었다. 김일성은 몇 달 후 홍영숙과 재혼했지만, 그녀 또한 몇 달 후 사망하였다.

김일성의 셋째 부인이 되는 김성애를 발탁한 것은 아이러니하게도 김일성의 첫째 부인인 김정숙이었다. 김정숙은 1947년 23살의 나이로 군대에 입대한 김성애가 일 처리가 야무진 것을 눈여겨보았고, 김성애는 김정숙이 죽은 1년 후 1950년 6월 김일성의 정식 비서가 되었다.

김일성은 언제부터인가 비서인 김성애를 좋아하게 되었고, 1951년 12월 김성애와 공식적으로 결혼을 했다. 둘 사이에 딸인 김경진이 태어났기 때문이다. 즉 김일성과 김성애는 최소 1950년부터 연인 관계였다. 첫째 부인인 김정숙이 살아있을 때부터 김일성이 김성애와 그렇고 그런 관계였다는 소문이 있지만 정확하지 않다.

어쨌든 10살의 김정일에게는 2년 전 친어머니의 죽음과 함께 새어머니가 생긴 것은 큰 충격이었을 것이다. 그렇다고 아버지 김일성이 아들인 김정일을 잘 챙겨주지도 않았다.

계모인 김성애는 결혼하고 2년 만에, 아들 김평일을 낳았다. 김정일에게 12살 어린 배다른 형제이자 경쟁자가 등장한 것이다. 그때부터 김정일과 계모 김성애의 관계는 본격적으로 악화되었다. 계모 김성애는 의붓아들인 김정일을 괴롭히고 학대하기 시작했다.

큰아들 김정일과 계모 김성애의 대립은 김정일이 성장할수록 심해졌다. 계모 김성애는 자신을 우상화하기 시작했고, 1971년 조선사회주의 여성동맹 의장직에 이어 북한을 방문한 캄보디아 국왕 시아누크와 찍은 사진에 김일성과 나란히 등장했다. 김성애가 남편 김일성에 이은 이인자임을 증명하는 장면이었다. 거기다 김일성은 "김성애의 말을 내 말과 같은 것으로 간주해야 한다."[277]라며 새 아내에 힘을 실어 줬다. 이에 서른 살의 김정일은 위기에 처했다. 이대로 가다가 계모 김성애가 낳은 김평일이 권력을 물려받을 경우, 김정일의 목숨을 장담할 수 없었다. 거기다 키가 160cm 전후에 불과한 김정일과 달리, 김평일은 고등학교 때부터 키가 180cm가 넘을 정도로 체격이 우람했으며, 김일성이 자신을 닮았다고 자랑한 '장군감'이었다.

김정일의 어린 시절은 외로움과 불안의 연속이었다. 그런 환경 속에서 자란 김정일은 아버지 김일성과 다르게 소심하고 내향적인 성격이 되었다. 외톨이인 김정일에게는 같은 어머니에게 태어난 4살 어린 여동생인 김경희만이 오로지 믿고 의지할만한 가족이었다. 김경희는 오빠인 김정일과 다르게 성격이 당찼다. 김경희는 북한 최고의 명문대학인 김일성 종합대학에 같은 과를 다니던 장성택을 좋아했다. 당시 북한은 대학생마저 자리가 정해져 있었는데, 아버지 김일성은 딸의 남자 친구인 장성택이 마음에 들지 않아 당시 대학 총장이던 황장엽에게 둘 사이를 떨어뜨려 놓으라고 지시했다. 이를 알게 된 김경희는 "총장 선생이 뭔데 남의 연애사에 간섭이시오?"라고 따질 정도였다.

대담한 여동생 김경희는 실제로 오빠 김정일에게 큰 도움이 되었다.

1972년 김일성의 환갑잔치에서 27살의 김경희는 아버지에게 절을 한 후 펑펑 울기 시작했다. 이에 사람들이 그녀를 진정시키며 이렇게 좋은 날 왜 우냐고 묻자, 그녀는 "우리 어머니(김정숙)가 이 잔치를 못 보시고 돌아가셨기 때문입니다."[278]라고 말했다. 이에 김정숙의 옛 빨치산 동료들이 함께했던 힘든 시절을 떠올리며 이 자리에 없는 그녀를 회상하며 같이 울었고, 이에 김일성도 눈물을 흘렸다. 그 자리에서 유일하게 울 수 없었던 사람은 계모 김성애였다.

아버지의 환갑잔치 일 년 후인 1973년, 32살의 김정일과 그의 세력은 계모 김성애의 남동생인 김성갑을 시작으로 계모 친인척들의 광범위한 비리 사실을 고발했다. 이 일로 김일성과 김성애는 부부싸움을 하며 사이가 틀어졌고, 결국 김정일은 후계자 자리를 차지할 수 있었다. 북조선에서 일어난 '왕자의 난'이었다.

이십 대였던 김정일은 1960년대에 북한에서 대히트를 친 영화 〈분계선 마을에서〉를 보다, 여주인공이었던 성혜림에게 반했다. 김정일은 영화에 대한 관심인지, 그녀에 대한 관심인지 몰라도 꾸준히 영화촬영장을 드나들기 시작했다. 하지만 김정일보다 5살 많은 성혜림은 이미 10대에 결혼하여 딸이 있는 애 엄마였다. 그러자 절대권력자의 아들인 김정일은 성혜림을 이혼시켜, 만인의 연인이자 한 남자의 아내, 그리고 딸아이의 엄마였던 32살의 그녀를 결국 1968년에 차지했다.

그렇게 미혼인 김정일과 기혼인 성혜림 사이에서 1971년에 태어난 아들이 바로 김정은의 배다른 형이자 장남인 김정남이었다. 김정일은 아들 김정남을 끔찍이 아꼈으며, 잠투정하는 아들을 업어 재우기까지 했다. 하지만 왕국의 후계자가 될 김정일에게 딸까지 있는 유부녀와의 사랑은 정치적 약점이 될 가능성이 높았다. 실제로 김정일은 아버지 김일성에게 끝까지 성혜림과 김정남의 존재를 숨기려 했고, 심지어 1974년에는 아버지가 정해준 김영숙과 결혼하기도 했다.

성혜림은 불안한 자기 처지에 더해, 아들인 김정남을 빼앗길지도 못한다는 두려움 속에 살아야 했고, 결국 정신병에 걸렸다. 김정일 입장에서는 그녀가 아픈 게 오히려 잘된 것인지도 몰랐다. 그는 자신의 정치적 약점이었던 성혜림을 치료 목적으로 모스크바로 보내버렸다. 거의 비슷한 시기에 김정일의 눈에 새 여자가 들어왔다. 문화와 예술에 조예가 깊다는 김정일이 이번에는 영화가 아니라 자신이 운영하는 만수대예술단의 공연을 감상하던 중 한 눈부신 미모를 가진 여인에게 반한 것이다. 그 여자가 바로 오사카에서 태어난 재일 교포 출신의 고용희였고, 그녀가 낳은 사람이 바로 김정은이었다.

그렇게 당대 최고의 영화배우이자 유부녀인 성혜림에게서 김정남이 태어났고, 당대 최고의 무용수이자 재일 교포 출신인 고용희에게서 김정은이 태어났다. 김정남은 장남인데다, 일본 피가 섞이지 않았다는 것이 김정은보다 혈통에서 유리할 수도 있었다.

이복동생 김정은보다 13살 많은 김정남은 뚱뚱하고 지저분한 외모와는 다르게 프랑스어, 독일어, 일본어, 영어, 중국어, 러시아어 등 6개 국어로 의사소통할 수 있었다. 오랫동안 해외에서 생활하였으며 이로 인한 영향인지 자신을 완전 자본주의 청년이라고 밝히기까지 했다. 앞에서도 말했지만, 아버지 김정일은 유부녀 성혜림에게서 낳은 자식인 김정남의 존재를 철저히 비밀로 숨겼으며, 반강제로 김정남을 성혜림에게서 떼어놓고 고모인 김경희에게 맡겼다. 어머니인 성혜림은 결국 2002년 모스크바에서 혼자 쓸쓸히 사망했다.

김정남은 "저는 고모님과 고모부님의 각별한 사랑을 받으며 성장했고, 지금도 그분들의 각별한 관심 속에 있다는 것을 부인하지 않습니다."[279]라고 밝혔는데 여기서 고모가 바로 김정일의 당찬 여동생 김경희이고, 고모부가 한때 북한의 이인자 장성택이었다.

유력한 후계자였던 김정남은 2001년 위조된 도미니카 여권으로 일본에 들어가려다 일본 나리타 공항에서 체포되어 국제적 망신이 되었고, 그후로 후계자 자리에서 완전히 물러났다. 당시 김정남은 아내와 아들과 함께 일본의 디즈니랜드에 놀러 가던 중이었다.

위조 여권 사건 이후 아버지 김정일의 눈 밖에 난 김정남은 북한 경제에 대해 "개혁개방을 하지 않으면 경제 파탄이 일어날 것은 불 보듯 뻔하지만, 개혁개방을 하면 체제 붕괴로 이어질 것입니다."[280]와 같은 무시무시한 발언을 하기 시작했다. 거기다 "자신이 지도자가 되면 개혁개방을 하겠다."라는 말까지 서슴지 않았다. 아버지 김정일이 아프니, 평양에 돌아가야 하지 않느냐는 한 기자의 질문에 "어차피 곧 망할 나라인데 가서 무슨 소용이 있는가?"[281]라고 대답을 하는 등 북한에 대해 비난을 쏟아냈다.

하지만 그의 비난은 여기서 그치지 않았다.

"이 세상에 정상적 사고를 하는 인간이라면 3대 세습을 추종할 순 없을 것입니다. 37년 1인 절대 권력을, (후계자 교육이) 2년도 안 된 어린 후계자(김정은)가 어떻게 이어갈지 의문입니다. 어린 후계자는 상징으로 존재, 기존 파워 그룹이 고(故) 부친의 이후를 이어갈 것으로 보입니다."[282]라며 아

히틀러의 주치의들

버지 김정일 사망 후, 배다른 동생인 김정은을 무시하는 발언을 이어갔다.

김정남이 그렇게 된 건 모두 아버지 김정일의 잘못이었다. 어렸을 때부터 계모에게 잔뜩 서러움을 받고 자랐던 김정일은 아버지 김일성과 똑같은 실수를 저질렀다. 아니 김정일은 더 심했다. 그는 계모와 권력 암투를 벌이고 있는 도중에 '유부녀와의 동거'를 하여 김정남을 얻은 것으로도 모자라, 계모와의 권력 암투에서 간신히 이기자 유부녀인 성혜림을 버리고, 새 여자인 고용희를 취했다. 이는 결국 성혜림의 아들인 김정남과 고용희의 아들인 김정은 간의 권력 다툼으로 이어졌다. 욕망을 채우기 바빴던 김일성이 김정일에게, 그런 아버지로 인해 고통을 겪어야 했던 김정일은 김정남에게 동일한 아픔을 물려주었다. 그 아버지 김일성에 이은 그 아들 김정일이었다.

김정남으로서는 어머니 성혜림을 버렸을 뿐 아니라 모스크바에서 쓸쓸히 죽게 만든 아버지 김정일과 계모 고용희, 이복동생 김정은에 대한 감정이 좋을 리 없었다. 거기다 자신은 권력에서 멀어졌기에 북한 정권을 비난할 수 있었는지도 모른다. 하지만 권력을 잡은 김정은으로서는 자신을 험담하는 이복형인 김정남을 절대로 그대로 놔둘 수 없었다. 아버지 김정일이 김정남을 낳은 성혜림을 버리고, 김정은을 낳게 되는 고용희를 취한 40년 전부터 이미 예고된 비극이었다.

연예인을 꿈꾸던 베트남 출신의 만 28살의 도안 티 흐엉은 사건 직후까지 모두 장난인 줄 알았다. 흐엉은 이전부터 각종 아이돌 오디션에 응하면서 뜨기를 꿈꾸고 있었고, 이번이 큰 기회가 될지도 모른다고 생각했다.

    사건 2달 전에 미스터 Y라는 남자가 흐엉에게 접근하여, 자신이 TV 프로듀서라며 짓궂은 장난을 치는 코미디 영상을 찍는다고 했다. 유튜브에 올려, 잘만하면 유명해질 수도 있다고 그녀를 부추겼다. 거기다 몇 분 안 걸리는 일에 10만 원을 준다고 했다. 베트남 근로자 평균 월급이 30만 원임을 감안하면 10만 원은 적지 않은 돈이었다.

    실제로 흐엉은 베트남의 하노이 공항에서도 화기애애한 분위기로 손에 오렌지 주스나 베이비 오일을 묻힌 채 다른 남자의 두 눈을 가리는 등의 연습을 했다.

    2017년 2월 13일 말레이시아 쿠알라룸푸르 국제 공항에서 미스터 Y는 흐엉에게 다른 여성과 함께 몰카를 찍을 것이며, 남자 배우가 오면 신호를 줄 테니 연습한 대로 남자 얼굴에 로션을 바르면 된다고 했다.

    마침 만 25살의 시티 아이샤와 남성 배우가 나타났다. 흐엉도 그 날 처음 두 사람을 보았고, 아이샤도 마찬가지였다. 인도네시아 출신의 아이샤는 결혼에 실패하고 유흥업소에서 일하며, 흐엉과 마찬가지로 연예인이 될 꿈에 부풀어 있었다. 아이샤에게도 자칭 프로듀서라는 사람이 접근하여 비슷한 제안을 했고, 아이샤 또한 이를 승낙했다. 아이샤도 손에 이름 모를 액체를 묻혔다. 두 여자 모두, 각각의 남자가 건넨 로션을 두 손에 발랐을 때 아무런 통증도 느낄 수 없었다.

    그 둘은 티켓 발권기 앞에 있던 뚱뚱한 남자에게 몰래 다가가 뒤에서 남자 얼굴에 차례로 로션을 묻혔다. 가까이 있던 아이샤가 먼저 바르고, 다음이 흐엉이었다. 얼굴에 로션이 묻은 남자가 예상과 달리 몹시 화를 내자, 이에 놀란 두 여성은 놀라 달아났다. 남자는 즉시 공항 안전 직원에게 걸어가 도움을 청했고, 공항 직원은 그를 공항 내의 진료실로 안내했다. 멀쩡하게 진료실까지 걸어 들어간 그는 갑자기 진료실 내에서 발작하기 시작했고, 큰 병원으로 이송하던 도중 남자는 사망했다. 사망 원인은 독살이었다. 두 여자가 손에 묻힌 로션은 이전 연습할 때와 다른 물질이었고, 남자의 얼굴에서 합쳐지면서 화학반응을 일으켰다. 치명적 독가스인 VX였다. 시티와 도안은 체포되었고, 바람대로 전 세계적인 유명 인사가 되었다. 연예인이 아니라 김정남 암살범으로.

존재 자체만으로도 김정은에게 위협이었던 김정남은 그렇게 사라졌지만, 이제 김정남의 장남인 김한솔이 김정은의 암살 1순위가 되었다.

김정은과 같은 어머니 고용희에게서 태어난 형인 김정철은 의지도 없고 나약하여 일찍 후계자에서 물러났지만, 조금이라도 외부 세력(미국, 중국, 소련)이나 군부, 다른 정치인과 접촉하는 순간 숙청의 대상이 될 것이다. 지금 부각되고 있는 여동생 김여정 역시 김정은의 자녀가 성장할 때까지 혹시 발생할지도 모르는 자기 죽음에 대비한 징검다리 역할일 뿐이다. 혹시나 김여정의 남편이 등장하여, 권력에 욕심을 내면 김정은의 고모부 장성택처럼 비참한 최후를 맞이할 것이다.

그렇게 가난한 왕국을 물려받은 김정은은 외부 세력에는 '핵'과 '미사일'로 내부 세력에는 '암살'과 '숙청'으로 권력을 간신히 이어 가고 있다.

마지막 유산과 최후의 적

끝으로 그가 할아버지와 아버지에게 물려받은 것이 하나 남았다. 할아버지 김일성은 만 82세의 나이로 1994년 7월 8일 김영삼과의 남북정상 회담이 얼마 남지 않은 날, 묘향산의 한 별장에서 쓰러졌다. 할아버지 김일성이 죽은 17년 후, 아버지 김정일은 만 70세의 나이로 2011년 12월 17일 8시 30분에 희천 발전소 현지 지도 방문을 위해 탑승한 열차에서 급작스럽게 사망한다.

김일성과 김정일의 사망 이유는 심장에 혈액을 공급하는 빨대 두께의 관상동맥이 막혀 심장이 멈추는 심근 경색이었다. 할아버지 김일성은 이미 오래전부터 동맥경화증 및 부정맥을 앓았던 것으로 추정된다. 오랫동안 김일성의 주치의였던 김용서 또한 심장내과 의사였다. 김일성은 비만이었고, '황금벌', '산선암'등의 자국 담배를 손에서 놓지 않았다.

대단한 미식가로 알려진 김정일은 기름진 참치 뱃살로 만든 초밥을 좋아해 일본인 요리사인 후지모토 겐지에게 "도로(다랑어 뱃살) 원 모어"를 자주 외쳤다.[283] 그의 몸 또한 참치 뱃살처럼 뚱뚱했는데, 160cm에 90kg의 고도 비만이었다. 그는 애주가였으며 던힐과 로스만 담배를 즐겨 피웠다. 김정일이 얼마나 담배를 좋아했는지 집권하자마자 자신이 좋아했던 영국산 로스만 담배를 모방하여 백두산 담배를 생산할 정도였다.

할아버지와 아버지 모두 애연가(담배는 심혈관계 질환 가능성을 3~5배 높인다)였으며, 비만(심근 경색의 발생 확률이 2~3배 상승한다)이었던 탓에 결국 심근 경색으로 사망했다. 둘 다 배가 불러 심장을 움켜쥐다 죽었고, 인민들은 배가 고파 배를 움켜쥔 채 굶어 죽었다.

김정은이 급사한다면 심근경색일 확률이 매우 높다. 심근경색의 가족력뿐만이 아니라, 그는 프랑스제 입생로랑 담배를 좋아했으며, 현재는 자국산 7.27 담배를 손에 달고 산다.

할아버지와 아버지 모두 애연가. 담배는 심혈관계 질환 가능성을 3~5배 높인다.

김정은의 키는 커 보이지만, 아버지 김정일처럼 키 높이 구두를 신고 다니며 실제로는 168cm에 몸무게는 130kg로 할아버지나 아버지보다 심한 초고도 비만이다. 아버지가 기름진 다랑어 뱃살을 좋아했다면, 그는 스위스 유학생답게 에멘탈 치즈를 광적으로 좋아한다고 전해진다. 예전에는 부유한 왕이나 귀족들만이 잘 먹어서 걸려 '제왕의 병', '귀족의 병'으로 불리는 통풍에 걸려 지팡이를 짚고 다닐 정도로 심하게 다리를 절기도 했다. 물론 통풍의 가장 큰 위험 요인은 비만이다.

최근 사진에서는 팔목 시곗줄이 눈에 띄게 줄어들 정도로 살이 빠졌다. 이러한 변화로 미루어 볼 때, 신장이나 심장이상으로 인해 부종이 생겼다가 호전되었을 가능성도 있다.

그는 정권만을 세습하고 싶었겠지만, 그것은 그의 바람일 뿐 독재는 무수히 많은 위험을 동반한다. 미국은 경제적 봉쇄뿐 아니라 다양한 물리적 수단(정규군, 특수부대, 미사일, 폭격, 무인 드론)으로 그를 압박하고 있다.

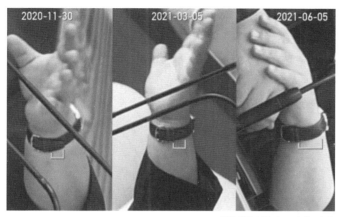

심한 체중 변화가 느껴지는 손목

김정은이 인민들에게 "흰 쌀밥에 고깃국"을 배급하지 못한다면, 굶어 죽어가던 인민들은 언제든지 "밥 아니면 죽음을 달라."며 봉기나 혁명을 일으킬지도 모른다. 3대째 정권 세습이 못마땅한 군부나 측근들이 언제든지 중국이나 미국과 결탁하여 쿠데타를 벌일 위험도 있다. 수많은 시나리오 중 하나라도 발생하여 성공하면, 김정은은 목숨을 부지하기 어려울 것이다.

거기다 그는 할아버지와 아버지에게서 '북한'이라는 독재 국가와 동시에 '심근경색'이라는 가족력을 이어받았다.

김일성은 사회주의 정권이 모두 무너지는 가운데서도 정권을 잃지 않고 자신이 죽을 때까지 북한을 45년하고도 302일을 다스렸다. 이는 20세기 이후 독재자를 살펴봤을 때, 52년 61일 동안 쿠바를 통치한 피델 카스트로와 대만을 46년 118일을 지배한 장제스에 이어, 세계에서 세 번째로 긴 통치 기간이었다. 할아버지 김일성은 만 36세부터 북한을 다스렸지만,

히틀러의 주치의들

김정은은 만 27세에 정권을 물려받아 할아버지보다 9년이나 일찍 독재를 시작했으니, 김정은은 잘하면 세계 최장기 독재 기록을 세울 수도 있다.

여기서 문득 걱정과 함께 궁금해진다.

그의 정권이 오래 버틸지,
그의 심장이 오래 버틸지.

VIII

톡재자 킬러의
비밀무기

역대 가장 무능한 대통령

지미 카터는 대통령으로서는 실패했다. 미국 39대 대통령으로 1977년 1월 20일부터 1981년 1월 20일까지 4년의 재임 당시 그는 역사상 가장 인기 없는 대통령이었다. 임기 말 지지도는 고작 13%였다. 그는 낮은 지지도에도 불구하고 재선에 도전했지만, 아니나 다를까 선거인단 수에서 489 대 49라는 압도적인 차이로 레이건에게 패배했다.

지미 카터는 1924년생으로 태어나 해군으로 복무하다, 1953년 아버지가 췌장암으로 돌아가시자 아버지가 하던 농장을 물려받았다. 그는 고향에서 땅콩 농사와 함께 농기구를 판매하는 카터 상회를 운영했다. 그가 살던 조지아주는 인종 차별이 매우 심한 곳이었지만, 어려서부터 흑인과 자주 어울리며 자랐기에 그는 흑인에 대한 편견이 없었다. 당시 조지아주는 백인과 흑인을 통합하면 학교를 폐쇄하겠다는 압력을 받고 있었는데, 지미 카터는 학교를 지키기 위해 주 상원의원에 출마했다.

그는 아내에게 정치 입문에 대해 상의조차 하지 않았다. 그가 상원 의원에 출마하기 위해 카키색 작업복 대신에 외투를 걸치고 넥타이를 맸더니, 아내는 그에게 장례식 가는지 물어보았다고 전해진다.

상원 의원 다음으로 주지사에 당선되었을 때는

"나는 여러분께 솔직하게 이제 인종차별의 시대는 끝났다고 말하자고 합니다. 가난하거나, 시골에 살거나, 약한 자나 흑인이라고 해서 교육과 직업의 기회 또는 사법적 기회를 박탈당하는 멍에를 더 이상 질 필요가 없습니다."라며 취임식 연설을 했으며, 1977년 1월 20일 대통령 취임식에서도 그는 평화 유지와 인권 강화를 표명했다.

지미 카터는 그가 한 말을 지키기 위해 평화 유지와 인권 강화를 위해 부단히 노력했다. 수많은 독재자를 만났고, 그가 만난 사람 중에는 대한민국 대통령인 박정희도 있었다. 인권을 중시한 지미 카터는 박정희를 싫어하고 김대중을 아꼈다. 1980년 당시 내란죄로 사형선고를 받은 김대중을 구하기 위해 80년 12월 1일 지미 카터는 전두환에게 "김대중 씨 등 주요 정치인의 처형은 한미 양국의 군사, 경제적 관계를 근본적으로 크게 위협하는 것"이라며 만약 이를 감행할 경우 "한국은 국제관계에서 심각한 피해를 보게 될 것"이라고 경고하는 서한을 보내기도 했다.

그렇게 인권과 평화를 사랑한 카터였지만, 집권 당시인 1979년 11월 4일 불행하게도 '주이란 미국 대사관 인질 사태'가 발생했다. 앞서 언급했듯 카터는 인질을 구하기 위해 '독수리 발톱'이란 이름으로 인질 구출 작전을 펼쳤지만 처참한 실패로 돌아갔다.

인권 대통령이라면서 외국인의 인권을 지키다가 정작 자국민의 안전과 생명조차 지키지 못했다는 비난이 카터에게 쏟아졌다. 거기다 1979년 12월 소련이 아프가니스탄을 침공해서 파죽지세로 점령해 나갔으나, 미국은 소련을 제지하지 못했다. 한없이 강한 미국이 아니라, 한없이 약한 미국이었다.

거기다 1978년 제2차 석유 파동으로 경제 침체까지 왔다. 정치인이라면 국민의 배를 채우든 마음을 채우든 둘 중 하나는 채워야 했는데, 지미 카터는 둘 다 실패했다. 이에 카터의 인기는 곤두박질쳤고 재선에 실패하고 만다. 물론 운도 없었다. 소련이 완벽하게 승리할 것 같았던 아프가니스탄 침공은 10년을 질질 끌면서 결국 소련의 베트남 전쟁이 되어, 체르노빌 원자력 발전소 폭발과 함께 소련 붕괴에 크게 기여했다. 지미 카터가 소련의 아프가니스탄 침공을 막지 못한 것은 결론적으로 소련을 붕괴시킨 가장 강력한 반공 정책이 되었다.

가장 훌륭한 전임 대통령

그렇게 재임 당시에는 가장 무능한 대통령이었던 지미 카터는 퇴임 후에는 가장 훌륭한 전임 대통령으로 변신한다. 자신의 이름을 딴 카터 재단을 세워 전 세계를 누비며 봉사활동을 하여 2002년에는 노벨 평화상까지 수상했다. 그와 그의 재단이 하는 가장 유명한 활동이 바로 해비타트(Habitat for humanity)로 집이 없거나 자연 재해 등으로 집을 잃은 사람을 위한 사랑의 집 짓기 운동이다.

지미카터

현직 당시 약하고 무능한 대통령이라는 이미지는 오히려 퇴직 후에 비공식 특사로 활동하기 쉬웠다. 그가 해결한 대표적인 사건이 바로 1994년 북한 핵 사태였다.

1992년 국제원자력기구(IAEA)가 북한 핵 사찰 도중, 보고서에 적힌 플루토늄과 실제 플루토늄의 양이 다른 것을 발견했다. 거기다 북한이 미신고 시설에 대한 사찰을 거부하면서 문제가 발생했다. 여기에 더해 김영삼 대통령은 1992년 중단했던 한미 합동 군사 훈련인 팀스피리트 훈련을

히틀러의 주치의들

재개한다고 발표하고, 실제로 3월에 팀스피리트 훈련을 실시했다. 이에 반발한 북한은 1993년 3월 12일 핵확산금지조약(NPT)을 탈퇴했다. 이는 핵폭탄을 만들겠다는 뜻이었다. 남북한의 갈등이 깊어지는 가운데 협상 도중 북측 대표인 박영수가 "여기서 서울이 멀지 않다. 전쟁이 일어나면 불바다가 되고 만다."라는 '불바다 발언'을 하면서 한반도는 전쟁 위기에 처했다. 당시 미국 대통령이었던 빌 클린턴은 동북아시아에 새로운 핵보유국이 나타나는 것을 용인할 수 없었고, 6월 15일 전임 대통령인 지미 카터를 북에 특사로 보내 협상하는 동시에 영변 핵시설에 대한 정밀 타격을 구상하기 시작했다.

그렇게 지미 카터는 43년 만에 서울에서 비무장 지대를 통과해 평양으로 간 최초의 인물이 되었다. 6월 16일 클린턴이 핵시설이 있는 영변 타격 결정을 한 시간 앞두고 있을 때 북에서 김일성과 협상을 하던 지미 카터가 클린턴 대통령에게 전화를 걸었다. 김일성이 영변 원자로 가동을 중단하기로 약속했다는 것이었다. 자칫하면 전쟁으로까지 벌어질 수도 있었던 1차 북핵 위기가 이로써 끝이 났다.

그렇게 한반도의 평화뿐 아니라 세계 평화를 위해서 대통령일 때나 퇴임 후에나 전 세계를 열심히 뛰어다닌 지미 카터에게 어느 순간부터 이상한 별명이 따라붙기 시작했다.

독재자 킬러

그렇게 인권과 평화를 위해 노력하는 그에게 따라붙은 별명은 '평화의 전도사'가 아니라 어이없게도 '독재자 킬러'였다. 거기다 그와 만난 독재자는 4년 안에 죽는다는 소문마저 돌기 시작했다.

첫 시작은 파나마의 독재자 오마르 토리호스였다. 1977년 9월 7일 당시 현직 대통령이었던 지미 카터는 토리호스를 만나 토리호스-카터 조약을 체결했다. 조약을 통해 미국이 소유하고 있던 파나마 운하를 1999년에 파나마에 돌려주기로 했다. 원래 파나마는 콜롬비아 영토였는데 20세기 초 미국이 자국의 이익을 위하여 파나마 지역 사람들을 선동하여 콜롬비아로부터 독립시켰다. 물론 세상일에 공짜가 없듯 미국은 그 대가로 파나마 운하의 소유권을 가져갔다. 이는 미국이 19세기에 멕시코 땅이었던 텍사스를 멕시코에서 분리 독립시켜 '텍사스 공화국'을 세운 후, 미국에 합병시킨 것과 유사한 방법이었다. 그렇게 가져간 파나마 운하를 인권 대통령인 카터가 원래 주인에게 돌려주기로 한 것이다. 도덕적으로는 올바른 일이었으나 경제적으로는 미국에 큰 손해였다.

그렇게 파나마 운하 이전을 약속 받고 파나마의 국민 영웅이 된 독재자 토리호스는 1981년 7월 31일 정글 위를 날아가다 비행기 폭발 사고로 사망했다. 카터를 만난 후, 만 4년이 되기 38일 전이었다.

두 번째는 이란 팔라비 왕조의 군주 팔라비였다. 1977년 12월 31일 현직 대통령인 지미 카터는 테헤란을 방문하여 팔라비를 만났다. 그때까지만 해도 팔라비는 자신의 운명을 알지 못했다. 그리고 2년 후 1979년 이란에서 혁명이 일어나 친미주의자였던 팔라비는 이란에서 쫓겨나고, 대신 이슬람 성직자인 아야툴라 루홀라 호메이니가 집권했다. 사람 좋은 지미 카터는 자국에서 쫓겨난 팔라비의 미국 입국을 허락했는데, 이게 큰 실수

히틀러의 주치의들

였다.

팔라비의 망명을 받아준 미국에 분노한 이란 국민들이 1979년 11월 4일 이란에 있는 미국 대사관에 쳐들어가 대사관 직원들을 인질로 사로잡았다. '주이란 미국 대사관 인질 사태'였다. 심지어 인질 구조를 위한 작전마저 처참하게 실패함으로써 국제적 망신을 당한 지미 카터는 결국 재선에 실패하게 되었다. 그리고 카터의 저주가 팔라비에게 내려졌다. 38년간 이란의 독재자로 군림하던 팔라비는 미국을 떠나 이집트에서 망명 중에 1980년 7월 27일 객사한다. 카터와 만난 지 2년 7개월 만의 일이었다.

세 번째는 1973년 제4차 중동전쟁(욤 키푸르 전쟁)을 일으킨 이집트 대통령 안와르 사다트였다. 번번이 이스라엘에 지기만 했던 중동 전쟁에서, 이집트의 사다트는 이스라엘에 기습공격을 가함으로써 전쟁 초반에 승기를 잡았다. 결국 이집트가 수에즈 운하를 완전히 차지하게 되면서, 사다트는 자국뿐 아니라 아랍 국가 사이에서 영웅 대접을 받았다. 물론 이 전쟁으로 오일 쇼크가 일어나 전 세계가 불황에 빠졌지만.

1978년 9월 17일 지미 카터의 중재 아래, 이집트 대통령인 안와르 사다트와 이스라엘 총리 메나헴 베긴이 미국의 대통령 전용 별장인 캠프 데이비드에서 역사적인 협정을 맺는다. 협정식을 한 곳의 지명을 따서 '캠프 데이비드 협정'이라고 한다. 이 협정으로 안와르 사다트와 메나헴 베긴은 노벨 평화상을 수상하게 되었다.

하지만 노벨 평화상조차도 아랍의 영웅이자 이집트의 독재자 안와르 사다트를 지미 카터의 저주로부터 지켜줄 수는 없었다. 1981년 10월 6일이었다. 그날은 8년 전 있었던 제4차 중동 전쟁 개전일이었고, 수도 카이로 북동부에 있는 '승리의 거리'에서 중동 전쟁 승리를 기념하는 열병식이 열리고 있었다. 땅에서는 대열을 이룬 탱크와 트럭들이 행진하고 있었고, 하늘에서는 미라주 전투기 편대가 저공으로 날며 굉음을 뿜는 동시에 꼬리에 빨갛고 파란 연기를 뿜으며 에어쇼를 하고 있었다.

트럭에 타고 있던 군인 중 한 명이 트럭에서 내려 사다트에게 다가와 경례를 했다. 예정에 없었던 일이었지만, 단순한 이벤트라고 생각한 사다트도 맞경례를 하기 위해 일어서려는 순간이었다. 경례를 하던 군인이 사다트를 향해 소리쳤다.

"파라오에게 죽음을."

군인은 사다트에게 수류탄을 던진 후, 매고 있던 AK 47 소총을 난사했다. 그 군인 외에도 다른 3명의 군인이 합류하여 같이 사다트와 사열대를 향해 사격을 가했다. 과격파 이슬람 원리주의자인 칼리드 이슬람불리 중위가 사다트가 영원한 적인 이스라엘과 평화협정을 한 것에 앙심을 품고 벌인 일이었다.

사다트는 현장에서 즉사했다. 역시나 지미 카터를 만나서 4년을 채 넘기지 못한, 3년하고 한 달이 되지 않은 날이었다.

네 번째 희생자는 소련의 서기장인 레오니트 브레즈네프였다. 쿠데타로 흐루쇼프를 쫓아내고 1964년부터 소련을 지배한 독재자 브레즈네프는 1979년 6월 17일과 18일 오스트리아 빈에서 지미 카터와 전략무기 제한협정(SALT II) 조인을 위해 만났다. 그리고 지미 카터의 마수는 철의 장막을 넘어 브레즈네프를 덮쳤다. 1982년 11월 10일 지미 카터와 접촉한 지 4년을 넘기지 못한 3년 4개월 만에 브레즈네프는 심장발작으로 사망했다.

히틀러의 주치의들

지미 카터를 만나고 4개월 후 박정희는 사망한다

다섯 번째 희생자는 바로 박정희였다. 1979년 6월 30일 청와대에서 지미 카터와 박정희는 한미 정상회담을 했다. 결과는 좋지 않았다. 둘은 주한미군 철수 문제와 한국의 인권 상황에 대해 서로 목소리를 높였고, 카터는 박정희와의 회담을 자신이 가졌던 토론 가운데 "가장 불쾌한 토론"이라며 박정희를 비난했다. 그 때문이었을까, 박정희는 같은 해인 10월 26일 김재규의 총에 맞아 사망한다. 박정희가 지미 카터를 만난 지 4개월을 정확히 4일 앞둔 날이었다.

노벨 평화상도 막지 못하고, 철의 장막마저 통과했던 그의 저주는 휴전선마저 훌쩍 넘어갔다. 카터는 대통령으로 재임 당시 박정희와 관계가 좋지 않았고, 미군 철수를 주장했다. 이에 김일성은 카터에게 호의를 보였다. 김일성은 퇴임한 카터에게 "언제든지 북한을 방문해 달라."는 초청장을 한 번도 아니고, 90년, 91년, 92년 3년 동안 매년 보냈다.[284] 그것이 결국 김일성의 명을 재촉했다. 지미 카터는 앞에서도 말했듯이 제1차 북핵 위기였던 1994년 6월 15일 비무장 지대를 통과하여 평양으로 가서 김일성을 만나 북핵 위기를 넘겼을 뿐만 아니라, 김영삼-김일성 남북 정상 회담까지 주선했다. 1994년 7월 25일부터 27일까지 역사상 최초로 남북 정상 회담이 열린 예정이었다.

지미 카터를 만난 김일성은 한달도 못 버티고 급사한다

하지만 정상회담을 얼마 남겨 두지 않은 7월 8일 김일성은 그만 급사하고 만다. 당시 대한민국 대통령인 김영삼은 "김일성이가 내 기에 눌려서 죽어버렸다카이!"라고 말했지만, 김영삼에게 그런 능력이 있었다면, 그를 괴롭히던 박정희, 전두환, 노태우를 먼저 죽였을 것이다. 사실 김일성의 죽음은 카터 때문이었다. 김일성은 남북 정상 회담을 앞두고 과로하다 심근경색으로 사망했다. 정확히 카터를 만난 후 21일 후에 급사했다. 카터의 저주가 가장 강력하게 내려진 곳이 바로 한반도였다. 박정희는 카터를 만나고 4개월을, 김일성은 한 달도 버티지 못했다.

그 외에도 그를 만난 후 죽은 독재자는 넘쳐났다.

베네수엘라의 독재자인 우고 차베스, 루마니아의 독재자인 니콜라에 차우셰스쿠, 발칸의 학살자 슬로보단 밀로셰비치, 쿠바의 피델 카스트로 모두 비록 4년 안에 죽지는 않았지만 지미 카터의 저주를 피하지 못했다.

그는 〈진정한 리더는 떠난 후에 아름답다〉라는 책을 썼을 뿐만 아니라, 실제로 자신이 만난 수많은 독재자를 저세상으로 떠나보내며 세상을 아름답게 만들었다.

지미 카터가 수많은 독재자를 모두 죽일 수 있었던 비밀은 바로 이것이었다.

진정한 승자, 지미 카터

지미 카터의 아버지는 59살에 췌장암으로 사망했다. 그뿐 아니었다. 여동생 루스가 54세에, 남동생 빌리 또한 51세, 여동생 글로리아마저 64세에 모두 췌장암으로 사망했다. 거기다 어머니마저 유방암에 걸렸고, 끝내 췌장으로 전이가 되었다. 가족 중 췌장암에 걸린 사람이 무려 4명이었기에 지미 카터 또한 자신이 언젠가 췌장암에 걸려 죽을 것이라고 생각했다. 하지만 지미 카터는 췌장암에 걸리지 않았다. 대신 그에게 2015년 흑색종이라는 피부암이 찾아왔다. 발견 당시 암은 이미 그의 간에 이어 뇌에까지 전이된 상태로 시한부 판정을 받았다. 그렇게 말기 암 진단을 받은 지 1년 후, 지미 카터가 기자 회견을 열었다. 암이 깨끗이 나았다고. 수

술마저 불가능한 상태였는데, 면역 항암제로 완치되었다고 말이다. 이 글을 쓰고 있는 2022년 현재, 그는 여전히 생존해 있다.

한국의 유력 정치인이었던 김대중, 김영삼, 김종필 3김은 모두 1920년 대 생이다. 셋 중에 가장 나이가 많은 김대중은 1924년생으로 지미 카터와 동갑이다. 그리고 김대중이 가장 먼저 2009년 85세, 1927년생인 김영삼은 2015년 87세, 1926년생인 김종필은 2018년 93세로 삶을 마감했다. 전두환과 노태우는 1931년과 1932년생으로 2021년 89세와 88세로 생을 마쳤다. 앞서 언급한 마가릿 대처는 1925년생으로 2013년 87세로, 1911년 생인 레이건은 2004년 93세로 삶을 마쳤다.

지미 카터가 독재자 킬러가 된 이유는 도덕과 인권 외교를 펼친 그가 독재자에게 죽음의 저주를 걸었기 때문은 아니었다. 그가 독재자 킬러가 될 수 있었던 진짜 이유는 세계 평화를 위해 수많은 독재자를 만난 그가 지금도 살아있기 때문이다. 그가 만난 권력자 중 독재자든 아니든, 그보다 나이가 많은 사람은 모두 생을 마감했다. 1924년생으로 지미 카터와 동갑 인 짐바브웨의 독재자 로버트 무가베도 끝내 2019년에 95세의 나이로 사망함으로써 지미 카터에게 무릎을 꿇었다.

이전에 지미 카터는 텔레비전 인터뷰에서
"대통령 각하께서는 잠수함 부대의 장교, 농부, 사업가, 주지사 등을 역임한 뒤 워싱턴 정가에서 활동하셨습니다. 그런데 지난날을 회고하신다 면 언제가 가장 좋은 시절이었습니까?"

라고 묻자 그는 이렇게 답했다.

"내게 있어 가장 좋은 시절은 백악관을 떠난 뒤 아내인 로잘린과 함께 즐겁게 지내고 있는 바로 이 순간입니다."[285]

지미 카터는 대통령 재임 당시 운이 없었고, 많은 사람이 그를 무능하고 유약했다고 비난했다. 하지만 그는 다른 측면에서 그 어느 권력자보다 강했다. 동시대 정치인들은 이미 흙으로 돌아갔지만, 그는 여전히 흙을 딛고 살아 숨 쉬고 있기 때문이다.

누가 뭐래도 진정한 승자는 살아있는 지미 카터다. 독재자 킬러인 지미 카터의 비밀 무기는 바로 장수였다.

에필로그

이 책은 우연히 환자들에게 평소 건강관리의 중요성, 그중에서도 금연의 필요성에 관해 설명하다가 쓰게 되었다. 그렇기에 맨 처음 쓴 내용은 히틀러의 주치의가 아니라, 담배와 술을 사랑하다 뇌혈관 질환으로 무너진 세 거두였다. 그런데 수백 권의 책에 파묻혀 미친 듯이 글을 쓰다 정신을 차려보니, 역사와 정치, 인물에 관한 엄청난 분량의 원고가 쌓여있었다. 평소 역사와 정치, 경제와 전쟁에 대해 관심이 많아 다양한 분야의 독서를 했던 것이 큰 도움이 되었다.

책을 쓰면서 나는 동시대의 위대한 인물들이 나에게 이런 글을 쓰라고 같은 질환에 걸려 유명을 달리한 것은 아닐까 하는 말도 안 되는 착각에 빠지기도 했다. 운명처럼 레닌과 윌슨은 뇌경색으로, 스탈린과 루스벨트는 뇌출혈로, 레이건과 대처는 치매로, 아옌데와 노무현은 자살로 죽음을 맞이했다.

나는 의사로서도, 작가로서도 항상 조심스럽다. 환자에 대한 나의 진단이, 인물에 대한 나의 평가가 틀릴 수 있기 때문이다. 그렇기에 환자의 목소리에 기울이고 꼼꼼한 진찰을 한 후 진단을 내리듯, 역사적 인물에 대해서도 그러기 위해 노력했다. 많은 책을 읽은 것은 물론이고, 내가 직접 그 인물이라고 생각하고 그들이 내린 선택과 결정을 이해하려고 노력했다.

하지만 나는 의학과 달리 역사에 대해서 그 어떤 정식 교육을 받지 못했기에 기대보다는 걱정과 우려가 앞선다. 거기다 역사라는 것이 의학과는 달리, 보는 시각에 따라 완전히 평가가 달라진다. 그런 점에서 오히려 의학이 더 쉬웠다. 뇌출혈 환자의 CT를 보면, 의사라면 누구나 인상을 약간 쓰면서, "음, 뇌출혈이군."이라고 말한다. 그렇기에 인물이 걸린 질병이나 사망 원인에 대해서는 논문이나 부검 소견을 찾아 보면서 쉽게 말할 수 있었다.

하지만 인물에 대한 평은 완전히 달랐다. 더구나 레닌, 라스푸틴, 스탈린, 흐루쇼프, 우드로 윌슨, 레이건, 지미 카터, 비스마르크, 히틀러, 홍수전, 이홍장, 서태후, 쑨원, 장제스, 처칠, 대처, 김씨 삼대, 노무현, 아옌데까지 파란만장한 근현대사에 큰 영향을 끼친 인물을 단순히 몇 자로 표현하는 건 사실상 불가능에 가까웠다. 하지만 무식한 자가 용감하다고, 나는 역사에 관해서는 아마추어이기에 과감하게 인물에 대한 나만의 평가를 할 수 있었다. 그러니 틀려도 널리 이해해 주기시를 빈다.

내가 쓴 글이 장님의 코끼리 만지기라는 것을 누구보다도 잘 안다. 그러니 이 책을 읽다 자기 생각과 다르더라도 굳이 화낼 필요가 없다. 내가 지금 만지고 있는 게 코끼리의 긴 코가 아니라 꼬리일 수 있고, 당신이 잡고 있는 게 코끼리의 배꼽일 수도 있으니까.

많은 사람의 도움을 받았다. 나에 앞서, 인물에 대해 책이나 인터넷에 글을 쓴 모든 작가나 역사가에게 감사의 말을 전한다. 얼굴도, 때로는 이름도 모르는 무수히 많은 선배가 있었기에 이번 책이 나올 수 있었다. 도움이 되신 분만 수백 명이 넘어 일일이 이름을 거론할 수 없어 미안할 따름이다. 내가 다른 이가 쓴 책을 발판으로 더 높고 새로운 세상을 볼 수 있었던 것처럼, 나의 이 부족한 책도 누군가에게 작은 발판이 되기를 소망한다.

이 글에 나오는 인물들은 권력을 잡거나, 혁명을 일으키거나, 한 나라를 이끈 사람들이다. 시간이 흘러도 누군가는 그들에 관해 궁금해하고, 그들에 관한 글을 읽고, 그들을 떠올릴 것이다. 좋든 나쁘든 불멸의 명예를 얻은 이들이다. 하지만 그들도 아프고, 늙고, 죽는 것을 피해 가지 못했다. 필멸의 인간이 가진 한계였다.

이 책을 통해, 누구는 평소에 잘 알지 못했던 역사를 좀 더 알게 되고, 어떤 이는 건강과 좋은 주치의를 만나는 것의 중요성을 깨닫고, 또 다른 이는 인생의 허무함을 느낄지도 모르겠다.

이 긴 책을 읽는 동안, 정치 성향 따위는 잠시 잊고 독자 모두 잠시나마 즐거웠기를 바란다. 지미 카터의 말처럼 "살아있는 지금, 이 순간이 최고의 순간"이기를 빈다. 이 책을 읽는 순간에도 한 번뿐인 인생이, 다시 돌아오지 않는 시간이 흘러가고 있기에.

미주

1 그레이트 게임 27 페이지 피터 홉커크 지음 사계절 출판사 2008
2 소련초기 교육제도변화의 특징 연구: 혁명 후 스탈린 집권말기까지 정치, 경제적 관점에서 중소 연구 40권 2호 김상현
3 혁명의 러시아 1891~1991 44 페이지 올랜도 파이지스 어크로스 2017
4 라스푸틴 178 페이지 조지프 푸어만 지음 양병찬 옮김 생각의 힘 출판사 2017
5 레닌 평전 1 105 페이지 토니 클리프 지음 책갈피 출판사 2010
6 라스푸틴 260 페이지 조지프 푸어만 지음 양병찬 역 생각의 힘 출판사 2017
7 라 스푸틴 334 페이지 조지프 푸어만 지음 생각의 힘 출판사 2017
8 라스푸틴 364 페이지 조지프 푸어만 지음 생각의 힘 출판사 2017
9 혁명의 러시아 1891~1991 114 페이지 올랜도 파이지스 어크로스 2017
10 같은 책 111 페이지
11 같은 책 121 페이지
12 같은 책 79 페이지
13 레닌 평전 1 131 페이지 토니 클리프 지음 책갈피 출판사 2010
14 레닌 평전 2 177 페이지 토니 클리프 지음 이수현 옮김 책갈피 출판사 2010
15 혁명의 러시아 1891~1991 140 페이지 올랜도 파이지스 어크로스 2017
16 무장한 예언자 409 페이지 트로츠크 아이작 도이처 지음 시대의 창 2017
17 레닌평전 3 14페이지 토니 클리프 지음 책갈피 출판사 2010
18 우드로 윌슨 권오신 지음 선인 출판사 2011
19 미국 외교의 역사 323 페이지 권용립 삼인 출판사. 2010
20 출처: Woodrow Wilson: Ruling Elder, Spiritual President. Barry Hankins 지음. Oxford University Press. 2016년 5월
21 미국 외교의 역사. 309 페이지 권용립. 삼인 출판사. 2010
22 코뮤니스트 123 페이지 로버스 서비스 지음 김남섭 옮김 교양인 출판사 2012
23 무장한 예언자 트로츠키 667 페이지 아이작 도이처 지음 시대의 창 2017
24 혁명의 러시아 1891~1991 171 페이지 올랜도 파이어스 지음 어크로스 2017
25 레닌평전 3 223 페이지 토니 클리프 지음 책갈피 출판사 2010
26 같은책 225 페이지
27 혁명의 러시아 1891~1991 173 페이지 올랜도 파이지스 어크로스 2017
28 Kaplan GP, Petrikovsky BM. Advanced cerebrovascular disease and the death of Vladimir Ilyich Lenin. Neurology 1992;42:241-245.
29 혁명의 러시아 1891~1991 193페이지 올랜도 파이지스 어크로스 2017
30 위의 책 193페이지

31 같은 책 419 페이지

32 아돌프 히틀러 결정판 1 264 페이지 존 톨랜드 지음 페이퍼로드 출판사

33 1945 81 페이지 마이클 돕스 지음 홍희범 옮김 모던 아카이브 출판사 2018

34 처칠, 끊없는 투쟁 101 페이지 제바스티안 하프너 지음, 안인희 옮김 돌베개 2019

35 처칠, 끊없는 투쟁 82 페이지 제바스티안 하프너 지음, 안인희 옮김 돌베개 2019

36 1945 33 페이지 마이클 돕스 지음 홍희범 옮김 모던 아카이브 출판사 2018

37 1독재자의 새로운 얼굴 60 페이지 올레크 V. 흘레브뉴크 지음 유나영 옮김 삼인 출판사 2017

38 차일드 44 57 페이지 톰 롭 스미스 박산호 옮김 노블마인 2009

39 처칠과 루스벨트 45 페이지 존 미첨 지음 이중순 옮김 조선일보사 2004

40 처칠과 루스벨트 27 페이지 존 미첨 미증 이중순 옮김 조선 일보사 2004

41 스탈린 독재자의 새로운 얼굴 133 페이지 올레크 V. 흘레브뉴크 지음 유나영 옮김 삼인 출판
   사 2017

42 혁명의 러시아 1891~1991 193 페이지 올랜도 파이지스 지음 조준래 옮김 어크로스 2017

43 독재자가 되는 법 162 페이지 프랑크 디쾨터 지음 고기탁 옮김 열린 책들 2021

44 혁명의 러시아 1891~1991 282 페이지 올랜도 파이지스 지음 조준래 옮김 어크로스 2017

45 1945 마이클 돕스 지음 225 페이지 홍희범 옮김 모던 아카이브 출판사 2018

46 독소 전쟁사 34 페이지 데이비드 M. 글랜츠/조너선 M 하우스 지음 열린책들 2007

47 지독하게 인간적인 하루들. 167 페이지 마이클 파쿼 지음 박인균 옮김 청림 출판사 2018

48 오늘날, 일부에서는 그가 소아마비가 아니라, 신경성 질환인 길랑바레 증후군이고 주장하기
   도 한다. 길랑바레 또한 상지보다 하지의 마비를 동반하지만, 다수가 1년 안에 호전된다는 점
   에서 가능성은 낮아 보인다.

49 8월의 포성 276 페이지 바바라 터크먼 지음 평민사 2008

50 폭격기의 달이 뜨면 43 페이지 에릭 라슨 지음 이경남 옮김 생각의 힘 출판사 2021

51 폭격기의 달이 뜨면 157 페이지 에릭 라슨 지음 이경남 옮김 생각의 힘 출판사 2021

52 1945 73 페이지 마이클 돕스 지음 홍희범 옮김 모던 아카이브 출판사 2018

53 독재자의 여인들 200 디안 뒤르케 지음 전용희 옮김 SEEDPAPER 2011

54 얄타: 8일간의 외교전쟁 594 페이지 세르히 플로히 지음 허승철 옮김 역사비평사 2020

55 1945 238 페이지 마이클 돕스 지음 홍희범 옮김 모던 아카이브 출판사 2018

56 같은 책 239 페이지

57 독재자의 여인들 188 디안 뒤르케 지음 전용희 옮김 SEEDPAPER 2011

58 독재자의 새로운 얼굴 340 페이지 올레크 V. 흘레브뉴크 지음 유나영 옮김 삼인 출판사 2017

59 What did Joseph Stalin really die of? A reappraisal of his illness, death, and
   autopsy findings
   Rolf F. Barth a,*, Sergey V. Brodsky a, Miroljub Ruzic b https://doi.org/10.1016/
   j.carpath.2019.02.003

60 독재자의 새로운 얼굴 528 페이지 올레크 V. 흘레브뉴크 지음 유나영 옮김 삼인 출판사 2017

61 What did Joseph Stalin really die of? A reappraisal of his illness, death, and
   autopsy findings
   Rolf F. Barth a,*, Sergey V. Brodsky a, Miroljub Ruzic b https://doi.org/10.1016/

j.carpath.2019.02.003

62 비스마르크 평전 116 페이지 강미현 지음 에코 라브르 출판사 2010

63 위의 책 147 페이지

64 또다른 비스마르크를 만나다. 47 페이지 강미현 지음 에코리브르 2012

65 위의 책 11 페이지

66 비스마르크 평전 307 페이지 강미현 지음 에코 라브르 출판사 2010

67 지금, 비스마르크 127 페이지 에버하르트 콜브 지음 김희상 옮김 메디치 출판사 2021

68 비스마르크 평전 702 페이지 강미현 지음 2010년 에코 리브르 출판사 2010

69 지금, 비스마르크 174 페이지 에버하르트 콜브 지음 김희상 옮김 메디치 출판사 2021

70 또 다른 비스마르크를 만나다. 235 페이지 강미현 엮음 에코 리브르 출판사 2012

71 지금, 비스마르크 175 페이지 에버하르트 콜브 지음 김희상 옮김 메디치 출판사 2021

72 또 다른 비스마르크를 만나다. 236 페이지 강미현 엮음 에코 리브르 출판사 2012

73 철과 피의 제국 45 페이지 스테판 로란트 엔북 2017

74 비스마르크에서 히틀러까지 90 페이지 제바스티안 하프너 지음 안인희 옮김 돌베개 출판사 2016

75 8월의 포성 148 페이지 바바라 터크먼 지음 평민사 2008

76 8월의 포성 151 페이지 바바라 터크먼 지음 평민사 2008

77 비스마르크에서 히틀러까지 155 페이지 제바스티안 하프너 지음 안인희 옮김 돌베개 출판사 2016

78 로자 룩셈부르크 평전 569 페이지 막스 갈로 푸른 숲 2002

79 히틀러 1권 166 페이지 이언 커쇼 지음 이희재 옮김 교양인 출판 2020

80 히틀러 1권 59 페이지 이언 커쇼 지음 이희재 옮김 교양인 출판사 2020

81 아돌프 히틀러 결정판 1 121 페이지 존 톨랜드 지음 민흥국 옮김 페이퍼로드 출판사 2019

82 아돌프 히틀러 결정판 1 160 페이지 존 톨랜드 지음 민흥국 옮김 페이퍼로드 출판사 2019

83 권력과 여자들 132 페이지 안트예 빈트 가센 지음 홍은진 옮김 한문화 2004

84 권력과 여자들 133 페이지 안트예 빈트 가센 지음 홍은진 옮김 한문화 2004

85 파시즘 211 페이지 로버트 O. 팩스턴 옮김 손명희, 최희영 옮김 교양인 출판사 2015

86 1923년 히틀러가 수감된 란츠베르크 교도소의 신체 검사 결과지

87 Mathews, 1997; Lee et al.,1996, 1997

88 독재자들 44 페이지 리처드 오버리 조행복 옮김 교양인 출판사 2010

89 독재자들 44 페이지 리처드 오버리 지음 조행복 옮김 교양인 출판사 2010

90 아돌프 히틀러 결정판 1 496 페이지 존 톨랜드 지음 민흥국 옮김 페이퍼로드 출판사 2019

91 히틀러의 성공시대 1 김태권 지음 한겨레 출판 2012

92 그들은 자신이 자유롭다고 생각했다. 34 페이지 밀턴 마이어 지음 박중서 옮김 갈라파고스 2014

93 독재자들 115 페이지 리처드 오버리 지음 조행복 옮김 교양인 출판사 2010

94 히틀러 1편 724 페이지 이언 커쇼 지음 교양인 출판 2020

95 히틀러 북 38 페이지 헨릭 에벨레 편저 루비 박스 2008

96 아돌프 히틀러 결정판 1 719 페이지 존 톨랜드 지음 민흥국 옮김 페이퍼로드 출판사 2019

97 비스마르크에서 히틀러까지 246 페이지 제바스티안 하프너 지음 안인희 옮김 돌베개 출판사 2016

98 히틀러의 장군들 1 만슈타인 평전 저자 Benoit Lemay 한역 정주용 좋은 땅 2017

99 비스마르크에서 히틀러까지 249 페이지 제바스티안 하프너 지음 안인희 옮김 돌베개 출판사 2016

100 Fantasy and Reality in Nazi Work-Creation Programs, 1933-1936 Dan P. Silverman

101 Unemployment Rate by Year Since 1929 Compared to Inflation and GDP U.S. Unemployment Rate History BY KIMBERLY AMADEO

102 뉴딜, 세편의 드라마 145 페이지 볼프강 쉬벨부시 지음 차문석 옮김 지식의 풍경 2009

103 Fantasy and Reality in Nazi Work-Creation Programs, 1933-1936 Dan P. Silverman and Unemployment Rate by Year Since 1929 Compared to Inflation and GDP U.S. Unemployment Rate History BY KIMBERLY AMADEO

104 히틀러에 붙이는 주석 66 페이지 제바스티안 하프너 지음 안인희 옮김 돌베개 2014

105 그들은 자신들이 자유롭다고 생각했다. 97 페이지 밀턴 마이어 지음 박중서 옮김 갈라파고스 2014

106 그들은 자신들이 자유롭다고 생각했다. 83 페이지 밀턴 마이어 지음 박중서 옮김 갈라파고스 2014

107 스탈린과 히틀러의 전쟁 59 페이지 리처드 오버리 지음 류한수 옮김 지식의 풍경 출판사 2003

108 피에 젖은 땅 142 페이지 티머시 스나이더 지음 글항아리 2021

109 아돌프 히틀러 결정판 2 79 페이지 존 톨랜드 지음 민흥국 옮김 페이퍼로드 출판사 2019

110 아돌프 히틀러 결정판 2 45 페이지 존 톨랜드 지음 민흥국 옮김 페이퍼로드 출판사 2019

111 아돌프 히틀러 결정판 2 129 페이지 존 톨랜드 지음 민흥국 옮김 페이퍼로드 출판사 2019

112 2차 대전의 마이너리그 199 페이지 한종수 지음 길찾기 출판사 2015

113 폭격기의 달이 뜨면 335 페이지 에릭 라슨 지음 이경남 옮김 생각의 힘 출판사 2021

114 세계사 최대의 전투 170 페이지 앤드로 나로그르키 지음 차병직 옮김 까치 출판사 2011

115 2차 대전의 마이너리그 291페이지 한종수 지음 길찾기 출판사 2015

116 세계사 최대의 전투 42 페이지 앤드로 나로그르키 지음 차병직 옮김 까치 출판사 2011

117 아돌프 히틀러 결정판 2 268 페이지 존 톨랜드 지음 민흥국 옮김 페이퍼로드 출판사 2019

118 Colville, Fringes of Power, 404

119 아돌프 히틀러 결정판 2 297 페이지 존 톨랜드 지음 민흥국 옮김 페이퍼로드 출판사 2019

120 세계사 최대의 전투 58 페이지 앤드로 나로그르키 지음 차병직 옮김 까치 출판사 2011

121 같은 책 42 페이지

122 같은 책 260 페이지

123 같은 책 41 페이지

124 카스트 114 페이지 이저벨 윌커슨 지음 이경남 옮김 알에이치 코리아 2022

125 같은 책 117 페이지

126 같은 책 125 페이지

히틀러의 주치의들

127 같은 책 126 페이지

128 https://www.hani.co.kr/arti/opinion/column/1039581.html

129 독소전쟁사 데이비드 M. 글랜츠/조너선 M 하우스 지음 열린책들 2007

130 세계사 최대의 전투 58 페이지 앤드로 나로그르키 지음 차병직 옮김 까치 출판사 2011

131 세계사 최대의 전투 373 페이지 앤드로 나로그르키 지음 차병직 옮김 까치 출판사 2011

132 같은 책 373 페이지

133 같은 책 279 페이지

134 여기 들어오는 자, 모든 희망을 버려라. 156 페이지 안토니 비버 지음 안종설 옮김 서해 문집 2004

135 같은 책 203 페이지

136 같은 책 203 페이지

137 같은 책 556 페이지

138 아틀라스 전차전 139 페이지 스티븐 하트 지음 김홍래 옮김 플래닛 미디어 2013

139 아돌프 히틀러 결정판 2 534 페이지 존 톨랜드 지음 민흥국 옮김 페이퍼로드 출판사 2019

140 아르덴 대공세 20 페이지 앤터니 비버 지음 이광준 옮김 글항아리 출판사 2021

141 히틀러 최후의 14일 81 페이지 요아힘 페스트 지음 안인희 옮김 교양인 출판사 2005

142 Adolf hitler's medical care D. Doyle J R Coll Physicians Ediinb 2005 Feb; 35(1):75~82

143 아돌프 히틀러 결정판 1 675 페이지 존 톨랜드 지음 민흥국 옮김 페이퍼로드 출판사 2019

144 Brandt LJ, Chey WD, Foxx-Orenstein AE, et al; American College of Gastroenterology Task Force on Irritable Bowel Syndrome. An evidence-based position statement on the management of irritable bowel syndrome. Am J Gastroenterol 2009;104(Suppl 1):S1-S35.

145 Adolf hitler's medical care D. Doyle J R Coll Physicians Ediinb 2005 Feb; 35(1):75~82

146 아돌프 히틀러 결정판 1 676 페이지 존 톨랜드 지음 민흥국 옮김 페이퍼로드 출판사 2019

147 히틀러 북 166 페이지 헨릭 에벨레 편저 루비 박스 2008

148 히틀러 2 751 페이지 이언 커쇼 지음 교양인 출판 2020

149 아돌프 히틀러 결정판 2 36 페이지 존 톨랜드 지음 민흥국 옮김 페이퍼로드 출판사 2019

150 Adolf hitler's medical care D. Doyle J R Coll Physicians Ediinb 2005 Feb; 35(1):75~82

151 WAS HILTER ILL? Hans-Joachim Neumann and Henric Eberle 189 page polity 2013

152 아돌프 히틀러 결정판 2 634 페이지 존 톨랜드 지음 민흥국 옮김 페이퍼로드 출판사 2019

153 아돌프 히틀러 결정판 2 652 페이지 존 톨랜드 지음 민흥국 옮김 페이퍼로드 출판사 2019

154 비스마르크에서 히틀러까지 286 페이지 제바스티안 하프너 지음 안인희 옮김 돌베개 출판사 2016

156 잃어버린 승리, 만슈타인 회고록 31 페이지 만슈타인 지음 한역 정주용 좋은 땅 출판사 2016

157 히틀러 1편 650 페이지 이언 커쇼 지음 교양인 출판 2020

158 그들은 자신들이 자유롭다고 생각했다. 34 페이지 밀턴 마이어 지음 박중서 옮김 갈라파고스 2014

159 히틀러 최후의 14일 99 페이지 / 요아힘 페스트 / 안인희 옮김/ 교양인 출판사 2005

160 피에 젖은 땅 티머시 스나이더 지음 함규진 옮김 글항아리 2021

161 Our world in data

162 베를린 누아르 독일 장송곡 45 페이지 변용 필립 커 지음 박진세 옮김 북스피어 2018

163 독일은 어떻게 유럽을 지배하는가 92페이지 폴 레버 지음 이영래 옮김 메디치 미디어 2019

164 독일은 왜 잘하는가 존 캠프너 지음 박세연 옮김 열린책들 2022

165 잃어버린 승리, 만슈타인 회고록 612 페이지 만슈타인 지음 한역 정주용 좋은 땅 2016

166 히틀러의 장군들 262 페이지 남도현 플래닛 미디어 2009

167 바디 우리 몸 안내서 270페이지 빌 브라이슨 지음 이한음 옮김 까치 2020

168 WAS HILTER ILL? Hans-Joachim Neumann and Henric Eberle 190 page polity 2013

169 2019년 홍콩 민주화 시위에 관한 인터넷 뉴스에 달린 아이디 lohe****씨의 댓글

170 아편전쟁 66 페이지 서경호 지음 일조각 2020

171 제국의 상점 71 페이지 라귀룽 지음 이화승 옮김 소나무 2008

172 아편전쟁 160 페이지 변용 서경호 지음 일조각 2020

173 현대중국을 찾아서 1 216 페이지 조너선 D. 스펜스 지음 김희교 옮김 이산 출산 1998

174 리훙장 평전 150 페이지 량치차오 지음 박희성 옮김 프리스마 출판사 2013

175 제국 일본의 전쟁 115 페이지 박영준 지음 사회평론아카데미 2020

176 청일전쟁 780 페이지 천순천 지음 조양욱 역 세경 출판사 2012

177 리훙장 평전 26 페이지 량치차오 지음. 박희성 옮김 프리스마 2013

178 드라큘라 그의 이야기 185 페이지 레이몬드 맥널리 지음 루비박스 옮김 2005

179 서태후와 궁녀들 룽얼 구술/진이, 선이링 지음주수련 옮김 글항아리 출판사 2012

180 현대중국을 찾아서 1 281 페이지 조너선 D. 스펜스 지음 김희교 옮김 이산 출산 1998

181 원세개 36 페이지 허우 이제 지음 장지용 옮김 지호 출판사 2003

182 감국대신 위안스카이 19 페이지 이양자 지음 한울 출판사 2020

183 원세개 255 페이지 허우 이제 지음 장지용 옮김 지호 출판사 2003

184 원세개 241 페이지 허우 이제 지음 장지용 옮김 지호 출판사 2003

185 중국군벌전쟁 224 페이지 권성욱 지음 미지북스 2020

186 현대중국을 찾아서 1 317 페이지 조너선 D. 스펜스 지음 김희교 옮김 이산 출산 1998

187 중국인 이야기 2 김명호 한길사 2013

188 중국군벌전쟁 296 페이지 권성욱 지음 미지북스 2020

189 중국군벌전쟁 407 페이지 권성욱 지음 미지북스 2020

190 마오쩌둥 평전 171 페이지 알렉산더 판초프 지음 심규호 옮김 민음사 2019

191 뉴욕 타임즈 1925년 3월 12일판

192 아이링, 칭링, 메이링 163 페이지 장융 지음 이옥지 옮김 까치 출판사 2021

193 장제스 평전 153 페이지 조너선 펜비 지음 노만수 옮김 민음사 2014

194 중국 군벌 전쟁 801 페이지 권성욱 지음 마지북스 2020.
195 장제스 평전 35 페이지 조너선 펜비 지음 노만수 옮김 민음사 2014
196 장제스 평전 78 페이지 조너선 펜비 지음 노만수 옮김 민음사 2014
197 중국인 이야기 2 294 페이지 김명호 한길사 2013
198 중국인 이야기 2 294 페이지 김명호 한길사 2013
199 중국인 이야기 2 307 페이지 김명호 한길사 2013
200 중국인 이야기 2 300 페이지 김명호 한길사 2013
201 아이링, 칭링, 메이링 188 페이지 장융 지음 이옥지 옮김 까치 출판사 2021
202 아이링, 칭링, 메이링 190 페이지 장융 지음 이옥지 옮김 까치 출판사 2021
203 쟁점으로 읽는 중국 근대 경제사 1800~1950 99 페이지 필립 리처드슨 지음 강진아 역 푸른 역사 2007
204 중국인 이야기 1 472 페이지 김명호 한길사 2012
205 아이링, 칭링, 메이링 212 페이지 장융 지음 이옥지 옮김 까치 출판사 2021
206 장제스 평전 181 페이지 조너선 펜비 노만수 옮김 민음사 2014
207 중일 전쟁 467 페이지 권성욱 지음 미지북스 2015
208 장제스 평전 567 페이지 조너선 펜비 지음 노만수 옮김 민음사 2014
209 중일 전쟁 803 페이지 권성욱 미지북스 2015
210 장제스 평전 585 페이지 조너선 펜비 지음 노만수 옮김 민음사 2014
211 현대중국을 찾아서 2 85 페이지 조너선 스펜스 지음 김희교 옮김 이산 1998
212 아이링, 칭링, 메이링 216 페이지 장융 지음 이옥지 옮김 까치 출판사 2021
213 비밀 의정서 내용은 (1) 중국 동북 지역과 신장 지역에서 소련 특권 제공(소련인을 제외한 모든 외국인은 그곳에서 떠나야 했다) (2) 소련-중국 네 개의 합자 회사 설립. 2개는 신장에 희귀한 비철 금속과 석유 채굴 회사. 그중 두 개는 다롄에 민간 항공과 수리 및 건조 회사였다. (3) 철도와 뤼순의 해군 기지에 대한 통제권 1952년까지 유보. 장춘 철도 50대 50. 으로 중국에게는 굴욕적이었다.
214 https://www.widewalls.ch/magazine/ernst-neizvestny-dead
215 해방의 비극 432 페이지 프랑크 디쾨터 지음 고기탁 옮김 열린책들 출판사 2017
216 현대 중국을 찾아서 2 155 페이지 조너선 D. 스펜스 지음 이산 출판사 2013
217 해방의 비극 432 페이지 프랑크 디쾨터 지음 고기탁 옮김 열린책들 출판사 2017
218 마오쩌둥 평전 628 페이지 알렉산더 판초프 지음 심규호 옮김 민음사 2019
219 피에 젖은 땅 84 페이지 티머시 스나이더 지음 글항아리 2021
220 위의 책 85 페이지
221 위의 책 87 페이지
222 마오쩌둥 평전 647 페이지 알렉산더 판초프 지음 심규호 옮김 민음사 2019
223 마오쩌둥 평전 648 페이지 알렉산더 판초프 지음 심규호 옮김 민음사 2019
224 마오쩌둥 평전 102 페이지 알렉산더 판초프 지음 심규호 옮김 민음사 2019
225 마오의 대기근 42 페이지 프랑크 디쾨터 지음 최파일 옮김 열린책들 2018
226 마오의 대기근 84, 85 페이지 프랑크 디쾨터 지음 최파일 옮김 열린책들 2018
227 마오쩌둥 평전(알렉산더 판초프 지음 심규호 옮김 민음사 2019)을 요약함

228 마오의 대기근 403 페이지 프랑크 디쾨터 지음 최파일 옮김 열린책들 2018

229 모택동의 사생활 2권 271 페이지 리즈수이 지음 손풍삼 옮김 고려원 출판사 1995

230 모택동의 사생활 2권 284 페이지 리즈수이 지음 손풍삼 옮김 고려원 출판사 1995

231 마오의 대기근 492 페이지 프랑크 디쾨터 지음 최파일 옮김 열린책들 2018

232 해방의 비극 356 페이지 프랑크 디쾨터 지음 최파일 옮김 열린책들 2018

233 마오쩌둥 평전 687 페이지 알렉산더 판초프 지음 심규호 옮김 민음사 2019

234 중국인 이야기 1권 28 페이지 김명호 한길사 2017

235 마오쩌둥 평전 703 페이지 알렉산더 판초프 지음 심규호 옮김 민음사 2019

236 모택동의 사생활 2권 143 페이지 리즈수이 지음 손풍삼 옮김 고려원 출판사 1995

237 문화대혁명 139 페이지 프랑크 디쾨터 지음 고기탁 옮김 열린책들 출판사 2017

238 모택동의 사생활 3권 40 페이지 리즈수이 지음 손풍삼 옮김 고려원 출판사 1995

239 〔월드리포트〕장쩌민, 저우언라이는 왜 '방광암'에 쓰러졌나? SBS 뉴스 2014년 9월 16일.

240 문화대혁명 413 페이지 프랑크 디쾨터 지음 고기탁 옮김 열린책들 출판사 2017

241 문화대혁명 482 페이지 프랑크 디쾨터 지음 고기탁 옮김 열린책들 출판사 2017

242 독재자의 여인들 364 페이지 디안 뒤르케 지음 전용희 옮김 SEEDPAPER 2011

243 모택동의 사생활 2권 247 페이지 리즈수이 지음 손풍삼 옮김 고려원 출판사 1995

244 미국을 연주한 드러머, 레이건 167 페이지 마이클 디버 지음, 정유섭 옮김, 열린책들 2005

245 중간은 없다. 마가릿 대처의 생애와 정치 각각 87, 95, 96 페이지 박지향 지음 기파랑 출판사 2008.

246 소비자 물가 상승률은 1973~1979까지 14.8%를 기록했다. (75년도에는 무려 24.2%) 출처: OECD 1987

247 OECD 1987

248 중간은 없다. 마라릿 대처의 생애와 정치. 31 페이지 박지향 지음, 기파랑 출판사. 2008

249 Abrose(1988), p. 344, 〈미국 외교의 역사〉권용립 지음. 삼인 출판사 2010 재인용

250 "Suicide Mortality in the United States: The Importance of Attending to Method in Understanding Population-Level Disparities in the Burden of Suicide" Matthew Miller, Deborah Azrael, and Catherine Barber Harvard Injury Control Research Center, Harvard School of Public Health, Boston, Massachusetts 02115; (Annu. Rev. Public Health 2012. 33:393-408) and "Suicide Acts in 8 States: Incidence and Case Fatality Rates by Demographics and Method" Rebecca S. Spicer, MPH, and Ted R. Miller, PhD (Am J Public Health. 2000;90:1885-1891)

251 중앙자살예방센터 '2019 응급실 기반 자살시도자 사후관리사업'

252 아옌데의 시간 116 페이지 카를로스 레예스 글 로드리고 엘게타 그림 정승희 옮김 아모르문디 2020

253 조선일보 1991년 9월 17일자 보도

254 1971년 7월 16일 〈LIFE〉 magazine Allende: A special kind of Marxist 38 페이지 및 〈살바도르 아옌데: 혁명적 민주주의자〉 120 페이지 빅터 피게로아 클라크 지음 정인환 옮김 서해문집 2016

히틀러의 주치의들

255 코뮤니스트 19 페이지 로버스 서비스 지음 김남섭 옮김 교양인 출판사 2012

256 "기억하라, 우리가 이곳에 있음을" 176 페이지 살바도르 아옌데, 파블로 네루다 외 지음 정인환 옮김 서해 문집

257 바다의 긴 꽃잎 334 페이지 이사벨 아옌데 권미선 옮김 민음사 2022

258 아옌데 그리고 칠레의 경험 10 페이지 호안 E. 가르세스 클 출판사 2020

259 '하나회' 반발에 "개가 짖어도 열차는 달린다" 중앙일보 인터넷판 2015.11.23 02:16 정용수 기자

260 영혼의 집 2 206 페이지 이사벨 아옌데 지음 권미선 옮김 민음사 2003

261 살바도르 아옌데: 혁명적 민주주의자 221 페이지 빅터 피게로아 클라크 지음 정인환 옮김 서해문집 2016

262 대변동 190 페이지 제레드 다이아몬드 지음 강주헌 옮김 김영사 2019

263 아옌데의 시간 51 페이지 카를로스 레예스 글 로드리고 엘게타 그림 정승희 옮김 아모르문디 2020

264 아옌데 그리고 칠레의 경험 413 페이지 호안 E. 가르세스 김영석, 박호진 옮김 클 출판사 2020

265 살바도르 아옌데: 혁명적 민주주의자 237 페이지 빅터 피게로아 클라크 지음 정인환 옮김 서해문집 2016

266 영혼의 집 2 249페이지 이사벨 아옌데 지음 권미선 옮김 민음사 2003

267 독재자가 되는 법 262 페이지 프랑크 디쾨터 지음 고기탁 옮김 열린책들 2019

268 동아일보 1937년 6월 7일 기사

269 김정은의 요리사 153 페이지 후지모토 겐지 지음 월간 조선사 2003

270 출처: 장성택의 길 255 페이지 라종일 지음 알마 출판사 2016

271 https://www.guinnessworldrecords.com/world-records/77483-largest-football-soccer-stadium

272 독재자를 사랑한 여인들 140 페이지 디안 뒤크레 허지은 옮김 문학세계사 2012

273 장성택의 길 191 페이지 라종일 지음 알마 출판사 2016

274 장성택의 길 266 페이지 라종일 지음 알마 출판사 2016

275 2020 국방백서

276 독재자를 사랑한 여인들 122 페이지 디안 뒤크레 허지은 옮김 문학세계사 2012

277 독재자를 사랑한 여인들 140 페이지 디안 뒤크레 허지은 옮김 문학세계사 2012

278 안녕하세요 김정남입니다 83 페이지 지은이 고미 요지 중앙 Mb 2012

279 안녕하세요 김정남입니다 9 페이지 고미 요지 중앙 Mb 2012

280 https://www.khan.co.kr/politics/politics-general/article/201010262216135

281 안녕하세요 김정남입니다 212 페이지 지은이 고미 요지 중앙 Mb 2012

282 김정은의 요리사 55 페이지 후지모토 겐지 지음 월간 조선사 2003

283 정종욱 외교 비록 82페이지 정종욱 지음 기파랑 출판사 2019

284 진정한 리더는 떠난 후에 아름답다. 서문 지미 카터 지음 이종훈 옮김 중앙북스 2008

참고 문헌

-제 1 부: 막혀버린 혁명과 이상

로버트 서비스, 『레닌』, 시학사(2001)
로버트 서비스, 『핀란드 역으로』, 이매진(2007)
로버트 서비스, 『코뮤니스트』, 교양인(2012)
토니 클리프, 『레닌평전1,2,3,4』, 책갈피(2009)
블라디슬라프 M. 주보크, 『실패한 제국1,2』, 아카넷(2016)
존 리드, 『세계를 뒤흔든 열흘』, 책갈피(2005)
데이비드 매클린런, 『마르크스』, 시공사(1998)
이상엽, 『레닌이 있는 풍경』, 산책자(2007)
아이작 도이치, 『무장한 예언자 트로츠키』, 한영문화사(2017)
아이작 도이치, 『비무장의 예언자 트로츠키』, 한영문화사(2017)
아이작 도이치, 『추방된 예언자 트로츠키』, 한영문화사(2017)
마이클 피어슨, 『레닌의 연인 이네사』, 나무의 숲(2006)
올랜도 파이지스, 『혁명의 러시아 1891~1991』, 어크로스(2017)
피터 홉커크, 『그레이트 게임』, 사계절(2008)
바바라 터크먼, 『8월의 포성』, 평민사(2008)
바바라 터크먼, 『짐머만의 전보』, 평민사(2003)
조지프 푸어만, 『라스푸틴』, 생각의 힘(2017)
권오신, 『우드로 윌슨』, 선인(2011)
케네스 데이비스, 『미국에 대해 알아야 할 모든 것, 미국사』, 책과함께(2004)
권용립, 『미국 외교의 역사』, 삼인(2010)
피터 심킨스, 제프리 주크스, 마이클 히키, 『제1차 세계대전』, 플래닛 미디어(2014)
메슈 휴스, 윌리엄 J. 필포트 『제1차 세계대전』, 생각의 나무(2008)
제프리 우텐, 『워털루 1815』, 플래닛미디어(2007)
노명식, 『프랑스 혁명에서 파리 코뮌까지』, 책과함께(2011)
김상현, 『소련초기 교육제도변화의 특징 연구: 혁명 후 스탈린 집권말기까지 정치, 경제적 관점에
    서』 중소연구 40권 2호
Barry Hankins, 『Woodrow Wilson: Ruling Elder, Spiritual President.』, Oxford
    University Press. (2016)
Kaplan GP, Petrikovsky BM. 『Advanced cerebrovascular disease and the death of
    Vladimir Ilyich Lenin.』, Neurology 1992;42:241-245.

-제 2 부: 무너진 세 거두

조지 F. 캐넌, 『미국 외교 50년』, 가람기획(2013)
에릭 라슨, 『폭격기의 달이 뜨면』, 생각의 힘 (2021)
말콤 글래드웰, 『어떤 선택의 재검토』, 김영사 (2022)
역사미스터리클럽, 『한 눈에 꿰뚫는 세계사 명장면』, 이다미디어(2017)
메리 윙젯, 『엘리너 루스벨트』, 성우주니어 (2006)
카이 버트, 마틴 셔윈, 『아메리칸 프로메테우스』, 사이언스북스 (2010)
제바스티안 하프너, 『처칠, 끝없는 투쟁』, 돌배개(2019)
윈스턴 S. 처칠, 『윈스턴 처칠, 나의 청춘』, 행복(2020)
제프리 베스트, 『절대 포기하지 않겠다』, 21세기북스(2010)
스베틀라나, 『나의 아버지 스탈린』, 일신서적(1993)
올레크 V. 흘레브뉴크, 『스탈린, 독재자의 새로운 얼굴』, 삼인(2017)
사이먼 시백 몬티피오리, 『젊은 스탈린』, 시공사(2015)
스티블 리 마이어스, 『뉴차르』, 프리뷰(2016)
대릴 커닝엄, 『푸틴의 러시아』, 어크로스(2022)
월터 라퀴, 『푸티니즘』, 바다(2017)
톰 롭 스미스, 『차일드 44』, 노블마인(2009)
알렉산드르 솔제니친, 『이반 데니소비치, 수용소의 하루』, 민음사(1998)
샤를 드골, 『드골, 희망의 기억』, 은행나무(2013)
세르히 플로히, 『얄타 8일간의 외교 전쟁』, 역사비평사(2020)
데이비드 레이놀즈, 『정상회담』, 책과함께(2009)
마이클 돕스, 『1945』, 모던 아카이브 (2018)
마이클 파쿼, 『지독하게 인간적인 하루들』, 청림(2018)
존 미첨, 『처칠과 루스벨트』, 조선일보사(2004)
조지 맥짐시, 『위대한 정치의 조건』, 21세기북스(2010)
데이비드 글랜츠, 『8월의 폭풍』, 길찾기(2018)
Eleanor Roosvelt, 『Autography of Eleanor Roosvelt』, HAPPERPERENNIAL(1961)
Rolf F. Barth a,*, Sergey V. Brodsky a, Miroljub Ruzic b, 『What did Joseph Stalin really die of? A reappraisal of his illness, death, and autopsy findings』, Cardiovasc Pathol. 2019 May-Jun;40:55-58.
Timothy Bishop and Vincent M Figueredo, 『Hypertensive therapy: attacking the renin-angiotensin system』 West J Med. 2001 Aug; 175(2): 119-124.

-제 3 부: 독일의 축복과 저주

크리스토퍼 클라크, 『강철왕국 프로이센』, 마티(2020)
제바스티안 하프너, 『비스마르크에서 히틀러까지 』, 돌베개 (2016)
에버하르트 콜브, 『지금, 비스마르크』, 메디치 출판사(2021)

강미현,『또 다른 비스마르크를 만나다』, 에코 리브르(2012)
강미현,『비스마르크 평전』, 에코 리브르(2010)
스테판 로란트,『철과 피의 제국』, 엔북(2017)
막스 갈로,『로자 룩셈부르크 평전』, 푸른 숲(2002)
이언 커쇼,『히틀러 1,2』, 교양인(2020)
존 톨랜드,『아돌프 히틀러 결정판 1, 2』, 페이퍼로드(2019)
크리스포터 클라크,『몽유병자들』, 책과함께(2019)
제바스티안 하프너,『히틀러에 붙이는 주석』, 돌베개(2014)
O. 팩스턴,『파시즘 로버트』, 교양인(2015)
볼프강 쉬벨부시,『뉴딜, 세편의 드라마』, 지식의 풍경(2009)
한종수,『2차 대전의 마이너리그』, 길찾기(2015)
크리스토퍼 듀건,『미완의 통일 이탈리아사』, 개마고원(2001)
베니토 무솔리니,『무솔리니 나의 자서전』, 현인(2015)
니홀라스 할라스,『나는 고발한다』, 한길사(2015)
이르망 이스라엘,『다시 읽는 드레퓌스 사건』, 자인(2002)
프리모 레비,『이것이 인간인가』, 돌베개(2007)
빅터 프랭클,『빅터 프랭크의 죽음의 수용소에서』, 청아(2005)
한나 아렌트,『예루살렘의 아이히만』, 한길사(2006)
밀턴 마이어,『그들은 자신들이 자유롭다고 생각했다』, 갈라파고스(2014)
벤저민 카터,『히틀러를 선택한 나라』, 눌와(2022)
필립 커,『베를린 누아르 3부작, 독일 장송곡, 창백한 범죄자, 3월의 제비꽃』, 북스피어(2018)
기 사예르,『잊혀진 병사』, 루비박스(2007)
프랑크 디쾨터,『독재자가 되는 법』, 열린책들(2019)
나시르 가에미,『광기의 리더십』, 학고재(2012)
케네스 C. 데이비스,『악의 패턴』, 청송재(2021)
조지 오웰,『카탈로니아 찬가』, 민음사(2001)
헨릭 에벨레,『히틀러 북』, 루비 박스(2008)
요아힘 페스트,『히틀러 최후의 14일』, 교양인(2005)
Ciles Milton,『WHEN HITLER TOOK When Hitler Took Cocaine and Lenin Lost His Brain: History's Unknown Chapters』, PICADOR(2016)
Hans-Joachim Neumann and Henric Eberle,『WAS HILTER ILL?』, polity(2013)
하이케 B. 괴르테마커,『에바 브라운, 히틀러의 거울』, 쿠폰북(2010)
안나 마리아 지크문트,『히틀러의 여인들』, 청년정신(2001)
스티븐 하트,『아틀라스 전차전』, 플래닛 미디어(2013)
이충진, 온창일, 정토웅, 김광수, 박일송,『세계 전쟁사 부도』, 황금알(2015)
앤터니 비버,『아르덴 대공세』, 글항아리(2021)
폴 콜리어, 알라스테어 핀란, 마크 J. 그로브 저,『제2차 세계대전』, 플래닛미디어(2008)
마틴 폴리,『지도로 보는 세계 전쟁사 2-세계 2차 대전』, 생각의나무(2008)
육군 사관학교 전사학과,『세계 전쟁사』, 황금알(2015)

안토니 비버, 『여기 들어오는 자, 모든 희망을 버려라』, 서해 문집(2004)
Benoit Lemay, 『히틀러의 장군들 1, 만슈타인 평전』, 좋은 땅(2017)
앤드로 나로그르키, 『세계사 최대의 전투』, 까치(2011)
데이비드 M. 글랜츠/조너선 M 하우스, 『독소전쟁사』, 열린책들(2007)
만슈타인, 『잃어버린 승리, 만슈타인 회고록』, 좋은 땅(2016)
남도현, 『히틀러의 장군들』, 플래닛 미디어(2009)
하인츠 구데리안, 『구데리안』, 길찾기(2014)
제프리 메가기, 『히틀러 최고 사령부 1933~1945년』, 플래닛미디어(2017)
게하르트 P. 그로스, 『독일군의 신화와 진실』, 길찾기(2016)
남도현, 『히든 제너럴』, 플래닛미디어(2018)
정주용, 『히틀러의 장군들 1, 만슈타인 평전』, 좋은땅(2017)
케네스 맥시, 『히틀러의 장군들 2, 구데리안 평전』, 좋은땅(2018)
앨런 셰퍼드, 『프랑스1940』, 플래닛미디어(2017)
마크 힐리, 『쿠르스크 1943』, 플래닛미디어(2017)
스티븐 J. 잴로거, 『벌지 전투1944 (1), (2)』, 플래닛미디어(2018)
아돌프 히틀러, 『나의 투쟁』, 동서문화사(2014)
티머시 스나이더, 『피에 젖은 땅』, 글항아리(2021)
리처드 오버리, 『독재자들』, 교양인(2010)
리처드 오버리, 『스탈린과 히틀러의 전쟁』, 지식의 풍경(2003)
존 루카치, 『히틀러와 스탈린의 선택, 1941년 6월』, 책과함께(2006)
김태권, 『히틀러의 성공시대 1, 2』, 한겨레출판(2013)
존 캠프너, 『독일은 왜 잘 하는가』, 열린책들(2022)
폴 레버, 『독일은 어떻게 유럽을 지배하는가』, 메디치(2019)
이저벨 윌커슨, 카스트, 알에이치 코리아(2022)
빌 브라이슨, 『바디』, 까치(2020)
R. Mathews, J.P. Gearhart, H.G. Pohl, A.B. Belman, R.A. Costable, W.A. Kennedy, et al. 『The undescended testis: an update』, Dialogues Pediatr Urol, 20 (1997), pp. 1-8
Dan P. Silverman, 『Fantasy and Reality in Nazi Work-Creation Programs』, 1933-1936
KIMBERLY AMADEO, 『Unemployment Rate by Year Since 1929 Compared to Inflation and GDP U.S. Unemployment Rate History』
John Colville, 『The Fringes of Power』, W W Norton & Co Inc.(1985)
김봉규, 『사망률 99.993% 절멸수용소에서 나오는 길에』, 한겨레 신문 인터넷판, 2022년 4월 19일
D. Doyle, 『Adolf hitler's medical care』, J R Coll Physicians Ediinb 2005 Feb; 35(1):75~82
Brandt LJ, Chey WD, Foxx-Orenstein AE, et al;
American College of Gastroenterology Task Force on Irritable Bowel Syndrome,

『An evidence-based position statement on the management of irritable bowel syndrome in North American』, Am J Gastroenterol 2009:104(Suppl 1):S1–S35.

–제 4 부: 2등의 열등감

서경호, 『아편전쟁』, 일조각(2020)
라귀롱, 『제국의 상점』, 소나무(2008)
조너선 D. 스펜스, 『신의 아들』, 이산(2006)
량치차오, 『리훙장 평전』, 프리스마(2013)
하연희, 『드라큘라 그의 이야기』, 루비박스(2005)
신슈밍, 『자금성, 최후의 환관들』, 글항아리(2013)
장융, 『서태후 1, 2』, 책과함께(2015)
룽얼, 진이, 선이링, 『서태후와 궁녀들』, 글항아리(2012)
후카마치 히데오, 『쑨원』, AK(2018)
핑루, 『걸어서 하늘 끝까지』, 어문학사(2013)
뉴욕 타임즈, 『DR, SUN YAT-SEN DIES IN PEKING』, (1925년 3월 12일판)
허우 이제, 『원세개』, 지호(2003)
이양자, 『위안스카이』, 한울(2020)
천순천, 『청일전쟁』, 세경북스(2012)
하라다 게이이치, 『청일, 러일 전쟁』, 어문학사(2013)
박영준, 『제국 일본의 전쟁』, 사회평론아카데미(2020)
하라 아키라, 『청일·러일전쟁 어떻게 볼 것인가』, 살림(2015)
박재석, 남창훈 『연합함대 그 출범에서 침몰까지』, 가람(2005)
권성욱, 『중국 군벌 전쟁』, 미지북스(2020)
래너 미터, 『중일전쟁』, 글항아리(2020)
권성욱, 『중일전쟁』, 미지북스(2022)
존 톨랜드, 『일본제국패망사』, 글항아리(2019)
레이 황, 『장제스 일기를 읽다』, 푸른역사(2009)
조너선 펜비, 『장제스 평전』, 민음사(2014)
조너선 D. 스펜스, 『현대 중국을 찾아서 1, 2』, 이산(1998)
배경한, 『왕징웨이 연구』, 일조각(2012)
프랑크 디쾨터, 『해방의 비극』, 열린책들(2016)
프랑크 디쾨터, 『마오의 대기근』, 열린책들(2016)
프랑크 디쾨터, 『문화대혁명』, 열린책들(2016)
현이섭, 『중국지 상, 중, 하』, 인물과사상사(2017)
장융, 존 핼리데이, 『마오 (상) (하)』, 까치(2006)
스티븐 L. 레빈, 알렉산더 V. 판초프, 『마오쩌둥 평전』, 민음사(2017)
제럴드 섹터, 비아체슬라프 루츠코프, 『흐루시초프 봉인되어 있던 증언』, 시공사(1991)
니키타 세르게예비치 흐루시초프, 『개인숭배와 그 결과들에 대하여』, 책세상(2006)

히틀러의 주치의들

Lorenzo Pereir, 『Renowned Sculptor Ernst Neizvestny Dead at 91』, WIDEWALL, August 11, 2016

선판, 『홍위병: 잘못 태어난 마오쩌둥의 아이들』, 황소자리(2004)

홍은택, 『중국 만리장정』, 문학동네(2013)

김인숙, 『제국의 뒷길을 걷다』, 문학동네(2008)

장융, 『아이링, 칭링, 메이링: 20세기 중국의 심장에 있었던 세 자매』, 까치글방(2021)

로스 테릴, 『장칭: 정치적 마녀의 초상』, 교양인(2012)

에즈라 보걸, 『덩샤오핑 평전』, 민음사(2014)

바르바라 바르누앙, 위창건, 『저우언라이 평전』, 베리타스북스(2007)

임상범, 『장쩌민, 저우언라이는 왜 '방광암'에 쓰러졌나?』(SBS뉴스 2014.9.16)

김정계, 전영란, 『마오쩌둥과 그의 실패한 후계자들』, 중문출판사(2012)

강진아, 구범진, 『쟁점으로 읽는 중국 근대 경제사』, 푸른역사(2007)

김명호, 『중국인 이야기, 1, 2, 9』, 한길사(2022)

옌롄커, 『사서』, 자음과모음(2012)

니엔쳉, 『상하이의 삶과 죽음 1, 2』, 금토(2006)

헨리 키신저, 『헨리 키신저의 중국 이야기』, 민음사(2012)

정승욱, 『새로운 중국 시진핑 거버넌스』, 함께북스(2013)

미네무라 겐지, 『3억분의 1의 남자』, 레드스톤(2015)

리즈수이, 『모택동의 사생활』, 고려원(1995)

-제 5 부: 아이언 맨과 철의 여인

샐던 M. 스턴, 『존 F. 케네디의 13일』, 모던타임스(2013)

마이클 돕스, 『1962』, 모던 아카이브(2019)

마이클 돕스, 『1991』, 모던 아카이브(2020)

데이비드 E. 호프먼, 『데드핸드』, 미지북스(2015)

박동윤, 『마거릿 대처』, 살림(2007)

김형곤, 『로널드 레이건』, 살림(2007)

마이클 디버, 『미국을 연주한 드러머, 레이건』, 열린책들(2005)

김윤중, 『위대한 대통령 로널드 레이건 평전』, 더드로드(2016)

박동운, 『대처리즘: 자유 시장 경제의 위대한 승리』, FKI 미디어(2004)

박지향, 『중간은 없다』, 기파랑(2008)

고승재, 『마거릿 대처』, 아침나라(1994)

강원택, 『보수는 어떻게 살아남았나』, 21세기북스(2020)

-제 6 부: 삶보다 기억되는 죽음

노무현, 『성공과 좌절』, 학고재(2009)

노무현 재단, 『운명이다』, 돌베개(2010)

강준식, 『대한민국의 대통령들』, 김영사(2017)

조선일보, 『고졸 변호사…. 상당한 재산가』(1991.7.17)

정용수, 『'하나회' 반발에 "개가 짖어도 열차는 달린다."』, (중앙일보 인터넷판 2015.11.23)

에릭 마커스, 『왜 자살하는가』, 책비(2015)

재스퍼 리들리, 『티토』, 을유문화사(2003)

LIFE, 『Allende: A special kind of Marxist』(1991.7.16)

New York Times, 『Confronting The Cupper Strikers』(1973.6.24)

심용환, 『헌법의 상상력』, 사계절(2017)

호안 E. 가르세스, 『아옌데, 그리고 칠레의 경험』, 클(2020)

카를로스 레예스, 『아옌데의 시간』, 아모르문디(2020)

이사벨 아옌데, 『바다의 긴 꽃잎』, 민음사(2022)

살바도르 아옌데, 『기억하라, 우리가 이곳에 있음을』, 서해문집(2011)

이사벨 아옌데, 『영혼의 집 1, 2』, 민음사(2003)

빅터 피게로아 클라크, 『살바도르 아옌데: 혁명적 민주주의자』, 서해문집(2016)

제레드 다이아몬드, 『대변동』, 김영사(2019)

가브리엘 가르시아 마르케스, 『칠레의 모든 기록』, 간디서원(2005)

리카르도 라고스, 『피노체트 넘어서기』, 삼천리(2012)

Matthew Miller, Deborah Azrael, and Catherine Barber Harvard Injury Control Research Center, Harvard School of Public Health, Boston, Massachusetts, 『Suicide Mortality in the United States: The Importance of Attending to Method in Understanding Population-Level Disparities in the Burden of Suicide』, Annu. Rev. Public Health 2012. 33:393-408

Rebecca S. Spicer, MPH, and Ted R. Miller, PhD, 『Suicide Acts in 8 States: Incidence and Case Fatality Rates by Demographics and Method』, Am J Public Health. 2000;90:1885-1891

중앙자살예방센터, 『2019 응급실 기반 자살시도자 사후관리사업』

-제 7 부: 그가 물려받은 유산

『보천보습격속보』, 동아일보(1937. 6. 5)

대한민국 국방부, 『2020 국방백서(Defense White Paper)』

전병역, 『이기택 평통 부의장 "김저남도 북 붕괴 가능성 염두"』(경향신문 2010.10.26)

태영호, 『3층 서기실의 암호』, 기파랑(2018)

안문석, 『김정은의 고민』, 인물과사상사(2012)

김연철, 『70년의 대화』, 창비(2018)

김당, 『공작1, 2』, 이룸나무(2018)

고미 요지, 『안녕하세요 김정남입니다』, 중앙MB(2012)

고미 요지, 『김정은』, 지식의숲(2018)

라종일, 『아웅산 테러리스트 강민철』, 창비(2013)

노다 미네오, 『김현희의 파괴공작』, 창해(2004)
김종대, 『서해전쟁』, 메디치(2013)
유시민, 『노무현 김정일의 246분』, 돌베개(2013)
라종일, 『장성택의 길』, 알마(2016)
정종욱, 『정종욱 외교 비록』, 기파랑(2019)
후지모토 겐지, 『김정일의 요리사』, 월간조선사(2003)
후지모토 겐지, 『왜 김정은인가?』, 맥스(2010)
성혜랑, 『등나무집』, 지식나라(2000)
마이클 브린, 『Mr. 김정일』, 길산(2005)
류종훈 PD 지음, 『누가 북한을 움직이는가』, 가나출판사(2018)

-제 8 부: 독재자 킬러의 비밀 무기

지미 카터, 『진정한 리더는 떠난 후에 아름답다』, 중앙books(2008)
지미 카터, 『지미 카터』, 지식의 날개(2018)

-기타

김종성, 『뇌과학 여행자』, 사이언스 북스(2011)
안트예 빈트가센, 『권력과 여자들』, 한문화(2004)
디안 뒤크레, 『독재자의 여인들』, 스피드페이퍼(2011)
디안 뒤크레, 『독재자를 사랑한 여인들』, 문학세계사(2012)
이지환, 『세종의 허리 가우디의 뼈』, 부키(2021)
데버러 헤이든, 『매독』, 길산(2004)
고나가야 마사아키, 『21인의 위험한 뇌』, 사람과 나무사이(2021)
이안 로버트슨, 『승자의 뇌』, 알에이치코리아(2013)
어윈 W. 셔먼, 『세상을 바꾼 12가지 질병』, PNU press(2019)
로날트 D. 게르슈테, 『질병이 바꾼 세계의 역사』, 미래의 창(2020)